Sabina Spielrein
De Jung a Freud

Sabine Richebächer

Sabina Spielrein
De Jung a Freud

Biografia

Tradução de
Daniel Martineschen

1ª edição

CIVILIZAÇÃO BRASILEIRA

Rio de Janeiro
2012

Sabina Spielrein: Eine fast grausame Liebe zur Wissenschaft
Copyright © 2005 by Sabine Richebächer
First published by Dörlemann Verlag AG, Zürich

Copyright © da tradução 2012 Editora Civilização Brasileira

DIAGRAMAÇÃO DE MIOLO
Editoriarte

CAPA
Axel Sande/Gabinete de Artes

CIP-BRASIL. CATALOGAÇÃO NA FONTE
SINDICATO NACIONAL DOS EDITORES DE LIVROS, RJ

R389s   Richebächer, Sabine, 1951-
        Sabina Spielrein : de Jung a Freud / Sabine Richebächer ;
        [tradutor Daniel Martineschen]. – Rio de Janeiro : Civilização Brasileira,
        2012.

        il.
        Tradução de: Sabina Spielrein: Eine fast grausame Liebe zur Wissenschaft
        Apêndice
        ISBN 978-85-200-1111-9

        1. Spielrein, Sabina. 2. Jung, C. G. (Carl Gustav), 1875-1961.
        3. Freud, Sigmund, 1856-1939. 4. Mulheres psicanalistas – Biografia.
        5. Psicanálise – Biografia. 6. Mulheres – Biografia. I. Título.

                              CDD: 150.1950922
12-0433.   CDU: 59.964.2

EDITORA AFILIADA

Todos os direitos reservados. Proibida a reprodução, armazenamento ou transmissão de partes deste livro, através de quaisquer meios, sem prévia autorização por escrito.

Texto revisado segundo o novo Acordo Ortográfico da Língua Portuguesa.

Direitos desta tradução adquiridos pela
EDITORA CIVILIZAÇÃO BRASILEIRA
Um selo da
EDITORA JOSÉ OLYMPIO LTDA.
Rua Argentina 171 — 20921-380 — Rio de Janeiro, RJ — Tel.: 2585-2000

Seja um leitor preferencial Record.
Cadastre-se e receba informações sobre nossos lançamentos e nossas promoções.

Atendimento e venda direta ao leitor:
mdireto@record.com.br ou (21) 2585-2002.

Impresso no Brasil
2012

Sumário

SUMÁRIO 5

PRÓLOGO 7

PARTE 1 Infância na Rússia 11
   1 Nikolai Mochkovitch Spielrein: de filho de agricultor a grande homem de negócios 13
   2 Eva Lublinskaia — uma pioneira dos estudos femininos na Rússia 21
   3 Grande deusa, alquimista, ataques de ansiedade — infância no sul da Rússia 25
   4 No Colégio Catarina, em Rostov 33

PARTE 2 O primeiro período na Suíça (1904-1911) 43
   5 A idade nervosa 45
   6 A terra adorada 57
   7 Burghölzli 63
   8 "Como! És tão íntimo com o diacho/ E te apavoras vendo a chama?" 77
   9 Primeiras amigas 97
   10 "Cavalinho russo": estudantes russas em Zurique 109
   11 "A personalidade dela tem algo de decididamente inconsequente..." 123
   12 "Quem quer comprar deuses do amor?" 129
   13 "doutora spielrein zurique = grande médica" 153

PARTE 3 Munique/Viena/Rostov/Berlim (1911-1914)   165
    14 "A destruição como causa do devir"   167
    15 Com Sigmund Freud em Viena   177
    16 "Casamento com o Dr. Paul Scheftel. Continuação"   183
    17 Anos berlinenses: 1912-1914   187

PARTE 4 Segundo período na Suíça (1914-1923)   207
    18 Lausanne — "Les Vents"   209
    19 Psicanalista em Genebra   227
    20 Oriente ou Ocidente?   249

PARTE 5 Laboratório União Soviética (1923-1942)   261
    21 "*Machinisaziya*": O sonho do novo homem   263
    22 A noite sobre a Rússia   279
    23 "A morte é um mestre da Alemanha"   299

EPÍLOGO   315

NOTA EDITORIAL   317

TABELA DE ABREVIATURAS   319

NOTAS   321

DADOS BIOGRÁFICOS DE SABINA SPIELREIN (1885-1942)   391

ESCRITOS DE SABINA SPIELREIN   395

BIBLIOGRAFIA   401

LISTA DOS ARQUIVOS E INSTITUIÇÕES CONSULTADOS   423

CRÉDITOS DAS IMAGENS   427

AGRADECIMENTOS   429

Prólogo

Desde a sua inauguração, em 1838, o Hôtel Baur en Ville, na Paradeplatz, em Zurique, é uma das construções mais luxuosas da cidade. No verão de 1904, hospeda-se no hotel um pequeno grupo de viajantes russos proveniente da elegante estação termal de Interlaken: a Sra. Spielrein, o irmão dela, Dr. Lublinski, e Sabina, a filha problema da família Spielrein, então com 18 anos. Em 17 de agosto de 1904 há um tumulto incomum no hotel: a jovem russa explode em agitação histérica, grita, estilhaça vidro. Não quer ficar no hotel em hipótese alguma e exige ser internada em uma instituição, pois precisa de ajuda.

Acompanhada de um enfermeiro e do tio, o Dr. Lublinski, munida de um atestado médico do Dr. Rudolf Bion — escrito apressadamente em um bloco de notas do hotel —, às 10h30 da noite a moça viaja de carruagem para uma instituição de doentes mentais de Zurique — Burghölzli. Ela insiste que não é louca, que apenas ficou agitada no hotel, pois não suporta nem gente nem barulho. Rindo e chorando, em uma mistura estranha, ela joga a cabeça para trás, coloca a língua para fora, sacode as pernas bruscamente e reclama de uma terrível dor de cabeça.

Após um apressado procedimento de admissão, Sabina Spielrein é levada, com uma enfermeira particular, para um quarto individual na ala feminina da primeira classe. A noite transcorre com tranquilidade. Várias vezes ela manifesta medo e exige que se acenda a luz. Em determinado momento, afirma que tem duas cabeças e que seu corpo lhe é totalmente estranho. A manhã seguinte também começa com uma alternância entre riso e choro, movimentos bruscos de cabeça e olhar paquerador; no decorrer do dia, acaba se acalmando.

Em Burghölzli o médico assistente substituto Dr. C. G. Jung assume o tratamento. O encontro com a bela, culta e cosmopolita Sabina Spielrein deixa no jovem impressão duradoura. Jung leu os escritos de Sigmund Freud e fica muito satisfeito por finalmente dar entrada na clínica uma paciente com as características necessárias para testar o novo método de tratamento. A russa se torna então caso de estudo psicanalítico de Jung.

A grande sorte de Sabina Spielrein é ser internada em Burghölzli, não em outra clínica psiquiátrica particular qualquer. Os nove meses que passa na clínica se transformam em um ponto de inflexão e são determinantes para sua vida futura. Sob a proteção do diretor, Bleuler, e de seus médicos, ela consegue se libertar das exigências de seu clã familiar e superar seus próprios medos, profundamente enraizados, de forma a realizar o sonho de infância de se tornar médica.

Por outro lado, o encontro com C. G. Jung também se mostra uma grande infelicidade. O "caso de estudo psicanalítico" não se torna uma obra-prima; a relação terapêutica nunca se resolve realmente.

O fato de que hoje nos ocupemos novamente de Sabina Spielrein, de que a vida dela e seu trabalho científico interessem cada vez mais à pesquisa, de que se produzam filmes[1] e se escrevam peças sobre ela[2] deve-se a uma descoberta feita em 1977 no palácio Wilson, em Genebra, durante os trabalhos de restauração do antigo prédio do Instituto de Psicologia. No sótão foi encontrada uma pesada mala marrom que guardava um conteúdo extraordinário: entre várias anotações pessoais de sua dona, Sabina Spielrein, descobriu-se a correspondência com Sigmund Freud e com C. G. Jung, composta de mais de 80 cartas e cartões-postais escritos à mão de 1908 a 1923. Além disso, foi encontrado o diário que Sabina manteve entre 1909 e 1912.

A descoberta de Genebra resgatou Sabina Spielrein de sua existência marginal — até então restrita a algumas notas de rodapé nos escritos de Freud, Jung, Otto Gross, Sándor Ferenczi e Melanie Klein. O retorno não foi, contudo, como pioneira da psicanálise e da análise infantil, tampouco como autora de mais de trinta publicações instigantes nas quais já anunciava o que seria desenvolvido sistematicamente só muito mais tarde por Melanie Klein, Donald D. Winnicott e outros. Em vez disso, as pessoas se concentraram em seu papel em uma *chronique scandaleuse* da qual — de acordo com o gosto de cada um — foi apontada como responsável ou como "vítima".

Desde então, os trabalhos científicos de Spielrein foram, em sua maioria, republicados.[3] Em alemão, francês e inglês, foram publicados vários outros textos, dispersos em teses, artigos para revistas e monografias, cartas e diários. O histórico médico de Sabina em Burghölzi também foi publicado,[4] assim como trechos da vasta correspondência familiar.[5]

Quando, no início de 1999, fui convidada para dar uma palestra sobre Spielrein, Jung e Freud,[6] não podia imaginar que seria o começo de uma aventura de pesquisa que durou seis anos, durante os quais segui os rastros da vida inquieta, movimentada e transcendente de Sabina em uma época marcada por grandes mudanças econômicas e sociais, uma vida que se dividiu entre tradição e modernidade, entre Oriente e Ocidente, entre Freud e Jung e, posteriormente, na torturada União Soviética, entre a política de opressão de Stalin e os Esquadrões da Morte de Adolf Hitler.

PARTE 1 Infância na Rússia

1 NIKOLAI MOCHKOVITCH SPIELREIN: DE FILHO DE AGRICULTOR A GRANDE HOMEM DE NEGÓCIOS

Naphtul Mochkovitch nasce em 11 de janeiro de 1861, filho de um agricultor judeu de Varsóvia.[1] O sobrenome é composto do correspondente iídiche para *fair play*: "*reynes shpil*". Naphtul cresce em um lar humilde, com dois irmãos e duas irmãs, nas condições restritivas da zona de assentamento imposta pelo domínio dos czares.

Sob as asas da águia bicéfala do czar — ou melhor, em suas garras — viviam pessoas de cerca de cem nacionalidades diferentes, dentre as quais a maior comunidade judia da época. Os primeiros imigrantes judeus tinham fugido para a Europa oriental durante as cruzadas de 1096 e 1146/1147. A perseguição e a expulsão das minorias judaicas chegaram ao auge nos anos de 1348 e 1349, quando a peste negra varria a Europa. Os judeus eram bodes expiatórios: eles foram acusados de ter envenenado poços e fontes, bem como de ter profanado a hóstia e de cometer assassinatos rituais, sacrificando crianças cristãs para a festa do *Pessach* e utilizando o sangue delas durante a cerimônia.

O rei polonês Casimiro III, o Grande, entretanto, incentivou o assentamento de judeus no reino da Polônia; assim, a Polônia-Lituânia foi por muitos séculos um refúgio para judeus de todas as regiões da Europa. Sob a proteção dos príncipes poloneses, eles podiam viver relativamente em paz. Tinham direito à autonomia administrativa, podiam realizar comércio sem restrições, estudar, herdar terras e, de tempos em tempos, até portar armas. Então, depois de longas guerras, o reino da Polônia-Lituânia foi dividido durante as cisões polonesas de 1772, 1793 e 1795 pelas três águias bicéfalas negras: Prússia, Áustria-Hungria e Rússia. A czarina Catarina II garantiu para si a parte do leão do butim, e dessa forma a maior parte dos judeus poloneses e lituanos de repente se viu sob domínio czarista.

A população judia pôde, num primeiro momento, manter sua autonomia como comunidade e tinha equiparação jurídica com os outros grupos da população. Catarina II restringiu a generosidade com os decretos de 23 de dezembro de 1791: os judeus não podiam mais se estabelecer no interior da Rússia e deveriam se mudar do campo para as cidades. Mas isso não era tudo: apenas para determinados bairros e ruas. Além disso, o direito de residência foi restrito a quinze territórios: dos antigos territórios polaco-lituanos da Lituânia, no norte, até Odessa, no mar Negro, da região de Lodz, no oeste, até Mahilou, no leste, uma extensão de 400 mil quilômetros quadrados. Com essas disposições, Catarina II criou as condições para a "zona de residência", fixada legalmente no "Estatuto dos Judeus", que vigorou até a Revolução de Outubro.

Até 1900, 5,2 milhões de judeus — quase metade da população judia da Europa — viviam sob o governo russo; a grande maioria — 4,9 milhões — vivia na região da zona de residência, espremida nas ruas e nos bairros judeus das pequenas e grandes cidades, onde tinham de lutar pelos escassos meios de subsistência que restavam. A maioria das famílias judias orientais era extremamente pobre, por isso eles eram chamados de "pessoas que vivem de ar" (*Luftmenschen*).[2]

Naphtul Spielrein é muito inteligente e o único da família que possui dons musicais. Como tantos homens de sua geração, passa por dois períodos de formação consecutivos, um tradicional e outro mais moderno, secular.[3] Os meninos judeus frequentavam, desde os 3 ou 4 anos, a escola da comunidade judaica (*Cheder*), onde liam textos bíblicos em hebraico, eram instruídos na doutrina moral e exercitavam as quatro operações matemáticas básicas. Alunos mais velhos estudavam o Talmude, a Torá e os comentários de Raschi e o Pentateuco. Do ponto de vista didático, as aulas na *Cheder* se baseavam na memorização e na recitação dos textos sagrados, a "sabatina". O fim do período escolar, com 13 anos e um dia de idade, também era determinado pela religião: nesse momento o menino assume as obrigações religiosas de um adulto, torna-se *bar mitzvá*, um "filho do dever".

As pessoas que não tinham nacionalidade russa foram as mais afetadas pelas políticas de educação hostis do regime czarista, que oprimia as culturas nacionais das minorias étnicas. Em geral, eles não têm permissão para educar os filhos na língua materna e a publicação de livros e revistas em línguas minoritárias é proibida.[4] Ao mesmo tempo, existe um *numerus clausus*, ou seja, um sistema de cotas para crianças não russas que desejam estudar em escolas públicas ou na universidade, que impõe às crianças judias restrições e arbitrariedades. Isso, associado ao estilo de vida isolado das comunidades judias na zona de assentamento, faz com que grande parte dos habitantes do gueto tenha pouco ou nenhum conhecimento da língua falada pelas populações vizinhas. O aprendizado do russo, do polonês e de outras línguas estrangeiras é, para muitos judeus, o primeiro passo na direção de um novo projeto de vida e de uma nova profissão.[5]

Na casa do agricultor Aron Schpilrejn fala-se iídiche com sotaque de Varsóvia.[6] O filho Naphtul aprende línguas estrangeiras rápido e com facilidade; além do hebraico, domina fluentemente tanto polonês quanto russo, a língua da potência dominadora. Naphtul abandona a escola em Varsóvia antes do tempo e viaja para a Alemanha, provavelmente para Berlim, onde frequenta uma escola agrícola melhor. Como os pais são pobres, ele tem que financiar os próprios estudos dando aulas particulares.

Em pouco tempo, fala fluentemente alemão e inglês, além de ter profundo conhecimento das línguas clássicas: grego e latim. Durante o período de estudos em Varsóvia, ou no mais tardar depois do curso de Agronomia em Berlim, Naphtul entra em contato com o *Haskalá*, o Iluminismo judaico, assim como com as ideias progressistas ocidentais: as mudanças na vida e na educação, com ideias socialistas.

O *Haskalá* teve origem em Berlim, onde, sob a influência da Revolução Francesa e dos filósofos iluministas, foram abolidas as leis especiais para os judeus.

Em 1808, todos os habitantes de Berlim obtêm a cidadania e são declarados "compatriotas e cidadãos". Tornam-se, portanto, berlinenses e prussianos, ato que tem importantes consequências, uma vez que não mais se definem única e exclusivamente por seu judaísmo, mas como cidadãos do Estado em que vivem. Berlim se torna o centro do movimento de emancipação judia, que tem em suas fileiras nomes como Moses Mendelssohn e Gotthold Ephraim Lessing. Um testemunho eloquente desse breve momento histórico, no qual a tolerância e a paz entre diferentes religiões e culturas parecem possíveis, é o poema dramático de Lessing *Nathan der Weise* [Nathan, o Sábio], de 1779; o amigo Mendelssohn é o modelo do protagonista.[7]

Os iluministas judeus — em sua maioria intelectuais e comerciantes — deixam de lado a rígida visão do mundo determinada e regulada firmemente pela lei dos rabinos e juízes religiosos. Exigem a separação do conhecimento religioso do conhecimento laico, a modernização da educação, o direito à instrução para ambos os sexos e o aprendizado de novas profissões por judeus. Além disso, apoiam uma melhor posição da mulher na comunidade. É instituída para as meninas de 12 anos de idade uma cerimônia similar à do *bar mitzvá*, o *bat mitzvá*, e procura-se dar novas formas à cerimônia religiosa.[8]

No *Haskalá* há um amplo espectro de posições, que vão desde reformas moderadas até a exigência de integração na sociedade secular e a renúncia às tradições. O *Haskalá* se estende até a Áustria e a Rússia, onde, a partir de 1850, surgem círculos de discussão em Vilna, Varsóvia, Odessa e em quase todas as grandes cidades do decreto de colonização. Busca-se renovar o judaísmo de dentro para fora e melhorar a situação material miserável da maioria da população judia. Discutem-se reformas culturais e científicas, a possibilidade de integração, a ideia de um judaísmo socialista, assim como as alternativas sionistas.

Naphtul Spielrein retorna a Varsóvia com curso superior completo, como um reformista radical e admirador da cultura alemã. Especializado em entomologia e na infecção fúngica de plantas, trabalha como comerciante para uma firma de fertilizantes de Varsóvia. É independente, está cheio de novas ideias e trabalha duro. Em pouco tempo, consegue acumular um patrimônio considerável.

Quando Naphtul conhece a bela e cortejada Eva Lublinskaia, tem certeza de que não deseja nenhuma outra. O fato de a jovem não ter dote não é problema para ele.[9] Quando tenta pedir em casamento a futura esposa, tem que valer-se de toda a persistência: por três vezes recebe uma recusa, e só na quarta ela se mostra disposta a aceitar o candidato tão desejado por seus pais. Em 1884 se casam.

O comerciante Naphtul Spielrein se considera russo, posição que se evidencia ao adaptar o primeiro nome e o sobrenome quando se muda de Varsóvia para Rostov, em 1883: de Naphtul Mochkovitch se transforma em Nikolai Arkadievitch. A próspera cidade comercial do sul da Rússia revela-se o local ideal para o jovem.

Rostov, a cerca de 900 quilômetros de distância de Moscou, fica na mesma latitude de Budapeste. O nome remonta a uma pequena cidade concebida como fortaleza pela czarina Elisabete Petrovna, que ordenou sua construção como ponto de resistência estratégico contra os turcos e a batizou em homenagem ao metropolita São Dimitri Rostovski. Catarina, a Grande, deu aos armênios e gregos o direito de ocuparem a região a leste da fortaleza, onde surge um distrito administrativo da cidade: Nakhichivan. Originalmente um assentamento de cossacos insignificante às margens do Don, no século XVIII Rostov se transforma em um empório comercial graças ao seu porto natural, e em 1797 obtém a categoria de cidade.

Rostov é chamada de porta para o Cáucaso. A importância comercial da cidade se explica por sua posição geográfica privilegiada. Ao passar pela cidade, o Don é um fluxo de água poderoso com 2 quilômetros de largura que abre para o comércio o caminho até o mar de Azov e o mar Negro, de onde os navios zarpam para águas internacionais — alguns até a Inglaterra. Nos anos de 1840 a 1850, barcos a vapor de primeira linha sobem seu curso. Também por terra — como centro nevrálgico de várias linhas férreas — Rostov possui excelentes conexões, até o Cáucaso, a Transcaucásia, a Ucrânia, a região do Volga e a Sibéria.

Por volta de 1900, quando a Societé Anonyme Belge constrói a primeira linha de trens elétricos entre Rostov e a cidade-irmã Nakhichivan, a cidade se converte em um centro comercial de importância trans-regional. Rostov é sede de uma grande central elétrica, de várias fundições de ferro e fábricas de celulose. Além disso, há fábricas de tabaco, moinhos de cereais e peixarias junto a centros de produção de caviar e óleo de peixe. Em Rostov há três grandes periódicos, e a indústria de impressão floresce. O fator decisivo que a torna um dos maiores portos russos e o porto fluvial mais importante da região do mar Negro, porém, é o comércio de cereais.[10]

Os cereais são transportados rio abaixo em balsas até Taganrog para serem exportados. O comércio de cereais e alimentos é a área na qual o comerciante Spielrein obterá sua fortuna.

O fundador do Estado de Israel, Chaim Weizmann, escreve sobre a cidade natal de sua esposa, Vera Chatzman:

> A comunidade judia em Rostov era pequena e estava exposta aos mesmos entraves que dificultavam a vida dos judeus na zona de assentamento. Ainda assim, as condições materiais eram, em geral, mais favoráveis, o distrito era mais próspero, e a concorrência, menos selvagem. Mas, quando a família pertencia à classe da chamada "guilda de comerciantes", desfrutava privilégios especiais por ser judia, e tinha com isso sua existência garantida.[11]

Desde a época de Catarina II, os comerciantes russos se organizavam em guildas cujos membros possuíam privilégios consideráveis. Os grandes comerciantes da guilda I, como Nikolai Spielrein, pertencem à classe alta da cidade. Estão livres das restrições de assentamento para judeus, podem ser dispensados do serviço militar e adquirir terras. Até mesmo o clima político e as condições para iniciar uma família são relativamente favoráveis em Rostov. Ao lembrar a juventude, Vera Weizmann escreve:

> Rostov tinha uma população de aproximadamente 150 mil pessoas, composta de uma mistura de russos, gregos, judeus e armênios; a minoria judia representava mais ou menos um décimo do total. Apesar do sistema de cotas e das restrições, porém, Rostov estava admiravelmente livre das crescentes e vulgares campanhas antijudias e antissemitas que

predominavam em outras regiões da Rússia. A inteligência russa e judia — médicos, advogados e outros profissionais liberais — convivia em relativa paz. Isso poderia explicar por que eu, nessa fase do meu desenvolvimento, não tinha a mais pálida ideia do que era a "questão judaica". Além disso, tinha um sentimento inato de ser russa, sentimento que nunca me abandonou.[12]

Nikolai Spielrein importa forragem dos países do Leste Europeu, comercializa fertilizantes e possui negócios em Varsóvia e Paris. Em Rostov, é conhecido por sua personalidade forte e obstinada, por suas ideias originais e por seu interesse em questões sociais. Além disso, é considerado um homem de negócios inovador e bem-sucedido. Spielrein é vegetariano, no inverno não usa casaco, chapéu nem luvas, e se protege de doenças com água fria. (Durante o regime dos czares, o vegetarianismo estava ligado a pontos de vista socialmente utópicos. Posteriormente, Leon Tolstoi pregará o vegetarianismo, o abandono da caça e da propriedade privada como partes essenciais de uma religião baseada no amor e crítica da civilização. Os bolcheviques também relacionarão um modo de vida vegetariano com a oposição à pena de morte, à obrigatoriedade do serviço militar e à escola russa unificada.) Como homem de princípios, Spielrein é reticente em relação a abrir mão de seus hábitos. Quando tem que ir a Varsóvia, hospeda-se sempre na Pousada Francesa; mais tarde, passará o ano-novo regularmente com os parentes em Varsóvia, sem a esposa e os filhos. Quando volta para casa, à tarde, o mínimo que espera da esposa é que sirva o chá pontualmente. No trato pessoal, é um homem difícil, obcecado pelo trabalho, nervoso. Sofre de oscilações de humor, e não o agrada muito o contato com outras pessoas.[13]

Nikolai Spielrein e Eva Lublinskaia têm uma relação de parceria; a divisão de tarefas e a liberdade de tomada de decisões seguem os costumes de uma família burguesa instruída. Ciência, cultura, trabalho para a sociedade — esses são os valores que determinam a vida em comum e a educação dos filhos. Existe, contudo, lugar para as diferenças; por exemplo, no que se refere à religião.

2 EVA LUBLINSKAIA — UMA PIONEIRA DOS ESTUDOS FEMININOS NA RÚSSIA

Eva Lublinskaia,[1] nascida em 15 de abril de 1863 em Ekaterinovslav, na província de mesmo nome a sudeste da zona de assentamento, é filha do rabino Mordechai Lublinski.[2] Os Lublinski são uma família distinta; o sobrenome remonta possivelmente à cidade de Lublin, um local tradicional de erudição judia. Para o que se esperava da filha de um rabino, Eva Mordechaievna escolhe uma carreira pouco convencional: estuda em um colégio cristão e é uma das primeiras mulheres a frequentar a universidade na época do czarismo, durante um curto período liberal da política de ensino superior russa.

O avô de Eva era um rabino muito respeitado em Ekaterinovslav: homem robusto e amável, uma personalidade carismática em torno da qual circulavam muitas lendas e histórias sobre suas habilidades clarividentes. Comentava-se que tinha previsto com absoluta tranquilidade a data de sua morte e que, portanto, não morreu, mas sim se despediu para ir-se com Deus, que o havia chamado.

O pai de Eva gosta de pessoas. A casa está sempre aberta a todos; sob seu teto, há sempre parentes, que recebem dele o dinheiro necessário para sobreviver. Ele também faz muito por outras pessoas, de forma que não sobra dinheiro para o dote da filha, o que, porém, não o preocupa, pois ele deposita sua confiança em Deus.[3]

A família hassídica de Eva Lublinskaia reúne muitos eruditos e curandeiros entre seus antepassados. Os hassidim são adeptos de um movimento de despertar de afirmação da vida com traços democráticos, movimento que conta com vários seguidores entre os judeus pobres. O ponto de partida das doutrinas hassídicas são as especulações místicas sobre Deus e o sentido da existência, que, associadas a ideias neoplatônicas, dão forma a uma cosmologia que integra concepções mágicas e elementos de crenças populares em demônios e bruxas. Segundo os "devotos", a criação existe de maneira dupla em cada uma de suas manifestações, ou seja, de forma terrena e espiritual. O mundo espiritual invisível é povoado por um coro de anjos, por uma legião de demônios, pelas almas dos mortos e das pessoas não nascidas. Esses seres podem se materializar durante um sonho; são encontrados na sinagoga, no cemitério e em locais isolados, e têm poder de interferir na vida e nas atividades das pessoas. O iniciado, por sua vez, tem à disposição meios de influenciar esse mundo oculto a fim de investigar os mistérios e a relação com o divino — por exemplo, por meio de palavras mágicas, das letras ou dos números.[4]

O rabino Mordechai é um homem temperamental, alegre e generoso. Quando defende alguém diante do tribunal da comunidade, imbuído de seu papel de homem religioso, tem a coragem de expor opiniões que não costumam ser toleradas na Rússia.[5] E às vezes também recorre aos punhos, por exemplo, quando é necessário defender uma mulher do ataque de dois bandidos. Quando jovem, foi bastante atraente, o preferido das moças. Apaixonou-se pela filha de um médico com a qual não podia se casar, pois a medicina era vista como uma "ciência cristã" e os médicos eram considerados "ateus". Seu pai, o avô de Eva, escolheu para ele uma mulher "amorosa e paciente".[6]

Eva Mordechaievna é a única menina dos quatro filhos que sobreviveram. É muito inteligente, possui um talento especial para a música, e o rabino a tem em alta estima. Seu desejo é que se dedique exclusivamente aos estudos, sem precisar ajudar na economia doméstica ou nas tarefas de casa. O rabino Mordechai envia a filha para estudar em uma escola cristã e insiste que ela frequente a universidade, ainda que com essa atitude se exponha diante da comunidade e torne-se mais vulnerável. Para orgulho do pai, a menina aprende com facilidade.[7]

Eva estuda odontologia, especializando-se em periodontia, provavelmente na Universidade de São Petersburgo, onde moram familiares — entre eles uma cantora de ópera — e onde um de seus irmãos faz residência como médico prestigiado.[8]

Eva é uma bela mulher e muitos homens a cortejam, incluindo um cristão, personalidade conhecida em São Petersburgo, que dá um tiro em si mesmo depois que ela o dispensa dizendo que nunca poderia se casar com um não judeu, pois isso seria a ruína de seus pais.[9]

O primeiro romance de Eva é infeliz. Ela se apaixona pelo primo, um médico não muito devoto. O rabino Mordechai permite o noivado, mas tudo termina quando a família do noivo começa a fazer intrigas contra a união e a caluniar a noiva. Eva é demasiado orgulhosa para se defender de acusações injustas e rompe a relação quando é apresentada a Naphtul Spielrein. Em um primeiro momento se mostra reservada, mas por fim se deixa impressionar por sua inteligência, sua firmeza de caráter e a terna preocupação que demonstra por ela.[10] Além disso, eles têm várias coisas em comum: ambos cursaram a universidade, amam a música e se interessam por cultura e por questões sociais. De forma que terminam por se casar.

Apesar de falarem entre si em iídiche, tratam-se por carinhosos apelidos russos: "Macha" e "Kolia".[11] Eva Spielrein defende energicamente seus pontos de vista, mas não apenas contra o marido. Sua fraqueza é dissipar dinheiro. Quando cede ao desejo de comprar, começam as brigas. O casal discute com frequência por causa de dinheiro. Nikolai é econômico e ascético. Eva, uma jovem mimada, ama vestidos caros, casacos de pele e chapéus exuberantes. O casamento não é fácil.

A vida de Eva Spielrein é marcada por seu papel de esposa e mãe: sua existência gira em torno da preocupação com o marido exigente e os filhos. Ela trabalha incessantemente pela família, a fim de garantir o bem-estar, aumentar o conforto, resolver os problemas e proporcionar-lhe pequenas e grandes alegrias. Consciensiosa, corajosa e movida por um conceito distinto de honra, é ela quem manipula os fios da organização familiar.

Durante a infância de Sabina, os Spielrein são uma família próspera e possuem muitas propriedades. A mãe administra uma casa aberta aos jovens. Estão entre as famílias mais cultas de Rostov, principalmente porque todos falam mais de uma língua estrangeira.[12]

3 GRANDE DEUSA, ALQUIMISTA, ATAQUES DE ANSIEDADE: INFÂNCIA NO SUL DA RÚSSIA

Em 25 de outubro de 1885 vem ao mundo a primeira filha de Nikolai e Eva Spielrein. A pequena é batizada com o mesmo nome de uma das irmãs de Nikolai: Sabina.[1]

A cidade natal de Sabina Nikolaievna possui uma localização estratégica, sendo limitada a oeste pelo rio Temernik e ao sul pelo Don. Rostov é uma cidade emergente onde vive uma interessante mistura de russos, judeus, armênios, gregos, alemães, italianos e franceses. Durante a alta temporada de viagens marítimas, afluem em massa para a cidade outros 50 mil trabalhadores de diferentes nacionalidades. Mas, apesar do auge econômico, da riqueza e da decidida colaboração de empresas inglesas, francesas e belgas, os esforços da administração municipal, principalmente no que diz respeito à infraestrutura, não conseguem manter um ritmo correspondente a esse desenvolvimento. Em comparação com a cidade armênia de Nakhichivan, Rostov parece extremamente pobre. Os moradores sofrem com uma das maiores taxas de criminalidade de todo o império, e as condições sanitárias são tão miseráveis que Rostov ocupa — atrás de Calcutá e Xangai — o terceiro lugar mundial em casos de morte por cólera.

Os judeus de Rostov não vivem em um gueto ou em bairros residenciais específicos, mas espalhados por toda a cidade. Há quinze igrejas ortodoxas, uma luterana e uma católica romana, assim como uma mesquita. Os judeus frequentam a Sinagoga do Coral ou a Sinagoga dos Soldados. A cidade possui um colégio para meninos, um para meninas, uma escola de comércio, uma escola de navegação e até mesmo uma escola técnica. Saindo da estação de trem ou da ponte Temernitzky chega-se — primeiro em terreno plano, depois num aclive — à rua principal, a Bolchaia Sadovaia, a grande rua com jardins que atravessa a cidade de oeste a leste, até o limite da cidade-irmã Nakhichivan. Na Bolchaia Sadovaia ficam os edifícios governamentais mais importantes, o Grande Hotel, os melhores restaurantes e a confeitaria suíça, muito apreciada pelos moradores da cidade. Lá também se encontra o Jardim Municipal, onde são realizados concertos no verão.

Eva Spielrein tem 22 anos quando nasce sua primeira filha. Ela mesma amamenta o bebê — uma decisão incomum para uma mulher da classe alta. Durante a fase lactente, Sabina sofre de uma persistente constipação, que causa preocupação à mãe. A situação não melhora quando lhe dão suco de ameixa-preta e tampouco mais tarde, quando lhe oferecem alimentos sólidos e cevada com leite.[2] A pequena é frágil, tem dor de estômago e cólicas constantes. Sofre com todas as doenças comuns na infância: difteria, escarlatina, sarampo. Além disso, padece com frequência de forte amigdalite.[3]

Dez meses depois do nascimento de Sabina, Eva Spielrein engravida novamente. Em 14 de junho de 1887, dá à luz seu primeiro filho, Jean, apelidado na família de "Iacha". Em 27 de maio de 1891 nasce Isaak, chamado de "Sania".

Eva Spielrein permanece fiel à tradição dos seus antepassados hassídicos e conta aos filhos histórias de anjos e demônios, de clarividência e de curas milagrosas, que a pequena Sabina ouve fascinada. A mãe adverte que no céu os pecados são marcados com a cor vermelha. Sabina é muito devota e reza muito. Torna-se uma menina precoce, inteligente e sensível. Até os 6 ou 7 anos é ativa e aventureira, e incita Iacha, irmão e companheiro de brincadeiras da infância, a todo tipo de travessuras:

> Uma vez subimos com o irmão na cômoda e rezamos ao céu com os braços erguidos: "Oh, Deus querido, tome-nos para ti" (como "Abraão").

Mamãe nos mandou descer aterrorizada. Além de temer que caíssemos, a pavorava a ideia de que seus filhos pudessem ser levados dela (pela morte).⁴

Eva Spielrein conduz o dia a dia da família de acordo com sua posição: nada falta na casa. A rotina diária se caracteriza por um ir e vir de parceiros de negócios, familiares e conhecidos. As crianças participam espontaneamente de diversas atividades sociais e culturais. Vão ao teatro, viajam e visitam os parentes da mãe em Ekaterinovslav. Ou então viajam para Varsóvia, onde moram os parentes do pai. Os irmãos mais novos de Nikolai se divertem muito brincando com os sobrinhos. Um deles, um ginasiano de 13 ou 14 anos, se faz passar por "Deus", levando as crianças para um quarto escuro, onde lhes conta histórias arrepiantes acompanhado de um violino.⁵ Em outra ocasião um tio, que é químico, deixa Sabina fascinada ao demonstrar como uma pequena barra de zinco, mergulhada em solução salgada, se transforma em uma figura cheia de galhos — uma árvore de verdade!

As gravidezes seguintes de Eva Spielrein e os novos irmãos ocupam os pensamentos da menina:

> Até onde alcançam as lembranças que consegui confirmar com meus pais — isto é, até os 3 ou 4 anos —, já me via às voltas com perguntas inquietantes: De onde vêm as crianças? Onde está o início de todos os inícios e o fim de todos fins? Especialmente insuportável era a ideia da infinitude. Também me interessava o fato de que as pessoas não são todas iguais; os americanos despertavam minha curiosidade, pois, como a Terra é uma bola, deviam andar por baixo de nós, de cabeça para baixo e com as pernas para cima.⁶

Durante muito tempo Sabina escava incansavelmente um buraco na terra e pergunta à mãe se ainda levará muito tempo para chegar ao outro lado da Terra e puxar um americano pelas pernas. Surpreende-se com o fato de as sementes de azeitona crescerem quando plantadas na terra e observa com interesse o desenvolvimento de animais jovens. Com 5 anos já sabe que as crianças vêm da barriga da mãe. Essa informação lhe sugere uma série de teorias: por exemplo, que a criança era recortada da mãe ou que seria possível retirá-la, de alguma forma, do umbigo. A pergunta sobre de onde vêm as crianças permanece um mistério.

Sabina decide investigar a questão a fundo e se torna *alquimista*, fazendo experiências para criar vida nova. Para grande irritação dos pais, costuma guardar restos de comida e bebida, misturar tudo e fazer uma grande sujeira; quer comprovar o que surgirá da mistura. Se entusiasma se uma cor se transforma em outra ou se aparece uma nova forma ou consistência. Quando, em um desses experimentos, um pedacinho de matéria se transforma em papel sob a ação desconhecida de um líquido, Sabina é tomada por um misto de alegria e espanto:

> Eu tinha vários líquidos "mágicos" em garrafinhas, "pedras milagrosas" e coisas parecidas, das quais eu esperava obter a grande "criação". Atormentava meus pais constantemente com perguntas sobre como eram "feitos" os mais diferentes objetos; como não conseguia "fazer" uma pessoa, plantava azeitonas, fazia sabão, tudo que estivesse ao meu alcance. Uma vez perguntei a uma senhora mais velha se eu não poderia também ter um filho, como minha mãe. "Não", respondeu ela, "você ainda é muito pequena para ter um filho. Agora você só conseguiria dar à luz talvez um gatinho." Essas palavras de gracejo tiveram uma consequência: eu esperava o gatinho e especulava muito se o gatinho não poderia se tornar um ser tão inteligente quanto um humano se eu o criasse com a dedicação necessária. Era isso que eu queria fazer.[7]

Sabina Nikolaievna vive sonhando acordada e cria para si um mundo de fantasias que mantém em segredo dos que a cercam. Ela é a Grande Deusa, soberana de um poderoso império. Tem uma força — que chama de "força partun" — por meio da qual consegue saber e obter qualquer coisa.

> Ainda que não acreditasse totalmente na realidade das minhas fantasias, eram demasiado belas para não lhes dar nenhum crédito: Se Abraão pôde chegar com vida ao céu, por que não poderia acontecer o mesmo

milagre comigo? Havia em mim uma força desconhecida por todos e eu era certamente a escolhida de Deus.

A deusa onipotente talvez fosse uma descendente da divina Shekiná, que, segundo a interpretação hassídica, constitui o elemento do feminino em Deus.[8] Sabina, porém, quer ser como Abraão, o pai fundador de todas as tribos judias: deseja voar, deixar a *Mãe Terra*. E, de fato, quando jovem, deixará a *Mãezinha Rússia* e irá para o Ocidente. Até mesmo a *força partun* da Grande Deusa revela uma dupla origem: *partiri*, "parir", é uma força feminina; *pa(r)ter*, "pai", é o lado masculino.

A menina desenha palácios majestosos e cria mundos animais e vegetais inteiros para seu reino. Mas se aborrece quando os adultos tentam enganar as crianças com histórias inverídicas ou assustar os irmãos pequenos: "Sempre viveu em mim um crítico que conhecia a diferença entre realidade e fantasia. Eu não queria, nessa época, ouvir nenhuma fábula; podia criar fábulas suficientes por conta própria, mas o que queria era saber a verdade."[9]

Além de seus "experimentos científicos", Sabina apronta travessuras maldosas e provoca os pais, desobedecendo e retrucando. Como castigo, tem que se deitar e levantar a saia para que o pai bata com a mão em suas nádegas nuas; depois disso, ela tem que beijar sua mão. A menina desenvolve o hábito de prender a evacuação por tanto tempo que é obrigada a defecar por causa da dor.[10] Quando vê os irmãos serem castigados ou qualquer pessoa sendo humilhada, fica furiosa e começa a suar.[11]

"Até os 6, 7 anos, eu não tinha medo de nada. Era um exemplo de coragem para meu irmão, e me aproveitava disso para caçoar dele ou assustá-lo pulando de um esconderijo escuro ou contando histórias de terror."[12]

Não escapa aos pais que Sabina atormenta o irmão. O pai a ameaça com o destino: "Você também vai ter medo um dia, e então vai saber como seu irmão se sente." A menina não leva a ameaça a sério, mas ela tem consequências, pois um dia se assusta terrivelmente quando vê dois gatinhos pretos na cômoda do quarto ao lado:

Certamente era uma ilusão, mas era tão clara que ainda posso ver com exatidão os bichinhos, sentados quietinhos um ao lado do outro. "É a morte" ou "a peste", pensei. De repente começou o período do medo: se eu ficava sozinha no escuro, via bichos assustadores, sentia que uma força desconhecida queria me arrancar de meus pais, e eles tinham que me segurar firme com as mãos. Com medo e interesse, queria ouvir descrições de diversas doenças que, à noite, descobria em meu corpo e que, na forma de pessoas, queriam me "atacar" ou "pegar".[13]

Nessa época perturbada por muitos pesadelos e medos imaginários, Sabina cria para si um espírito protetor que fala com ela em alemão — a língua do pai germanófilo. É então que desenvolve o desejo de se tornar médica.

Os cidadãos endinheirados de Rostov enviavam os filhos para o jardim de infância francês. Mas não os Spielrein. Quando Sabina completa 5 anos e Iacha 3, são enviados para a escola infantil fröbeliana com Frida Leontievna, onde se brinca e se aprende em um pequeno grupo de dez crianças.[14]

Friedrich Wilhelm August Fröbel, discípulo de Pestalozzi, orientado segundo a ideia do progresso nacional, é considerado o inventor do jardim de infância. A pedagogia fröbeliana é caracterizada pelo esforço de incentivar o corpo, o temperamento e a energia das crianças. As disciplinas ensinadas são ginástica, geografia, matérias musicais e ciências naturais. As crianças devem fazer a maior parte das atividades por conta própria, e as lições são acompanhadas por passeios ao ar livre. Fröbel inventou diversos métodos de ensino — precursor dos atuais blocos de construir, das brincadeiras de roda e com as mãos, dos trabalhos manuais e de destreza motora — que mostraram sua eficácia no desenvolvimento da capacidade de concentração, do conhecimento do próprio corpo e da capacidade criadora dos alunos.[15]

Quando as crianças ficam mais velhas, Leontievna é contratada como preceptora particular da família.

Seis anos depois do nascimento de Isaak, Eva Spielrein engravida novamente: em 3 de março de 1895 nasce a caçula Emilia, apelidada de

Milotchka. Sabina tem agora 9 anos. A casa começa a ficar pequena para a família. Em 1896 Nikolai compra, por 20 mil rublos, um terreno na Pushkinskaia, uma alameda calma e ladeada de árvores paralela à Bolchaia Sadovaia. No terreno constrói para a família uma casa confortável em suntuoso estilo neorrococó. Na Pushkinskaia 97 a família vive nos andares superiores, onde também ficam o escritório comercial, o gabinete do tio Mosia e o consultório de Eva Spielrein. O térreo é alugado para um armênio.

Uma foto em grupo, tirada por volta de 1896, mostra a família Spielrein com outras pessoas. Na frente, sentados no chão, estão Sabina, Emilia e Iacha. Atrás deles, há três mulheres sentadas em cadeiras; Eva Spielrein é a da esquerda. Na frente dela está Isaak, um menino magricela e pálido, apontando para a câmera com um canivete. À esquerda, de bigode, está de pé o comerciante Spielrein; o homem ao lado dele é provavelmente o tio Mosia. Sabina usa um chapéu leve de palha com penas em um dos lados. O rostinho magro e pálido, emoldurado por cabelos escuros, olha com uma expressão séria. Tem no colo uma pena e um livrinho ou caderno fino: talvez sejam sinais do seu novo status. Sabina passou no difícil exame de seleção e, a partir do outono de 1896, vai cursar a primeira série do secundário no Colégio Catarina.

4 NO COLÉGIO CATARINA, EM ROSTOV

No primeiro dia de aula, Sabina faz a primeira anotação em seu novo diário. Escreve com pena e tinta preta, em nítidas letras cirílicas da antiga ortografia do russo usada até a queda dos czares e a reforma bolchevique:

> Quinta-feira, 12 de setembro de 1896. Primeira visita ao colégio que não é para fazer os exames de admissão. Acordei muito cedo e mal podia esperar para ir pela primeira vez ao colégio sem ser para os exames. Não consegui nem mesmo fazer bem meus exercícios musicais. Enfim chegou o momento. Tive um pouco de medo de ir sozinha e pedi a papai que fosse comigo, mas ele não quis. Nossa casa fica em frente ao colégio. Papai me mostrou a porta pela qual eu deveria entrar e saiu apenas para ver como eu entraria. (...) As turmas foram conduzidas ao auditório. Foi tão bonito e agradável que eu mal podia esperar a vez da nossa turma. (...) Estava com muita fome e muito feliz quando voltamos para casa.[1]

A exemplo da educação tradicional de meninas das classes mais altas, as alunas dos colégios russos aprendiam principalmente línguas. De um total de 28 horas semanais, 16 eram dedicadas a aprender russo, francês, alemão, grego e latim. Para escrever nessas línguas elas tinham que dominar vários alfabetos: o cirílico para o russo, a escrita gótica para o alemão, além do alfabeto latino e grego. O plano de aulas prevê cinco horas semanais para matemática e física; duas horas para história e literatura; e uma hora para lógica, geografia e religião.[2]

Para decepção de Sabina, o conteúdo de química se limita a duas páginas de um pequeno livro. Em consideração com a boa educação, o tema "fertilização de animais" é omitido das lições de ciências naturais.[3] Os professores são rigorosos; as alunas têm de trabalhar duro e fazer exercícios em casa e nas férias. Além disso, Sabina tem aulas particulares de música: piano, violino e canto. Com uma carga tão intensa, não é de admirar que se queixe com frequência: "Não consigo me ocupar do meu diário nem por um quarto de hora. Ora são as lições de casa, ora tenho que ir ao colégio, ora tenho que desenhar e agora essa música nojenta."[4]

Sabina se esforça muito para aprender e se comportar bem, tanto no colégio como em casa. Registra com regularidade no diário questões sobre provas, sobre o medo dos exames, e sobre os erros que cometeu na escola. Dedicação é uma obrigação, e Nikolai Spielrein exige da filha sempre as melhores notas da classe.[5] Ela de fato é uma excelente aluna e é transferida para a série seguinte sem precisar fazer provas e com a medalha de ouro — a condecoração mais alta.

"*Cher papa! Que fait tu maintenant?*" [Querido papai, o que está fazendo agora?], escreve Sabina, então com 10 anos, em grandes letras latinas. A menina espera uma carta do pai, mas não chega nenhuma.[6] Durante a infância de Sabina, Nikolai Spielrein viaja com frequência a trabalho. Quando está em casa, porém, são suas regras que determinam a vida da família. Ama os filhos acima de tudo. Quer dar a eles a melhor educação e a melhor vida possível: uma vida dedicada à ciência, livre de restrições financeiras. "Meu sonho era ter coragem, de forma que todos os quatro pudessem voar em direção ao céu"; assim ele descreve seus desejos de futuro para os filhos.[7]

Todos, inclusive as filhas, devem concluir os estudos; devem estudar depois nas melhores universidades, com os melhores professores. Para realizar esse projeto, Nikolai Spielrein projeta um rígido esquema de treinamento e faz os filhos trabalharem arduamente. Por ordem expressa do pai, em determinados dias da semana, fala-se na família exclusivamente alemão ou francês ou outra língua estrangeira. Quem não cumpre as regras é duramente punido.[8]

Às vezes o pai perde a paciência. Pelo motivo mais insignificante, como quando alguma das crianças faz uma observação fora de hora, ele aplica castigos drásticos:

> Papai mandou que eles [Iacha e Sania = Isaak] passassem uma hora se provocando. Sania chorou duas vezes. Papai deu um garfo a Sania para espetar os olhos de Iacha, mas Iacha não permitiu que Sania fizesse isso. Por causa do barulho, mamãe entrou e levou Sania embora, e papai disse que, quando dois meninos brigam dessa forma, o que se deve fazer é trancá-los em algum lugar e obrigá-los a brigar por três horas seguidas.[9]

Também há ocasiões em que Nikolai permanece na cama por um ou dois dias, sem dirigir uma palavra a ninguém.

Sabina Spielrein tem muito medo de seu temperamento colérico e de suas rígidas exigências. Ao mesmo tempo, porém, ama-o e admira-o: "É hora de dormir, senão papai vem... desgraça... Sempre me parece que papai vem e viajamos juntos. Adeus, dia de hoje. Agora já são 9h05, e papai está vindo. É hora..."[10]

A menina está constantemente sob pressão e adoece com frequência. Ou tem amigdalite, ou problemas no estômago ou alguma outra doença. Os tratamentos prescritos pelo pediatra, Dr. Dubrov, e pelo médico da família, Dr. Zeitlin, não têm efeito. O fundo nervoso das doenças não passa despercebido aos pais.

Quando Eva Spielrein recebe um convite para um congresso médico em Moscou, deseja ir e levar a filha consigo. A distância de Rostov até Moscou é de 1.165 verstas[11] e, no trem rápido, a viagem dura 29 horas e meia; no trem de passageiros, 47 horas.

Eva Spielrein manda fazer um vestido novo só para o congresso. Sabina fica muito entusiasmada por fazer uma viagem tão interessante com a mãe, mas o complicado projeto cai por terra: "É claro que chorei", escreve em seu diário. "Mamãe me explicou que os professores não têm horários de atendimento durante o congresso."[12] Emilia ainda é muito pequena, e a mãe não consegue se decidir a deixá-la sozinha. Nessa noite, Sabina sonha:

> Meu sonho. Mamãe se sentou em uma carruagem e levou Iacha, Sania e eu. Viajamos para Moscou. Iacha foi muito desobediente na carruagem, então mamãe mandou Iacha e Sania irem até em casa buscar algo. Mamãe viajou comigo [para a rua...] que (...) leva até a estepe. Pensei que Iacha e Sania iam ficar muito tristes. De repente, papai apareceu e disse que Iacha não queria viajar. Íamos continuar a viagem quando me lembrei de que tinha esquecido meus livros. Mamãe me perguntou por que eu tinha me lembrado logo agora (...) e mandou que eu fosse buscá-los imediatamente. Eu fui, apesar de ter muito medo de ir sozinha. Fui muito rápido, e antes da [rua] Skobelevskaia vi um cachorro voando e fazendo círculos no ar (além de mim, parecia não haver mais ninguém na rua); imaginei que estava possuído e soube que me atacaria; peguei-o pelo focinho, mas ele conseguiu me morder levemente na mão; comecei a lutar com ele e então acordei. Eu quis prolongar o sonho e imaginei que não tinha viajado para a estepe, mas sim pegado os livros e viajado com papai e mamãe para Moscou.[13]

É provável que o cão com o qual a menina tem que lutar represente o pai: ele é mau e quer mordê-la, porém, está possuído, ou seja, doente.

Mesmo com todas as dificuldades, Sabina consegue conservar seu lado criativo. Inventa histórias, escreve poemas carregados de sentimento, faz um buquê de rosas de papel para o aniversário da mãe, um diário para Sania, "um pequeno quadro com uma inscrição" para o aniversário de Iacha; para o pai, pinta com tinta dourada pratos de terracota com madame Borzmeier. Sabina lava, tinge e passa as roupas da boneca de Emilia. Com a cozinheira, faz doce de laranja.

Com frequência outras crianças vão brincar na casa dos Spielrein, ou os irmãos vão às casas de outras crianças. Brincam de adivinhação, dançam polca ou organizam uma festa de fantasias de papel; às vezes jogam xadrez ou brincam de "casamento".

> Ontem eu e Iacha nos casamos. Primeiro casamos Sania e Milotchka, mas não deu certo, porque a noiva quis mamar antes e depois do casamento e ficou rindo durante a cerimônia. Nós nos casamos como eles, ou seja, primeiro rezamos a Deus que nos desse um casamento feliz,

depois cada um colocou o anel no dedo do outro, depois Sania nos abençoou assim: Iacha gritou para Sania e Miltchick [Emilia]: "Besouros e pó inseticida nos abençoem!" Miltchick se recusou, então Sania nos abençoou com as seguintes palavras: "Sejam felizes, diabo!, e nunca morram!" Então nos beijamos. Agora estamos casados. Tivemos uma festa. (...) Mamãe também participou da festa. Eu queria ter um filho dentro de um ano, uma menina, e um ano depois um menino.[14]

Segundo a tradição judaico-liberal, com 12 anos Sabina é maior de idade. Seu *bat mitzvá* é celebrado com pompa no salão de festas; as crianças não precisam ir à escola nesse dia, e Sabina ganha presentes especialmente bonitos: uma enorme boneca, móveis de porcelana, um jogo de xadrez e um pequeno leque.[15]

As aulas de religião fazem parte do plano de estudos oficial para as crianças russas nos colégios públicos. Nas cerimônias escolares, festeja-se com elementos do ritual russo ortodoxo: "Hoje fomos ao colégio pela primeira vez depois das férias. Aqueles que não têm aula de religião tiveram só três horas de aula. (...) Antes da aula demos risada. As judias não sabiam quando a oração terminava e quando deviam se curvar."[16]

Então com 12 anos, Sabina confia ao diário seus desejos para o futuro: quando for adulta não vai se casar nem ter filhos seus. Quer adotar alguns pequenos órfãos, fazer com que se acostumem a ter uma mãe e educá-los segundo a religião judaica.[17] No mais, Sabina não se ocupa, no diário, de questões religiosas. Talvez tema o sarcasmo do pai e por isso prefere evitar o tema, assim como tantas outras coisas que suscitam conflitos: o fato de às vezes ser castigada fisicamente pelo pai, a nova gravidez da mãe e o nascimento de Emil, o temporão, em 1º de julho de 1899.

O diário que Sabina escreve em Rostov é desde o início direcionado a um público leitor. Ela se imagina com os filhos sentados à sua volta, dando-lhes o diário para lerem. Ou talvez não tenha filhos.[18] Ela não escreve apenas para um público futuro, mas também para um atual: quer escrever para que os pais, principalmente o pai, saibam de tudo! Sabina resolve a contradição íntima entre dizer e calar com a invenção de uma escrita secreta composta de uma sucessão de sinais de pontuação, números e letras dos alfabetos grego e cirílico: "Secreto. O que não quero que ninguém leia vou escrever em linguagem secreta, por exemplo, meus princípios."[19]

Em oposição à meticulosa caligrafia das entradas no diário, nas últimas páginas do caderno encontram-se alguns desenhos bizarros e rabiscos confusos. Sabina desenha o diabo com uma dupla espiral horizontal — o símbolo do infinito — no lugar dos olhos. Rabisca esqueletos e ao lado a palavra russa *tschort*, demônio. Rostos com bocas tortas olham com ironia para o leitor; depois desenha novamente o (auto?)retrato idealizado de uma mulher jovem com olhos negros expressivos e longo cabelo ondulado.

O clima do sul da Rússia é marcado por temperaturas extremas. Em Rostov os invernos são rigorosos, com temperaturas muito baixas, e as crianças ficam felizes quando não têm que esperar muito tempo a carruagem que as leva à escola. No verão passam muito tempo ao ar livre, como é comum no sul; todos se conhecem, uma vez que a vida se desenrola nos pátios.[20]

Às vezes fazem passeios à estepe, onde fica o carrossel e vendedores ambulantes oferecem aos gritos guloseimas por 2 ou 3 copeicas: sementes de girassol, caquis e *kvas*.* As crianças têm uma babá polonesa que chamam secretamente de "a bomba". Com cinco crianças inquietas em casa, sempre acontece algo; brigam e fazem algazarra pelos brinquedos. Como irmã mais velha, Sabina é frequentemente responsabilizada pelas travessuras dos irmãos, o que a ofende profundamente e fere seu sentido de justiça. Os papéis agora estão invertidos: antes era Sabina que atormentava Iacha, agora ela é tiranizada por Sania, o irmão do meio e o mais selvagem de todos, com seu temperamento violento e sua natureza imprevisível. A babá demonstra preferência por Sania, e Sabina desabafa sua raiva no diário: "Ela não é especialmente bonita, tem um nariz grande, mas acima de tudo é má.

---

* Bebida alcoólica fermentada, típica da Rússia, feita com farinha de centeio, cevada, pão de centeio e maçãs. (*N. do T.*)

É magrela, alta e muito suja. Nos odeia e sempre briga conosco. A cidade natal dela é Varsóvia."[21]

Eva Spielrein não tem tempo suficiente para se dedicar a cada um dos filhos. Por sorte a avó mora perto e sabe ouvir as lamentações da neta. Com ela Sabina pode se expressar e descarregar sua dor. A avó a protege das cenas diárias com Sania e ensina a maneira mais inteligente de enfrentá-lo. Sabina se sente protegida, consolada e respeitada por ela.

No decorrer do verão de 1898, o estilo de escrita infantil e precoce do diário passa a ser acompanhado de uma nova forma de abertura e de comoção diante dos sentimentos e dos estados de ânimo a que a menina tenta dar a forma de estilo narrativo. O relato sobre uma excursão ao mar no verão de 1898 mostra esse desenvolvimento. Depois do entusiasmo habitual, e quando tudo está finalmente organizado, Nikolai Spielrein, Sabina, Milotchka, Iacha e Sania chegam ao píer e embarcam num vapor Don abaixo até Taganrog, uma cidadezinha no mar de Azov:

> Nunca esquecerei a impressão que o mar causou em mim. Não tive absolutamente nenhum medo dele. Estava fascinada pela visão maravilhosa: uma maravilhosa superfície de prata, ondas suaves que se chocavam e engoliam umas às outras. Não era possível ver a costa. Parecia que o céu e o mar tinham se unido em uma faixa azul. Nem mesmo o céu tinha me parecido tão belo quanto agora: nuvens leves passavam vagarosamente uma atrás da outra, celebrando sua grandeza. Uma enorme nuvem-mãe capturou as nuvens menores por medo de que fizessem algum movimento não gracioso. A parte azul do céu era tão deslumbrante que eu não conseguia olhar para ela. No mar, as ondas jovens deslizaram rapidamente e as velhas as seguiram lentamente. Essas ondas queriam nos afrontar e mostrar como somos insignificantes diante delas. Basta que se enfureçam e afundem o vapor para que muitas pessoas se tornem vítimas dessas ondas orgulhosas. Eu não teria tirado os olhos dessa vista maravilhosa se não tivesse ficado com fome.[22]

Nos cinco meses seguintes ela não acrescenta mais nenhuma entrada ao diário. Então, em 1º de janeiro de 1899, volta a escrever de súbito: "Digo apenas que o ano de 1898 foi o mais infeliz da minha vida."[23]

Sabina chegou à puberdade e fica deprimida com frequência. Há numerosos conflitos entre ela e a mãe. Ela sofre com os impulsos perdulários de Eva, que têm de ser mantidos em segredo do pai. Quando um dia, aos 13 anos, é punida pela mãe, foge, se esconde no sótão — estão em pleno inverno — e despeja água fria sobre si: quer se matar e assim torturar os pais. Quando ela diz ao pai que "os pais são intercambiáveis com a sociedade",[24] Nikolai se ofende em tal medida que faz uma cena violenta e ameaça se suicidar. Mesmo aos 13 anos o pai ainda a ameaça com surras. Ele desiste de seu propósito, mas Sabina tem que beijar a fotografia do avô e jurar sempre ser uma menina obediente.[25]

A morte da avó é uma grande perda para a adolescente: "Sem vovó é muito difícil para mim viver no mundo."[26] Por volta dessa época começa um doloroso processo de abandono da religião, de forma que perde pouco a pouco esse apoio. Na escola, continua a ser a melhor, e agora tem também relações fora da família. Faz amizade com uma menina judia que se torna o seu *Pontifex maximus*, como o pai a chama em tom jocoso. Depois de algum tempo Sabina se decepciona e procura uma nova amiga, dessa vez uma cristã.

Em janeiro de 1900 — Sabina tem agora 14 anos —, Eva Spielrein começa a preparar o dote da filha. Depois de uma nova interrupção no diário, dessa vez por nove meses, pode-se ler:

> Faz tempo que não escrevo nada. Como minhas opiniões e meus planos mudaram desde então! Não consigo acreditar que apenas dois anos atrás eu escrevia tantas bobagens. Por exemplo, na descrição da viagem a Taganrog me atormenta essa frase boba e ridícula (celebrando... etc.); quero arrancar essas páginas. Ou quando descrevo o casamento com Iacha; realmente pensei que podia ter filhos nessa comédia? Não, na verdade expressei um desejo, sabendo que ele não pode se realizar. Todo o estilo de então, minhas frases me parecem terrivelmente bobas para minha idade. Já chega; apesar de tudo a lembrança é valiosa, e é interessante saber como eu era na infância. Agora tenho fantasias bem diferentes: quando for adulta vou me casar. Meu marido vai me amar muito e eu também a ele. Vamos ter uma casa linda, simples e aconchegante. Quando papai e mamãe forem me visitar vou oferecer-lhes café com creme, algo de que [palavra na escrita secre-

ta] gostam. Ao entardecer vamos nos sentar à mesa bem iluminada, que vai estar coberta com os pratos preferidos de papai e mamãe. Vou me sentar ao lado do samovar limpo e murmurante [?] e servirei chá; meu marido vai entreter mamãe e papai e passar manteiga no pão para eles. Como seremos felizes essa noite! Então comprarei poltronas especiais para mamãe e papai que ninguém poderá tocar. Cada um dos meus filhos vai ter seu próprio copo, e cada um vai lavá-lo e guardá-lo no seu lugar. Sonhos realmente lindos. Se se realizassem... Mamãe uma vez também já pensou assim, e agora daria tudo para poder ser uma menina novamente. A felicidade está nas mãos do destino. Deus sabe o que o destino me reserva, e se alguma vez vai se aproximar daquilo que imagino. Queria crescer rápido para experimentar e provar se vai ser assim realmente, e então serei feliz. Desde 31 de janeiro mamãe está preparando o meu dote. Em minha mente, porém, os pensamentos não são alegres, mas tristes, pensamentos que não quero escrever agora para não estragar o meu humor.[27]

Como é frequente em escolas de meninas, as alunas se apaixonam pelos professores. Na quinta série, Sabina e sua amiga se apaixonam pela "suprema inteligência" e pelo "olhar sincero e triste" do professor de história. O homem é cristão, tímido e sofre de tiques; durante as aulas, faz caretas o tempo inteiro. Sabina tenta ficar séria, mas toda vez explode em gargalhadas forçadas e com isso ganha uma anotação no livro de classe. Depois aprende a se dominar melhor. O professor de história consegue despertar o interesse de Sabina e abre para ela um mundo novo. Ela começa a se interessar pela psicologia das religiões e aprende hebraico "para ler a Bíblia no original".[28]

Além do professor de história, Sabina se apaixona pelo irmão de Nikolai, o tio Adolfo, que dá doces à sobrinha e flutua em torno da mãe dela. No outono de 1901, depois de uma viagem de tratamento no verão, Emilia contrai tifo e morre no dia 10 de outubro, aos 6 anos. Com a morte da avó e da irmã, Sabina perde em pouco tempo duas pessoas nas quais confia e na companhia de quem se sente bem: "Mais tarde me afastei de todas as outras pessoas; foi por volta da sexta série, depois da morte da minha irmãzinha, ali começou minha doença. Eu me refugiei na solidão."[29]

A última entrada no diário de infância e juventude em Rostov é uma narrativa curta sobre a viagem de trem de uma jovem mulher. Revekka Samuilovna viaja sozinha para estudar no estrangeiro. Enquanto o trem se arrasta para seu destino no calor da tarde, ela começa a conversar com os outros viajantes. A outra mulher no vagão é uma russa, gorda e de cabelos castanhos, de mais ou menos 45 anos. Ela acha a jovem atraente e viçosa até que descobre que é judia:

> "Sim, é um nome judeu e eu sou judia", diz a moça enquanto se endireita, orgulhosa. "Não, não posso acreditar! Grega, italiana, armênia, mas não judia!" "Não pense assim: eu lhe dou minha palavra de honra, sou judia!", Revekka Samuilovna declara mais uma vez. Então a expressão facial da senhora se transforma: o sorriso doce se torna uma careta de desprezo, ela se vira para o marido e sussurra cheia de nojo: "Pol, ela é judia."[30]

Os projetos de Sabina até então tinham se orientado para as tradições, o casamento e a família; os pais sempre estavam incluídos nessas circunstâncias. O desejo de ser médica e a alegria pelo fato de o rabino Lublinski já ter abençoado a profissão têm mais o caráter de fantasias com tons felizes do que o de uma perspectiva real. Entre o outono de 1901 e o verão de 1902, tanto os pensamentos quanto os sentimentos se tornam mais maduros, e as concepções de Sabina sobre o futuro se tornam mais realistas e individualizadas. A figura de Revekka Samuilovna mostra que já é visível uma separação da família. Também o desejo de ser médica se aproxima mais da realidade: quem quer realizar esse plano deve deixar a pátria e estar preparado para suportar a solidão. Com a última narrativa de Rostov, Sabina Spielrein expressa também uma nova consciência: tem orgulho de ser judia e deve, daí em diante, enfrentar todo antissemitismo que cruzar seu caminho.

PARTE 2 O primeiro período na Suíça (1904-1911)

5 A IDADE NERVOSA

> "Nas cordas mais delicadas dos nervos
> Toca um trovador sua canção.
> Sentes o deslizar dos dedos,
> Mas não podes ver o trovador."
>
> CARL LUDWIG SCHLEICH, 1926

Por volta de 1900, viagens para termas e estâncias de cura durante os meses de verão fazem parte do estilo de vida da alta sociedade. Viaja-se para as fontes termais, para o mar ou para as montanhas. Sabina Spielrein já conhece Borshom, a pitoresca cidadezinha de águas minerais no sul do Cáucaso. No início do verão de 1901, a menina de 15 anos viaja pela primeira vez para o Ocidente com a mãe e com Emilia, então com 6 anos. As mulheres da família Spielrein querem primeiro visitar parentes em Varsóvia, depois ir às compras em Berlim e finalmente fazer o tratamento em Karlsbad.

No dia da partida, há grandes preparativos em Rostov. Quando, depois do terceiro apito, o trem se põe em movimento, Sabina fica assustada e com medo:

> No dia 17 de maio, mamãe, eu e Milochka deixamos pela primeira vez nossa pátria e fomos para o estrangeiro para nos submeter a um tratamento médico. (...) Quando saímos de Rostov, várias pessoas nos acom-

panhavam: três de minhas amigas com as quais costumo ler (Kleiner, Sokolova e Feldmann), o irmão de Feldmann e seu amigo Petka Lublinski, (...) vovô, o calvo, o tio de Taganrog e meus três irmãos com papai e a ama. Mesmo com toda essa gente foi difícil para mim deixar a terra natal, despedir-me dos familiares e amigos e viajar para o estrangeiro, que em meus pensamentos imaginava grande e organizado e, além disso, acompanhar uma mãe muito nervosa, pela qual se me impõe uma enorme responsabilidade.[1]

Sabina cresce em uma época de grandes mudanças sociais, uma época de transformação de um mundo "frio", estático e oprimido em um mundo "quente", dinâmico e em movimento. Esse processo é assim descrito por Karl Marx:

> O que distingue a época burguesa de todas as outras é a constante revolução na produção, o abalo ininterrupto de todas as condições sociais, a insegurança e o movimento eternos. Todas as relações sociais fixas e enferrujadas, com seu cortejo de concepções e ideias antigas e veneradas, são dissolvidas; todas as estruturas novas envelhecem antes de terem podido ossificar. Tudo o que era sólido e permanente se evapora, tudo o que é sagrado se dessacraliza.[2]

Os fenômenos centrais — e ao mesmo tempo dinâmicos — desse processo são a invenção da máquina a vapor, o aumento da produtividade e da qualidade na indústria pesada e o uso da química na agricultura. A revolução tecnológica é acompanhada da produção e do consumo em massa, com o estabelecimento e o barateamento dos transportes. Surgem as metrópoles modernas, o proletariado e a questão social. O uso de gás, eletricidade, carvão e energia hidráulica libera uma quantidade descomunal de energia e uma euforia tecnológica que alimentam as esperanças de um crescimento econômico ininterrupto. Melhoram as condições de vida de muitas pessoas, mas o crescimento industrial também tem seus lados obscuros. As águas contaminadas, as emissões de fumaça e gases, os cursos de água artificiais, as monoculturas e o cultivo em larga escala destroem o meio ambiente e modificam a paisagem.

O PRIMEIRO PERÍODO NA SUÍÇA (1904-1911)

Barcos a vapor e trens dão acesso a regiões distantes e criam novos padrões de migração. Na busca por uma vida melhor, as pessoas se mudam do campo para a cidade, do sul para o norte, do leste para o oeste, atravessando o oceano Atlântico em direção ao Novo Mundo.

O império dos czares também se transforma. Depois da derrota na Guerra da Crimeia (1853-1856), o governo é colocado contra a parede: se quiser afirmar sua posição como grande potência, a Rússia terá de se modernizar. O fim da servidão em 1861 marca o início das "grandes reformas". O governo passa a interferir com mais firmeza no desenvolvimento econômico — sobretudo Sergei Witte, ministro das Finanças entre 1892 e 1903 — e impulsiona a construção de ferrovias e da indústria pesada. Surgem novos centros industriais na região de Moscou, em São Petersburgo e na bacia do Donets. Em 1897 é introduzido o padrão-ouro, condição indispensável para atrair investimentos estrangeiros, e a exportação de cereais é estimulada com o objetivo de gerar divisas.

A descoberta das leis da física e sua utilização tecnológica aceleram as mudanças sociais. Os horários dos trens e os relógios das fábricas transformam de tal modo a experiência do tempo que, no final do século XIX, as pessoas se sentem inquietas. O telégrafo e o telefone, conquistas como a bicicleta e o automóvel, o surgimento do esporte de alto desempenho e o mundo de imagens em movimento do cinema são todos parâmetros de um processo descrito por autores da época como uma eletrificação do corpo social por um sistema nervoso artificial.[3]

Com a descoberta da "eletricidade" animal feita por Luigi Galvani em 1789, ano da Revolução Francesa, a medicina começa a interpretar eletricamente a tensão nervosa. A palavra mágica da época é "energia". A psicologia é abordada agora como uma área subordinada à física: "Um neurastênico é como uma lâmpada isolada, vacilante e trêmula; um histérico é como uma lâmpada em curto-circuito, que queima e explode."[4]

Até mesmo Sigmund Freud defende, inicialmente, um programa organicista. Os conceitos com os quais a psicanálise descreve o "aparato psíquico" e as descobertas psicopatológicas — energia, tensão, resistência, defesa, transferência — inscrevem suas origens na neurofisiologia.

Freud afirma em 1888: "A histeria reside inteiramente nas modificações fisiológicas do sistema nervoso."[5] E, em 20 de outubro de 1895, enquanto trabalha no "Projeto de uma psicologia", Freud escreve a Wilhelm Fliess: "Tudo parecia estar ajustado, as engrenagens se encaixavam, tinha-se a impressão de que a coisa era realmente uma máquina e de que no futuro até poderia chegar a caminhar sozinha."[6]

Temores difusos crescem por trás dos áridos cálculos estatísticos do governo russo com relação aos camponeses famintos que migram para as cidades e à decadência social de milhares de nobres. Teme-se a sublevação das massas miseráveis, a criminalidade crescente, a sífilis e a tuberculose. Médicos renomados como P. I. Kovalevski dão testemunho de visões assustadoras de um "exército de inválidos" e do "barulho infernal da loucura" que supostamente ameaçam o Estado. Alguns círculos progressistas alertam sobre os efeitos nocivos para o meio ambiente da transformação econômica e social acelerada. No processo de revolução cultural, os modelos tradicionais para explicar o mundo são abalados. Instituições como a família, o Estado e a Igreja ameaçam desmoronar. Até a desilusão é perceptível, um *Mal-estar na cultura*, como expressa Freud em 1930.[7]

Apesar dos avanços no domínio das forças da natureza, as pessoas não estão mais felizes; a medida da realização dos desejos não aumentou. O capitalismo e a modernidade não exigem da psique apenas por meio da concorrência e da pressão maior, mas também por meio de liberalizações e seduções que surgem com as novas oportunidades e necessidades. A melancolia e o *spleen*, doenças inglesas da moda nos séculos XVII e XVIII, são substituídos por novas formas de inquietação que estão relacionadas com uma crescente sensibilidade da alma. Por volta de 1880, começam nos Estados Unidos as queixas associadas a nervos e neurastenia, que em breve chegam ao Velho Mundo e em alguns países assumem proporções epidêmicas.

No início, a "histeria" é considerada doença de mulheres norte-americanas e francesas, mas gradativamente se torna um conceito básico para explicar as enfermidades femininas em geral. Na busca por explicar os fenômenos descobertos empiricamente, o que se passa no corpo feminino fornece material para inúmeros tratados médicos que descobrem uma ligação íntima entre feminilidade e loucura: "Deve-se, portanto, representar o fluxo menstrual mais ou menos assim: um óvulo amadurece e cresce no ovário; isso produz um estímulo nervoso que leva de maneira reflexa e através dos nervos a uma hiperemia nos órgãos internos reprodutivos femininos."[8] Os delírios da ciência chegam a ponto de defender a impunidade para os delitos cometidos por uma mulher durante o período menstrual.

A histeria se transforma — com suporte médico — em uma doença socialmente aceitável. Ela permite livrar-se de obrigações desagradáveis; uma histeria nervosa pode inverter as relações de poder no lar e entre os sexos. As mulheres devem agradecer o interesse de que são objeto à produção enciclopédica de deficiências fugazes e passageiras. Se um dia a doente reclama de dificuldades para enxergar e de paralisia no braço, no dia seguinte reclama de dores de cabeça e nos membros; depois se queixará de uma hipersensibilidade nas solas dos pés que a obriga a ficar de cama. Com a "dedicação de um colecionador", os médicos reúnem uma quantidade de material para chegar à conclusão "de que nenhum de nós consegue perscrutar o coração feminino em toda a sua profundidade", pois "a mulher é especialista em aparências". O que faz com que permaneça controvertido se a histeria é uma "doença autêntica", uma "simulação vulgar" ou uma "reserva oculta".[9] A sintomatologia histérica impõe a pergunta sobre a relação entre corpo e alma. E por causa da relação entre médico homem e paciente mulher, a relação entre os gêneros aparece no discurso como uma relação de poder — pelo menos implicitamente.

Como costuma acontecer com temas que são censurados socialmente ou são tabus, é a literatura que coloca em evidência o discurso sobre os nervos e a relação entre os gêneros. Em 1888 Anton Tchekhov escreve o conto "O colapso nervoso"; em 1891 Leon Tolstoi publica a *Sonata a Kreutzer*. É possível encontrar indícios da recepção do discurso ocidental sobre os nervos no império czarista no livro de Nikolai Tchernichevski *Que fazer?* (1863), no qual "os nervos esgotados" da mãe "exigem uma pausa" e no qual uma das protagonistas simula um "acesso de hipocondria" para evitar uma situação social conflituosa.[10]

Quando o trem com as três mulheres da família Spielrein começa a se deslocar de Rostov para Varsóvia, Sabina é acometida de uma melancolia intensa e desesperadora. Depois de algumas horas de viagem morosa pela região de terra negra, seus pés começam a doer; quando o trem chega a Cracóvia ao entardecer, a dor é tão forte que a Sra. Spielrein decide desembarcar.[11]

Apenas três dias mais tarde seguem viagem, mas os trens superlotados, as barreiras burocráticas e a inexperiência das viajantes fazem com que tenham diversos contratempos:

> Até a última baldeação fomos obrigadas a ficar em um vagão da segunda classe. Era tudo tão assustadoramente apertado que empilhamos nossas coisas no chão do vagão e nos sentamos sobre elas. O calor insuportável, o choro de um bebê, o resmungar irritado das mulheres (viajamos em um vagão para mulheres) evidentemente não nos agradavam. Tudo isso aumentou o "prazer" da viagem. Com meus pés doloridos, não podia sair do lugar para me levantar e ir à plataforma tomar ar puro. Mas eu não estava triste, e ri com todas as minhas forças daquelas mulheres malvadas."[12]

A parada em Varsóvia não é exatamente bem-sucedida. "Por razões familiares", Sabina não se sente bem com a mãe e os familiares do pai.[13]

De Varsóvia são quatro horas no trem rápido até a estação de fronteira de Alexandrov, onde ocorre a verificação de passaportes e alfândega. Nesse ponto as viajantes têm de trocar o espaçoso e confortável trem russo por um trem europeu rápido e menor. Sabina alimenta muitas fantasias em relação a Berlim, ainda que ao mesmo tempo tenha medo de estar entre alemães, porque, segundo ouviu, não são especialmente amáveis com os russos. Na fronteira ocorre outro percalço:

> Mamãe não sabia que era obrigatório mostrar os documentos na fronteira e os tinha deixado na bagagem. Quando chegamos a Alexandrov, todos os vagões foram trancados e pessoas importantes com capacetes apareceram para ver os documentos. Todos os passageiros ficaram em silêncio. Mamãe ficou nervosa por causa dos documentos, Milotchka

estava quase chorando e se apertava junto a mim, olhando com curiosidade os visitantes. (...) Depois de um breve momento, mamãe achou os documentos, mas aconteceu mais um inconveniente: ao fazer a baldeação para outro trem, descobrimos que era necessário pagar meia passagem para que Milotchka pudesse embarcar no trem que seguia para o estrangeiro. O chefe dos cobradores prometeu não dar o sinal para que o trem partisse até que mamãe voltasse da bilheteria. Mas quando mamãe já tinha comprado a passagem e voltava para a plataforma, ele deu o sinal. Mamãe pensou que o trem ia partir, ficou apavorada e se precipitou em nossa direção. Eu gritei, pois fiquei com medo de que algo pudesse acontecer a mamãe por causa do susto, e Milotchka começou a chorar. É claro que uma multidão de curiosos se juntou por causa de nossa gritaria, mas isso não é muito interessante.[14]

Ao cruzar a fronteira de Alexandrov em direção a Thorn, o viajante não só muda de país, mas passa de um mundo para outro. O lado russo é desordenado, imundo e caótico. No lado alemão, ao contrário, predominam a limpeza absoluta, a pontualidade e a ordem. Porém, enquanto no lado russo o viajante é tratado respeitosamente de *barin* e, no sentido mais literal da palavra, é *um senhor* e o cobrador seu serviçal, em solo alemão as relações se invertem. Ali o viajante não passa de uma pessoa qualquer, que deve mostrar respeito e obediência ao funcionário.[15]

Durante os controles de fronteira, Sabina Spielrein permance completamente ocupada com as questões práticas da "aventura infeliz" e não tem olhos para mais nada. Assim que o trem atravessa o pequeno rio fronteiriço, afluente do Vístula, a agitação é aplacada. Ela lê com curiosidade as inscrições em alemão no vagão, olha para fora pela janela e canta canções folclóricas. Quando o trem entra, cedo pela manhã, na estação Friedrichstraße, em Berlim, a menina não consegue conter o assombro:

> Nunca tinha visto nada igual: uma linda estação de trem de dois andares e, o que é mais importante, o trem entra pela parte de cima, pelo telhado, e embaixo ficam os compartimentos de bagagem e coisas parecidas. As paredes da parte superior da estação são revestidas com lindas janelas

de vidro colorido. Por todo, parte reina uma limpeza extraordinária e uma arquitetura maravilhosa. Berlim é uma cidade imensa, limpa e soberba, com ruas asfaltadas, avenidas largas e prédios magníficos. Mas o que mais me agradou foram os alemães. São pessoas vivazes, prestativas, divertidas e carinhosas, e de nenhuma maneira estúpidas.[16]

As três se hospedam no Hotel Wiesbadener Hof, na Kirchenstraße, próximo à estação de trem: "Só Deus sabe onde fica o centro. Algumas vezes tivemos que pegar coches em Berlim, que são muito caros e originais: cada um tem um taxímetro, isto é, uma placa na qual, de acordo com o movimento das rodas, aparece a soma a pagar. Uma coisa não me agrada: que os cocheiros usem cartola e luvas, o que lhes dá a aparência de verdadeiros macacos eruditos."[17]

Graças ao bom conhecimento do alemão, as conversas se estabelecem com rapidez. A camareira do hotel é asseada, competente e, "como todas as alemãs, uma moça culta",[18] de forma que a mãe adoraria poder levá-la para Rostov.

> Os armazéns são enormes e majestosos. Em alguns, como Wertheim e Herzog, pode-se conseguir tudo de que uma pessoa precisa. Ocupam sempre grandes edifícios e têm muitos clientes. Não posso dizer muito mais sobre Berlim, pois só ficamos lá por dois dias. De Berlim, fomos no trem expresso para Karlsbad. O caminho até Karlsbad não foi menos interessante: a natureza pitoresca, as casas altas e pontudas com telhados no estilo alemão. (...) Eu queria tentar reconhecer que tipo de cereais cresciam nos campos, mas o trem viajava rápido demais. Aqui os camponeses se vestem como todos os outros homens, mas sem sobrecasaca, o que é compreensível; as camponesas, por outro lado, se parecem mais com as nossas mulheres. O que me deixou especialmente surpresa foi o fato de as mulheres trabalharem em pé de igualdade com os homens, realizando as mesmas tarefas no campo etc.[19]

Dessa vez, mãe e filhas estão preparadas para atravessar a fronteira austríaca: vestem as roupas compradas em Berlim, Sabina tem nas mãos seus livros novos e Milotchka segura os brinquedos. Graças ao charme de Eva — e também a um pouco de presunto e doces para os funcionários da alfândega —, passam pela fronteira sem problemas.

Karlsbad deve sua fama internacional ao poder curativo de suas fontes alcalinas de sal de Glauber,* prescritas para o tratamento de doenças do fígado, da vesícula, do estômago e do intestino. Sabina logo fica conhecendo bem a pequena cidade, e escreve em seu diário sobre as hospedarias e as fontes termais, como Mühlbrunn e Kaiserbrunn, onde há banhos especiais, tratamentos elétricos, massagens e ginástica sueca.[20]

Sabina também faz observações sobre os pacientes: "(…) para cá vem gente de todo o mundo, mas não vi pessoas 'originais', elegantes, ou pessoas com dentes de ouro, como me contaram que haveria. Pude observar muitas coisas originais nas roupas das crianças, que estavam vestidas como pequenos cães".[21] Ela se diverte ao comparar estrangeiros, seus costumes e maneiras, com o que se costuma fazer na Rússia. Certa vez, caminha com a mãe e a irmã através do parque até Pirkenhammer, para visitar a fábrica de porcelana: "Mas, como é costume na Rússia, não prestamos atenção no dia; era domingo e a fábrica estava fechada. Assim, nos demos por satisfeitas de ter honrado o restaurante local com a nossa presença."[22]

Os comentários precoces de Sabina soam às vezes como um eco das conversas na casa paterna. Se o pai liberal e germanófilo ler o diário, ficará contente com a filha. "Os alemães", como Sabina chama a população local, são atenciosos e honestos:

> (…) o ser humano tem o direito de pensar e dizer o que quiser, as pessoas são livres. (…) Gosto principalmente do fato de que aqui todas as crianças de 6 a 14 anos têm que ir à escola. Quem não quiser estudar muito pode ir para a escola pública, onde tudo é ensinado de forma simplificada, mas também dura oito anos. Como é bom saber que não há divisão entre senhores e súditos e que todos se tratam com igualdade. Quando íamos embora de Karlsbad, o homem do elevador deu a mão para mamãe; os cocheiros e empregados perguntaram espontaneamente de onde tínhamos vindo e por que estávamos ali.[23]

---

*Sulfato de sódio. (*N. do T.*)

No diário há pouca informação sobre as experiências de Sabina com a mãe e Milotchka durante a viagem. Sabina é seletiva. Ela omite que houve graves problemas em Karlsbad, que se rebelou contra a mãe, fez greve de fome e ameaçou se suicidar.[24]

Perto do fim do tratamento, Eva Spielrein se sente tão mal que pensa em viajar até Viena para consultar um médico. Ou seria melhor seguir viagem até Bad Aussee, próximo a Salzburgo? Só quando todas as bagagens estão na estação de trem é que se decide:

> É compreensível que mamãe, no estado em que se encontra, não tenha se preocupado com a bagagem, e eu tive que cuidar de Milotchka. Assim, a bagagem ficou na estação de trem de Karlsbad. Obviamente ficamos muito tristes com a perda das malas, nas quais estava tudo que tínhamos, inclusive os brilhantes de mamãe.[25]

Dessa vez também recuperam a bagagem, que antes tinha sido motivo de tantos transtornos.

No desvio até Viena — uma viagem de sete horas — consultam o professor Hermann Nothnagel, chefe da Primeira Clínica Médica do Hospital Geral de Viena, especializada em problemas do coração e do aparelho digestivo. Nothnagel trata tanto os problemas cardíacos da mãe quanto os problemas estomacais da filha.[26]

Os registros de Sabina no verão de 1901 mostram grandes oscilações com relação ao seu equilíbrio mental. Na perspectiva da criança, que tem em mente as narrativas do pai, as grandiosas conquistas do Ocidente são admiradas de maneira ingênua. Nas entrelinhas se reconhece uma jovem em plena puberdade, que tem tensões e problemas com a mãe. Graças às observações obstinadas e com frequência engraçadas de Sabina, é possível entrever a facilidade de se expressar, o talento linguístico e o refinado olhar analítico da incipiente cientista:

> Há pouco tempo li em um artigo de jornal que os russos aprendem línguas estrangeiras com mais facilidade do que outros povos. Na minha opinião, isso ainda não foi comprovado. Alemães, franceses e ingleses

podem conversar em diversas línguas com pronúncia perfeita. Mas, no que diz respeito à língua russa, representa na pronúncia o oposto das outras três. Percebi que as crianças pequenas daqui primeiro "engolem" as consoantes e pronunciam as vogais de forma muito alongada, principalmente antes do "r", som que os adultos também pronunciam de forma suave. Nossas crianças, por sua vez, destacam apenas a vogal da sílaba tônica e pronunciam as outras de forma incorreta ou pouco clara, adicionando por vezes consoantes desnecessárias. Pelo que observei, os alemães pronunciam, nas palavras que terminam em consoante, apenas a última letra de forma mais ou menos clara, mas não as letras anteriores; quase da mesma forma que, em francês, o "e" de "muet" [é mudo]; o "i" não é "ie", e no começo da palavra não soa de modo duro e cortante; o "n" antes do "g" soa pelo nariz; os finais das palavras costumam ser suaves, enquanto para nós é o contrário etc.; não consigo relatar tudo. (...) É uma questão demasiado vasta, e não cabe no diário.[27]

6 A TERRA ADORADA

> "(...) de repente ela pediu a Sergei, com toda a seriedade, que a acompanhasse à Suíça: em uma pequena casa, entre campos e montanhas, situada à beira de um lago, poderiam viver juntos, amar-se, pescar e plantar repolhos."
>
> TSCHERNYCHEVSKI, 1863

> "Não teria sido um erro de Deus assentar os judeus na Rússia, onde sofreriam como no inferno? Teria sido pior se os judeus tivessem se estabelecido na Suíça, onde viveriam cercados de belos lagos, do ar das montanhas e dos franceses? Todos se enganam, até mesmo Deus."
>
> ISAAK BABEL, 1926

Na primavera de 1904, Sabina Spielrein termina o ginásio com a medalha de ouro de melhor aluna. Passaram-se dois anos desde que escreveu a última entrada no diário: não foram bons anos. A dor pela perda da avó e da irmã persiste. Sabina se refugia em si mesma, afastando-se dos irmãos e dos pais.[1] Logo ela se recusa a comunicar-se de qualquer forma com a família. Se alguém a olha ou lhe dirige a palavra, ela começa a dizer coisas sem nexo, faz ruídos incompreensíveis e caretas, ou tapa os olhos com as mãos.[2] Exceto isso, continua a ir normalmente à escola.

Quando está sozinha, é atormentada por ideias obsessivas nas quais aparecem toda sorte de tormentos. O mesmo acontece em seus sonhos:

sonha que está almoçando sentada na privada; defeca tudo enquanto é observada por várias pessoas. Em outro sonho, é chicoteada diante de uma multidão.³ São sempre situações nas quais se repetem os castigos físicos do pai diante da "multidão" dos irmãos.

Como filha de um comerciante próspero e estabelecido, Sabina Nikolaievna é privilegiada de várias formas. Apesar disso, depois de terminar o colégio, se vê diante de questionamentos incertos e angustiantes com relação ao futuro. O que fazer consigo mesma e com sua vida? Segundo a tradição, primeiro deveria se casar, e o dote já está pronto.⁴ Sabina é bonita, uma moça pequena e delicada com cabelo castanho-escuro em cachos volumosos; é, afinal, um ótimo partido. Os arranjadores de casamento já se anunciaram. Mas evidentemente ela não consegue se decidir a dar esse passo: em muitos aspectos, continua a dar a impressão de ser uma criança, e tudo o que tem a ver com sexualidade e vida a dois a assusta. Como alternativa, Sabina se pergunta se não deveria ter uma formação profissional. Quer muito frequentar a universidade e estudar, como a mãe. Quando ainda criança, o rabino Mordechai já havia abençoado a carreira médica para a neta e se alegrara muito com essa vocação.

Naquela época, porém, sob o domínio do czar Nicolau II, a filha dos Spielrein — em sua condição de mulher e acima de tudo judia — não tem esperança de conseguir uma vaga na universidade. Estudar no exterior é impensável. Ela é mimada e dependente demais, e não teria coragem de arriscar o enfrentamento necessário com os pais. Está presa às convenções de esferas superiores, nas quais as estruturas familiares e sociais proíbem às meninas que se tornem independentes.

À falta de perspectivas se soma o fato de que teria que assumir, por ser a irmã mais velha, a responsabilidade pelos irmãos mais novos. A situação se torna insustentável quando começa a brigar com a mãe: em casa ninguém a tolera mais.⁵ Nikolai concebe o plano de enviar a filha rebelde e indisciplinada a Varsóvia. Ela não é consultada a respeito (acha a família de Varsóvia nada simpática). Quando chega à cidade, acaba com quaisquer esperanças de apaziguamento da situação ao se apaixonar perdidamente pelo tio Adolf. Assim, não pode ficar em Varsóvia. Quando esse plano fracassa, os pais decidem procurar ajuda médica no Ocidente.

No verão de 1904, a Sra. Spielrein viaja com o irmão, o Dr. Lublinski, e a filha para a Suíça — a terra de Jean-Jacques Rousseau, terra da liberdade e do ar saudável. O destino é a sofisticada estação curativa de Interlaken.

A imagem preferida do Oriente é a de uma Suíça pura, na qual podem-se curar corpo e alma: "Os rostos são tão alegres e a saúde é tal que são necessários três russos para fazer um suíço."[6]

Essa imagem encontra eco na propaganda turística da Suíça. O folheto da associação dos hotéis de Interlaken promete:

> No coração da Suíça, lá onde a cadeia nevada dos Alpes de Berna se ergue majestosamente nos picos de Finsteraarhorn e Jungfrau, encravada na falda verde ao sopé rochoso, está uma joia cuja fama se espalhou por todo o mundo no curto intervalo de cinquenta anos: Interlaken. (...) O clima da estação curativa é subalpino e, portanto, bastante suave, sem que por isso seja preciso abrir mão das características estimulantes das estações elevadas. Os bosques circundantes, os dois lagos, assim como os glaciares das redondezas, influenciam o clima como grandes regeneradores e reguladores da atmosfera local, que age de maneira revigorante e fortalecedora no organismo humano. Principalmente o sistema nervoso abalado deve a esses fatores os resultados terapêuticos mais satisfatórios e saudáveis, por meio da aceleração do metabolismo e de uma melhora no sangue.[7]

No texto do folheto há elementos do discurso sobre o sistema nervoso, e a descrição do idílio natural aponta para uma crítica da civilização: a natureza, até mesmo as geleiras, é louvada como um agente curativo para nervos esgotados.

Interlaken é uma estação de cura renomada. Na sala de imprensa do cassino estão dispostos sessenta jornais e revistas em todas as línguas; no caixa do cassino pode-se trocar todo tipo de moeda estrangeira; diariamente há três concertos e, uma vez por semana, um grande baile. Os ingleses vão até lá para jogar golfe e escalar as montanhas. Americanos também visitam o local, e nobres alemães e russos alugam andares inteiros do Grande Hotel para si e para seu séquito.[8]

Eva Spielrein tem bons motivos para levar a filha para o Ocidente. A psiquiatria russa, surgida no século XIX, orienta-se segundo o desenvolvimento da disciplina na Alemanha. Neurologistas eminentes como Ivan Pavlov, Ivan Sechenov e Vladimir Bechterev estudaram e aprenderam em Leipzig que os fenômenos psíquicos dependem, sem exceção, de determinadas relações entre o sangue e o cérebro. Eles definem a loucura como uma doença do cérebro e procuram causas somáticas, não psicológicas. Os poucos especialistas do reino czarista alcançam resultados surpreendentes na área da neurologia. Já a psiquiatria — tanto na Rússia quanto no Ocidente — está presa ao niilismo terapêutico. Os manicômios russos — inspirados nas "casas de loucos" alemãs — são locais miseráveis, onde falta dinheiro, espaço e pessoal treinado. Os métodos de tratamento conhecidos são os banhos quentes e frios; de resto, usa-se de coerção e violência. O sistema de domínio autocrático dos czares potencializa a miséria institucional na medida em que órgãos públicos e a infame polícia secreta usam os manicômios como lugar de confinamento de opositores políticos e outras "pessoas indesejáveis".

Nas clínicas particulares do Ocidente o esforço é maior. A lista de métodos de tratamento convencionais é grande: repouso, isolamento, dieta para ganhar peso, exercícios físicos leves, ginástica curativa, massagem, passeios ao ar livre, medicação à base de arsênio e ferro; também são muito populares as terapias hídricas, mecânicas e elétricas. O amplo arsenal de tratamentos faz com que médicos e pacientes esqueçam que não haja melhoras ou que elas não sejam explicáveis. Pelo menos o paciente é bem-tratado. Os russos cultos e ricos sabem onde estão os *experts* da Europa. Quem sofre de distúrbios nervosos crônicos viaja para o Ocidente, para um dos vários sanatórios particulares ou para consultar professores renomados como Theodor Ziehen, em Berlim, Emil Kraepelin, em Munique, Hermann Nothnagel, em Viena, Paul Dubois, em Berna, ou Constantin von Monakov, que atende em Zurique.[9]

* * *

O PRIMEIRO PERÍODO NA SUÍÇA (1904-1911)

Por volta de 1900, a região de Klostergässli, em Interlaken, que pertence à comunidade de Matten, é um elegante bairro de mansões. Numa área bastante ampla, repleta de árvores, o médico de Berna Moritz Heller mandou construir uma clínica e um edifício administrativo, além de um anexo com os requisitos técnicos para tratamento dos doentes. O sanatório é uma pequena empresa familiar com diária de 10 a 20 francos, e fica aberto o ano todo.

Sabina Spielrein não fala sobre as quatro semanas que passa em Interlaken.[10] Os pequenos desenhos que ela faz no recibo do Dr. Heller, porém, são reveladores. A imagem no centro, quase totalmente pintada de preto, intitulada "eletrificar", mostra uma mulher deitada sobre um catre. Em frente ou sobre a mulher está um homem, certamente o médico, que aplica nela uma descarga elétrica com um espesso fio elétrico. As pernas da paciente estão esticadas para cima, a boca e os olhos estão abertos e cheios de pavor — como em alguns dos angustiantes quadros de Edvard Munch. Na borda esquerda do recibo, escrita verticalmente e em alemão, está a palavra "estabelecimento hidroterápico" (*Wasserheilanstalt*), e ao lado o desenho de uma pessoa, na posição típica desse tratamento, sobre a qual é despejado um jorro de água por meio de uma mangueira grossa. O terceiro desenho, ou melhor, caricatura, mostra dois homens em um círculo: um deles, comprido e magro, é o "Dr. Heller"; o outro, pequeno e atarracado, é o "Dr. Hisselbaum". Ao lado deles está escrito em russo "*tchort*" = diabo. Sabina comenta, em russo, o erro "Frl. Silberrein": "*falscher Familienname*" ("sobrenome errado").[11]

Há várias versões sobre o tratamento com o Dr. Heller. O tio diz: "Muito insatisfeito. Não se fez nada lá."[12] Decepcionados, deprimidos e sem ter alcançado seus objetivos, a mãe, a filha e o tio deixam Interlaken. O plano é viajar até Zurique para uma consulta com o renomado neurologista Monakov.

Alto, elegante, com uma barba imponente, Constantin von Monakov é uma figura notável nas ruas da cidade. Em 1863, fora para a Suíça na companhia do pai, um refugiado político. Depois da faculdade de medicina e da residência em Burghölzli, obteve o posto de catedrático não titular de anatomia cerebral e doenças nervosas. Monakov atende em um consultório médico e em uma pequena clínica neurológica particular com capacidade para tratar entre dez e doze pacientes. Além disso, fundou uma policlínica neurológica em Zurique, financiada por ele, na qual os pobres são atendidos gratuitamente. A fama de Monakov como pesquisador do cérebro atrai diversos alunos para seu laboratório particular de anatomia cerebral. É consultado com frequência pelos russos.[13]

Monakov se recusa a tratar Sabina Spielrein.[14]

Depois de todas essas decepções, Sabina se vê em uma situação desalentadora e entra em um estado de agitação incontrolável. A mãe, o tio e o gerente do hotel ficam perplexos e sem saber o que fazer, até que alguém tem a ideia de chamar o Dr. Rudolf Bion, cujo consultório fica muito próximo do hotel, na Bahnhofstraße 102. Depois disso, tudo corre muito rápido. Bion notifica o serviço de emergência médica, põe-se a par da situação em Burghölzli e escreve apressadamente em um bloco de anotações do hotel o atestado médico:

> A Srta. Sabina Spielrein, nascida em 1885 em Rostov, às margens do Don, na Rússia, que acaba de chegar ao hotel vinda do sanatório do Dr. Heller em Interlaken, apresenta sinais de histeria em grau elevado. Ela ri e chora alternadamente, grita e diz que não pode passar a noite no hotel, exige ser admitida em uma instituição de tratamento e afirma que em Interlaken todos são mentirosos e vigaristas. Em suma, não pode continuar hospedada no hotel; a internação em um manicômio é estritamente necessária, pois ela pode eventualmente fazer mal a si própria. Não se deve excluir a possibilidade de paranoia. De qualquer forma, é um caso de psicose. R. Bion.[15]

Dessa forma são cumpridas todas as exigências formais necessárias para uma internação emergencial de Sabina Spielrein em Burghölzli.

7 BURGHÖLZLI

> Trabalhadores! Aproximem-se!
> Uma grande obra realiza-se aqui.
> A construção está sendo erguida.
> Estendida pr'além do mar e das ilhas!
> A nobreza da ciência e da arte,
> e a força de nossas mãos ativas:
> constroem até terminar a casa,
> e a pior desgraça fica assim bendita.
> O sinal de alerta ronda, errante,
> a alma com a carga mais pesada.
> E um povo justo e correto reconhece
> o que, com razão, considera superior,
> e sabe que só a força do espírito
> sustenta o mundo e cria a vida!
> Para elevar a medida e a luz,
> esse povo cumpriu o nobre dever
> e construiu essa casa com mão generosa,
> com nossa garra e nossa razão.
>
> GOTTFRIED KELLER

Na festa de conclusão da estrutura do manicômio Burghölzli,[1] realizada no outono de 1866, o poeta e primeiro escritor do cantão de Zurique, Gottfried Keller, recita pessoalmente "A máxima do marceneiro" ("Zimmermannsspruch") do topo do telhado.[2]

Burghölzli nasce do ímpeto do Iluminismo: quer-se levar "medida e luz" para o caos e para a escuridão da loucura. Pessoas com doenças mentais não devem mais ser marginalizadas e isoladas, mas sim receber cuidados e um tratamento mais humano. A decisão do governo de Zurique de fundir o cargo de diretor da clínica com a cadeira de psiquiatria da universidade é um claro sinal de política sanitária.

Burghölzli é inaugurado em 1º de julho de 1870. Os primeiros diretores são eruditos alemães liberais, a começar pelo renomado anatomista cerebral Bernhard von Gudden, que deixa Zurique depois de dois anos e é manchete de jornal quando se afoga no lago Starnberg com o rei Ludovico II da Baviera, seu célebre paciente. Os professores alemães, porém, são acusados de se ocupar mais dos microscópios do que dos doentes; além disso, falam apenas o alemão padrão e não entendem o alemão da Suíça, que é a língua de seus pacientes.

O rápido crescimento da população de Zurique na segunda metade do século XIX faz com que o novo manicômio fique sempre lotado. Por isso, a planta do prédio, minuciosa e racionalmente planejada, não corresponde à caótica situação interna encontrada pelo primeiro diretor suíço, Auguste Forel, em 1879:

> A instituição está localizada em uma maravilhosa região alta, sobre o lago de Zurique, ao pé de uma colina coberta por um bosque semelhante a um parque, que pertence à área da instituição. Na encosta oposta a essa colina, quase no topo, há uma pequena edificação semelhante a um castelo, o Stephansburg. (...) Os [administradores] Schnurrenberger e o governo de então arrendaram Stephansburg para um estalajadeiro da Alsácia, que estabeleceu ali um pequeno bordel, sob a fachada de uma pousada. O bordel, naturalmente, vinha a calhar para os funcionários do sexo masculino, que o utilizavam com muita assiduidade. Imperava uma tal corrupção no então distrito de Riesbach (ao qual pertencia Burghölzli), que até a esposa do governador do distrito mantinha uma casa de prostituição.[3]

Como não bastasse, o administrador dá a chave do parque em torno da instituição a seus amigos e conhecidos e até mesmo ao estalajadeiro de Stephansburg, de forma que todo tipo de gente podia entrar quando quisesse no parque da instituição.

A fama da personalidade carismática de Auguste Forel precede sua nomeação. Como jovem psiquiatra, construiu uma reputação na área de pesquisas sobre o cérebro e se destacou como um pesquisador de formigas internacionalmente reconhecido. Além dos interesses científicos, Forel persegue com tenacidade uma série de objetivos políticos e sociais. Ele é um pacifista convicto, um representante engajado do movimento abstencionista, e é considerado o "fundador" das disciplinas da "higiene racial" e da "eugenia". De maneira vital e não burocrática, Forel consegue levar adiante suas propostas de reforma junto ao governo do cantão porque ninguém além dele tem vontade de se meter no "vespeiro" de Burghölzli. As prostitutas são banidas, e tanto a equipe médica quanto os pacientes são obrigados a se submeter à disciplina da lei seca. Forel introduz salas de observação, quartos de isolamento e atividades terapêuticas. Outra inovação é a contratação, em 1881, de Ellen Powers, a primeira médica da instituição.

Forel é originário do oeste da Suíça e estudou em Zurique com Nadeshda Prokofievna Suslova. Durante a Guerra Franco-Prussiana de 1870-1871, com Maria Aleksandrovna Bokova, outra médica russa, Forel trabalha no hospital de campanha do Dr. Rose, professor de cirurgia de Zurique. A valorização de Forel da competência técnica das mulheres — baseada no contato com Suslova e Bukova — leva-o a lutar por seu acesso ao ensino superior e à especialização. Até mesmo a ala masculina dos doentes nervosos em Burghölzli é supervisionada interinamente por uma médica.[4]

Os delírios, os urros e a gritaria dos doentes mentais caracterizavam as instituições de tratamento antes do descobrimento de psicotrópicos, nos anos 1950. Confrontado com o sofrimento de seus pacientes, sem ter outras possibilidades de tratamento a não ser o eletrochoque, opiáceos, calmantes e banhos, Forel concentra seu interesse na intrincada dinâmica entre cérebro e alma, com o que postula uma "psiquiatria dinâmica". Uma importante inovação da psiquiatria dinâmica é a concepção de uma alma com áreas conscientes e inconscientes. Também é nova a concepção de que numerosos quadros patológicos, emocionais e físicos, são causados por fatores psíquicos. Com isso, o caminho está livre para a busca por métodos de tratamento psicoterapêuticos.[5]

Forel sensibiliza seus colaboradores sobre a importância dos sonhos e se esforça por compreender psicologicamente os sintomas de seus pacientes. Quando ouve falar dos experimentos franceses com sugestão e hipnose, dirige-se diretamente para a França.

Uma lição clínica na Salpêtrière é o título de uma pintura a óleo com 4,3 metros de largura e 2,9 metros de altura de André Brouillet, que é exposta em Paris em 1887. O quadro mostra Jean Martin Charcot, o "Napoleão das neuroses" e carismático médico-chefe da lendária clínica parisiense, realizando um experimento hipnótico com uma paciente histérica em uma das suas *"leçons du mardi"* abertas ao público em geral.

A carreira médica de Charcot é a princípio difícil e lenta, mas logo se torna tão bem-sucedida que ele é chamado à Rússia diversas vezes para prestar atendimento médico ao czar. Só mais tarde ele se dedica à pesquisa e à investigação minuciosa da histeria. À medida que paralisa quadros de histeria por meio de hipnose e logo os faz desaparecer, Charcot demonstra que os sintomas histéricos não são necessariamente consequências de lesões no sistema nervoso, mas podem ser causados por fatores psíquicos. O médico francês devolve a dignidade às pacientes histéricas ao atestar a autenticidade do sofrimento delas com toda a autoridade de uma grande figura social e médico-chefe da Salpêtrière. No caso de Charcot, pode-se experienciar de modo manifesto o que já se suspeitava: o significado sexual do teatro histérico entre corpo e alma.[6]

No hospital de Nancy, o clínico Hippolyte Bernheim trata com sucesso pacientes nervosos por meio de sugestão e hipnose. Ele tenta curar com hipnose até mesmo doenças orgânicas do sistema nervoso, reumatismo e doenças do trato gastrointestinal. A "Escola de Nancy" ganha reputação, que transcende as fronteiras do país, atraindo clínicos e médicos práticos que têm dúvidas quanto ao sofrimento e enfrentam dificuldades na assistência terapêutica aos neuróticos.

Homens como Auguste Forel e Sigmund Freud realizam com Bernheim experiências fundamentais, que os incentivam a adquirir novos conhecimentos e desenvolver novos métodos de tratamento psicológico. Outro psiquiatra francês, Pierre Janet, formula em sua tese "O estado mental dos histéricos. Os estigmas psíquicos" (1892) a primeira teoria psicológica consistente sobre a histeria, fundamentada em estudos de caso. É o primeiro a tematizar o *rapport* — a relação entre hipnotizador/médico e paciente — e dedica especial atenção aos sentimentos do doente com relação ao médico, que vão da afeição à paixão.

"Em 14 de março [de 1886] voltei de Nancy como um hipnotizador quase completo", escreve Forel em suas memórias.[7] Inicialmente, ele usa hipnose e sugestão com os funcionários, depois também com os pacientes. "As pessoas começam a me considerar um feiticeiro", conclui, divertindo-se. A série de palestras de Forel sobre hipnose se torna uma atração na sociedade e deixa suas marcas até mesmo na obra literária de Gerhart Hauptmann.[8] Em 1898, com 50 anos, Forel se demite de seu cargo de diretor de Burghölzli e se muda com a família de volta para o oeste da Suíça.

Seu sucessor, Eugen Bleuler, é originário de Zollikon, um pequeno vilarejo de agricultores nas proximidades de Zurique. Durante sua época de ginásio, a única irmã, Anna Paulina,[9] adoece de esquizofrenia. Bleuler se torna médico e psiquiatra. No começo, trabalha alguns anos na clínica Waldau, perto de Berna. Após temporadas de estudos com Charcot, tanto em Londres quanto em Munique, Bleuler é nomeado — por insistência de Forel — diretor da clínica Rheinau, na época um dos sanatórios mais antiquados da Suíça. Bleuler ainda é solteiro: vive e trabalha com seus pacientes.

Não há praticamente nenhum outro médico suíço sobre o qual existam tantas anedotas. Forel conta como seu antigo assistente Bleuler é cada vez mais valorizado como diretor de Rheinau, e trabalha tanto que não dorme: "Ele me disse até mesmo que dormir seria um péssimo hábito. A consequência foi que um dia desmaiou repentinamente e ficou inconsciente por cinco horas. Era simplesmente impossível despertá-lo do sono profundo. Desde então aprendeu que dormir é um bom hábito."[10]

Bleuler se preocupa pessoalmente das queixas de seus pacientes; trabalha com eles no campo, organiza atividades ao ar livre e às vezes festas. É um dos primeiros médicos a escutar com atenção seus pacientes esquizofrênicos, anota diligentemente tudo o que lhe contam, e tenta encontrar sentido em seu discurso delirante e em seu comportamento aparentemente bizarro.

Em 1898 Eugen Bleuler é nomeado diretor de Burghölzli.[11] Depois de se mudar para o apartamento do diretor, hospeda a irmã doente.[12] Ele crê que é possível tratar mesmo os casos mais graves de catatonia por meio da sugestão. A maneira com que lida com Anna Paulina causa grande impressão em Abraham A. Brill, um dos jovens médicos que, no início do século XX, chegam a Burghölzli, vindos de toda parte, para aprender a nova arte da psicanálise. Brill observa, de sua sala, do outro lado do corredor, como Anna Paulina perambula o dia todo atrás de Bleuler. Os filhos de Bleuler ainda são muito pequenos e não parecem se importar com a presença dela. Quando sobem nas coisas, usam a tia como se fosse um objeto inanimado, uma cadeira.

Em certa ocasião, ela entra em um estado agudo de agitação. Uma vez que Bleuler não quer usar de violência, trabalha por horas e horas falando com ela, até que consegue tranquilizá-la.[13]

Bleuler tem suas próprias experiências, passivas e ativas, com a hipnose, e quando surgem em alemão as "Conferências policlínicas" de Charcot, em 1892, ele escreve uma resenha favorável, fazendo menção especial ao tradutor: Sigmund Freud. Também na discussão sobre os *Estudos sobre a histeria* (1895), trabalho pioneiro de Freud e Josef Breuer, Bleuler chega a uma conclusão surpreendentemente positiva: o livro traria uma visão completamente nova sobre o mecanismo psíquico e seria uma das publicações mais importantes dos últimos anos na área da psicologia normal e patológica.[14]

Bleuler faz experimentos com o método freudiano de interpretação de sonhos. Em pouco tempo, começa a enviar a Freud o relato de seus próprios sonhos, com as associações, e pede ajuda para interpretá-los, uma vez que nem seus colegas que têm prática no assunto, nem sua esposa, que tem uma compreensão inata para a psicologia, conseguem decifrar os enigmas.[15]

O PRIMEIRO PERÍODO NA SUÍÇA (1904-1911)

Eugen Bleuler é o primeiro professor universitário a admitir os métodos de observação freudianos no que se refere aos distúrbios mentais. Ele se entusiasma com a psicanálise porque, com o auxílio dessa ciência, consegue finalmente compreender o sentido biográfico do discurso confuso de seus pacientes esquizofrênicos. Bleuler descobre também que o conteúdo de muitas ideias delirantes consiste em ideais mal resolvidos.[16] Durante certo tempo fica convencido da ubiquidade dos "mecanismos freudianos". Acredita ter encontrado a chave para a compreensão do "contexto lógico e afetivo de toda desordem" e poder aplicar as descobertas freudianas da *Interpretação dos sonhos* (1900) a todos os fenômenos psíquicos: doentes com "*dementia praecox*", a simbologia mitológica, as lendas e fábulas, incluindo o *delirium tremens* e o estado crepuscular dos epilépticos.[17]

Bleuler proporciona um clima propício para a psicanálise em Burghölzli, incentivando colaboradores e praticantes a ler os escritos de Freud e a experimentar as novas ideias psicanalíticas. Assim, por um tempo impera na clínica uma verdadeira febre analítica. Todos se analisam uns aos outros, em todas as situações, apropriadas ou não. Interpretam os sonhos uns dos outros, registrando cada "signo complexo" e tentando interpretá-lo: os atos falhos, os equívocos, o fato de ultrapassar a pauta ao escrever, as ações simbólicas, o murmurar alguma melodia inconscientemente, esquecimentos etc.[18] Até mesmo as esposas dos médicos participam do ardor inicial, tomam parte nas discussões e contam seus sonhos. À medida que aumenta o entendimento sobre o inconsciente, os médicos impedem as esposas de contarem seus sonhos, pois percebem que desse modo revelam demais sobre suas vidas privadas.[19]

Com a abertura de uma das instituições psiquiátricas mais importantes e avançadas, a psicanálise desperta do seu sono vienense: torna-se clínica e científica. No artigo "Sobre a história do movimento psicanalítico", de 1914, Freud descreve o início turbulento da psicanálise em Zurique:

> Desde 1907, contra todos os prognósticos, a situação se alterou de um só golpe. Percebeu-se que a psicanálise começava discretamente a despertar interesse e encontrar adeptos; mais que isso, havia cientistas dispostos a

reconhecê-la. Antes, um comunicado de Bleuler me informara que meus trabalhos estavam sendo estudados e aplicados em Burghölzli. Em janeiro de 1907, chegou a Viena o Dr. Eitingon, primeiro representante da clínica de Zurique; logo seguiram-se outras visitas, que abriram o caminho para uma profunda troca de ideias. [...] Certamente não foi apenas a participação da escola de Zurique que, à época, direcionou a atenção da comunidade científica para a psicanálise. [...] Porém, em todos os demais lugares, essa demonstração de interesses não produziu mais do que uma rejeição apaixonada; em Zurique, ao contrário, a aceitação foi, no princípio, o tom fundamental da relação [com a psicanálise]. Em nenhum outro lugar encontrou-se um grupo tão compacto de seguidores ou pôde-se instalar uma clínica pública a serviço da pesquisa psicanalítica; tampouco em nenhum outro lugar pode-se encontrar professores que incorporassem a doutrina psicanalítica como parte essencial de suas aulas de psiquiatria. Os habitantes de Zurique se tornaram, assim, a tropa central do pequeno grupo que lutava pela valorização da psicanálise. Apenas com eles havia a oportunidade de aprender a nova arte e de conduzir novos colaboradores a ela. A maioria dos meus discípulos e colaboradores atuais veio a mim a partir de Zurique, incluindo aqueles que residiam geograficamente mais próximos de Viena do que da Suíça.[20]

Muitos dos médicos que conhecem a psicanálise com Bleuler e Jung serão depois personalidades conhecidas, como o alemão Karl Abraham, o húngaro Sándor Ferenczi, o norte-americano Abraham Brill, o britânico Ernest Jones, o norueguês Johannes Strömme, além de médicos suíços como Ludwig Biswanger, Franz Riklin e Emil Oberholzer. Naturalmente Freud também pensa nos "seus" russos: Max Eitingon, Herman Nunberg, Sabina Spielrein, Tatiana Rosenthal, Salomea Kempner, Michail Asatiani, Sara Neiditch, Nikolai Ossipov etc.

A cooperação entre vienenses e zuriquenses durou cerca de sete anos, de 1906 até mais ou menos 1912-1913. A história dessa estimulante colaboração repleta de vicissitudes para ambas as partes está documentada em 360 cartas trocadas por Freud e Jung durante esses anos.[21] O ponto gravitacional e o principal arquiteto do turbulento desenvolvimento da psicanálise no início do século XX é C. G. Jung.

Karl Gustav Jung — como consta do registro de batismo — nasceu em 26 de julho de 1875 na comarca de Kesswill, às margens do lago de Constança, no cantão de Thurgau. O pai, Paul Achilles Jung, era um empobrecido pastor evangélico reformado; a mãe, Emilie Jung, nome de solteira Preiswerk, provinha da alta sociedade da Basileia, a "Daig". Quando Karl completa 4 anos, a família se muda para Kleinhüningen, próximo de Basileia. Pouco tempo antes, a mãe cai em depressão profunda e tem que ficar internada por alguns meses no hospital de Basileia. O pequeno menino reage à separação da mãe e às tensões entre os pais com graves erupções cutâneas por todo o corpo. O pai cuida do filho doente com carinho. Carrega-o nos braços quando está com febre e não consegue dormir, e canta-lhe canções de seu tempo de estudante. Quando a mãe retorna, os pais passam a dormir em quartos separados. Karl dorme com o pai. O menino sofre de laringotraqueobronquite com ataques de asfixia, e novamente é o pai quem cuida dele. Karl tem pesadelos que o fazem sentir-se ameaçado.[22]

"Desde aquela época, ficava desconfiado toda vez que a palavra 'amor' era dita", escreve Jung em suas memórias.[23] Um sentimento de "insegurança natural" ligara-se ao elemento feminino; o "pai", por outro lado, significava confiança e incapacidade. Durante a ausência de Emilie Jung, além do pai, também cuida do menino a empregada, uma mulher que, com seus cabelos negros e sua tez morena, é muito diferente da mãe.

Karl cresce como filho único; a única irmã nasce apenas quando ele já tem 9 anos. O aparecimento repentino e inesperado desse ser rosado e enrugado provoca nele um vago sentimento de desconfiança — ao mesmo tempo, a curiosidade e a capacidade de observação de Karl ficam mais agudos.[24]

Com 11 anos, entra no ginásio na Basileia. Perde seus companheiros de brincadeiras e entra no "grande mundo". A partir desse momento, o menino tem experiências sociais decisivas. Os colegas de classe provêm de famílias abastadas, recebem mesada dos pais e podem comprar de tudo. Karl percebe quanto sua família é pobre: o pai é um pastor pobre do interior e ele não passa de um pobre filho de pastor que tem que ir à escola com as meias úmidas. Inventa para si um romance familiar, segundo o qual seria um descendente de uma relação ilegítima de Goethe. As aulas da escola são enfadonhas para o menino desperto. Sofre com sentimentos torturantes de solidão, desmaios e tem que lutar contra tendências depressivas. Numa espécie de movimento para se salvar, cria para si um mundo de fantasia e uma segunda personalidade, segundo ele mais forte. Quando assume essa outra personalidade, Karl se sente digno e vive como uma verdadeira pessoa, em ligação íntima com "Deus" e a natureza. Jung vai conservar essa segunda personalidade por toda a vida.[25] Depois da puberdade, com 16 ou 17 anos, aprende a se estabilizar. Nessa época, está forte e grande, tem uma tendência ao mau gênio e uma postura antipática para muitos de seus colegas e professores.[26]

Como aluno, Jung prefere obras de filosofia. Em seguida, desenvolve um amplo espectro de interesses nas ciências humanas e naturais. A partir do semestre de verão de 1895, estuda na faculdade de medicina da Universidade da Basileia. Nas horas vagas, organiza secretamente sessões espíritas na casa paroquial e perfila como membro da associação estudantil Zofingia um pouco dado à bebida e aos discursos. Quando o pai morre, no início de 1896, Emilie Jung tem que sair da casa paroquial de Kleinhüningen com Karl e Gertrud e fica completamente sem recursos. O tio de Karl, Eduard Preiswerk, coloca à disposição da irmã e dos sobrinhos um andar inteiro no moinho de Bottminger. Graças ao apoio de familiares maternos, Jung consegue dar continuidade aos estudos.[27]

Ludwig Wille, professor de psiquiatria em Basileia, chama a atenção de Jung para o livro *Lehrbuch der Psychiatrie* (Livro-texto da psiquiatria) (1879), de Richard von Krafft-Ebing. Jung descobre no renomado psiquiatra vienense os temas de que vai se ocupar durante toda a vida: psiquiatria, psicopatologia e, sobretudo, o enigma das psicoses. Segundo ele mesmo declara, a decisão de se especializar em psiquiatria é tomada repentinamente e perto do fim da faculdade. As memórias de Jung mostram que desde a infância ele se ocupava dos processos internos da mente, dos sonhos e da observação de sua experiência subjetiva do mundo.[28]

Na noite após a última prova, Jung se permite uma extravagância havia muito desejada: vai pela primeira vez na vida ao teatro. No programa, *Carmen*, de Georges Bizet.

Em 27 de novembro de 1900, recebe seu diploma. A partir de então se chama Carl, em memória do avô, Carl Gustav Jung (1797-1865), aquele que em sua fantasia era filho ilegítimo de Goethe. Para espanto de seus colegas, o ambicioso e talentoso Jung abre mão da promissora vaga de assistente no hospital de Basileia. Em vez disso, se dedica seriamente à psiquiatria, uma disciplina sem nenhum brilho ou prestígio. Quando é aberta uma vaga de assistente em Burghölzli, ele é o único a se candidatar. Bleuler encaminha sua inscrição ao conselho governamental: "Recomendo aos senhores o Sr. Jung, sobre o qual tive muito boas informações, para que seja escolhido como segundo médico assistente sob a condição de que seja aprovado no exame técnico suíço."[29]

Jung é nomeado segundo médico assistente em 1º de dezembro de 1900; o salário é de 1.000 francos por ano, além de comida e alojamento.

Em Burghölzli há no total quatro vagas para médicos — incluindo diretor e médico-chefe — para atender a quase quatrocentos pacientes. Os médicos de nível inferior são mal remunerados. O trabalho, além de compreender o atendimento aos pacientes fixos e aos temporariamente internados, é sobrecarregado com tarefas administrativas e de consultoria para seguradoras e tribunais.

Para isso, Bleuler exige formação contínua e engajamento enérgico em pesquisa. Ele mantém um regime estrito: em Burghölzli é obrigatória a abstinência de álcool, todos os médicos devem morar na clínica e não são permitidas companhias femininas. Quem está comprometido pode passear com a noiva pelo jardim. E ai daquele que aparecer à reunião das 8h e não souber informar com precisão o estado de cada paciente e cada acontecimento da noite nas alas sob sua responsabilidade. Com Bleuler, porém, aprende-se psiquiatria. Para Jung, Burghölzli é uma difícil escola: "Com o trabalho em Burghölzli, minha vida iniciou uma realidade indivisa: eu era todo propósito, consciência, dever e responsabilidade. Era a entrada no monastério do mundo."[30]

Eugen Bleuler tenta fazer com que os novos colaboradores se interessem pelos escritos de Freud e encarrega Jung de preparar uma palestra sobre a obra capital do autor vienense, *A interpretação dos sonhos* (1900), a ser apresentada no fim de janeiro aos médicos de Burghölzli. Além de cumprir suas obrigações como médico, Jung trabalha em sua dissertação. Ao desenvolver seu tema, se deixa inspirar por um best seller internacional, *Das Índias ao planeta Marte* (1899), de Théodore Flournoy, um estudo psicológico sobre manifestações ocorridas durante sessões espíritas com a médium Hélène Smith. Jung já trouxera da Basileia o material para a conferência: anotações e registros de sessões espíritas com sua prima Helene Preiswerk.

Na segunda metade do século XIX, sessões espíritas com mesas giratórias, escrita automática, "glossolalia", visões de espectros e comunicação com espíritos por meio de pessoas dotadas que serviam de médiuns eram muito apreciadas como forma de entretenimento. O incomum nesses procedimentos na casa do pastor Jung era que as sessões tinham que ser mantidas em segredo, tanto dos pais da prima quanto do pai de Carl, que estava de cama no andar de cima, gravemente enfermo. As reuniões em torno da mesa giratória, iniciadas por Jung — ainda estudante do primeiro semestre — e por sua mãe, foram realizadas pela primeira vez no começo do verão de 1895 na casa paroquial em Klein-Hüningen, e continuaram — com interrupções — até setembro de 1899. Tomaram parte as primas de Jung, além de Emma Zinsstag, uma amiga das primas, e a irmã de Jung, Gertrud. A médium era Helene Preiswerk, então com 15 anos, que revelou um talento especial para visões e clarividência. Quando Jung convida para as sessões alguns dos companheiros da organização estudantil, Helene demonstra inibição diante dos estranhos e começa a simular, por amor ao primo. A farsa é descoberta rapidamente; há um grande alvoroço e gargalhadas entre os jovens; o próprio Jung fica profundamente ofendido e decepcionado.[31]

Muitas coisas aconteceram, na verdade, de maneira diferente da que Jung descreve em sua conferência. Ele omite os detalhes das sessões, principalmente seu próprio papel de organizador. Oculta o fato de que sua irmã, Gertrud, atuou às vezes como médium a partir de 1898, e "desloca" o início das sessões do primeiro semestre para o fim do seu período de faculdade.[32] O que havia começado como um jogo secreto e inofensivo no círculo familiar se torna agora algo muito sério. Na conferência, Jung expõe o "caso da Srta. S.W.". A prima é apresentada como "paciente", como um exemplo de "complexo de inferioridade psicopático". Sobre sua família, diz, entre outras coisas: "A mãe padece de complexo de inferioridade psicopático inato."[33]

Na sociedade da Basileia o "caso da Srta. S.W., 15 anos e meio, protestante" é identificado rapidamente. Os Preiswerk se sentem atingidos. Helene está noiva; o noivo desmancha o compromisso. A mãe de Helene desfaz também o contrato de estudos com o ateliê das costureiras na Basileia; a filha vai para Montpellier, para continuar o treinamento como costureira e chapeleira com Emma Zinsstag.[34]

No verão de 1902, Jung obtém o grau de doutor na Faculdade de Medicina de Zurique com o trabalho científico *Sobre a psicologia e a patologia dos assim chamados fenômenos ocultos*.[35] Em seguida, passa meio ano em Paris. Depois de seu retorno à Suíça, passando por Londres, em 14 de fevereiro de 1903 Jung se casa com Emma Maria Rauschenbach, uma adorável e inteligente jovem de uma próspera família de industriais de Schaffhausen. Emma é a filha de Bertha Schenk. Quando Carl era pequeno, Bertha tomou conta dele durante um tempo. Depois, casou-se com o rico Johannes Rauschenbach Jr.[36]

Na primavera, os recém-casados se mudam para Zurique. Jung volta a trabalhar em Burghölzli. A pobreza nunca mais seria um problema para ele.

Jung deseja agora ter sucesso científico. Freud desenvolvera as bases de seu novo modelo mental de psicologia profunda no decorrer de uma autoanálise e da interpretação de sonhos, tanto seus quanto de outros, assim como no trabalho clínico com pacientes histéricas. Freud trabalha em seu consultório particular com um método de tratamento intensivo que consiste em cinco ou seis horas de tratamento por semana e por paciente. Seus pacientes têm distúrbios neuróticos, principalmente histeria e transtorno obsessivo-compulsivo. No sanatório cantonal Burghölzli, por outro lado, um grupo de médicos tem que atender várias centenas de pacientes severamente doentes, que em sua maioria não está lá por vontade própria. Esses pacientes sofrem de danos cerebrais orgânicos, doenças psicóticas, epilepsia ou alcoolismo grave. As histéricas, por outro lado, dificilmente vão para Burghölzli, e se chegam a receber algum tratamento, este é baseado na tradição da psiquiatria francesa, com hipnose e sugestão.

Até a chegada de Sabina Spielrein, apenas Franz Riklin tentara tratar uma paciente histérica por meio de uma mistura de "análise freudiana" e hipnose, mas sem verdadeiro sucesso.[37] Mesmo assim o método freudiano parece promissor, e Jung quer fazer carreira. Quando o telefone de Burghölzli toca na noite de 17 de agosto de 1904 e o Dr. Bion solicita a internação da Srta. Spielrein, da Rússia, é literalmente o dia de sorte de Jung. A jovem é inteligente, instruída e fala alemão: preenche todos os requisitos para se testar o método freudiano.

8 "COMO! ÉS TÃO ÍNTIMO COM O DIACHO/ E TE APAVORAS
VENDO A CHAMA?"

J.W. GOETHE, *FAUSTO**

"O mundo é um palco.
Os homens e as mulheres meros personagens.
Cada qual cumpre sua entrada e saída,
e desempenha na vida vários papéis."

WILLIAM SHAKESPEARE, *COMO GOSTAIS*

Por volta de 1900, nos círculos especializados é unânime a opinião de que é conveniente realizar um tratamento com hospitalização no caso da histeria. A experiência mostrou que, justamente em casos de neurastenias e em condições de histeria grave com sonambulismo e alucinações, a separação espacial da família produz um rápido declínio no quadro sintomático. Sabina Spielrein fica nove meses e meio em Burghölzli — o tempo de uma gestação.

O prontuário médico tem o número 8.793.[1] Na folha de rosto, Jung preenche os dados usuais: nome, origem, lugar de residência, estado civil; no item "religião" coloca "israel [ita]".[2] A paciente é hospitalizada na primeira classe. Para pacientes estrangeiros, é obrigató-

---

*Tradução de Jenny Klabin Segall (São Paulo, Editora 34, 2004, p. 265). (*N. do T.*)

rio pagar o preço por atendimento particular: 1.250 francos a cada três meses.³

Além disso, a folha de rosto revela algumas peculiaridades: o sobrenome da paciente está escrito de maneira errada; na data de nascimento faltam o dia e o mês; no "estado físico" — parte essencial do procedimento de internação — não consta nada. Como se explicam essas omissões? O que aconteceu?

A situação na noite de 17 de agosto de 1904 é complicada. É tarde, a jovem está histérica e o Dr. Lublinski mal fala alemão. Jung diz sobre ele: "Como velho judeu russo, dá respostas secas e evasivas, além de não dominar o alemão."⁴ Quem, então, poderia fornecer as informações necessárias? É notável que o que foi omitido não tenha sido recuperado depois. É como se Sabina tivesse contaminado a clínica: a confusão impera ali; sua primeira noite transcorre com tranquilidade. O tratamento incomum de Sabina Spielrein será uma característica de toda sua estada na clínica.

Na manhã seguinte, ela é posta sobre a balança: pesa, sem roupas, 47,6 quilos. É pouco, mesmo ela sendo bastante pequena.⁵ A primeira decisão é alimentá-la. Nos primeiros dias, Jung tem conversas clínicas com Sabina Spielrein, com a mãe e com o tio dela. Ele não consegue, num primeiro momento, fazer uma ideia precisa da situação. Tem que corrigir várias vezes o formulário "carga hereditária". Sobre o pai, anota: "nervoso, trabalha excessivamente, neurastênico, irascível até não poder mais"; a mãe é "histérica!, nervosa (assim como a paciente), é dentista, tem ausências histéricas de caráter infantil". O primeiro irmão dá gritos histéricos, o segundo sofre de tiques e é muito agressivo, e o mais novo é "masoquista, histérico, e faz maldades com o objetivo de machucar".⁶

No início, Jung escreve quase diariamente no prontuário médico da paciente. Toma conhecimento de detalhes da infância de Sabina, como, por exemplo, o fato de ela ficar doente com frequência, de ser precoce e muito inteligente. Sabina afirma que não teria sido uma aluna suficientemente aplicada no colégio, enquanto a mãe afirma o contrário. Quando Jung aborda a relação dos pais, Sabina responde com uma negativa: o casamento "não é infeliz". Quanto à sua relação com o pai, é um tema do qual não gosta de falar: ama o pai "com dor", não o compreende, e ele a agride verbalmente. Quando volta a ser questionada, reage com tiques, caretas e movimentos defensivos. É como se não quisesse falar sobre o assunto, como se não desejasse ser curada.

Jung não cede, e finalmente revela-se que aos 11 anos Sabina apanhou do pai nas nádegas nuas, algumas vezes na presença dos irmãos. Para Sabina, o principal elemento do castigo era o fato de o pai ser homem. Além disso, Jung tortura Sabina com observações chocantes. "Foi necessária uma dura luta para tirar da paciente essa confissão. Nesse caso, os tiques se tornam absolutamente adequados à afecção, expressam defesa e aversão."[7] Como o pai fizera antes, agora é o médico, com sua pressão, quem não respeita os limites de Sabina Spielrein. Ela cobre Jung de acusações, afirmando que ele estaria apenas simulando interesse por ela. Além disso, ameaça: se tiver que dizer "tudo", vai se alterar de tal maneira que a situação logo vai piorar, e então ele vai ver quem ela realmente é.[8]

Com a mãe, tem uma "relação semelhante". Naquele ano inclusive a mãe quis bater nela na presença dos irmãos e dos amigos dos irmãos.

A Sra. Spielrein conhece bem a filha. Ela se preocupa e informa o enérgico médico de Burghölzli a respeito da tendência de Sabina de se apaixonar intensamente para logo em seguida se decepcionar. O último escândalo no hotel, esclarece, seria explicado pelo fato de Sabina ter se sentido enganada por um jovem médico — um assistente do Dr. Heller. De qualquer forma, é questionável que Jung tenha dado ouvidos a esse aviso.[9]

Sabina recebe a prescrição de repouso absoluto. Livros, visitas e todo tipo de entretenimento estão proibidos. A enfermeira entra em seu quarto de hora em hora e permanece por cinco minutos, e uma vez por dia o médico a visita. Nos primeiros dias, a paciente fica extremamente agitada, dorme mal, tem medo, pede que a luz fique acesa.[10] Faz-se necessária alguma rigidez por parte dos médicos para acalmar os familiares e controlar visitas e cartas. Repouso na cama, proteção contra todo tipo de distração, proibição de visitas: essas medidas terapêuticas correspondem aos conhecimentos da época e demonstram sua eficácia. Pouco tempo depois, o Dr. Jung faz os primeiros passeios com a paciente particular russa pelos jardins da instituição; em seguida, vão além, para a área dos lagos.

"O mundo é um palco", e cada um de nós é autor e ator no drama da própria vida — assim como na vida das pessoas próximas. Voluntariamente ou não, as realidades psíquicas forçam caminho até o palco. Esse palco é a alma ou o corpo de cada um; por vezes o teatro da mente procura um cenário no mundo exterior, em mentes e corpos alheios. O Eu, que é ao mesmo tempo produtor e diretor, mostra uma inquietante tendência para reencenar sempre as mesmas tragédias e comédias. Sigmund Freud explica isso dizendo que "cada ser humano, por meio da interação de suas disposições inatas e das influências que recebe na infância, desenvolve uma maneira específica de conduzir sua vida amorosa".[11] Cada pessoa cria para si um modelo ou roteiro que é repetido desde o começo. Na psicanálise, esse fenômeno se chama "transferência". A transferência pode ser consciente ou inconsciente; positiva, passional ou terna; mas também pode ser dominada por animosidade, inveja e ciúme. O autor do roteiro é uma parte ingênua e infantil do Eu. No mundo adulto, no qual as regras da infância não valem e não são compreendidas, essa parte do Eu traz à cena conflitos não resolvidos, dores reprimidas, mas também desejos e formas anteriores de satisfação. Um motor para essa repetição é a busca — inadequada — de soluções melhores e mais felizes para a vida.[12]

Durante a internação de Sabina Spielrein há três fases diferentes de transferência. Inicialmente predomina um roteiro caótico. Quando um dos médicos assistentes proíbe que saia da cama, ela se levanta em protesto, garante a ele que nunca o obedecerá, que não deseja ser curada e que quer ser desobediente. Quando Jung é chamado e conversa com ela sobre boas maneiras, Sabina vai imediatamente para a cama e se acalma de maneira exemplar.[13]

Dois dias depois, lê-se no prontuário:

> 22 de agosto, às 22h, grande alvoroço. Quando a enfermeira de plantão (uma substituta) se aproxima de sua cama, a paciente exige que ela

deixe o quarto por cinco minutos. (Supostamente a paciente queria fazer necessidades fisiológicas e ficava inibida na frente da nova enfermeira.) A enfermeira se recusa a sair com um sorriso e manda a paciente ir para a cama. Ao que a paciente responde: "Então acho que quero me matar." De repente, ela arranca o cordão da cortina e, enquanto a enfermeira tenta tirar o cordão de suas mãos, Sabina joga o relógio da enfermeira no chão; despeja limonada por todo o quarto, desfaz a cama, ataca a enfermeira e, em seguida, senta-se na poltrona envolvida num lençol. Quando o médico assistente chega, ela conta calmamente toda a história, sem faltar com a verdade, e volta para a cama. Ao ouvir o médico falando com a enfermeira diante da porta, pergunta: "O senhor não ofendeu a moça, não é? Falou com ela em tom calmo?"[14]

O que chama a atenção na leitura do prontuário é o caráter adolescente do turbulento caso. Sabina Spielrein desafia e ameaça, sempre apronta algo e tenta — com algum sucesso — causar confusão generalizada na clínica, de uma maneira que só a histeria e a mania possibilitam. De qualquer forma, tem apenas 18 anos, e nessa idade uma menina pode ficar agitada rapidamente. Para que se produzam estados crepusculares, delírios ou representações bastante vívidas — que se impõem como alucinações —, não é necessário que exista uma psicose generalizada, sobretudo porque, há um século, as histerias se manifestavam de forma consideravelmente mais expansiva e "maluca" do que hoje.[15] A simulação de uma psicose e a produção de absurdos completos — e aparentes — foram batizadas por Bleuler de "*Gansern*".*[16] Hoje Sabina seria descrita como uma "adolescente tardia" e seu estado como "crise adolescente". Em nenhuma outra fase do desenvolvimento perguntas como "O que é permitido?" ou "O que é proibido?" são de tal maneira centrais. Na época de Jung, a psicanálise ainda não levava em consideração o fato de que a adolescência é uma fase especial do desenvolvimento, com suas crises (ou desgovernos) específicas.[17]

---

*"*Gansern*" refere-se à chamada síndrome de Ganser, também conhecida como pseudodemência histérica ou psicose de prisão. (N. do T.)

Sabina Spielrein é uma jovem mimada pela família e está acostumada a ser servida. Por isso exige muito de todas as pessoas que a cercam. Jung é o único a quem obedece prontamente. Quando, no fim de outubro, ele tem que se ausentar para um curso de reciclagem militar por três semanas, o sempre econômico diretor da clínica, Bleuler, avalia a situação e envia uma petição à secretaria de saúde para evitar problemas com a família: "Excelentíssimo Senhor Conselheiro. A Srta. Sabina Spielrein nos dá tanto trabalho que nos parece justo fixar seus custos em 10 francos, apesar de ter uma enfermeira particular. A família parece ter condições financeiras bastante boas. Sincera e respeitosamente, Bleuler."[18]

Bleuler assume a partir de então uma parte da correspondência, chega até mesmo a acrescentar entradas no prontuário da paciente e fica bem atento ao caso. Nesse ínterim, a Sra. Spielrein e o Dr. Lublinski voltaram para a Rússia. Nikolai Spielrein anuncia sua chegada em breve. Quer dar um novo vestido de presente para a filha e para isso se dirige a Bleuler, que responde comovido e solícito, e aconselha Nikolai a se dirigir a uma costureira da cidade, uma vez que nas mãos da costureira da instituição não haveria nenhuma garantia de que "o vestido ficaria bom".[19]

A paciente particular russa se adaptou até certo ponto, e aproveita o novo ambiente para refletir sobre seus interesses. Bleuler é um enérgico defensor da terapia do trabalho, conduzida de forma a despertar nos pacientes o interesse por algo racional e desviá-los de ideias mórbidas.[20] Os pacientes graves tricotam o dia todo, e à noite seu trabalho é desmanchado. Com simulações exageradas e sintomas esquisitos, Sabina não consegue impressionar o experiente Bleuler. Ela é estimulada a realizar atividades racionais; seus interesses científicos são levados a sério e incentivados. São dadas a ela obras de Gottfried Keller e o livro de Auguste Forel *Der Hypnotismus, seine Bedeutung und seine Handhabung* [O hipnotismo, seu significado e sua aplicação] (1889).

No fim de setembro, o professor Bleuler escreve um relatório ao Sr. Spielrein no qual registra uma certa melhora:

> As agitações e travessuras infantis se tornaram menos frequentes, de forma que há dias nos quais tudo corre com tranquilidade. Felizmente,

conseguimos despertar o interesse da Srta. Spielrein por algumas atividades científicas, de modo que com isso ela se permite afastar durante horas dos seus ataques doentios. De manhã, toma parte com grande interesse nas investigações que realizamos sobre a doença, e à tarde costuma passear com sua enfermeira. Em geral aproveita essa oportunidade para fazer algumas travessuras infantis, mas que são todas completamente inofensivas.[21]

Em meados de outubro, Bleuler comunica à família a boa notícia de que "a Srta. Spielrein decidiu começar, na próxima primavera, os estudos de medicina em Zurique".[22]

Nesse meio-tempo, Sabina Spielrein amplia sua posição privilegiada no sanatório de Zurique. Quando se comporta de maneira razoável, pode tomar parte nas lendárias discussões de caso do professor Bleuler. A ela são dadas pequenas tarefas para resolver sozinha. Tenta até mesmo fazer diagnósticos e justificá-los. Logo é possível passar a ela tarefas no laboratório de psicologia. O fato de fazer as refeições na mesma mesa que os médicos assistentes revela um grande avanço. No final de novembro, faz uma visita social à casa do professor Bleuler "com grande êxito".[23] A atenção que lhe dão em Burghölzli significa uma enorme valorização para sua baixa autoestima.

A caótica primeira fase da transferência é seguida de uma segunda fase, uma transferência paterna com contornos de caráter sadomasoquista. Sabina Spielrein testa Jung para saber se ele a leva a sério, se realmente presta atenção no que diz e se quer ajudá-la. "À mais leve falta de atenção ou confiança, ela se vinga imediatamente por meio de comportamento totalmente negativo e uma série de diabruras maiores ou menores. Cada conversa com ela que deveria revelar algo é um difícil e arriscado jogo."[24]

Pouco a pouco ela ganha confiança, e os acessos diminuem. Continua utilizando as horas livres principalmente para transgressões: tentar o suicídio para constranger as enfermeiras, fugir, esconder-se, assustar as pessoas, violar as proibições e outras coisas parecidas. Depois de cometer tais excessos, sofre com sentimentos de culpa e se sente mal. "A paciente compreende plenamente sua condição, mas não tem nenhuma energia para melhorá-la", deduz Jung. Ela pede que ele não demonstre o menor constrangimento, mas sim energia e uma fé inabalável em sua cura, pois esse é o único caminho para ajudá-la. "A paciente não tem, por assim dizer, persistência; quando tem que ler algo, basta o médico estar presente para que se distraia, com frequência durante horas."[25]

Antes de ser chamado para o serviço militar em outubro, Jung ainda conseguiu realizar com ela o teste de associação de palavras, um experimento psicológico que consiste em o médico dizer em voz alta uma lista de 156 palavras. Por exemplo, diz "sal", e o paciente responde "pimenta"; diz "azul", e o paciente responde "céu" etc.[26] Durante o experimento, medem-se os tempos de resposta. Em uma segunda rodada, o paciente deve repetir as respostas que já deu. Sempre que há hesitação em alguma resposta ou ocorre algum problema na repetição, fala-se de um "complexo condicionado pelo sentimento".[27]

Bleuler introduzira esse método em Burghölzli para melhorar o diagnóstico dos pacientes e para testar empiricamente as hipóteses de Freud.[28] O resultado do teste aponta que os castigos constituem o "complexo central" de Sabina.

Até mesmo a nota do sanatório de Heller, com os rabiscos de Sabina — um médico que aplica eletrochoques em sua paciente —, revela uma posição marcadamente sexual com traços masoquistas. Além disso, Sabina não suporta que lhe digam o que fazer.

Durante essa segunda fase da transferência, Sabina exige que C. G. Jung lhe cause dor: que a trate mal de alguma maneira, que não lhe pergunte nada, apenas lhe dê ordens.[29]

Jung não se deixa provocar, e com isso a dor procura outras formas de expressão. De repente, Sabina começa a mancar; finalmente, caminha apoiando-se na parte exterior do pé e reclama de dores terríveis na sola do pé. Com isso, Jung se vê obrigado a examinar os pés dela — uma parte do corpo carregada de erotismo. O exame revela uma hiperestesia aguda em ambos os pés. "É necessário tratamento urgente e com observação atenta." Durante uma breve ausência de seu terapeuta, Sabina desenvolve uma aguda hiperestesia na mão esquerda, e imagina, ansiosa, "que [Jung] aperta sua mão até que a dor se torne insuportável". Com muita calma, admite: "Quero sentir dores. [...] desejo que faça coisas realmente más comigo, que me obrigue a fazer algo que eu não queira fazer de jeito nenhum."[30]

A jovem é bela e de uma inteligência incomum; tem uma compreensão intuitiva dos processos psíquicos. Jung dedica muito tempo a ela e se esforça, porém o tratamento não progride como o planejado. Seu orgulho como terapeuta e suas ambições científicas estão em jogo.

Em dezembro de 1904, Jung faz mais um teste de associação com Sabina.[31]

O fato de Jung descrever Sabina Spielrein como seu "caso de estudo psicanalítico" soa enganador, pois ele não trata sua paciente com a psicanálise freudiana. Ele abre mão não somente do divã, mas também da "associação livre", ou seja, do instrumento técnico mais importante do método de tratamento freudiano. A psicanálise freudiana, escreve Jung, é uma técnica extremamente complexa, uma vez que os iniciantes podem perder rapidamente a coragem e a orientação ao deparar com os inúmeros obstáculos, visto que "nunca se sabe exatamente por onde se deve começar".[32] Jung prefere tratar sua paciente com uma associação de métodos. Gosta de trabalhar com o teste de associação e, se um "complexo emocional" é tocado, obriga a paciente "de certa maneira impiedosa" a trazer à tona as representações insuportáveis para sua consciência: "As existências psíquicas autônomas são demolidas à medida que são trazidas à luz mediante um esforço voluntário."[33] Jung comprova que pacientes histéricos resistem "intensamente e com uma convicção extraordinária" à exposição de seus complexos. Em seus experimentos, persegue vários objetivos. Pretende chegar pela via experimental a novos pontos de vista a respeito da construção psicopatológica de sintomas neuróticos e a uma "guia confiável" para descobrir "laços e armadilhas" do complexo histérico; e, sobretudo, procura técnicas para encurtar o longo processo de tratamento freudiano.[34]

Mesmo que não seja a intenção de Jung, seu procedimento é, por sua própria realização, apropriado para estabelecer uma relação sadomasoquista entre médico e paciente e para estimular fantasias sadomasoquistas. Sabina Spielrein deve considerar esse método aterrorizante; ela não consegue sequer pronunciar a palavra "bater" quando aplica ela mesma testes de associação de palavras.

Em sua monografia "Über den psychologischen Inhalt eines Falles von Schizophrenie (*Dementia praecox*)" [Sobre o conteúdo psicológico de um caso de esquizofrenia (*dementia praecox*)], de 1911, há uma longa passagem na qual a paciente de Spielrein — trata-se de uma mulher inteligente e culta, casada, mãe de dois filhos, que sofre de uma forma paranoica de *dementia praecox* — fala sobre Jung, sobre suas experiências com ele e o teste de associação de palavras. A paciente diz literalmente a Spielrein: "Bateram em mim por toda a Basileia. Isso tem a ver com o *Schnitzelbank*,* cujo símbolo é o carnaval que tenta expulsar a barbárie."[35] A paciente joga aqui com o fato de que o Dr. Jung vem da Basileia. No carnaval de lá há o costume, chamado de *Schnitzelbank*, de recitar versos satíricos que expressam toda sorte de coisas desagradáveis sobre a pessoa a que se referem — assim como o experimento de associação. O conceito "*Schnitzelbank*" se mostra uma expressão sarcástica e exata para o "experimento de associação": "Por meio do *Schnitzelbank*, uma pessoa é 'pisoteada' por toda a Basileia; deve-se atravessar um 'corredor polonês'." Da mesma maneira que acontece no carnaval da Basileia, no experimento de associação as pessoas são confrontadas com uma série de palavras; cada uma delas desfere um forte golpe nas outras, ou seja, toca em algum complexo.[36] Sabina Spielrein compreende muito bem as sensações de sua paciente com base em suas próprias experiências.

Já faz bastante tempo que Sabina não escreve nada em seu diário. No outono de 1904 ela retoma a escrita:

>Vazio, escuro e frio.
>Vazio e escuridão por toda a volta.

---

*Costume carnavalesco típico suíço, que corresponderia a marchinhas de carnaval que tratam jocosamente de temas do cotidiano. *Schnitzelbank* refere-se a um banco de madeira tradicionalmente usado pelos cantores. (*N. do T.*)

> Estou sozinha neste mundo,
> totalmente só.
> Sem papai,
> sem mamãe,
> sem um lar.
> Não posso contar meus pensamentos a ninguém.
> Minha cabeça,
> cabeça, cabecinha.
> Nunca posso te deixar descansar,
> em nenhum lugar posso recliná-la.
> Meu pobre coração,
> meu coração partido,
> por que pulsas, inquieto e lamentoso,
> e com tanta dor?
> Pressentimentos obscuros
> e inquietações indizíveis.
> Ah, minha juventude perdida.
> Ah, minha vida arruinada.[37]

Poemas como este expressam seu sentimento de solidão e abandono. Sabina pensa sobre a morte e escreve um "último desejo".[38]

Escreve também uma fábula cujos componentes revelam ter origem nos conflitos com o pai, a mãe e os sofrimentos de se tornar adulta. A história começa com um alegre grupo de jovens passeando à noite por um bosque nevado. A protagonista e narradora se afasta dos amigos e vai parar no mundo mágico dos czares da floresta e de sua filha Meri:

> Eu me deixo ficar um pouco para trás em relação aos outros. Quero sonhar. Entre as árvores desenha-se claramente a figura do czar da floresta com sua coroa brilhante. Ao seu lado, há uma grande quantidade de fadas com vestidos reluzentes. Uma delas está apoiada tristemente em uma árvore; seus olhos estão fechados e tem nas mãos algo semelhante a um violão; ouvem-se suaves acordes que acalmam o coração, como quando uma pessoa canta; o coração se parte de compaixão. Eu me aproximo e observo com cuidado o rosto pálido e simpático, e me parece um rosto inacreditavelmente conhecido. Ela abre lentamente os

olhos, move a mão, cansada, e joga o cabelo negro para trás. Essa visão me atravessa, como se expressasse todo o sofrimento da humanidade, uma aflição secreta e profunda e uma acusação calada. Seus lábios se movem para dizer algo, mas nesse momento soa a voz do czar da floresta. A menina se vira como uma sombra e se aproxima dele. O czar está sentado em uma poltrona de ouro, vestindo um deslumbrante manto verde, pálido, imóvel, duro.[39]

Na figura do czar é facilmente reconhecível o pai despótico, que silencia a menina e a transforma em uma sombra. Meri sofre passivamente, não tem voz própria porque suas palavras não são ouvidas. Assim que o czar some na floresta, os jovens chegam à típica cabana que é atribuída à bruxa russa Baba Yaga. A dona é uma mulher velha e ressecada, com um único olho vermelho, e bastante perversa. É com a cor vermelha — assim a mãe ensinou a Sabina — que os pecados são anotados no céu. A bruxa-mãe tortura crianças: em um canto da cabana se vê uma criança assada; "o pobre Ivanutchka" — outro personagem das fábulas russas — é assado em fogo lento e geme no caldeirão.

Sabina se sente torturada por dentro e por fora. Da mãe-bruxa não pode esperar nenhuma proteção. Nessa situação ameaçadora, a narradora se refugia em uma lembrança da infância: "(...) um vento suave brinca com meus cabelos como costumava fazer em meus longínquos anos de infância. Vejo o rosto enrugado da velha inclinado sobre mim, ouço sua voz baixa e monótona: 'Era uma vez a bondosa filha de um czar...'".[40] Os devaneios e fantasias, porém, não oferecem proteção efetiva, o alívio que proporcionam não é duradouro. A natureza se agita, uma tempestade se anuncia, o mar amplo e calmo se transforma em um animal furioso, e a filha do czar aparece com um archote em uma das mãos e o violão na outra. Meri desafia o relâmpago, o vento e o rugido do mar, e começa a cantar: "Eu parecia entender o que Meri cantava, mas não pelas palavras, e sim de alguma outra forma. Isso foi há muitos anos. Meri, a orgulhosa e indomável filha do czar, mora sobre essa pedra."[41] No fim da história, Meri descobriu uma voz poderosa por meio da qual pode expressar seu sofrimento e sua dor.

O PRIMEIRO PERÍODO NA SUÍÇA (1904-1911)

Sabina Spielrein tenta dar voz a suas duras experiências, externá-las por meio da escrita.

Assim como a filha do czar, a orgulhosa jovem russa está sozinha em Burghölzli. Sabina vive longe de sua pátria, em uma cultura estrangeira, em um manicômio. As horas que passa com Jung são os pontos altos de seus dias. Ele a escuta, presta atenção nela; ela encontra nele um interlocutor. Sabina é instável e tenta se estabilizar à medida que busca diligentemente uma figura paterna. Jung é alto e bem-apessoado, tem cabelos louros e curtos e usa óculos com aro dourado — como seu pai. Como a mãe dela havia previsto, era previsível que Sabina se apaixonasse pelo enérgico e jovem médico. E mesmo vista de fora a situação não poderia ser diferente: Jung também está solitário à sua maneira. Ambos tiveram uma infância e uma juventude negligenciadas, e sentem uma grande necessidade de amor e admiração. Sabina Spielrein não é somente um "caso interessante" para Jung. Ele tem importantes experiências pessoais e profissionais com a jovem vestida de forma simples que chega ao estabelecimento com o cabelo preso em uma trança.[42] Quando ela começa a adorá-lo, ele entra no jogo com prazer.

Com relação à sua vida particular, C. G. Jung é reservado. Por isso é tão espantoso que os resultados dos sete testes de associação realizados por Franz Riklin entre setembro de 1904 e agosto de 1905 com o paciente nº 5 (Jung) tenham sido publicados. No primeiro experimento, em 17 de setembro de 1904, são identificados onze complexos, entre eles "casamento — infelicidade"; "vem — vem comigo"; "sofrer — ah, Deus, sim"; "preocupação — que nunca [teve] noites cheias de preocupações"; "beijar — nunca"; "jogo — doces jogos jogarei contigo";* "sofá — uma certa *chaise longue* na sala de uma certa jovem". O "paciente nº 5" nutre sentimentos especiais pela jovem durante todo o período do experimento, como consta no artigo "Experimentelle Untersuchungen über Assoziationen Gesunder" [Investigações experimentais sobre associações de pessoas saudáveis] (1904/1906), de C. G. Jung e Franz Riklin. Segundo

---

*No original, "*süße Spiele spiel' ich mit dir*", referência a um verso do poema *Erlkönig*, de Goethe: "*Gar schöne Spiele spiel' ich mit dir*". (N. do T.)

os autores, o paciente n° 5 é um jovem que ainda não conseguiu superar suas lutas internas. Uma vez que teve uma criação cristã severa, a atração por uma israelita faz com que se confronte com muitas questões complicadas.

A sequência de testes seguinte é realizada em 27 de dezembro de 1904. Novamente as palavras de estímulo revelam uma relação íntima com a jovem em questão. No Natal, ela teve um gesto que deixou muito feliz o paciente n° 5.[43]

Enquanto Sabina Spielrein ajuda seu médico com o doutorado, realiza-se uma conversa. Jung a elogia por seus dotes científicos: "São cabeças como essa que fazem avançar a ciência. Você deve se tornar psiquiatra."[44]

A atração é mútua. Assim, não é de se espantar que Emma Jung esteja inquieta. Ela está grávida e teme se separar do marido.[45]

A situação cada vez mais crítica é transformada em linguagem por Sabina Spielrein através de um sonho. No sonho, Emma Jung desabafa com Sabina e diz a ela que o marido é terrivelmente despótico e que é muito difícil viver com ele. Jung ouve, suspira e diz que já sabia de antemão que a vida a dois seria difícil. Quando Sabina lhe dá um sermão sobre a igualdade e independência espiritual das mulheres, ele responde que ela é uma exceção. Sua mulher, pelo contrário, é uma mulher comum, que se interessa somente por aquilo que interessa ao marido.[46]

Nesse momento, C. G. Jung perde sua posição terapêutica; reage a partir de sua consternação e de seus próprios desejos. Em todas as relações íntimas que teve até então, nunca encontrou alguém como essa russa.

Bleuler parece pressentir que está acontecendo algo que não vai beneficiar ninguém. Ele se faz marcadamente presente, zela pela retidão, intercede em casos de emergência e é compreensivo e sereno no trato com Sabina. Com Bleuler ela também se comporta de um modo muito mais descontraído e sensato. Quando Jung está de férias, ela se satisfaz com travessuras inofensivas. Pula o muro do jardim da instituição até o parque, apenas para voltar de lá triunfante. Ou então coloca bancos e outros obstáculos no corredor, dos quais o professor tem que desviar. Bleuler é muito espontâneo, e Sabina se alegra imensamente; de todo modo, ela não quer realizar nem mesmo o menor dos experimentos, usando a desculpa de que "sente dor nas solas dos pés". Ela inventa canções protagonizadas pelos médicos do sanatório, que logo não consegue mais cantar por causa dos ataques de riso. Em alguns momentos de discórdia, ela se queixa de que não pode trabalhar, e por isso a vida não tem valor.[47]

Sabina se acostumou a divertir os outros pacientes com histórias sobre Marte. Ela afirma que viaja toda noite até o planeta. Lá ninguém come, todos se alimentam por osmose. Tampouco há reprodução; as crianças se desenvolvem dentro de cada indivíduo rapidamente em seu inconsciente e um belo dia surgem prontas. Desde meados do século XIX, Marte é um local de fuga para fantasias e quimeras — até mesmo as de natureza científica. Na busca por vida extraterrestre, os pesquisadores chegaram, com base em supostos "desenhos de canais", à conclusão de que que o planeta vizinho da Terra seria habitado por seres inteligentes. Livros como o *Astronomie populaire* (1881), de Camille Flammarion, fazem com que as ideias sobre Marte e sobre os marcianos assombrem muitas mentes.

Jung dá sua tese para Sabina ler; por isso ela sabe que Helene Preiswerk deixou o primo impressionado com histórias sobre Marte. Isso ela também consegue fazer. Assegura que suas histórias fantásticas são verídicas, e o faz como uma criança malcriada que não quer entregar seu brinquedo.[48]

Esse comportamento reporta à infância de Sabina, ao seu "período alquímico" inicial e às suas hipóteses acerca da origem das crianças. O fato de com quase 19 anos ela recorrer a teorias sexuais infantis resulta de práticas de educação avessas ao sexual e ao corporal, como é comum nas "casas distintas". Em contradição com sua própria formação médica, Eva Spielrein tem muito orgulho da "pureza" e da "ingenuidade" da filha. Sabina, por sua vez, fica muito à vontade no papel de "inocente".[49]

Na história de Meri, a filha do czar, Sabina esboça a imagem de uma rocha ameaçadora, que se eleva em meio a um mar revolto. Meri está de pé bem no topo, enquanto milhares de cobras com escamas cintilantes e coloridas rastejam pela escarpa abaixo, com a boca negra aberta e a longa língua em espiral para fora, buscando sua presa.[50] Sabina teme sua própria sexualidade, que se lhe afigura perigosa e dificilmente controlável. Além disso, tem medo dos homens. Além desses fatores íntimos, mudanças reais na vida de C. G. Jung dão a Sabina motivos para insistir em uma versão assexuada da reprodução humana.

O retorno de Jung de suas férias, no fim de novembro, desencadeia uma violenta reação: Sabina Spielrein atormenta sua enfermeira a ponto de outra ser designada para tomar conta dela. Perambula com uma escada que deixa pelo corredor, risca o chão e se recusa a comer. Em duas ocasiões faz uma cena com uma gritaria estridente, imitando outra paciente.[51] Diante de Jung se comporta negativamente, não responde às perguntas e reclama "de maneira exagerada" de dores de cabeça e nos pés.[52]

No prontuário não há nada que possa explicar essa recaída. Com base no registro de moradores e de estrangeiros mantido pela administração municipal de Zurique, porém, é possível obter a informação de que Jung e a mulher se mudam para Burghölzli justamente nessa época, ocupando o antigo apartamento do Dr. Muralt.[53]

Em 26 de dezembro Jung se torna pai de uma menina. Sabina Spielrein piora a olhos vistos. Alguns dias depois do nascimento de Agathe Jung, ela entra em um estado de violenta agitação, acompanhado de gestos de repugnância. Durante a noite, tem um medo terrível de que um gato ou alguém possa ter entrado no quarto, pois alguém lhe teria sussurrado algo ao pé do ouvido. Sente se mover em suas costas algo com a consistência de um molusco, e em seu flanco roça alguma coisa parecida com uma mão.[54] A palavra-chave "gato" chama a atenção. Quando era pequena, Sabina queria a todo custo ter um filho, e alguém lhe explicou que ainda era muito pequena para isso; talvez pudesse almejar um gatinho. De todo modo, outra pessoa tivera um filho.

Nas conversas terapêuticas com Jung, a análise da fantasia com o gato também conduz ao tema da sexualidade. Depois de uma difícil resistência e de uma "sessão de análise que durou três horas", a paciente admite que desde os 4 anos ficava excitada sexualmente depois das agressões do pai. Finalmente, bastava que ela soubesse como seu irmão tinha apanhado para que isso a levasse à masturbação. Quando, certa vez, ela observa como uma paciente agitada é levada com violência para outra ala, sente imediatamente — o que admite — o impulso irresistível de se masturbar. Sabina Spielrein se sente culpada: é má e depravada, e por isso simplesmente não pode conviver com outras pessoas.[55]

O fato de conseguir externar tudo que tem na alma lhe traz alívio, de forma que as dores de cabeça e nos pés desaparecem. A paciente, segundo consta no prontuário, mostra muito mais iniciativa, "demanda ocupações regulares e úteis. Também se comporta com mais naturalidade".[56]

No fim de 1904, acontecem importantes mudanças de pessoal em Burghölzli. Franz Riklin se muda para Rheinau. O médico assistente Ludwig von Muralt não consegue curar totalmente sua tuberculose e tem que ficar mais seis meses em Arosa. Novamente a equipe fica reduzida. Em uma carta urgente, o professor Bleuler pleiteia a contratação do Dr. Karl Abraham (1877-1925), de Berlim:

> Excelentíssimo Sr. Conselheiro de Governo
> Recebi, para preenchimento da nossa vaga de médico assistente, somente a inscrição de um holandês, que logo voltou atrás em sua decisão, depois a de um Sr. Keel, que agora faz concurso e só poderia iniciar em dezembro. Porém, o candidato não é inteligente e é algo negligente. Prestou um exame de anatomia terrível, apesar de ter sido assistente no Instituto de Anatomia. Mesmo agora, desenvolveu o pior trabalho possível na psiquiatria forense. Não está, portanto, nem um pouco à altura de uma vaga que exige tanta responsabilidade quanto a de médico assistente em Burghölzli.
> Nessas condições, peço a V. Sª a autorização para escrever ao Dr. Abraham e lhe oferecer o cargo, caso o deseje e ainda esteja disposto a iniciar imediatamente. É bastante simples dar à minha carta um tom que exclua completamente a ideia de uma "convocação".
> Como V. Sª deve se lembrar, o Dr. Abraham foi muito bem recomendado por seu chefe e tem longa experiência psiquiátrica como médico autônomo na instituição de Dalldorf. Ele quer vir para cá porque sua raça está causando dificuldades ao avanço de sua carreira. Espero que esse fato não tenha tanta importância em nosso caso. E no que diz respeito a seu alemão do norte, é uma questão que não deveria pesar tanto,

ainda mais depois de termos tido tão boas experiências com Delbrück, por exemplo. Um pouco de ar fresco por meio de novas ideias certamente faz bem a qualquer sanatório, mas acima de tudo a qualquer clínica. Em qualquer circunstância, é preferível um estrangeiro eficiente a um compatriota preguiçoso. Um elemento não apropriado não tem nenhuma utilidade em um sanatório, além de poder causar muito mal.

O assunto é de grande urgência, pois no estado atual de coisas não é possível seguir tratando nossos doentes sem os prejudicar.

Sincera e respeitosamente,
Bleuler[57]

Karl Abraham chega no fim de dezembro a Zurique e se entusiasma muito com Bleuler e com a psicanálise. Muito menos impressionado fica com o médico assistente Jung. Em Burghölzli, Abraham conhece também Sabina.

A transferência de Sabina Spielrein volta a mudar, agora para um terceiro plano, mais adulto e erótico-sexual. De uma perspectiva atual, essa conjuntura oferece boas possibilidades terapêuticas para trabalhar os conflitos. Para o médico de 30 anos e filho de pastor C. G. Jung, a situação é bastante diferente. Envolveu-se demasiado com o caso para poder refletir sobre sua relação com Sabina Spielrein. Ele se vê diante de uma mulher inteligente, sedutora e de emoções abertas.

"Ontem, durante a visita noturna, a paciente estava recostada no sofá em sua habitual posição oriental e voluptuosa; tinha um semblante sensivelmente sonhador. Além disso, não respondia facilmente às perguntas, apenas sorria de maneira superficial."[58]

Sabina Spielrein sabia, a partir da leitura da tese de Jung, que, durante as sessões espíritas, Helene Preiswerk incorporava frequentemente uma mulher de nome Ivene, uma mulher adulta mas "pequena e de cabelos escuros, de compleição pronunciadamente judia" e com uma longa série de reencarnações. Por exemplo, no século XIII fora queimada como bruxa, no século XVIII fora mulher de um padre e fora seduzida por Goethe [sic!]. Sabina descobriu também que Helene ficava em numa posição "meio sentada, meio deitada" sobre o sofá durante seus estados de transe — como Madame de Récamier na famosa pintura de Jacques-Louis David. Sabina Spielrein é uma talentosa artista da transformação: comporta-se como odalisca em seu sofá e deixa que seus encantos femininos ajam livremente. Além disso, rivaliza com a outra mulher — uma conjuntura que conhece bem pela mãe.

Quando Spielrein aprisiona seu médico no plano adulto e erótico, Jung parece se sentir pressionado. A maneira pela qual descreve sua paciente é altamente ambivalente e abre a perspectiva de um novo cenário, que é, nesse caso, o cenário do terapeuta dotado de uma visão de *fin de siècle* do Oriente misterioso, sensual e exuberante e de uma figura feminina sedutora e perigosa. Jung certamente não foi o único médico que queimou os dedos ao se relacionar com sua ardente histérica.[59]

Depois da entrada dessa oriental no cenário de Jung, passam-se três meses sem nenhuma anotação no prontuário da paciente. Nesse período, Sabina Spielrein faz suas primeiras amizades em Zurique e começa sua carreira.

9 PRIMEIRAS AMIGAS

No início de março de 1905, o assistente social da comunidade de Ellikon leva para Burghölzli uma jovem de 17 anos chamada Louise Rähmi. A garota é hospitalizada na estação HI, na terceira classe.[1]

O pai de Louise Rähmi é um fabricante de forcados de Marthalen, e ela trabalha como costureira e tem formação como costureira têxtil. Desde um acidente no mês de novembro anterior, ela está incapacitada para trabalhar. O acidente aconteceu na Selnaustraße, em Zurique, uma região rural muito próxima de casernas e cocheiras. Louise queria atravessar a rua e esperou passar uma carroça que se aproximava vagarosamente. De repente, caiu: "Era um ginete. Eu não o tinha visto nem ouvido. O que aconteceu depois não sei. Um senhor me amparou, mas isso me contaram depois. Uma senhorita, da qual eu tinha me despedido pouco antes, me chamou para alertar-me, isso eu ouvi." Louise ficou alguns minutos deitada inconsciente no chão; depois, levaram-na para um médico, que diagnosticou lesões insignificantes na cabeça e nas costas. Além disso, ela se sentia tonta e enjoada. A partir daí, passa a sofrer de neurose traumática.[2]

A culpa do soldado é reconhecida pelo tribunal sem questionamentos; agora só falta decidir o valor da indenização, que depende de elucidar se os problemas de concentração e de trabalho de Louise Rähmi são reais ou simulados.

August Waldburger, o dedicado pároco de Marthalen, cuida para que a garota vá para Burghölzli para que se investiguem as consequências do acidente.[3]

Em Burghölzli, apesar das origens diferentes, Louise Rähmi e Sabina Spielrein se interessam uma pela outra. Têm quase a mesma idade e grandes problemas com a família; ambas estão, cada uma à sua maneira, em busca de identidade e de novas perspectivas. Além disso, não estão nem de longe tão doentes quanto os demais pacientes de Burghölzli.

Os pais de Louise se divorciaram quando ela tinha 7 anos. Desde então, ela e a irmã mais nova vivem com a mãe. Aos 12 anos, Louise foge de casa e vai morar com o pai. Vive em grande penúria material em um único cômodo com três outras famílias, entre as quais há uma mulher melancólica. Louise, uma garota atenta e inteligente, aprende tudo com rapidez e facilidade na escola e é sempre a melhor da turma, apesar de ter que trabalhar em uma taberna próxima por ordem do pai. Segundo relatos do pároco Waldburger, que conhece bem a família, Louise teve sempre "aspirações mais elevadas"; ele a descreve como uma garota pura, engraçada, algumas vezes demasiado travessa, outras vezes inibida, mas nunca depressiva.

"A paciente nunca pareceu ser nervosa, mas sim um pouco russa, vívida, rude", está no prontuário.[4] O que chama mais a atenção do pároco e de seu meio, o que mais inquieta a todos é o fato de que a garota escreve poemas e até mesmo os publica no *Andelfinger Zeitung*, assim como no "Der Hausfreund", um suplemento gratuito publicado com o *Volksblatt aus dem Bezirk Andelfingen*.[5]

Com a chegada de Louise Rähmi, Sabina encontra uma nova tarefa e uma nova amiga, e fica feliz por entrar em contato com uma pessoa de espírito semelhante, mais jovem e que ela pode amparar. Sabina compreende os terríveis sintomas que torturam Louise desde o acidente: pesadelos, dores, tontura e desmaios, inapetência e dores de estômago. Louise sofre com as condições precárias em que tem de viver. Tinha começado a aprender datilografia e estenografia, porém teve que abandonar as aulas por falta de dinheiro. Como filha de pais esclarecidos, Sabina Spielrein tem sensibilidade social, e as tentativas de sua protegida — até aquele momento, todas em vão — de fazer algo de sua vida impressionam a filha de família rica que não conhece problemas financeiros. Por sua vez, Louise Rähmi fica feliz com a jovem russa que a compreende e que leva a sério tanto seus poemas quanto sua ânsia de formação.

Sabina Spielrein faz amizade também com outra mulher: a russa Feiga Berg, estudante de medicina de 24 anos e judia como ela. Feiga nasceu em 1879, em Mohilev, uma cidade na zona de assentamento. Prepara-se em casa para o exame final do ensino médio suíço, que dá acesso à universidade, e é aprovada como candidata externa do ginásio de meninas em Odessa na primavera de 1898. Estuda alguns semestres na Universidade de Berna e no semestre de inverno de 1902-1903 se transfere para Zurique. De janeiro a abril de 1905, trabalha como assistente em Burghölzli, onde conhece Sabina. Feiga encoraja sua compatriota mais jovem a entrar para a universidade, e a ajuda com as formalidades da matrícula.

Em meados de abril Sabina Spielrein se dirige à reitoria da universidade com os documentos exigidos para a matrícula em mãos: seu diploma do ginásio, o certificado de latim, bem como o "diploma de professora particular", que comprova que ela cursou a oitava série do ginásio na Rússia e que a habilita a dar aulas para o ensino médio. Na entrevista, devem ser apresentados os documentos originais e a tradução juramentada para o alemão.[6] As entrevistas de seleção são feitas pessoalmente pelo reitor. Natalia Kirpitchnikova (1875-1966) descreve o procedimento:[7]

> O reitor, um homem pequeno e magro, me escutou até o final e em seguida começou a ler meus documentos (...). "Então, com esses documentos, você deseja se matricular na faculdade de medicina", perguntou. "E depois ser autorizada a fazer o exame para se tornar médica?" O reitor voltou a examinar meus documentos. Eu tinha o diploma do ginásio e um certificado que provava que eu tinha passado na prova de latim em um ginásio para garotos. As palavras "professora particular, educadora" [em russo antigo], que foram traduzidas para o alemão como "professora particular e educadora", deixaram-no confuso. Eu lhe expliquei detalhadamente que isso é apenas um grau, que não temos nenhum outro diploma. Mesmo assim, ele olhou desconfiado para os meus docu-

mentos e por fim perguntou: "Você de fato trabalhou como professora durante três anos em um ginásio russo para meninas?" Ao que eu respondi que sim, que dera aula por três anos em um ginásio. Com isso, o problema estava resolvido para o reitor. Ele disse que precisava de um documento oficial que confirmasse minhas declarações, e tão logo eu o providenciasse, estaria matriculada. Porém, se eu quisesse fazer o exame para me tornar médica, deveria passar no teste suíço de conclusão do ensino médio dentro de um ano. Respirei aliviada: posso me matricular, o que significa que não vou perder tempo.[8]

Sabina Spielrein é muito ingênua; ao fazer a matrícula na secretaria da universidade, ela informa que mora em Burghölzli e que é paciente de lá. Isso causa certa comoção. "Seria justificável exigir um relatório da direção do sanatório", anota o reitor na ficha de matrícula número 15.546. A matrícula de Sabina é aceita, condicionada à apresentação desse documento e do registro no Departamento de Imigração.[9]

Na véspera do primeiro dia de aulas, Sabina está em seu quarto e escreve no diário. Tem medo diante da nova fase de sua vida, diante do grande passo que vai dar rumo a uma independência incerta:

> Diabos! É realmente desagradável começar uma nova etapa na vida em tal estado de estupidez. Amanhã começam as aulas na universidade, mas de algum modo espero com imensa tristeza esse momento tão feliz. A cabeça dói, estou enjoada, sinto-me fraca. Não confio em minhas forças, não confio em nada. Jung[a] anda pelo corredor. Logo vai entrar no meu quarto. Tenho que esconder o caderno e esconder o que estou fazendo, mas, por que não mostrar? Só o diabo sabe![10]

Sabina Spielrein chama seu médico de "iunga", uma denominação ambígua, pois, por um lado, é um diminutivo e apelido carinhoso e, por outro, em russo significa "grumete", quer dizer, alguém que se pode infernizar.[11]

O primeiro dia na universidade é repleto de novas experiências e encontros. O que mais atrai Sabina são as aulas do professor de zoologia, Arnold Lang. Ela assiste a sua aula e também às aulas de revisão correspondentes; também assiste ao "curso prático de zootomia microscópica para iniciantes". É nas aulas de zoologia na Universidade de Zurique que ela toma conhecimento pela primeira vez de questões sexuais.[12]

Quando Sabina retorna a Burghölzli depois de um dia cansativo e movimentado, a reação não tarda. "Não vou me enturmar com os estudantes, posso sentir", ela anota no diário. "Sou fechada com eles; por fora, só estará visível o lado engraçado e superficial da minha alma, enquanto a parte profunda ficará vedada a todos. De alguma forma é impossível se abrir para esses jovens." Sabina se sente mais profunda, séria, crítica e independente. Porém, estará pronta para trabalhar cientificamente? A saúde vai cooperar? E o que mais lhe resta senão a ciência? Casamento?[13]

Antes de se matricular definitivamente, Sabina Spielrein tem que atender às exigências do reitor. Ela se apresenta ao departamento municipal de controle de habitantes e dá como endereço oficial "Lenggstrasse 31, a/c Dr. Jung".[14] Jung escreve a declaração exigida: "A Srta. Spielrein, de Rostov, nas margens do Don (Rússia), se encontra desde o dia 17 de agosto de 1904 em nossa instituição. É possível que ela ainda permaneça um bom tempo conosco e gostaria de assistir às aulas na universidade."[15] Essa formulação é vaga e ambígua. É o professor Bleuler quem dá dados mais precisos da situação em outro atestado:

> Atestado médico.
> A Srta. Sabina Spielrein, de Rostov, nas margens do Don, que está internada nesta instituição e que deseja se matricular para o semestre de verão na faculdade de medicina, não é doente mental. Ela se encontra aqui em tratamento devido a nervosismo com sintomas de histeria. Por isso, recomendamos que lhe seja concedida a matrícula.
> A direção
> Bleuler[16]

Com isso, está vencido o último obstáculo.

Na festa de recepção aos alunos, o reitor faz um discurso. Ele dá as boas-vindas aos estudantes e os exorta a manter o alto nível da universidade; antes de qualquer coisa, não devem duelar. Depois, cada aluno é chamado pelo nome para receber das mãos do reitor o estatuto da universidade e sua carteira de estudante.

No fim de abril, lê-se no prontuário da paciente, de maneira breve e precisa, que ela está melhor, que se acalmou e que assiste "com interesse e assiduidade" às aulas na universidade.[17]

Enquanto, em Zurique, Sabina Spielrein luta para vencer seus medos e suas dependências infantis, enquanto ousa dar os primeiros passos para uma existência independente, a situação petrificada na Rússia czarista começa a mudar, e a maré de acontecimentos chega até Zurique e ultrapassa os altos muros de Burghölzli.

No início do século XX, o mito do czar e a autoridade do Estado russo se veem severamente abalados. As diferentes facções do governo se enfrentam. A unidade existe apenas na repressão sem limites de tudo que ouse se movimentar: dos trabalhadores em greve, movimentos campesinos e manifestantes estudantis até as nacionalidades oprimidas que ousam pensar em independência. Contudo, a nação se agita. Em 8 de janeiro de 1905, 200 mil trabalhadores entram em greve. Exigem jornada de trabalho de oito horas, salário mínimo e a libertação dos presos políticos; 150 mil pessoas assinam uma petição para o czar pedindo "justiça e proteção".

No dia seguinte, no 9 de janeiro de 1905 que entrará para a história russa como o "domingo sangrento", uma manifestação pacífica de 100 mil pessoas marcha para o Palácio de Inverno, com imagens do czar e ícones, para entregar a Nicolau II sua petição. Quando os guardas abrem fogo contra os manifestantes, o pânico se instaura. Mais de cem pessoas morrem, e o sangue dos feridos tinge de vermelho a Avenida Nevski. Aos acontecimentos de São Petersburgo se segue um segundo "domingo sangrento" em Varsóvia; a revolta geral com as atitudes brutais do regime transforma os protestos em massa em atos revolucionários. Trabalhadores fazem greve, agricultores pilham as terras de latifundiários e anarquistas chamam a atenção com seus atentados a funcionários do governo. Nas áreas polonesas ocupadas, na Lituânia, na Ucrânia e no Cáucaso, os movimentos de resistência nacionais se fortalecem. Até mesmo no exército fermenta algo; em Odessa, cidade portuária do mar Negro, a tripulação do encouraçado *Potemkin* se une aos revolucionários.

Os jornais ocidentais registram esses acontecimentos, e vários intelectuais simpatizam com os revolucionários russos. Até nas universidades suíças há demonstrações de simpatia e arrecadação de dinheiro em prol dos revolucionários. É só em outubro, quando uma greve geral paralisa o país, que o czar decide fazer concessões. Com a ajuda de pequenas reformas e uma violenta repressão, as autoridades voltam a ter o controle da situação.

Um dia após a publicação do "Manifesto de Outubro", os líderes da organização de extrema direita Centenas Negras incitam as massas a atacar todos aqueles que consideram responsáveis pelo enfraquecimento do regime czarista: opositores, judeus, armênios. Em mais de setecentas localidades, principalmente nas províncias do sudoeste, são organizados *pogroms*.[18] Centenas de judeus são mortos, milhares são feridos, há saques e estupros. Onde se formam grupos judeus de autodefesa, o exército e a polícia do czar aparecem para apoiar e proteger os agitadores. O governo faz com que circulem por toda a Rússia os *Protocolos dos Sábios de Sião*.[19] Muitos judeus russos tentam tirar seus filhos do país para salvá-los.

Também há mudanças na família Spielrein. Enquanto Sabina reage às tensões e relações de poder na família com um movimento para dentro, com uma neurose, Isaak — o irmão do meio, o menino que na foto de 1896 aponta para a câmera com um canivete — ousa dar o passo para fora, para o ativismo e a rebelião. Como estudante de 14 anos, ele já começou com o trabalho político ilegal. Ao mesmo tempo, e como desdobramento lógico, se rebela contra as agressões do pai: no dia em que Isaak revida, cessam as punições.[20]

Isaak participa das atividades revolucionárias de 1905. Os pais temem por sua segurança. Conhecem bem demais o funcionamento do regime para se permitir ilusões. Não esperam que o governo devolva o golpe e que comecem as sangrentas prisões e os fuzilamentos em massa. Portanto, o que poderia ser melhor do que enviar Isaak a Zurique e confiá-lo à proteção da irmã mais velha? Isaak toma o caminho mais rápido e seguro para o Ocidente: por via marítima, via Taganrog e o mar de Azov. Quando Eva Spielrein também chega a Zurique e aluga um apartamento, começa um cabo de guerra entre os médicos da instituição e a família de Sabina.

Iacha também vai junto, para estudar na Escola Federal Tenológica de Zurique. Ele vai com Sabina a uma festa de estudantes russos e no final a acompanha de volta a Burghölzli.[21] Bleuler aconselhara que mandassem Iacha estudar em Zurique, mas isso foi antes que ficasse evidente que os encontros com os irmãos reforçavam os complexos patológicos de Sabina.

Sabina fica muito irritada por ter de assumir a responsabilidade por Isaak, o torturador de sua infância. Bleuler escreve uma severa carta ao pai: em vista de seu frágil sistema nervoso, a Srta. Spielrein necessita da maior proteção possível, para que possa se concentrar totalmente nos estudos. "Para que permaneça nesse estado de melhora, ela tem que permanecer livre de toda e qualquer obrigação com sua família por um longo tempo."[22]

A família, porém, não desiste de seus planos assim tão facilmente. Quando Jung informa ao Sr. Spielrein que sua filha agora vive de forma independente na cidade, fala novamente do "inconveniente" de que Isaak viva a poucos metros dela:

> Como já reforçamos mais de uma vez ao senhor, é de extrema importância para a saúde da Srta. Spielrein que ela se encontre o mínimo possível com o irmão. Seria desejável que o senhor convencesse seu filho a frequentar outra universidade que não a de Zurique. Também seria da maior importância para a melhora de sua filha que os encontros com o irmão mais novo se restringissem tanto quanto possível.[23]

O pai se deixa finalmente convencer pelos médicos de Burghölzli. Iacha vai estudar em Paris, onde vivem outros familiares e o pai possui um negócio. Isaak permanecerá alguns meses (até o fim de agosto) em Zurique, até que possa voltar sem perigo para Rostov.[24]

No fim de maio, Jung informa ao pai de Sabina sobre sua melhora. Ela assiste diariamente e com grande interesse às aulas na universidade e se esforça ao máximo para participar de tudo e para ser pontual. "O comportamento ainda não é, de toda maneira, completamente normal, mas é significativamente melhor do que em suas últimas consultas. Acreditamos que tenha chegado a hora de sua filha deixar a instituição e iniciar uma vida independente. Conversaremos com ela sobre esse assunto."[25]

A procura por um quarto apropriado não se mostra tão simples quanto se pensava, pois várias donas de pensão não alugam quartos para estudantes russas. Contudo, finalmente se encontra algo adequado na Schönleinstraße 7, bem ao lado da universidade. Sabina Spielrein elabora seu primeiro orçamento:[26]

Quarto, café da manhã e café da tarde	18
Comida (almoço e jantar)	30
Roupas de baixo	10
Banho	3
Universidade (livros), primeiro pintura (tintas etc.)	
Canto (partituras, piano)	
Para os pobres	
Diversão	6
Roupas (um casaco, dois vestidos de linho, três blusas)	
Cinto, guarda-chuva	
Escova de dentes, pasta de dentes	
Para emergências	5

Em 1º de junho de 1905, Sabina Spielrein recebe alta de Burghölzli. Com isso, termina oficialmente seu tratamento.

Apesar de Jung autorizar a alta de Sabina, não deseja se desvincular completamente dela. Em 7 de junho de 1905, informa ao pai o novo endereço dela. O Sr. Spielrein deve mandar o dinheiro diretamente para a filha; se, mesmo assim, desejasse algum tipo de supervisão, ele (Jung) estaria à disposição.[27]

Feiga Berg fica de tal forma entusiasmada com a espantosa "cura" de sua amiga Sabina que decide pôr no papel suas experiências. O artigo "Zjurichskie psichiatritcheskie vpetchatlerniya" (Impressões sobre a psiquiatria de Zurique) é publicado na revista *Sovremennaya Psichiatriya* (1909) e é um dos primeiros trabalhos russos sobre psiquiatria. O caso da "Srta Sch." apresentado no trabalho refere-se a ninguém menos que Sabina Spielrein. Feiga Berg escreve:

> Freud diz que sintomas histéricos simulam com frequência uma doença somática. Eles surgem porque o doente de histeria sofre com sentimentos insuportáveis que não consegue dominar psiquicamente. O doente tenta aliviar suas severas tensões psíquicas à medida que transforma ou "converte" (como diz Freud) sua experiência interior em experiência exterior. Essa conversão é a principal causa da grande variedade de sintomas; é por isso que resulta impossível ter uma ideia exata dessa doença. (...)
>
> Contudo, como um paciente que sofre de histeria faz isso? Às vezes quebra um copo, xinga ou se descontrola; tudo isso são sintomas, símbolos da experiência interior. A principal contribuição de Freud é chamar a atenção para esses sintomas, levá-los a sério e analisá-los, além de sua ânsia por saber o porquê de cada movimento e de cada ênfase. Com essa análise, é possível descobrir o complexo psíquico do paciente.
>
> Jung, o sucessor de Freud, tem a mesma postura que seu mestre com relação à histeria, porém, em seu consultório os complexos não são exclusivamente de caráter sexual. Por isso, Jung não vai até o limite que faz com que Freud seja tão criticado: a afirmação de que todos os complexos são de natureza sexual. De fato, parece que depende de cada caso. Sobre o tratamento freudiano da histeria só posso dizer o que testemunhei na clínica de Bleuler. (...)
>
> Para mais clareza, menciono o exemplo da cura de uma jovem mulher russa na clínica psiquiátrica de Zurique. A Srta. Sch., de 18 anos, era muito capacitada e tinha terminado o ginásio com a medalha de ouro. Depois do final do ginásio, adoeceu de uma espécie de reumatismo nas pernas. Logo se observaram nela anormalidades psíquicas: não falava com coerência, batia na mãe, quebrava copos etc. O professor Monakov, a quem a paciente russa foi levada, não quis continuar a cuidar dela com

a alegação de que não tratava casos de *dementia praecox*. A paciente apareceu na clínica de Bleuler em um estado agressivo: levantava barricadas na porta do seu quarto para impedir a visita dos médicos e derramou um frasco de tinta sobre a mão direita para manchar a mão do médico.

Jung tratou essa doente. O tratamento começou com o médico pedindo que a paciente prestasse atenção ao fazer associações no teste associativo. Com esse método, descobriu os complexos da doente e a convenceu a falar sobre absolutamente tudo. Esses complexos tinham a ver principalmente com a família. O pai da paciente era um grave neurastênico e a mãe, uma histérica. O pai batia na jovem com frequência, e tudo isso se acumulou em sua alma, como um sofrimento enorme e total, que não dava trégua. Depois que a paciente se desvencilhou de seus complexos no tratamento, começou a se comportar com mais serenidade diante de todos: sua atenção e sua consciência não estavam mais ocupadas com essa dolorosa questão. Sob a influência da psicoterapia verbal de Jung, um novo interesse despertou em sua alma: o interesse pela ciência. Essa jovem estuda atualmente na Universidade de Zurique e está completamente saudável.[28]

10 "CAVALINHO RUSSO": ESTUDANTES RUSSAS EM ZURIQUE

Tudo parece bem por fora, e Sabina consegue dar conta da exigente carga de estudos. Por dentro, tudo parece estar um pouco diferente: tem mudanças de humor e dificuldades de concentração. As entradas no diário desses primeiros tempos na Schönleinstraße são obscuras: "Por que me sinto tão pressionada, com tanto peso na alma? Estou sozinha neste mundo. Nenhuma pessoa por perto. É estranho que todas as pessoas sejam tão vazias."[1]

Quando Sabina está sozinha, surgem sentimentos de abandono e medos depressivos; porém, se está com outras pessoas, logo se sente oprimida e pressionada. Mesmo com Louise, que continua a visitar na clínica e com quem faz um passeio pelas montanhas, ela raramente consegue desfrutar momentos de verdadeira plenitude, como, por exemplo, "quando nos deitamos no feno no caminho de volta. Eu gosto loucamente de feno, do silêncio em torno [de mim] e dos camponeses trabalhando. Que difícil! Mortalmente difícil! Podemos zombar de tudo, mas a Natureza é tão bela!".[2]

Feiga Berg vive em um tipo de crise permanente. Terminou a residência em Burghölzli e agora deve se inscrever para prestar o exame final. Essa será sua segunda tentativa, já que tem medo de exames. Com base no histórico e em prontuários de doentes, Feiga escreve para o professor Oscar Wyss, pediatra do hospital infantil, um trabalho sobre *Pedotrofia* e no semestre de verão de 1904 é autorizada a fazer o exame para se tornar médica pela primeira vez.³ Contudo, não consegue ser aprovada, seja porque lhe faltam conhecimentos, seja porque o medo se apodera dela. Em vez de se inscrever novamente para refazer o exame, Feiga deixa Zurique repentinamente sem anunciar sua partida.

Algumas semanas depois, volta para fazer novamente o exame. Aluga um quarto em uma pensão na Schönleinstraße bem na frente do de sua amiga Sabina.⁴

A Schönleinstraße fica no bairro de Platten, que, com Obertrass, é chamado pelos moradores de Zurique de "segunda Rússia" ou "pequena Rússia".

As primeiras décadas do acesso feminino ao ensino superior na Suíça foram dominadas pelas russas. Elas vinham de Moscou e São Petersburgo, do mar Báltico, da Polônia, da Ucrânia e do Cáucaso. Com a abolição da servidão pelo czar Alexandre II em 1861, o desejo de educação floresceu em várias camadas da sociedade. Muitas das famílias nobres russas e polonesas empobreceram; faltavam dinheiro e recursos às famílias de classe média e alta para dispor de dotes adequados. As filhas solteiras eram um fardo para uma economia doméstica por si só sobrecarregada, e a educação se converteu na questão essencial sobre como obter o pão de cada dia. A educação convencional das mulheres nos círculos elevados — conversas leves em várias línguas estrangeiras, música, artes plásticas — não as ajudava a progredir. E assim muitas filhas de nobres, assim como mulheres vindas de famílias de proprietários de terras e funcionários públicos, foram para o Ocidente a fim de obter o que sua pátria russa lhes negava: a formação universitária.

A pioneira das mulheres estudantes foi Nadeshda Prokofievna Suslova. Ela nasceu em um pequeno vilarejo na província de Nishni Novgorod, filha do administrador das propriedades do conde D. N. Cheremetiev, e pôde frequentar dois distintos pensionatos para meninas à custa do conde. Depois do exame de preceptora, terminou a faculdade de medicina e um período de residência na Academia de Medicina e Cirurgia de São Petersburgo. A admissão de mulheres não era algo que enfrentasse obstáculos jurídicos; quando, no semestre de inverno de 1861/1862, algumas estudantes se "comprometeram" — eufemismo utilizado na Rússia czarista — com as mobilizações estudantis, o acesso de mulheres à academia foi imediatamente proibido. Nadeshda Suslova, porém, queria continuar com seus estudos a qualquer custo. Quando sua irmã mais velha, Apollinaria Prokofievna Suslova, viaja para Paris com o noivo, Fiodor Dostoievski, ela tenta — em vão — conseguir uma vaga para Nadeshda na Sorbonne. Na primavera de 1865, Suslova faz uma solicitação de vaga na Universidade de Zurique — então com trinta anos de existência —, onde o liberal conselho universitário se mostra disposto a lhe dar uma chance. O experimento prova-se válido e, em 14 de dezembro de 1867, o jornal *Neue Zürcher Zeitung* anuncia: "Hoje, às 11h, no auditório nº 4 da universidade, a Srta. Nadysda Juslova [!], de São Petersburgo, vai fazer a defesa de sua tese para a obtenção do grau de doutor em medicina, cirurgia e obstetrícia."[5]

Nos jornais russos e nas publicações periódicas dos exilados, o acontecimento é relatado detalhadamente: uns festejam Suslova com entusiasmo, outros a cobrem de sarcasmo e desdém. Várias gerações de mulheres russas têm Suslova como modelo.[6]

Outro acontecimento que despertou a geração mais jovem da Rússia czarista e que abriu pontos de fuga contra a restrição claustrofóbica do ambiente foi o romance *Shto delaiet? — O que fazer? Contos do novo homem* (1863). O autor, Nikolai Tchernichevski, professor, publicista e jornalista, era considerado defensor de ideias socialistas radicais. Ele foi preso em 1862 na famosa fortaleza de Pedro e Paulo e mais tarde condenado a vinte anos de exílio por declarações falsas. Durante o tempo em que esteve preso, Tchernichevski escreveu sua obra programática: uma utopia racional-ascética do "homem ideal", das "relações ideais" entre os gêneros, da produção e organização da nova sociedade coletiva. O romance descreve o processo exemplar de emancipação de Vera Pavlovna, jovem russa que supera sua condição de vida oprimida e de obediência passiva em uma série de estados progressivos: casamento de aparências, fundação de uma cooperativa de costureiras, faculdade de medicina em Zurique.

Para compor sua protagonista, Tchernichevski deixou-se inspirar pela história de Mariya Bokova, filha de um general e proprietário de terras que entrou em contato com grupos revolucionários por intermédio do irmão. Emancipou-se legalmente de sua família por meio de um casamento de aparências com o médico P. I. Bokov. Bokova era uma das amigas de Suslova e também foi uma das primeiras estudantes da Academia de Medicina e Cirurgia de São Petersburgo. A influência ideológica, a eficácia prática e a função modelar do livro de Tchernichevski não podem ter seu valor medido.[7] Uma das muitas pessoas influenciadas por ele foi a revolucionária e autora de um atentado contra o czar Vera Figner, que leu na imprensa sobre o doutorado de Suslova e descreve a leitura de O que fazer? como o estopim de processos de mudança pessoal. Depois de estudar em Zurique e Berna, Figner retorna à Rússia para trabalhar no comitê executivo da organização Narodnaia Volna (Vontade do Povo), que perpetrou o assassinato de Alexandre II.[8] Ainda em 1902, Vladimir Lenin fez referência à tradição do romance quando escolheu o título "O que fazer?" para um escrito programático.[9] Em sua unilateralidade, a utopia de Tchernichevski já contém o germe dos experimentos realizados na jovem União Soviética para criar o "novo" homem socialista ou o "super-homem".

A universidade e a escola politécnica de Zurique são fóruns de encontro para pessoas de diferentes culturas. As memórias de ex-estudantes de Zurique, assim como os romances da época, dão a impressão de que todos se encaravam com inquieta curiosidade.[10] Em 1873, 25% de todos os estudantes de Zurique eram mulheres; de um total de 114 estudantes do sexo feminino, 109 vinham do império do czar. Logo novas universidades — Berna, Genebra, Lausanne — abriram suas portas, de forma que, no período entre 1867 e o início da Primeira Guerra Mundial, de 5 a 6 mil estudantes russas estudaram na Suíça. Em 1908, 61% dos estudantes da Suíça são estrangeiros; com uma parcela feminina de 30% no semestre de inverno de 1906/1907, a Confederação Suíça estabelece um recorde europeu.[11]

A "forte corrente feminina" dessa "invasão semiasiática"[12] causa irritação em um país que não prevê o acesso à universidade para as próprias cidadãs. A maior parte da população de Zurique conhece as estudantes russas de vista ou por notícias na imprensa, que, na época em que Sabina

Spielrein estuda, não se esforça para estimular simpatia e compreensão pelas exóticas estrangeiras. "Tudo ferve em nossa pequena Rússia de sociedades secretas, ligas misteriosas e comitês", sai no *Neue Zürcher Zeitung*.[13] De acordo com a imagem corrente, as mulheres russas são consideradas especialmente passionais e sexualmente atraentes. Sua aparência pouco convencional, os gestos efusivos, as emoções expostas e a grande beleza de muitas delas dão asas às fantasias. O que se vê na imprensa e na literatura oscila entre aversão, medo e fascínio. Assim, pode-se ler em um artigo de capa do jornal *Berner Volkszeitung*: "Lamentamos a admissão das mulheres russas, que não são boas para a imagem da universidade. (...) As estudantes agem de maneira terrível, seduzindo jovens ainda imaturos, a quem subjugam com um frenesi amoroso e incitam a fazer coisas absurdas."[14]

A generosidade das universidades suíças com os estrangeiros se deve, entre outras razões, ao fato de que eles aumentam a receita das instituições. Além disso, os estudantes vindos da Rússia são refugiados culturais, ou seja, depois de terminados os estudos, normalmente voltam para casa e não tentam concorrer com seus colegas suíços no mercado de trabalho. As oscilações no número desses estudantes dependem em geral dos acontecimentos políticos na Rússia czarista ou de condições mais rigorosas de matrícula nas universidades suíças. Por exemplo, na Universidade de Berna, até 1899, os russos podiam se matricular apresentando apenas a certidão de nascimento.[15] A primeira "onda de mulheres russas" teve um fim abrupto quando, na primavera de 1873, um ucasse (um decreto do czar) foi publicado nos principais jornais europeus determinando que as estudantes russas em Zurique abandonassem a cidade e a universidade, sob a ameaça de serem proibidas de exercer a profissão. Essa drástica medida provocou uma onda de simpatia pelas mulheres afetadas nos círculos acadêmicos e na imprensa liberal. Porém, como comprova um comentarista do *Neue Zürcher Zeitung*, "nada vai mudar nesse decreto e, pelo que conhecemos da Rússia, não haverá saída a não ser a obediência ou o exílio".[16]

A maioria dos "*Kosakenpferdchen*", cavalinhos russos — o modo ao mesmo tempo amável e zombeteiro como as russas eram chamadas

—, voltava para sua pátria ou se mudava de cidade ou de país para tentar melhor sorte.[17] Depois do atentado ao czar Alexandre II (1881), o governo russo decretou um *numerus clausus* de 3% para os pertencentes à minoria judia, o que significava, em números absolutos, que quatro ou cinco judias podiam frequentar a universidade. Essa política educativa discriminatória fez com que de 70% a 80% dos estudantes russos na Suíça fossem de origem judia.

Diferentemente do que ocorreu no início do período de acesso das mulheres à universidade, durante a segunda "onda russa" de 1902 a 1912 chegaram à Suíça garotas e jovens mulheres de todas as classes sociais. Richard Feller, representante da Secretaria de Educação do cantão de Berna e do senado da Universidade de Berna, percebe esse fenômeno da seguinte maneira:

> O niilismo despertou a burguesia russa, principalmente os judeus (...), de modo que se produziu uma onda de emigração cultural dos bairros judeus do Oriente para o Ocidente. (...) No grupo geral podia-se distinguir uma forte corrente feminina, pois as mulheres russas, especialmente as judias, eram capturadas pelo movimento com mais força do que os homens, e estavam dispostas a um maior esforço para construir um mundo melhor. (...) As estudantes, com frequência bonitas mas que não davam atenção à aparência por pobreza ou indiferença, acostumadas às condições mais adversas, a renunciar e a ter paciência, se amontoavam nas aulas com uma sede insaciável de saber, nos lugares de pé nos concertos e nas galerias dos teatros, tentando captar com avidez as vozes de um mundo mais elevado.[18]

A maioria das estudantes provenientes da Rússia se orienta pela tradição russa do "serviço ao povo" e escolhe a medicina como carreira. Nisso também desempenha um papel a condição programática de que se admitem pessoas de todas as religiões no exame oficial do Estado russo, desde que apresentem o título de doutor de uma instituição estrangeira. As jovens trabalham duro para avançar com rapidez. Causa mal-estar quando, durante a cerimônia de entrega de prêmios de uma fundação, sejam concedidos às russas doze de um total de vinte prêmios.

As associações de estudantes suíços protestam seriamente, alegando que as mulheres têm tempo para estudar e que não devem entrar imediatamente no mercado de trabalho.[19]

Em comparação com seus colegas de estudo, Sabina Spielrein é extremamente privilegiada. O pai lhe manda mensalmente 300 francos, o que é quase tanto quanto C. G. Jung ganha como médico assistente. A maioria das russas é muito pobre e tem que fazer grandes sacrifícios. Têm algo entre 60 e 70 francos por mês mês e há poucas oportunidades de ganhar algum dinheiro extra. Muitas fazem apenas uma refeição ao dia e não têm dinheiro suficiente para o aquecimento do quarto durante o inverno. A solidariedade e a disposição de ajudar umas às outras, amplamente documentadas, possibilitam que muitas consigam sobreviver com o pouco que têm. "Quando há a possibilidade de gastar 100 francos por mês, é possível ter uma vida boa", escreve Natalia Kirpitchnikova, que, filha de um professor de literatura europeia ocidental nas universidades de Carcóvia e Odessa, dispõe de dinheiro suficiente para pagar 135 francos ao mês por um quarto grande, bonito e bem equipado, com pensão completa.[20]

Além de sua proverbial pobreza, o modo de vida fechado da colônia russa segue sendo determinante depois de 1900. Até mesmo críticos do acesso de mulheres à universidade ficam profundamente impressionados pela solidariedade entre as jovens russas. A rede social funciona à perfeição. Criam-se instituições como o restaurante universitário russo e a sala russa de leitura, para aliviar a penúria e facilitar o começo para os recém-chegados:

> Quando um russo sem nenhum conhecido ou que não conheça a cidade chega a Zurique, sempre pode se dirigir à colônia russa no restaurante ou na sala de leitura. Lá recebe ajuda para encontrar um quarto e conselhos sobre como conduzir seus estudos. Com frequência aparecem pessoas completamente desamparadas e que mal falam alemão. Surpreendentemente, depois de duas semanas elas já conseguem se deslocar sozinhas pela cidade, assistem a aulas e participam ativamente da vida na colônia russa. Algumas vezes durante o semestre, organizam-se noites russas, e o dinheiro arrecadado vai para a caixa de auxílio comunitária.[21]

Outra conhecida de Sabina Spielrein, também de Rostov, mora em Zurique: Pesia-Liebe Katzmann. Mora na Clausiusstraße, a mesma rua onde fica o restaurante universitário russo.[22] Pesia-Liebe Katzmann estuda medicina e divide um apartamento com o irmão mais velho, Abraham, também estudante de medicina. Outra irmã, Chana, fora para Zurique em 1902 para estudar e se suicidara poucas semanas depois de chegar — uma de numerosas histórias anônimas. Pesia-Liebe e Abraham logo também deixarão a cidade,[23] mas antes disso Sabina Spielrein tem a oportunidade de visitar seus conhecidos.

O restaurante universitário russo é composto de um apartamento de três quartos com cozinha, onde é servido um cardápio com dois pratos por 60 cêntimos. Os alimentos são simples e frescos, e a cada dia almoçam ali cerca de cinquenta pessoas. A equipe da cozinha emprega colonos russos; o encarregado de servir as mesas leva a comida e arruma tudo depois. Depois das refeições, pode-se tomar um copo de chá de samovar por 5 cêntimos. As acomodações também são usadas para reuniões. Aos sábados há palestras em russo ou em alemão — eventos muito populares e concorridos. Na sequência de cada palestra, em geral há discussões acaloradas em ambas as línguas.[24]

No *Plano de estudos das faculdades de medicina da Suíça*[25] prevê-se um mínimo de dez semestres de estudos. O primeiro exame de ciências naturais deve ser feito no fim do primeiro ano, e o segundo exame de anatomia e fisiologia no fim do quinto semestre. A introdução às ciências naturais é muito exigente. Com cerca de 30 horas de aulas expositivas, além de exercícios, aulas de reforço e excursões científicas, os alunos ficam sobrecarregados. Felizmente tudo é bem organizado. Na época em que Sabina Spielrein estuda, todos na universidade de Zurique já estão acostumados à presença de mulheres e estrangeiros e encontraram um *modus vivendi*:

> Entre os suíços e nós, estrangeiros, há uma espécie de acordo tácito: os suíços evitam os primeiros bancos, nós, ao contrário, tentamos nos sentar o mais próximo possível do professor, já que é mais fácil compreender algo quando se entende todas as palavras. Algumas vezes nossa posi-

ção privilegiada nos colocou em situações desagradáveis: durante alguns experimentos, espirrava água ou voavam faíscas em nós; às vezes tossíamos por causa de algum gás cáustico. Os suíços se divertiam muito (...) Eles têm seu próprio código de cortesia, do qual não se desviam. Por exemplo, ao entrar, sempre seguram a porta aberta para nós. Aqueles que se sentam nas cadeiras laterais no auditório se levantam e nos deixam passar para os assentos do meio (eles chegam a pular como hábeis ginastas sobre as mesas). Porém, nunca nos ajudam com nossos casacos; se alguém o faz, certamente é estrangeiro. Se alguém se dirige a eles para perguntar qualquer coisa, eles respondem com cortesia, mas, se ficamos em alguma situação constrangedora, morrem de rir de nós. (...) Não sabemos os nomes de nossos colegas e por isso lhes demos vários apelidos, como "Narigudo", "Fofoqueiro", "Gravata vermelha" etc. Mais tarde descobrimos que eles também tinham apelidos para nós, nem sempre muito amistosos. Uma búlgara foi batizada por eles de "A bela Galateia", uma garota magra e alta era chamada de "Fantasma", e a pequena estudante alemã de química de "A bela cozinheira".[26]

Além do programa obrigatório de ciências naturais — aulas de zoologia, física experimental e botânica —, Sabina Spielrein faz no primeiro semestre um curso na área das ciências médicas: "Osteologia e sindesmologia, aulas diárias", ministrado por Walter Felix.[27] Essas matérias são parte da área de anatomia. Os estudantes aprendem a conhecer o corpo humano com exatidão realizando exercícios de dissecação:

> No prédio de anatomia o ar tem o cheiro de corpos em decomposição. O fedor é desagradável, porém se acostuma rápido a ele. (...) Na aula de miologia [substância branca que envolve os nervos, também estudada em anatomia], quinze minutos antes do fim da aula, foi trazido um cadáver para demonstração dos músculos. Normalmente pode-se ouvir antes o barulho da maca com o cadáver sendo trazida da sala de preparação e sendo empurrada pelo corredor. Os estudantes se entreolham e sussurram: "Está vindo!" O professor de anatomia, um senhor muito jovem e elegante, veste um jaleco branco e leva a maca até a primeira fila de cadeiras para mostrar. Depois da aula, a maca é levada de volta para o anfiteatro de anatomia, onde os cadáveres são preparados. Nós

vamos junto para observá-los mais detalhadamente, e o professor dá mais explicações.

Muitos estudantes de medicina se assustam na primeira vez que vão ao anfiteatro de anatomia. (...) Eu me lembro da primeira vez que entrei nesse auditório grande e iluminado, onde os cadáveres e suas partes jaziam sobre as macas. Estudantes se curvavam sobre eles e trabalhavam. De início, fiquei horrorizada, mas esse sentimento passou rapidamente. Os cadáveres são embebidos em um líquido que evita a decomposição. Quando se olha para eles, não parecem pessoas, mas um material sobre o qual se deve aprender algo para se tornar médico. (...) Os cadáveres devem estar muito bem preparados para as aulas de anatomia, o que toma muito tempo. Esse trabalho é geralmente passado a uma estudante russa. Como recompensa, as mulheres russas são elogiadas pelos professores.[28]

Sabina é habilidosa e realiza seu trabalho muito bem.[29] Além disso, lida com os problemas de orientação comuns aos estudantes que iniciam uma carreira, o que faz com que o tempo passe devagar para ela. Ela quer aprender, tem sede de saber muito e rápido.[30] Mas por onde começar? A ciência é um campo tão vasto.

> Na biblioteca (estive lá hoje), os livros estão catalogados em ordem alfabética. Naturalmente é impossível ler todo o catálogo até esbarrar em algum livro com título interessante. Não encontro o que me recomendaram Jung (Roux, sobre mecânica do desenvolvimento) e Lang (Hertwig e Hartichek).[31] Não é permitido levar para casa livros de literatura. Na verdade não quero escrever sobre isso. Amanhã vou à biblioteca de medicina (Cantonal 13) [Biblioteca Universitária Cantonal] e talvez pegue o *Inconsciente*, de Hartmann,[32] com o qual deparei por acaso pesquisando no catálogo. Uma vez que vi esse livro no de Jung, acho que deve ser de algum valor.[33]

Sabina se mantém fiel ao plano de estudos, e só no semestre de verão de 1907 assiste a uma aula sobre "Artistas e arte" com o professor Eleutheropoulos.[34]

* * *

"Ah, se eu fosse tão inteligente quanto meu Junga! Diabo!", pondera Sabina Spielrein. "Mas quero saber se vou me tornar algo. Também é uma desvantagem que eu não seja homem: para eles tudo é mais fácil. É ultrajante que a vida venha toda preparada para eles."[35] A jovem assume o "*look* niilista", andando com um chapéu esburacado e sapatos velhos. Quando Jung a repreende, ela zomba dele e diz que não tem dinheiro.

"Então ele se ofereceu para me emprestar 30 francos e escrever a vocês sobre o assunto, mas quando protestei veementemente, ele me obrigou a aceitar 10 francos para o chapéu e para o conserto dos sapatos. Gostou dessa esmola?", ela pergunta entusiasmada à mãe em uma carta.

> Eu queria mesmo afundar no chão, de tão envergonhada, mas ele não se deixa convencer. Além disso, fiquei feliz de ele ter feito algo bom para mim, e não queria impedi-lo de fazê-lo. Não diga nada a ele sobre isso. É estranho que ele seja de algum modo agradável, que tenha boas ações e se disponha a gastar comigo. Naturalmente vou devolver esse dinheiro logo, porém ele ainda não sabe. Agora você pode ver como ele é, o meu Jung.[36]

Sabina se preocupa com Louise, mas Jung a tranquiliza. Segundo ele, o tratamento dá resultados.

Nesse meio-tempo, Louise Rähmi encontrou um lugar no mundo. No âmbito da terapia de trabalho em Burghölzli, aprendeu a datilografar e se encarrega "com zelo e habilidade" dos trabalhos escritos dos médicos do hospital. Também pode datilografar seus poemas, que continua a escrever. A recomendação oficial de Karl Abraham confirma a autenticidade de seus sofrimentos, e a questão agora é como prosseguir com seu tratamento. Bleuler não quer dar alta a ela antes que tenha uma formação ou pelo menos um posto de trabalho apropriado.[37]

Sabina sabe por experiência própria quão difícil é o período de transição da clínica para a vida independente. Mas tem muita confiança em Louise. Em uma das longas cartas que escreve a Jung nas quais trata das melhoras em seu caráter, ela fala sobre sua "ideia preconcebida" sobre o social e sobre seu "afã pelo bem-estar".

* * *

Você disse uma vez à Srta. Berg que os socialistas eram simplesmente ladrões ("de uns levam a corrente, de outros o relógio"). Não acredito que estivesse falando sério. Talvez, em um estado de arrebatamento, tenha exagerado, o que não é raro em você. O afã por bem-estar o impede de ser justo e o deixa limitado em tudo o que diz respeito ao complexo.³⁸ O socialismo em sua forma original, isto é, que todos sejam iguais ou ganhem proporcionalmente ao seu trabalho, que cada um tenha o que deseje (como dizem os profetas), seria naturalmente uma utopia. Mas o socialismo tem um grande valor como movimento anticapitalista. Você [Jung] diz que é necessário ter certa inteligência e energia para ganhar a vida, e por isso os ricos são os mais aptos. Isso poderia ser verdadeiro em casos excepcionais. (...) Acho tão estranho que eu tenha que mostrar a você quão injustamente os bens são divididos, como se você não soubesse disso melhor do que eu. (...) É preciso apenas ter uma ideia preconcebida para não perceber que os capitais não são divididos de acordo com o valor ou com as necessidades das pessoas.³⁹

"Você por acaso acha que os ricos são mais inteligentes?", pergunta a Jung. "Isso são apenas delírios — a Srta. Rähmi, por exemplo, é mais inteligente do que todos os colegas de universidade que conheço."⁴⁰ Ela concebe o plano de passar as férias com Louise. Bleuler está de acordo; escreve para o asilo de Marthalen e sugere que a Srta. Rähmi seja admitida como acompanhante de uma antiga paciente enquanto não aparece outra oferta de trabalho.⁴¹ O asilo assente, e Bleuler cuida pessoalmente para que tudo dê certo.

"Cara senhorita", ele escreve a Sabina. "A Srta. Rähmi está pronta. Poderia nos informar a que horas ela deverá estar pronta para viajar e se você virá buscá-la (ou onde se encontrarão)? Cordiais saudações e muito obrigado. Bleuler."⁴²

Sabina aluga dois quartos para ela e para Louise em Weggis, perto do lago de Vierwaldstädter. Em 1º de agosto de 1905, feriado nacional suíço, as duas jovens viajam juntas para a estância de veraneio. Sabina não pode ou não quer pagar para Louise, por isso Bleuler recorre à caixa de "ajuda assistencial":

Ilustríssimo Senhor Pároco [Waldburger]. A Srta. Rähmi partiu de viagem para Weggis. O azar é que a paciente que a está levando junto não pode ou não quer pagar para ela. O que excedeu os custos, coloquei na conta da ajuda assistencial, de forma que não tenha mais gastos. Se em um futuro próximo o senhor encontrar um posto de trabalho para ela, naturalmente esses gastos terão que ser cobrados. A paciente disse que precisaria de mais um vestido para viajar. Uma vez que ela só disse isso no domingo, não pudemos informar-lhe. A conta é de 10 francos. Seria melhor se pudéssemos encaminhá-la ao asilo, senão a ajuda assistencial teria que arcar com mais esse gasto. Atenciosa e respeitosamente, Bleuler.[43]

11 "A PERSONALIDADE DELA TEM ALGO DE DECIDIDAMENTE INCONSEQUENTE..."*¹

O verão de 1905 chega ao fim. Sabina e Louise voltam das férias. Sabina Spielrein aluga um quarto na casa da Sra. Jordan, na Plattenstraße 52, e pouco tempo depois Feiga Berg se muda para a mesma pensão.² As jovens se sentem ligadas: podem trocar experiências e discutir os problemas uma com a outra. Enquanto trabalha duro no curso introdutório de ciências naturais, Sabina fica feliz por ter uma pessoa de confiança com a qual pode falar sobre Jung. Ela ainda tem atitudes marcadamente adolescentes: faz-se de não atraente com seu "*look* niilista" e não se sente bem com sua feminilidade. Dessa maneira, mantém também a distância necessária da mãe, cuja preocupação obsessiva com roupas, chapéus e outras questões exteriores é algo que Sabina abomina.

"Escrevo à luz de vela, me desacostumei com a luminária enquanto estava na clínica", escreve em seu diário.³ De acordo com a doutrina de Burghölzli e não sem humor, dá um sermão em um colega de estudos sobre a abstinência: "Um eu converti; provavelmente durará pouco, até voltar a encontrar-se com seus companheiros, o que acontecerá amanhã, no mais tardar."⁴ Renuncia ao luxo e à ascese: essas são as divisas do pai.

Além das aulas na universidade, Sabina continua fazendo visitas a Burghölzli. Compra doces e os reparte entre os pacientes e os filhos dos

---
*De uma carta de Jung a Freud. (N. do T.)

médicos. Encontra-se com Jung e o acompanha nas visitas médicas. No diário, reflete sobre sua relação com ele: "Ansiamos por carinho, amor, mas é apenas um instante enganador, passageiro e exterior que cobre a prosa mais pobre. O que custa a repressão da personalidade! E o vazio e o tédio tão logo o primeiro momento de paixão se vai? Não!"[5] Sabina não é capaz de uma intimidade verdadeira e de uma autêntica relação de casal. Por isso Petika, seu admirador, não tem chances com ela. Quando ele anuncia sua visita, Sabina se sente constrangida: "Ele simplesmente não entende o que isso significa para mim! Porém, [me incomoda] acima de tudo a maneira com que me abraça e seu jeito aberto de demonstrar amor; porém, em vez do amor que devo demonstrar por decreto (de outra forma ele se ofende), surge apenas irritação e repúdio."[6]

Sabina deseja acima de tudo que alguém a entenda e proteja. Procura alguém que seja como ela, que sinta como ela: "Eu queria um bom amigo, a quem pudesse expor cada traço da minha alma, desejo o amor de uma pessoa mais velha, que me ame e me compreenda (semelhança interna), como pais amam o filho."[7]

Sabina se esforça, tenta sair de seu isolamento, aproximar-se das pessoas. Está sempre disposta a ajudar e faz favores aos outros com prazer. É inteligente e, graças a uma boa intuição, percebe problemas rapidamente. Sente-se em seu elemento quando convida uma colega a "desenterrar seus complexos e conversar com ela". Mas essas relações são sempre unilaterais. Sabina gosta de provocar dizendo coisas nas quais não acredita realmente. É um método para manter as pessoas próximas dela a certa distância:

> Ah, se alguém me ajudasse! Certamente não sou tão má quanto pareço para as pessoas. Com frequência digo o que não penso, e por isso sou desapiedada; por outro lado, fico tão feliz quando consigo ajudar alguém ou pelo menos dar-lhe uma pequena alegria. Oferecer algo às crianças, levar doces para os pacientes, são coisas muito agradáveis para mim. Economizo tanto quanto posso, porém com frequência não consigo me conter de dar alguma coisinha para os pequenos.[8]

Em um cartão-postal para a "Srta. L. Kazmann", uma conhecida de Rostov, Sabina desenha um cardo entrelaçado e espinhoso.[9] Por trás das palavras rudes e de uma fachada espinhosa, Sabina esconde seu lado suave, seu anseio pelo outro. Tem dolorosa consciência do caráter existencial de seus medos e da ausência de liberdade em seus relacionamentos.

> De alguma maneira tenho medo de me aproximar das pessoas. Temo pela minha liberdade. A única coisa que tenho agora é a minha liberdade, e defendo esse último tesouro com todas as forças. Não suporto o menor ataque à minha personalidade, nem mesmo na forma de um simples conselho ou sermão. E quanto maior é a influência de uma pessoa sobre mim, mais ela pode me enfurecer, mesmo com um conselho amigável. (...) Só de Junga consigo aguentar tudo. É incrível como me dói quando ele me repreende. Sinto vontade de chorar, de implorar que pare, pois sinto a repressão da minha personalidade, mas, por outro lado, simplesmente não consigo me opor a ele. Muitas vezes essa dor insuportável e desesperadora que ele me causa (ele e também o professor [Bleuler]) é ao mesmo tempo agradável, e fico feliz quando ele se irrita, fico feliz por me ver rebaixada. Se alguém soubesse quanto me dói escrever estas linhas! Quanto esforço é necessário para escrever e pensar essas palavras e frases que me humilham![10]

A autorrepressão e o desespero vão acompanhar todo o período de faculdade de Sabina.[11] Além disso, continua sofrendo de sintomas obsessivos: por exemplo, considera especialmente constrangedor e penoso ter que rir por obrigação diante de outras pessoas. Tampouco consegue renunciar às travessuras. Provoca e assusta justamente as pessoas de quem gosta.[12] É o que tenta fazer em uma de suas cartas a Bleuler:

> Caro senhor professor!
> Tal forma é um costume para o senhor? Aprendi com o Dr. Jung. Escrevo ao senhor neste rascunho pois me falta energia para comprar papel. Minha história se aproxima do fim, e meu desejo mais ardente é

juntar toda a coragem necessária para dar um fim a essa comédia. Porém, enquanto a máquina existir, ela pode ter alguma utilidade. Me parece que posso ter uma boa influência sobre a Srta. Remi, mas apenas se não vivermos juntas. Então, em 1º de agosto, pensei em conseguir dois quartos algo distantes de Zurique (em outra cidade). Lá podemos viver realmente bem, nos encontrar todo dia e fazer passeios juntas. Se eu a vir só em determinados períodos, posso me controlar por um certo tempo; espero que minha presença faça bem a ela. (Com frequência pode-se estar no inferno e falar sobre o paraíso.) Porém, quando ela me surpreende despreparada, não posso garantir que possa me controlar. A questão principal é se a Srta. Remi não vai ficar entediada lá, sem pessoas que se ajustem a sua formação e a seus costumes. Eu quero me adequar a ela tanto quanto possível, mas será que isso bastará? De qualquer forma, pode retornar a qualquer tempo, e considero muito favorável a circunstância de que ela não deixe abruptamente a instituição, mas sim se acostume gradualmente à vida normal. Porém há vários pontos a favor e contra. Na verdade, tenho que falar com o senhor pessoalmente sobre o assunto.[13]

O verdadeiro objetivo de Sabina e suas reflexões bastante razoáveis sobre como se poderia continuar a ajudar Louise Rähmi[14] se misturam a insinuações difusas e ameaças: "dar um fim à comédia". Tão logo envia a carta, ela se arrepende e tenta corrigi-la com um cartão-postal: "C[aro] Sr. Pr [ofessor] etc. Isso tudo não é verdade, mas não sei de nada, por isso peço ao senhor que não leia a carta."[15] Mas as "gracinhas" de Sabina nem sempre são tão inofensivas como essa carta a Bleuler, que, como ela bem sabe, não se deixa impressionar por criancices desse tipo.

Em outra ocasião, surrupia uma pequena seringa e um pouco de cianureto de potássio do curso "Química orgânica experimental, de segunda a sexta, das 8h às 9h"[16] e vai até a clínica "para espetar todos que me dirijam a palavra. O cianureto de potássio era apenas para assustar, pois a seringa estava cheia de água. Sobre outros planos, prefiro me calar".[17] O cianureto de potássio é um dos venenos mais poderosos que existem. Uma vez na corrente sanguínea, uma pequena dose é letal.

Sabina perturba a mãe ao enviar-lhe uma carta entusiasmada de Louise dizendo que é de Jung. O estilo de Louise Rähmi é típico de alguém vindo do interior, que se esforça para usar uma linguagem "elevada": patética, repetitiva, imitando os romances água com açúcar de Courts-Mahler. A Sra. Spielrein, uma mulher culta e experiente no que se refere aos sentimentos, leva um susto ao ler a carta. E não se tranquiliza quando Sabina admite a travessura. Na opinião de Eva Spielrein, a filha escreve de maneira efusiva demais sobre seu médico: "Foi ele quem restabeleceu a fé nas minhas forças e me deu felicidade! Vai me visitar na sexta-feira (1º de setembro) às 3h. Ah, se eu conseguisse aprender a fazer *borscht** para essa ocasião!"[18]

Quando Jung se inteira do assunto, admoesta pertinentemente sua paciente e amiga: não deveria atormentar tanto a mãe! Dessa vez passou dos limites.

Eva Spielrein escreve a Zurique e exige que C. G. Jung encaminhe sua filha a um terapeuta mais velho e experiente. Jung quer atender ao pedido e escreve, em papel oficial da clínica, apesar de se tratar de uma paciente particular [!], o "Relatório sobre a Srta. Spielrein para o Professor Freud em Viena, que pode ser entregue à Sra. Spielrein, caso deseje utilizá-lo". É a primeira vez que Jung tenta estabelecer contato com Freud:

> Analisei o quadro clínico seguindo seu método, de modo bastante exaustivo; no começo tive muito sucesso. (...) À medida que a análise progredia, a condição dela melhorou a olhos vistos, e ela se revelou, ao final, uma pessoa de grande inteligência e talento, dotada de uma profunda sensibilidade. Seu caráter tem decididamente algo de inconsequente e inquieto, e também falta-lhe senso de oportunidade e de conveniência, muito do que pode, naturalmente, ser atribuído aos costumes russos. Sua condição melhorou consideravelmente, a ponto de poder começar a estudar no último semestre de verão. (...) Durante o tratamento, a paciente teve o infortúnio de se apaixonar por mim. Agora fala de seu amor para a mãe de maneira ostensiva e com grande entusiasmo, no que

---

*Sopa eslava típica em países do Leste Europeu, como Ucrânia, Polônia e Rússia. (*N. do T.*)

tem um importante papel uma alegria secreta e doentia em assustá-la. A mãe deseja, por isso, em caráter de urgência, que ela seja conduzida a outro tratamento, com o que estou de acordo.[19]

A formulação de Jung deixa em aberto de que tipo de urgência se trata e de quem é a urgência. Mas, Sigmund Freud nunca recebeu a carta. O "relatório" permanece com a família Spielrein, e Sabina fica em Zurique.

12 "QUEM QUER COMPRAR DEUSES DO AMOR?"

Para C. G. Jung, 1905 é um ano cheio de sucessos. Bleuler recomendou seu trabalho *Sobre o comportamento do tempo de reação nas experiências de associação* (1907) à faculdade de medicina "para que seja aceito como trabalho de doutoramento".[1] A aula-teste de Jung sobre "A doutrina freudiana da histeria à luz de nossa experiência" é elogiado pela faculdade.[2] Em 27 de fevereiro de 1905, o secretário de educação outorga ao Dr. C. Jung a *venia legendi* em psiquiatria, "provisoriamente para o período de seis semestres".[3] No fim de outubro, ele dá sua aula inaugural sobre o tema "Sobre a importância da experiência de associação para a psicopatologia".[4]

A carreira de Jung em Burghölzli progride, e no início de abril o diretor Bleuler escreve ao conselho diretivo:

> Nesta correspondência será recebida a solicitação de liberação do médico secundário Dr. L. v. Muralt. Infelizmente [!] não há mais nada a fazer a não ser atender a sua solicitação. Se posso dar uma sugestão, gostaria de pedir que se lhe agradecesse condignamente pelos mais de dez anos de serviços leais que prestou a Rheinau e a Burghölzli. Além disso, gostaria de solicitar encarecidamente que se indique para o posto seu atual substituto, o Dr. C. Jung da Basileia. No atual estado de coisas, um edital de concurso não faria sentido.[5]

O conselho diretivo acata o pedido de Bleuler e, no dia 18 de abril, nomeia Jung médico assistente.[6] Agora ele está autorizado oficialmente a tratar pacientes particulares. Jung tem 31 anos, está bem casado, é bem-sucedido profissionalmente e tem boas perspectivas. Poderia estar satisfeito, não fosse o problema com Sabina Spielrein.

A separação física e os poucos encontros não criaram a desejada distância interior. A primeira tentativa de Jung de contatar Freud — o relatório de 1905 sobre Sabina — não obteve resultados. Na primavera de 1906, ele envia a Viena os *Estudos diagnósticos de associações. Contribuições à psicopatologia experimental* (1906), com seis artigos dele próprio e outros trabalhos de médicos de Burghölzli. Dessa vez funciona: Freud agradece cordialmente e envia, em retribuição, sua *Coletânea de escritos breves sobre a teoria da neurose* (1906). Já na segunda carta ao mestre vienense, Jung dá voz ao que o aflige: "Tenho que desabafar com o senhor sobre uma experiência recente, correndo o risco de aborrecê-lo. Atualmente estou tratando com seu método um caso de histeria. É um caso difícil, uma estudante russa de 20 anos, doente desde os 6."[7]

Jung faz um relato detalhado, porém não diz que conhece a paciente há dois anos, que ela vive de modo independente na cidade e que estuda medicina.

"É bom que sua russa seja estudante: pessoas incultas são imperscrutáveis demais para nós neste momento", esclarece Freud confiante. O problema da paciente seria uma "fixação infantil da libido" no pai: "Casos como esse, que se baseiam em uma perversão reprimida, são especialmente belos de examinar."[8]

No primeiro período da correspondência entre Viena e Zurique, trata-se da questão da eficácia terapêutica da psicanálise e sobre o que realmente leva à cura. Freud afirma que é uma "cura através do amor"; seu conceito de "transferência" poderia preencher completamente a lacuna no mecanismo da cura — o *rapport* pessoal de Jung.[9] Sabina Spielrein está presente na vívida troca de ideias entre os dois homens sem que seu nome seja mencionado, e sem que Freud suspeite que Jung fala sempre da mesma paciente. Daí em diante, a correspondência com Freud substitui para Jung a autoanálise e a autossupervisão.[10]

No verão de 1906, Jung termina o manuscrito do livro que o tornará conhecido nos círculos acadêmicos. No prefácio de *A psicologia da dementia praecox* (1907), ele destaca quanto deve às "geniais concepções de Freud".[11] O primeiro indício de Sabina Spielrein está no segundo capítulo, "Sobre o complexo emocional e seus efeitos gerais sobre a psique": fala-se de uma jovem que não suporta que seu refúgio seja abalado.[12] Algumas páginas adiante, fala-se do sonho de um "amigo", de um tal "senhor X". Em carta a Freud pode-se ler: "O sonhador eu conheço muito bem: sou eu mesmo."[13] Jung teve esse sonho durante a segunda gravidez da mulher, em algum momento entre maio de 1905 e o nascimento de Anna Jung, em 8 de fevereiro de 1906. No livro, Jung não quer dar-se a conhecer; além disso, Bleuler leu sobre o sonho e pediu que ele fosse discreto. Jung teve dificuldades em escrever sobre o sonho, por isso Emma finalmente o liberou desse fardo.

O "sonho do cavalo galopante" é uma passagem central do *Dementia precox*, e o "senhor X" é uma figura-chave autobiográfica. No relato do sonho lê-se:

> Eu via como cavalos eram içados por grossas cordas. Um deles, um cavalo forte e marrom que estava preso por cintos e era suspenso como um pacote, me chamou especialmente a atenção quando o cabo se rompeu abruptamente e o cavalo caiu na rua. Ele devia estar morto. Porém, levantou-se imediatamente e fugiu galopando. Então percebi que o cavalo arrastava um pesado tronco de árvore e me assombrou que mesmo assim ele pudesse avançar com tal rapidez. Claramente ele estava assustado e podia provocar uma desgraça. Então apareceu um cavaleiro em um cavalo pequeno, e cavalgou ao lado do cavalo assustadiço até moderar um pouco seu passo. Não obstante, tive medo de que o cavalo passasse por cima do cavaleiro quando apareceu uma carroça que avançava lentamente à frente do cavaleiro; isso fez com que o cavalo andasse numa velocidade ainda menor. Então pensei: agora está tudo bem, o perigo passou.[14]

É uma prova de confiança que Jung tenha descrito esse sonho no livro e enviado um dos primeiros exemplares a Viena, o que também pode ser lido como um pedido de ajuda terapêutica. Freud o intui corretamente. Seu breve comentário epistolar se limita a duas observações, e ele convida Jung a ir a Viena assim que puder.[15]

No livro *Dementia praecox*, o sonho do cavalo galopante é interpretado com base em dois complexos: "autoafirmação" e "sexualidade". As duas primeiras associações fazem referência aos temas ambição, ascensão e "superação de decepções = queda". Jung afirma que o sonhador — o senhor X — se identifica com o poderoso cavalo marrom que "não se deixa submeter". À suspensão do cavalo corresponde o desejo de "ascender": o sonhador é um experiente alpinista que tem planos de futuro que implicam ascensão profissional, planos que satisfazem seu orgulho, mas são totalmente vagos. Por isso ele trabalha "como um cavalo". O cavaleiro no cavalo pequeno, que freia o trote impetuoso do cavalo marrom, lembra, na aparência e nas roupas, o superior [= Bleuler] que o impede de avançar. Além disso, o superior está à frente do sonhador pelo fato de ter dois meninos; o sonhador tem duas meninas enquanto deseja ter um menino.

Sobre a passagem do cavalo marrom, que arrasta um tronco de árvore, ocorre ao senhor X que certa vez alguém lhe dera o apelido de "árvore" devido à sua "constituição forte e robusta". Apesar de arrastar uma árvore, o cavalo é extremamente rápido: ele está assustado e pode provocar uma desgraça. Ao elemento onírico do cavalo que se afasta a galope se agrega — por um breve momento — um segundo cavalo ao lado do cavalo marrom, que não se vê com nitidez mas "que é igualmente importante".[16] Mas quem seria esse segundo cavalo? A versão oficial e a do livro sustentam que a outra pessoa é a esposa, por meio da qual o sonhador está atado ao "jugo do casamento": o casal puxa junto o tronco de árvore.

Quando Jung explica o sonho a Freud em uma carta, ele diz outra coisa: "(...) no fundo há um desejo sexual ilegítimo; é melhor que não veja a luz do dia".[17] De acordo com essa versão, o segundo cavalo não seria a esposa, mas sim a amiga, Sabina Spielrein. Os conflitos internos de Jung se revelam nas descobertas de novas experiências de associação que Ludwig Binswanger realiza antes da primeira viagem de Jung a Viena:

"33. dor: difícil"; "38. arrependimento: fidelidade"; "52. separação: evitar"; "55. filho: ter"; "56. chapéu: colocar"; "92. sofrimento: escolha".[18]

Freud também identifica quem é o sujeito da experiência I: "Hoje chegou às minhas mãos o trabalho de Binswanger; eu o reconheci sem muita dificuldade como o sujeito da experiência I e me alegrei muito com a audácia do jovem para desfazer suas próprias confusões."[19] Tampouco a Sabina Spielrein custa muito reconhecer seu amigo com base em associações como "filho: ter" e "chapéu: colocar"; no fim das contas é com ela que tem que ter cuidado.[20]

A ocorrência seguinte de Jung sobre o sonho está relacionada com a água-forte de Albert Welti *Noite de lua cheia* (1896), na qual cavalos galopantes são representados em uma cornija, entre eles um cavalo "no cio" empinando. "No mesmo quadro pode-se ver um casal deitado na cama. (…) Aqui se abre uma perspectiva totalmente inesperada sobre a nuance sexual do sonho."[21]

O pintor suíço Welti é conhecido por suas representações impressionantes, algumas vezes até demoníacas, de cavalos, cavaleiros e valquírias. *Noite de lua cheia* mostra um casal que repousa em seu leito. A roupa de cama está arrumada e lisa. O corpo do homem que dorme é peludo e forte. A mulher ao seu lado está desperta. Do lado de fora, diante da janela, um jovem passa cavalgando na noite de lua cheia. O cavalo avança trotando, com as rédeas soltas e a cabeça baixa. O cavaleiro carrega a trombeta de caça no ombro. A parte superior de seu corpo está voltada para a janela, para o observador do quadro. O olhar da mulher parece repousar sobre essa figura.

O "cavalo no cio" não é reconhecível à primeira vista: trata-se de uma pequena figura na borda da cornija. O leito do casal é o que se impõe, com sua atmosfera estática que se assemelha à morte: nada se move, não há movimento. Até mesmo o cavaleiro à luz da lua parece cansado, como se soubesse que sua cavalgada é em vão. A trombeta de caça, que poderia soprar em sua partida, pende inútil de seu ombro. Seria um caçador que passa por ali, ou talvez um menestrel? O tempo parece estar parado no quadro. O único lampejo de esperança é uma *Iris germanica* no vaso de flores ao pé da cama, com duas flores crescendo a partir de um único caule. O que vemos na pálida luz da lua, que é melhor que não apareça à luz do dia, é o desejo sexual ilegítimo da esposa, que se dirige para o jovem.[22]

O movimento, a sexualidade, a vivacidade da figura equina estão dissociados, petrificados e, no friso exterior, confinados à sacada. Neste quadro, Jung se identifica com a mulher, um pensamento que não tem nada de estranho para ele.

A primeira objeção de Freud é que Jung, por cautela em relação aos opositores da psicanálise, renuncia à interpretação "tronco de árvore = pênis". Na realidade, Jung nunca sonhou com um tronco de árvore; seu apelido na época de faculdade na Basileia não era "árvore" mas "aplanador". A árvore foi utilizada no texto por Jung ou pela coautora, Emma, para ocultar o verdadeiro apelido. Em oposição a "árvore", "aplanador" é um símbolo mais feminino. O sonho do cavalo galopante contém vários elementos que apontam para tendências passivas, femininas. Logo no início, há o poderoso cavalo marrom que está atado com cintos e é erguido como um fardo. O sonhador se dá conta de que "nunca precisa de ajuda alheia": a ideia de precisar ou de aceitar ajuda é algo que o desagrada. A carruagem que passa vagarosamente é um recipiente feminino; e o sonhador do *Dementia praecox* associa que há crianças dentro dela. Então ele pensa no ditado "uma carroça lotada de crianças" — expressão vulgar e bastante depreciativa que faz referência à esposa: mulher = carruagem com uma barriga cheia de crianças. A isso corresponde a associação 73 no teste de associação de Ludwig Binswanger: "caixa: cama"; o sujeito do experimento pensa na mulher quando ela estava grávida.[23] Jung parece reclamar de ter que trabalhar tão duro para obter sucesso. Ele tem inveja da criatividade da mulher, de que as crianças venham em abundância de seu ventre.

A segunda objeção de Freud tem a ver com a questão da realização de desejos no sonho. Jung escreve em seu livro: "A gravidez da mulher e a questão dos muitos filhos é algo que impõe abstinência ao homem. Este sonho realiza um desejo na medida em que expõe a abstenção como algo já presente."[24]

Freud não concorda com essa interpretação "por razões essenciais".[25] Na correspondência essa questão permanece em aberto. A objeção de Freud permanece: Qual é o desejo do sonhador?

No sonho do cavalo galopante a ordenação espacial dos elementos oníricos entre si é bastante chamativa e tem uma importância central para a interpretação. Há o eixo vertical, com acima e abaixo: o cavalo cai (sucesso *versus* queda). Há o eixo horizontal, no qual certos obstáculos — o superior, a carruagem, as crianças — cruzam o caminho do cavalo galopante, impedindo que se perca e protegendo-o do perigo (perda de controle *versus* controle). Por um breve momento na narrativa do sonho, surge uma terceira forma de vínculo ou relacionamento: dois cavalos galopam "lado a lado". É o desejo do sonhador de galopar lado a lado com o segundo cavalo, com a amiga. Esse desejo é tão intenso quanto são legítimos os temores de Jung de "perder-se", de perder o controle.

Jung viaja para Viena acompanhado de Emma e Ludwig Binswanger. O primeiro encontro entre os dois homens tão diferentes, o velho judeu e o jovem cristão, acontece em 3 de março de 1907 na casa de Freud na Berggasse 19. O encontro dura treze horas.[26] Jung tem muito para contar e fala sem parar. Depois de três horas, o interlocutor o interrompe e sugere que tratem o assunto de maneira mais sistemática. Para surpresa do visitante, ele agrupa o material em diferentes temas, e com isso se faz possível uma conversa produtiva. Em Viena, Jung sonha com Freud: "Sonhei que o via andar ao meu lado, como um ancião muito velho e extremamente frágil." Freud reconhece a ameaça de Jung, porém não reconhece seu medo de perder o controle. E reage de maneira compreensível, devido à sua própria problemática. Ele interpreta o sonho edipicamente: como o desejo de Jung de destruí-lo, ele, o mais velho, e de tomar seu lugar. Com essa interpretação, desconcerta completamente o jovem amigo. Meses mais tarde, o próprio Jung encontra a solução: "Na verdade — o que tenho que admitir a contragosto — eu o admiro imensamente como pessoa e como pesquisador (...) minha veneração pelo senhor tem um caráter religioso-entusiasta (...) que me parece nojento e ridículo devido ao seu inequívoco fundo erótico." Jung relaciona esses sentimentos repulsivos com "um atentado homossexual de uma pessoa que venerava" perpetrado em sua infância. Daí se originam os complicados sentimentos que experimenta quando colegas se aproximam demais dele. "Por isso eu temo a sua confiança", confessa.[27]

A visita de Jung a Viena deixa Freud eufórico. Ele fica entusiasmado com sua inteligência e capacidade imaginativa. Logo depois da partida de Jung, Freud envia-lhe uma carta na qual expressa livremente seus sentimentos:

> (...) gostaria de reiterar por escrito várias coisas que já lhe disse pessoalmente, mas sobretudo que a sua pessoa me encheu de confiança no futuro, que agora sei que sou tão dispensável quanto qualquer outro e que não poderia desejar outro continuador e consumador do meu trabalho melhor do que o senhor, tal como o conheci.[28]

No início de julho Jung escreve: "Uma paciente histérica me contou que um verso de um poema de Lermontov não sai de sua cabeça. O poema trata de um preso que tem como único companheiro de cela um pássaro em uma gaiola. Um único desejo anima o preso: gostaria que o maior feito de sua vida fosse dar a liberdade a algum ser. Ele abre a gaiola e deixa seu querido pássaro voar."[29] A paciente, continua Jung, admite que quer ter um filho com ele: "Para isso eu deveria naturalmente deixar o 'passarinho voar'. (Em alemão suíço diz-se: teu 'passarinho' já piou?) Não é uma bela cadeia? O senhor conhece o quadro pornográfico de Kaulbach *Quem quer comprar deuses do amor?*"[30]

O quadro de Wilhelm von Kaulbach ilustra um poema de Goethe:[31]

> Quem quer comprar deuses do amor?
> De todos os belos artigos
> expostos no mercado,
> nenhum é tão apreciado
> quanto o que temos, amigos,
> vindo de terras distantes.

Ah, ouçam-nos cantantes,
e vejam as belas aves,
que estão todas à venda!

Primeiro vejam a grande,
engraçada e saltitante!
Ela salta leve e lépida
árvore e arbusto, intrépida,
e logo volta p'ra cima.
Mas não façamos estima.
Ah, veja a alegre ave!
Ela está aqui à venda.

Veja esta pequena agora.
Quer parecer pensadora,
mas ela é tão saltitante
quanto é aquela grande.
Ela mostra quieta, sempre,
o desejo mais valente.
Ah, avezinha levada!
Ela está aqui à venda.

(...)

Essas aves não louvemos,
estão aí: as testemos.
O novo elas adoram;
mas nunca, jamais se arvoram
de sua fidelidade;
têm asas, não dão alarde.
Que boazinhas as aves,
mas que beleza de venda!

No poema de Goethe, um vendedor de pássaros leva ao mercado o excitante, o sexual, proveniente de terras distantes. Na forma de falos excitados, empinados e alados aparece o instintivo como algo dissociado. No caso de Jung, esse fenômeno da dissociação na autopercepção e nas relações é encontrado por toda parte. É esse elemento estrutural que impede que ele realize seu grande desejo — o de "galopar lado a lado" com Sabina, com Emma ou com Freud. Jung vive um dilema da alma. De um lado, há a necessidade de proteger um eu coerente, ou seja, a integridade do eu. De outro, ele procura proximidade: deseja confiar-se totalmente a outra pessoa, restabelecer a unidade perdida, fundir-se.[32] As duas soluções implicam perigos para as fronteiras de seu ego. Da mesma forma, a jovialidade lúdica do poema de Goethe contrasta com a polissemia da caricatura. O vendedor de pássaros de Kaulbach é velho e encurvado. Poderia ser um homem, uma mulher ou talvez a própria morte. Jung pode ter percebido que uma situação anímica desse tipo — apesar de toda a lucidez e de todo o talento — dificulta a compreensão por outras pessoas; talvez ele tivesse consciência disso. De qualquer forma, Jung realiza nesses anos diversas tentativas de fugir completamente do trabalho terapêutico e se concentrar na pesquisa. A referência à caricatura de Kaulbach fica como um "chiste" entre cavalheiros.

Por outro lado, Jung dá de presente à amiga uma reprodução do quadro *Ave Maria a trasbordo* (1866), de Giovanni Segantini. A pintura mostra uma canoa em um lago ao entardecer, carregada de ovelhas, com uma íntima representação da relação entre mãe e filho. O quadro de Segantini apresenta um relacionamento altamente idealizado, à custa do torpor e da inércia. No fundo, a madre igreja vela.

Em setembro de 1907, C. G. Jung viaja para o I Congresso Internacional de Psiquiatria e Neurologia, em Amsterdã, para defender Freud e a psicanálise. Sua apresentação — nascida de um "parto difícil"[33] — leva ao duelo com Gustav Aschaffenburg (1866-1944), um radical opositor da psicanálise. Jung extrapola seu limite de tempo e é rudemente interrompido. "É uma cambada de assassinos", escreve no mesmo dia a Freud. "É uma corja horrível, que fede a vaidade, com Janet lamentavelmente à frente."[34] Em sua palestra "Sobre a teoria freudiana da histeria" é apresentado um "caso de psicose histérica": mais uma vez, Sabina Spielrein. Jung apresenta uma descrição unilateral e deslocada, de modo que a plateia tem que supor que a paciente sofre de uma grave doença mental, ou seja, uma ruptura com a realidade.[35]

Nesse ínterim, Sabina Spielrein se tornou uma mulher bela e educada, que se veste com elegância. Durante um tempo, ela e Jung se veem somente durante as aulas na universidade; Sabina faz anotações, comenta e segue refletindo em casa sobre as explanações de Jung. Quanto mais pessoas conhece, mais ela anseia pelas estimulantes conversas com seu professor e amigo. De alguma forma, convenceu-se de que ele mantém distância. "Sua aula foi maravilhosa (não no sentido científico, mas no sentido ético). Por que justo agora conseguiu despertar tanto entusiasmo e sentimento? Você tem uma energia potencial maravilhosa e poderia realizar muito mais do que realizou até agora."[36]

Sabina deseja transformar-se em "uma combinação eficaz" e procura contatos entre os professores e alunos. Pede a Jung que lhe recomende livros interessantes e que lhe escreva de tempos em tempos para encorajar sua personalidade: "Eu estaria firme sem você, mas quando temos um apoio nos sentimos muito mais seguros."[37] Ela promete não responder se ele assim preferir.

Enquanto é mantida uma distância exterior, as fantasias florescem. Na mente de Sabina, Jung faz as vezes de modelo, mentor, substituto dos pais, educador, fio condutor, amante e até mesmo filho. "O mais importante para mim é que você seja o mais completo possível. (...) Você é uma combinação estranhamente perfeita, porém, infelizmente, é influenciado demais pelos preconceitos da sua profissão, e isso pode ter como consequência que o que é bom fique em segundo plano, e a combinação pior e mais unilateral se manifeste."[38] Sabina se aferra ao projeto de que Jung deveria ser ideal e melhorado por ela. Não ajuda muito que Feiga Berg a confronte com os aspectos menos favoráveis dele. Um olhar ou um desvio de olhar, alguma observação na aula: tudo é tomado como algo pessoal. Ela examina constantemente sua atitude em relação a ela e utiliza isso como termômetro para seu estado de ânimo. Sofre com sua obsessão, mas apesar disso não quer abandoná-la. A tentativa de conseguir uma vaga para estudar em outra universidade fracassa.

Jung planeja abrir mão do posto de médico da instituição e se dedicar totalmente à ciência. Ele pede a Bleuler, seu superior, que solicite à secretaria de educação sua nomeação como chefe do laboratório de psicopatologia; no futuro, o laboratório obterá o *status* de órgão universitário independente. Apesar de aparentemente apoiar o projeto de Jung, nas reuniões decisivas Bleuler se opõe a ele. A faculdade de medicina da Universidade de Zurique indefere a concessão de independência ao laboratório de psicopatologia, e a secretaria de educação do cantão de Zurique referenda a opinião.[39]

Sabina Spielrein continua escrevendo longas cartas ao amigo. O conteúdo das cartas mudou. Agora trata-se de um amplo espectro de ideias científicas: conceitos psicanalíticos, socialismo *versus* capitalismo, o tema da diferença entre os sexos e, sempre e novamente — agora no nível teórico —, a pergunta torturante: "O que é realmente esta coisa horrível: o amor?"[40] Sabina desenvolve suas ideias e os primeiros esboços teóricos de modo lúdico e cada vez mais eloquente, em um diálogo contínuo com o próximo. Com isso, já são reconhecíveis contornos de ideias que vão ser a base de seu trabalho metapsicológico posterior sobre o impulso sexual, a transformação e o impulso de morte.[41]

No início de 1907, é montada no teatro municipal de Zurique a ópera *O anel dos Nibelungos*, sob a direção musical de Lothar Kempter. O estilo totalmente novo da música dramática de Wagner, o elemento psicológico presente por meio de *leitmotiven* que, no caso de Wagner, remetem ao presente e ao futuro, são para Sabina Spielrein o mesmo que uma revelação. Ela tem inclinação musical, toca piano e violino, compõe e escreve poemas. Na cosmologia wagneriana, em sua música e poesia, Sabina depara com questões existenciais próprias. De toda a tetralogia, ela gosta mais de *Ouro do Reno*. Quando conta a Jung sobre isso, seus olhos se enchem de lágrimas, pois ele está justamente escrevendo sobre a mesma coisa.[42]

O páthos trágico da música de Wagner expressa os sentimentos de Sabina; é o que ela experimenta vis-à-vis com Jung: "No caso dos artistas muito passionais, como era Wagner, é preciso buscar o ponto culminante no amor mais do que na morte. Seus heróis têm que morrer — e assim morre Siegfried, e Brünnhilde com ele."[43]

Siegfried e Brünnhilde[44] se tornam para ela a cifra do amor. Siegfried: este é o nome que quer dar ao filho que anseia ter com Jung. "Agora venho da aula de violino com o ânimo leve. Ah, você! Se soubesse o quanto gosto de você, sem jamais pensar no bebê... O desejo de ter um filho não seria sobretudo o desejo de possuí-lo ao menos em uma versão menor? Não é sobretudo o desejo de presenteá-lo com algo especial?"[45]

Jung dá corda ao jogo e entabula conversas sobre um filho em comum.[46] Sabina Spielrein e C. G. Jung estão agora muito mais unidos em uma comunidade intuitiva em que se leem mutuamente, pensam, sentem e escrevem a mesma coisa. O encontro com Sabina Spielrein proporciona a Jung um insight mais profundo de seu próprio ser. Certa vez ele diz que Sabina permanece nele "como uma personalidade viva". Ele encontrou sua *anima*, a parte ambígua e feminina do par *anima-animus*, que — segundo Jung — vive dentro de todo ser humano. Sem a revolucionária experiência íntima com Sabina Spielrein, a teoria de *anima* de Jung, a figura central de seu modelo da alma, é impensável. Com a figura da *anima*, ele dá a Sabina um lugar permanente em seu panteão.[47]

Em 11 de maio de 1908, Sabina Spielrein é aprovada no segundo exame propedêutico nas matérias de anatomia e fisiologia. No fim de junho, Jung a convida para um passeio de barco no lago Zurique. Na mesma noite, ele escreve:

> Minha querida amiga!
> Tenho que dizer-lhe o mais rapidamente possível quão bela foi a impressão que tive de você hoje. Sua imagem mudou completamente e eu gostaria muito de lhe dizer quanto me faz feliz poder ter a esperança de que há pessoas parecidas comigo, para as quais viver e pensar são

uma única coisa (...) Você não acreditaria se lhe dissesse quanto significa para mim ter a esperança de poder amar uma pessoa que não preciso condenar e que não se condena ao sufocante mundo da trivialidade cotidiana.[48]

Logo depois Sabina Spielrein deixa Zurique. No formulário de notificação do controle de moradores, lê-se no campo "partiu para onde" somente "para fora de Zurique".[49] A carta preocupada de Jung chega a suas mãos em Rostov:

> Minha querida amiga!
> Sua carta me alegrou e me tranquilizou. Estava um pouco preocupado com seu longo silêncio. (...) Como se sente de estar de volta a sua pátria? (...) O que lhe diz a velha Bombuchna? Ela ficou feliz de ver como você ficou bonita? Aqui lemos no jornal que em Rostov há cólera. Então, não beba água não fervida e não coma saladas de folhas (...)
> Um beijo cordial do seu amigo.[50]

Em outubro Sabina volta para Zurique, vinda de Heidelberg.[51] Eles se encontram para passear, em Burghölzli e na pensão de Sabina. Em uma dessas ocasiões, Jung chega um pouco mais cedo. "Querida mamãezinha", uma apaixonada Sabina escreve para Rostov. "Acontecem verdadeiros milagres neste mundo, e eu consegui hipnotizar Jung sem ter planejado." Jung bate na porta cinco minutos antes do horário combinado e entra no quarto ao ouvir o "sim?" dela. Sabina não o esperava e fica desconcertada, com o cabelo desarrumado e o pente na mão. Jung pode se sentar no sofá, contanto que prometa tapar os olhos com as mãos. Naturalmente, olha para ela e diz que quer vê-la sempre feliz, que ficou acordado a noite toda por causa dela. Então ele a beija, exclama "O que foi?" e começa a resplandecer de alegria. Porém, o melhor de tudo — assim Sabina diz à mãe — é que ele quer fazer um novo penteado nela: um coque banana. Jung tira o pente dos cabelos anelados, deixa-os caírem soltos, e é completamente tomado de alegria — "quase como uma egípcia!"[52]

Com 23 anos, Sabina ainda não se separou da mãe e lhe dá notícias detalhadas sobre seus encontros com Jung. "Se você pudesse se esconder no quarto ao lado e ouvir quão preocupado ele está comigo e com meu futuro", ela escreve, "você iria se emocionar às lágrimas." Jung tem várias noites insones e vive se repreendendo por causa de seus sentimentos com relação a ela: sente que Sabina é algo sagrado para ele e quer pedir-lhe perdão; às vezes chora. Sabina não quer enviar suas cartas à mãe porque elas poderiam se perder. Tampouco quer citá-lo literalmente, pois ele é um pouco sensível, mas a mãe pode imaginar. "Lembre-se de como papai pediu perdão a você da mesma maneira." Sabina acha desagradável falar de todas essas autocensuras de Jung, pois "somos ambos ou igualmente culpados ou igualmente inocentes".[53] Ela continua: "Até agora ficamos no nível inofensivo da poesia, e vamos permanecer neste nível talvez até o momento em que eu já seja médica, caso as coisas não mudem. Agora escrevo sobretudo porque não posso ser feliz sem a bênção materna, quer dizer, sem que você aprove minha conduta e fique feliz enquanto eu estiver bem."[54]

As cartas à mãe e a Jung mostram a que ponto Sabina se libertou de seu idealismo adolescente. Tornou-se adulta e o vê de forma mais realista — apesar de continuar a amá-lo. Para compreender e descrever o que se passa entre ela e Jung, utiliza conceitos psicanalíticos como o da transferência.

> Faz pouco tempo, Junga terminou seu trabalho que causou tanta comoção, "Sobre o papel do pai no destino do indivíduo",[55] no qual mostra que a escolha do futuro objeto amoroso é determinada pelas primeiras relações da criança com seus pais. É tão certo que eu o ame quanto que ele me ame. Ele é um pai para mim, e eu sou uma mãe para ele, ou, melhor dizendo, a mulher que fez as vezes de primeira substituta para a mãe (a mãe dele ficou histérica quando ele tinha 2 anos); e ele dependia tanto dessa mulher que a via em alucinações quando ela estava ausente etc. etc. Ignoro por que ele se apaixonou pela esposa. (…) Poderíamos dizer que sua mulher não o satisfaz completamente, então ele se apaixonou por mim, uma histérica; e eu me apaixonei por um psicopata; é

preciso explicar por quê? Nunca achei que meu pai fosse normal. Sua busca insana por "conhecer-se a si próprio" é mais bem expressa por meio de Jung, para quem a pesquisa científica é mais importante do que tudo o mais neste mundo. (...) Um caráter desequilibrado e dinâmico, em conexão com uma sensibilidade extremamente sofisticada, a necessidade de sofrer e de ter compaixão *ad magnum* pelos demais. Pode-se fazer tudo com ele; e, com amor e carinho, é possível conseguir dele tudo que se queira.[56]

Sabina Spielrein escreve a Jung e chama sua atenção para seu comportamento contraditório em relação a ela. Os papéis se inverteram.

> Essa situação confusa me faz aparecer no papel não natural do homem, e você no de mulher. (...) Você procura, porém, oprimir todo sentimento mais forte que tenha por mim. Isso faz com que não seja nada além de diplomacia e mentiras. (...) Isso tem como consequência que o seu pré-consciente cria desvios, como quando me envia o trabalho do Dr. Binswanger, no qual tudo é transparente como cristal. Tenho que explicar tudo para você? Para quê? Primeiro, você provavelmente está consciente da maior parte dessas coisas; segundo, sem dúvida você teria que negar tudo. Antes podia conversar comigo sobre coisas abstratas (...) agora menciona apenas aquilo que não tem nenhuma relação direta com o complexo sexual, o que lhe parece tedioso, porque o complexo é tão forte que você não está mais totalmente no controle. (...) Não me sinto exatamente bem quando falo com você dessa maneira. Porém, o que fazer? Para mim é impossível admitir que se defenda me diminuindo.[57]

Nos meses seguintes, há confusões, erros, extravios. Quando, no início de maio de 1908, Freud envia o médico e psicanalista Otto Gross, homem carismático, talentoso e viciado em ópio, a Burghölzli para desintoxicação, Jung se sente desafiado como terapeuta.

Otto Hans Adolf Gross nasceu em 17 de março de 1877 na austríaca Gniebing, perto de Feldbach, na Estíria. Era o filho do famoso criminalista austríaco e fundador da criminalística científica Hans Gross. Otto

O PRIMEIRO PERÍODO NA SUÍÇA (1904-1911)

Gross termina a faculdade de medicina em 1900 e logo viaja como médico de bordo na rota da América do Sul. Nessas viagens de navio, começa a consumir morfina, ópio e cocaína. Mais tarde trabalha em clínicas psiquiátricas em Munique e Graz. Escreve artigos sobre temas psiquiátricos no *Arquivo de Antologia Criminal e Criminalística*, a revista de seu pai. Em 1902, publica "A função cerebral secundária". Gross se interessa cada vez mais pela psicanálise. Suas publicações psicanalíticas mais importantes são "A ideogenidade freudiana e sua importância na alienação maníaco-depressiva" (1907) e "Sobre os complexos de inferioridade psicopáticos" (1909).

Freud e outros psicanalistas admiram Gross como pensador independente com ideias originais. Freud tem muitas esperanças em relação a esse homem talentoso como aliado do movimento psicanalítico. Gross, porém, está frequentemente em dificuldades, em parte devido a sua dependência de ópio e cocaína.[58]

Jung decide não apenas acompanhar a desintoxicação de Gross e depois enviá-lo para se tratar com Freud, como combinado, mas também ele próprio tratar dele. Quatorze dias após a entrada de Gross na clínica, Jung relata a Freud: "Deixei tudo de lado e dediquei todo o tempo disponível a Gross, noite e dia, para realizar sua análise da melhor forma possível. (...) Hoje é o meu primeiro dia de descanso, pois ontem terminei a análise."[59]

Freud se mostra surpreso pela "velocidade da juventude", que resolve em duas semanas uma tarefa que ele mesmo teria levado muito mais tempo para realizar.[60]

Passaram-se exatamente duas semanas desde o anúncio do êxito de Jung quando Otto Gross aproveita um momento de descuido da vigilância e foge, pulando o muro do jardim da instituição. Jung lamenta amargamente a Freud: sacrificou dias e noites por Gross, consumiu-se e abriu-se a uma compenetração mais profunda para poder curá-lo. Com frequência lhe parecia que Otto Gross era seu irmão gêmeo. Jung tem com Gross, assim como teve com Sabina, um envolvimento emocional intenso. Ele revisa seu diagnóstico original de transtorno obsessivo-compulsivo e transforma-o em uma grave doença mental: *dementia praecox*.⁶¹ Sabina Spielrein nunca chega a conhecer Otto Gross pessoalmente. A aproximação entre os dois homens a afeta à medida que Jung se deixa estimular pelas ideias de Gross sobre promiscuidade e liberdade sexual. Jung prega agora a poligamia, e sugere à amiga um *ménage à trois*. Ele afirma que sua mulher estaria de acordo.⁶²

No diário de Sabina, lê-se em um dado momento: "Na verdade meu amor me trouxe somente dor. Houve apenas alguns momentos em que pude repousar em seu peito, em que pude esquecer tudo."⁶³

Jung também se sente dilacerado, doente: "Meu amor! Eu me arrependo de muitas coisas, me arrependo de minhas fraquezas e amaldiçoo o destino que me oprime. (...) Minha alma está despedaçada no chão. (...) Você me perdoará por eu ser como sou? Por tê-la ofendido e por ter esquecido minhas obrigações para com você como médico? (...) Minha desgraça é que não posso prescindir da felicidade do amor, desse amor tempestuoso e eternamente inconstante." Ele pede encarecidamente a Sabina que lhe devolva algo do amor, da paciência e do altruísmo que recebeu dele quando estava doente.⁶⁴

Quando em Zurique e Viena circulam boatos de que Jung quer deixar a mulher e se casar com uma paciente, a situação se agrava. Para Jung, a coisa está muito clara: só pode ser Sabina que o está caluniando. Ele teme por seu casamento e por sua posição social. Além disso, tem que lutar com medos quase psicóticos de perda do controle. Então rompe sua relação com Sabina Spielrein.⁶⁵ Em 7 de março de 1909, submete ao conselho diretivo uma solicitação para se desligar do cargo de médico assistente até o dia 15 de abril de 1909.⁶⁶ No mesmo dia, telegrafa a Viena e também envia uma carta, porém não menciona que renunciou. Jung escreve sobre Sabina, mesmo que Freud ainda não saiba nada sobre o assunto. Para complicar ainda mais as coisas, queixa-se Jung, um complexo se apoderou dele. Uma paciente teria "traído da maneira mais terrível que se pode imaginar" sua confiança e sua amizade; além disso, teria feito "um escândalo devastador" porque ele se negava a ter um filho com ela. Jung assevera ter se comportado em relação a ela "como um *gentleman*, porém você sabe bem que o diabo pode usar o que há de melhor para fabricar impurezas".[67]

Freud reage com serenidade: "Ser caluniado e chamuscado pelo amor, com o qual temos de lidar: estes são os perigos de nossa profissão, e é por isso mesmo que não podemos renunciar a ela." E a fim de dar ânimo a seu discípulo e fortalecê-lo, cita Mefistófeles: "Como! És tão íntimo com o diacho/ E te apavoras vendo a chama?"[68]* Jung agradece por essas "palavras bondosas e libertadoras", porém tem que acrescentar que "tem horror a tais histórias".[69]

Pouco tempo depois, a nova casa de Jung em Küsnacht está pronta para morar, e a família se muda para lá. A partir daí, Jung passa a trabalhar em casa, em consultório particular.

Sabina tenta lidar sozinha com o súbito afastamento de Jung e com sua traição amorosa. Por meses se esforça para analisar a situação. Ela chega à conclusão de que quer se separar totalmente de Jung e iniciar um caminho independente — porém deseja fazer isso com amor, quer salvar seu ideal. Depois de um longo conflito interior, decide confidenciar tudo a uma amiga: Rebekka Babizkaia.[70]

Rebekka nasceu em 1886, em Bialystok, cidade na zona de assentamento, ao nordeste de Varsóvia. Ela é judia, terminou o ginásio em Kovno e na primavera de 1906 foi para Berna, na Suíça, onde se matriculou na faculdade de medicina e assistiu a aulas do filólogo Friedrich Haag (1847-1914). No semestre de inverno de 1906/1907, Rebekka se matricula em Zurique. De maio a julho de 1909 — no auge da crise entre Sabina e Jung —, Rebekka trabalha como assistente em Burghölzli. Sabina mostra a ela suas cartas e as de Jung, porém fica decepcionada com a reação dela. Rebekka, que conhece Jung e não gosta muito dele, tenta ajudar a amiga confrontando-a com questões que ela não quer ouvir. Com isso, surgem tensões e Sabina se sente mais sozinha do que antes.

---

* J. W. von Goethe, *Fausto I. Uma tragédia*, 2ª ed., tradução de Jenny Klabin Segall, São Paulo, Editora 34, 2004, p. 265. (*N. do T.*)

Para a surpresa de Freud, ele recebe uma carta de uma jovem dama de Zurique. Sabina Spielrein ponderou por muito tempo antes de dar esse passo. Primeiro, um sonho a impediu. Ela sonhou com Freud "com seios de mulher", velho como o professor Forel, feio e "colossalmente astuto". No sonho ela vai com o irmão (que é Jung) até Freud, que só dá atenção ao irmão e não a ela.[71] Depois de uma cuidadosa reflexão, ela se decide: "Eu ficaria muito grata se o senhor pudesse me conceder uma audiência!"[72] Sabina Spielrein se dirige a Freud, o pai analítico de Jung. Freud é o mais velho, e para Sabina representa um curador e sábio; é ele quem deve resolver o problema.

Freud fica então extremamente irritado: "Que coisa estranha! O que é isso? Presunção, afã por fofocas ou paranoia?"[73] Ele envia a Jung um telegrama e uma carta, e também lhe pede um esclarecimento telegráfico da situação misteriosa. Depois de muita insistência, Jung confessa gradualmente:

> Spielrein é a mesma pessoa sobre a qual lhe escrevi. É um caso que foi exposto de forma breve em minha palestra de Amsterdã. Foi, digamos assim, meu caso psicanalítico de formação, pelo que tenho por ela muita gratidão e especial afeição. (...) Naturalmente ela ansiava por me seduzir, o que considero que não foi oportuno. Agora procura vingar-se. (...) Devo dizer apenas que encerrei o assunto. Ela é, assim como Gross, um caso de luta contra o pai que pretendi curar *gratissime* (!) com muitas doses de paciência; ao tentá-lo, acabei arruinando minha amizade.[74]

Freud sabe agora que Sabina Spielrein é russa e judia. Jung não quer que Freud leve a mal a situação, e alega como desculpa que um complexo o teria deixado de mãos atadas, isto é, a "paixão obsessiva" na figura da judia, em última análise sua paciente — como uma repercussão inconsciente da sua primeira viagem a Viena.[75]

Freud reage com íntima compreensão: ele mesmo esteve a ponto de cair nessa armadilha algumas vezes e conseguiu "escapar por pouco".[76] Com essas experiências, continua Freud, cresce a coragem necessária, e a pessoa se torna o senhor da "contratransferência". É um "mal que vem para o bem".⁷⁷ Freud não acusa Jung de nada. Além disso, direciona sua interpretação do caso Spielrein segundo as leis da política psicanalítica de alianças. Está convencido de que somente um seguidor pessoal poderá preservar sua obra, a psicanálise, da decadência. Ele se compara a Moisés, que só pode vislumbrar a terra prometida da psiquiatria de longe. Jung, por sua vez, é como Josué: vai tomar posse dessa terra.⁷⁸

A escolha de Jung como príncipe herdeiro provoca recusa por parte dos seguidores de Freud em Viena, Budapeste e Berlim. A Karl Abraham, que não se dá com Jung e que deixou novamente a Suíça e Burghölzli em meados de 1907, Freud pede em várias ocasiões que seja tolerante. Abraham não deve se esquecer de que para ele é mais fácil seguir o curso de seu pensamento (de Freud) do que para Jung,

> pois em primeiro lugar você é totalmente independente, e além disso está mais próximo da minha constituição intelectual devido à afinidade racial, enquanto ele, cristão e filho de pastor, só vai encontrar seu caminho até mim depois de enfrentar grandes resistências internas. Por isso, sua adesão é tanto mais valiosa. Eu poderia quase dizer que seu aparecimento salvou a psicanálise do perigo de se tornar uma questão judaica e nacional.⁷⁹

Devido ao cálculo político e no afã de evitar qualquer escândalo público envolvendo a psicanálise, Freud e Jung planejam o sacrifício de uma jovem. Para isso, enganam Sabina, a tornam patológica e a consolam. Freud comenta com Jung que respondeu à Srta. Spielrein "de maneira extraordinariamente sábia e sagaz", uma vez que alegou, "como Sherlock Holmes", ter descoberto o estado das coisas. Ele teria proposto a ela "uma solução mais digna para a coisa, quer dizer, uma solução endopsíquica". Jung não deve ficar demasiado compungido, pois "nunca será possível evitar as pequenas explosões de laboratório, devido à natureza do material com que trabalhamos". Como se os jogos de palavras não fossem suficientes, Freud continua com uma citação: "Com um leve franzir de cenho diante da resistência da matéria, o pesquisador continua seu trabalho."⁸⁰ Dessa vez é um aforismo de Ferdinand Lassalle que deve animar Jung.⁸¹

Sabina Spielrein não se queixa com Freud sobre o amigo amado, ela se queixa da traição amorosa e das mentiras.

"Eu não sou de maneira alguma inimiga do Dr. Jung: caso contrário, o quadro que ele me deu de presente [*Ave Maria a trasbordo*, 1886] não estaria pendurado na parede de minha casa, sobre o piano. Para mim ele é como meu filho mais velho, no qual investi muita energia e que agora pode ser independente: se falo sobre ele com o senhor, é porque o senhor o ama."⁸² Ela sacrificou sua inocência a Jung; Sabina orienta Freud sobre a situação de modo oportuno e delicado, e portanto com toda a clareza de que é capaz. Ela quer que Jung volte a si e pare de difamá-la: "Meu desejo mais ardente é me separar amorosamente dele. Sou suficientemente analítica, conheço-me o suficiente e sei que para mim o melhor seria um romance a distância."⁸³

Os pais se envolvem quando Eva Spielrein recebe uma carta anônima⁸⁴ de Zurique, "escrita em bom alemão", com a advertência de que salve sua filha, pois do contrário o Dr. Jung a arruinará. A Sra. Spielrein escreve uma carta tocante e preocupada a Jung, pedindo que não faça mal a sua filha. Na resposta ríspida, Jung não demonstra nenhuma simpatia pela preocupação da mãe: "Passei de médico a amigo à medida que deixei de reprimir meus próprios sentimentos, relegando-os a segundo plano. Foi fácil renunciar a meu papel de médico, já que nunca me senti obrigado como médico por nunca ter exigido honorários." Se a Sra. Spielrein queria ter garantias de que ele permaneceria dentro de limites terapêuticos, então deveria pagar a ele honorários de 10 francos por consulta.⁸⁵

Eva Spielrein fica ofendida e magoada. Sua intenção é viajar para Zurique a fim de investigar o assunto judicialmente. Nikolai Spielrein conserva a calma: "Nós o transformamos em um deus, e ele não é nada além de um homem comum." Quando descobre que Sabina deu um puxão de orelhas em Jung, fica feliz com isso: "Eu teria feito o mesmo."⁸⁶

Finalmente tem lugar uma conversa entre Sabina Spielrein e C. G. Jung. Ele compreende que a difamou injustamente. Ela o intima a revelar a Freud a verdade dos fatos. Quando Sabina Spielrein escreve a Rostov informando que encontraram uma forma de separação amigável, seus pais concordam com a solução. Pouco depois Sabina recebe de Viena uma carta de desculpas de Freud.

13 "DOUTORA SPIELREIN ZURIQUE = GRANDE MÉDICA"

Para Sabina, o fato de sua mãe ter se envolvido em sua relação com Jung tem uma importância decisiva. Daí em diante vai ser mais cuidadosa em suas cartas. Depois de superados os sustos (pelo menos aparentemente), a família se encontra em Berlim no fim de agosto de 1909; até o tio Adolf aparece de surpresa. O quarto de Sabina no hotel Kiel é bastante asseado, mas pequeno, com mobília simples e uma tapeçaria amarela de mau gosto. A janela dá para um pequeno pátio vazio e vê-se diretamente a parede do prédio em frente.

"Mas me permiti um pequeno divertimento esta manhã", lê-se no diário. Ao se lavar, Sabina se olha no espelho e admira suas formas belas e fortes, sua pele macia. Custa-lhe um pouco confiar ao diário que — intencionalmente — não fechou completamente a cortina. É apenas depois de se vestir e colocar o cinto que percebe que um simpático jovem está olhando para sua janela. Ela fica muito envergonhada e percebe no mesmo momento que gosta de ser coquete, pois "pode-se permitir uma pequena liberdade".[1]

Toda a família viaja de Berlim a Kolberg,[2] no mar Báltico, que naquela época era uma famosa estação termal. Durante a estada na cidade, é tirada a fotografia dos 25 anos de casamento de Nikolai e Eva Spielrein. Com sua característica postura corporal reservada (ela desvia o olhar), Sabina demonstra quanto precisa manter distância da família. Fica hospedada em um quarto "extremamente antipático" bem ao lado do da mãe. Nunca consegue ficar sozinha sem ser incomodada; até mesmo quando foge para o terraço escuta as vozes da mãe e dos irmãos. Sabina não consegue se integrar na vida em família e se sente terrivelmente sozinha. Refugia-se sonhando acordada e imagina que Jung, assim como os filósofos da Antiguidade, ensina ao ar livre, cercado de um grupo de alunos, ou então que Jung e ela continuam intimamente unidos, apoiando-se na alegria e na tristeza, e inspirando um ao outro a fazer coisas elevadas, boas e belas. Ela mesma percebe que se deixa absorver em pensamentos demais: "Meu ânimo possui o frescor da juventude, meu intelecto é demasiado velho, e esse contínuo pôr-se à prova, ponderar, ter cuidado, desconfiar..."[3]

São incômodos os pensamentos sobre o que a estará esperando quando voltar a Zurique. Sabina deseja uma "amizade pura e elevada" com Jung; quer ser seu anjo da guarda e sua inspiração. A mãe, porém, acha que é impossível que permaneçam amigos uma vez que já tiveram uma relação amorosa. A própria Sabina é cética com relação a isso: "Esse homem não aguenta a amizade pura por muito tempo. Se eu sou boa com ele, então quer amor; se sou fria, então ele acha que a história terminou."[4]

Em Kolberg delibera-se sobre o que fazer com Sabina e Isaak, os filhos problemáticos. Além da angústia em relação à história de amor malfadada de Sabina, os pais ainda têm outras preocupações.

Na sequência do curto interlúdio de 1905 em Zurique, o filho do meio dos Spielrein retomara a atividade política ilegal em Rostov. Isaak participa de patrulhas da organização de autodefesa judaica e em 1906 se afilia (até 1909) ao Partido Social-Revolucionário (PSR). Uma minoria do PSR ainda apoia o uso do terror e é responsável por vários atentados.[5] Um dia, quando a polícia vasculha a casa dos Spielrein, onde panfletos e outros materiais de propaganda política estão escondidos no forno de cerâmica, Isaak é tomado pelo medo, pega a pistola e dá um tiro na boca. Por sorte o ferimento não é fatal. Nikolai Spielrein salva o filho mais uma vez ao subornar a polícia e mandá-lo para Paris.[6]

O médico francês quer saber: "Foi por amor?" A resposta é: "Não, foi pela revolução!"[7] Isaak convalesce. Uma vez que foi expulso da escola em Rostov, fica em Paris e se prepara para as provas finais do ginásio russo. Em 1909, volta para a Rússia por pouco tempo, apenas para fazer as provas finais como aluno externo.

O conselho familiar em Kolberg decide que Sabina e Isaak devem estudar na Universidade de Heidelberg. Isaak se matricula na Universidade do Grão-Ducado de Baden em Heidelberg para cursar filosofia com Wilhelm Windelband, um renomado neokantiano.[8] Sabina Spielrein também se candidata a uma vaga, dessa vez com uma carta de recomendação do professor Bleuler.[9] Mas ela não vai para Heidelberg; retorna a Zurique, onde mantém um quarto.

Durante os anos de estudos, muda-se com frequência, como muitos dos estudantes russos.[10] Nas férias semestrais Sabina passeia pelo lago de Constança, viaja para Weesen, no lago de Walen, para Rapperswil, Tessino e Lucarno; às vezes permanece dois meses no mesmo lugar.

Nesse ínterim, Feiga Berg termina com sucesso seus estudos e volta para a Rússia. Depois de seu trabalho sobre Sabina Spielrein, perdem-se seus rastros. Louise Rähmi vai para a Alemanha, onde se envolve por um tempo com um cidadão austríaco, engravida e tem uma filha ilegítima chamada Alice, nascida em 28 de dezembro de 1907. Logo após o nascimento, Louise volta para Zurique. Não esqueceu o conselho de Sabina: mais tarde termina os estudos e se torna médica.

Sabina encontra novas amigas e passa a fazer parte de um grupo de estudantes russas. A judia Chaina Grebelskaia nasceu em 15 de setembro de 1886 em Derachia, cidade no sudeste da zona de assentamento. No fim de 1906, vai a Zurique, onde tem que fazer uma prova de admissão de alemão, latim e história natural antes de poder se matricular no semestre de inverno de 1907/1908 no curso de medicina.[11] Chaina estuda com Bleuler e Jung. Ela se forma em tempo recorde e é com folga a melhor estudante de todo o grupo: duas notas seis, um quatro, e no mais apenas notas cinco.[12] Apesar de ser tão dedicada e bem-sucedida, Chaina sofre de sentimentos de inferioridade e de depressão. Idealiza e admira Sabina, além de ser-lhe muito grata, pois ela a ajuda a desenterrar alguns complexos.[13]

Outra amiga é Esther Aptekmann. Esther, também judia, é de Ekaterinoslav, uma cidade no sul da zona de assentamento, onde também vivem alguns parentes de Sabina. Forma-se no ginásio de Podol-Kiev em 1903, e no mesmo outono inicia a faculdade de medicina em Berna. Em outubro de 1906, transfere-se para a Universidade de Zurique, onde estuda com Bleuler e Jung. Esther Aptekmann faz um estágio em Burghölzli em 1910 e é paciente de Jung durante um período. Ele também orienta sua tese sobre *Contribuições experimentais para a psicologia do fenômeno psicogalvânico*. Esther se apaixona por Jung, e Sabina tem que lutar contra o ciúme.[14]

Fanny Chalevski é dois anos mais nova que Sabina e também é de Rostov. Estuda em Genebra, Berna e, a partir do semestre de verão de 1903, em Zurique. Fanny Chalevski se forma em 8 de março de 1907 com uma tese sobre a ruptura uterina orientada pelo ginecologista e professor Wyder. Ela é noiva do médico suíço Alphonse Maeder. Maeder conhece a psicanálise em 1906, em Burghölzli, enquanto trabalha em uma clínica próxima dedicada ao tratamento de epilépticos. Ele trabalha em Burghölzli de maio de 1908 até o outono de 1909. É um dos colaboradores mais engajados de Jung. Chalevski entra em contato com a psicanálise por meio do noivo e, em 1909, publica um estudo de caso sobre uma garota de 13 anos, "Cura de gritos histéricos por meio da psicanálise".[15] Quando o noivado é desfeito, Jung escreve a Freud: "O Dr. Maeder rompeu o noivado com a da Dra. Chalevski, pelo que se deve parabenizá-los. Sabidamente, tais uniões nunca dão certo."[16]

Alexandra Floroff é cristã de Novotcherkassk, cidade próxima a Rostov. Depois de concluir o ginásio, estuda por três semestres no Instituto Feminino de Medicina em São Petersburgo. No semestre de inverno de 1907, matricula-se em Zurique. É instável e, em várias ocasiões, paciente em Burghölzli. Floroff afirma uma vez que Sabina tem "garotos ensanguentados diante dos olhos", uma alusão ao *Boris Godunov*, de Puchkin. Esse czar russo mandara matar o herdeiro do trono para ocupá-lo ele próprio. Godunov governou com justiça, porém não conseguiu encontrar paz de espírito devido ao seu crime. Mais tarde, seus dois filhos foram assassinados. Sabina escreve sobre isso:

É claro que está profundamente enraizado em mim o fato de que não tenho a consciência pura, mas é só o sentimento em si, pois não tenho medo. O destino paga ao czar na mesma moeda. Veja bem, meu crime é que o tomo emprestado de sua mulher. Isto é: eu também empresto meu homem, porém agora isso não tem a menor importância! E eu não tenho a menor intenção de roubá-lo de sua mulher! "Não vale de nada assustar as raposas, pois isso já está arranjado; se quer proteger seus gansos, mantenha o olho neles", o diabo me sussurra agora. Pois bem! Acho essa história maçante demais. O ânimo não ficou de todo sereno.[17]

Sabina conhece Rachel Leibovitch, de Curlândia, da qual falaremos adiante. Sua relação mais importante nesses últimos anos de estudo é, contudo, Rebekka Babizkaia, a amiga a quem pedira conselhos durante a crise com Jung.

Em várias passagens de seu diário, Sabina escreve sobre Rebekka, não revelando porém sua identidade. Ora refere-se a ela apenas como "uma colega", ora como uma determinada "assistente", às vezes como "uma rival", outras vezes como "uma judia do terceiro par" ou como "Srta. B.".[18] Rebekka é a mulher de que Sabina mais se ocupa, que estuda exaustivamente, em quem confia e de quem ao mesmo tempo desconfia, com quem rivaliza e se compara: "Ela, uma pessoa que se perde na multidão, e eu, a ermitã. Ela, que enfrenta a vida de um ponto de vista prático, e eu, a idealista."[19]

Em julho de 1910, Rebekka se casa com o estudante de medicina armênio Mikirtitch Ter-Oganessian, que conhecera no inverno de 1907/1908, quando ambos moravam na mesma pensão em Zurique. Mikirtitch é cristão. Sabina o considera um homem muito honesto, forte, um pouco limitado, que dedica um amor desinteressado e fiel à mulher.[20]

Quando, pouco depois, Rebekka engravida, Sabina é atormentada pelos ciúmes. Fantasia que Jung se apaixona pela bem-sucedida Rebekka, que assiste orgulhosa e alegre, como esposa e mãe, ao Congresso de Psiquiatria, e que em comparação com ela Sabina é "uma pobre psicopata, que deseja muito mas não realiza nada".[21] Sabina guarda rancor por seu comportamento no ano anterior durante o conflito com Jung.

Sente-se usada por ela e a acusa de, em sua tese, exibir seus conhecimentos psiquiátricos como se fossem ideias dela. Por outro lado, Sabina fica ofendida quando Rebekka pede que outra estudante revise seu trabalho. "Fazer o quê?", pergunta Sabina. Diante de tudo isso, se distanciam. O único consolo de Sabina em meio a todo esse conflito é a ideia de um novo trabalho científico sobre o "instinto de morte".

Quando Sabina Spielrein se define com conceitos como "inferior" ou "psicopata medíocre", está usando o que aprendeu na universidade. Nas metrópoles dos impérios coloniais, teorias racistas que negam a igualdade dos seres humanos estão em alta. Na Suíça, principalmente em Zurique, a "eugenia" e a "teoria de raças" são ensinadas pelos diretores de Burghölzli Auguste Forel e Eugen Bleuler, e aplicadas na prática por meio do controle das instituições, da separação de crianças, da proibição de casamentos, das esterilizações e castrações.[22] Na conferência "Malthusianismo ou eugenia?", de Forel, apresentada em 29 de julho de 1910 no Congresso Neomalthusiano em Haia, já estão presentes as nomenclaturas e teorias que serão utilizadas pelos nacional-socialistas alemães para perpetrar o assassinato em massa de pessoas com deficiência mental, dos doentes mentais e dos judeus: "idiotas", "defeituosos", "degenerados" etc. Também já se identifica o eixo de pressão racista: Forel critica a "criação de cobaias humanas segundo o padrão chinês ou como se dá, por exemplo, entre os judeus poloneses em Varsóvia".[23] Também em outras cátedras da Universidade de Zurique "eugenia" e "teoria das raças" têm lugar destacado, inaugurando o papel precursor da Suíça no assunto "eugenia". É o caso, por exemplo, do médico-legista Heinrich Zangger, professor de Sabina na universidade, ou do titular da cátedra de antropologia física, Rudolf Martin, de quem Sabina Spielrein assiste, no semestre de inverno de 1906/1907, ao curso de *Antropologia física sistemática (morfologia das raças humanas)* e, no semestre de verão de 1907, ao curso de *Antropometria com exercícios em seres vivos. Grupos de damas e cavalheiros, 2 horas cada um* e *Introdução à antropologia geral (teoria da transmissão hereditária e conformação das raças)*. Sabina Spielrein também frequenta os cursos do professor de ginecologia Theodor Wyder, diretor da clínica ginecológica de Zurique e antigo consultor médico de Forel; Wyder foi o primeiro a realizar uma esterilização por motivos eugenéticos em uma paciente de Burghölzli.[24]

Os pensamentos de Sabina Spielrein giram em torno de três temas: Jung, as provas finais e a questão do que fazer depois. No que diz respeito a Jung, há, como sempre, oscilações. "Eu o amo e o odeio porque não me pertence", escreve ela no diário. "Não é nada fácil deixar de pensar no menininho (...), mas o que fazer?"[25]

Jung participa do jogo. Sabina se inflama quando ele diz que a ama devido ao "curioso paralelismo" dos seus pensamentos e a seu "caráter grandioso e orgulhoso". Ele também diz que às vezes pensa sobre uma mudança de rumo, porém nunca se casaria com ela, porque dentro dele habita um "grande filisteu" que necessita da estreiteza suíça.[26]

Em outra ocasião, diz à amiga que ela pertence à categoria das mulheres que não foram feitas para a maternidade, mas "para o amor livre". Sabina fica profundamente decepcionada com esses discursos dom-juanescos: "Quero ser mulher e mãe, não um passatempo."[27] Fantasia que Jung e a mulher se separam, e Emma Jung foge com um francês. Porém ela mesma se dá conta de que isso seria "completamente impensável para uma suíça".[28]

Sabina Spielrein escolhe um assunto clínico como tema de sua tese. Ela mantém conversas com uma paciente e as transcreve literalmente.[29] À primeira vista, as declarações da paciente parecem confusas e incompreensíveis para o leitor. As cuidadosas perguntas da terapeuta ajudam a paciente a entrar em contato com seus complexos e com seus sentimentos. A maneira com que Spielrein apresenta o objeto e o aproxima do leitor revela uma grande sensibilidade linguística e um enorme talento para compreender e decifrar os processos inconscientes. Tomando como referência trabalhos de Freud, Jung, Riklin, Otto Rank (também Rosenfeld) e Abraham, Sabina realiza um deciframento e uma interpretação do material até chegar a ricos testemunhos sobre a afinidade dos mecanismos mentais operantes no sonho, na psicose e no mito.

A tese de Sabina Spielrein se torna um estudo de caso fundamentado e uma contribuição pioneira no terreno da investigação sobre a psicose.

Nikolai Spielrein fica entusiasmado ao saber que Sabina submeteu seu trabalho a Bleuler: "Minha querida filhinha, minha querida alegria", escreve ele. "Você duvidou de suas forças à toa! Eu acredito em você, minha querida filha." Depois fala de outro tema importante:

> O que você precisa para ser feliz não é fácil de encontrar. Mas ao final se encontra, sem dúvida nenhuma. Já agora vários pretendentes enviaram mensageiras a sua mãe para falar sobre casamento, e quando você tiver terminado a faculdade e obtido um nome [título de doutora], aí todos vão procurá-la. Não esqueça, Sabininha, que você tem um belo dote. Sua mãe e eu reservamos 30 mil rublos para você. Isso dá um capital de 80 mil francos, com o que dá para começar a vida. Minha filha! Logo vai ver sua mãe. Eu aconselharia até que você passasse um mês inteiro em Karlsbad ou Kolberg para descansar. E penso em visitá-la no outono e passar com você todo o tempo em que estiver fazendo seus exames. (...) Vou escrever agora ao seu avô para mandar a ele uma carta da sua mãe. Contarei a ele dos seus progressos. Vou escrever em iídiche. (...) Como ele vai ficar feliz quando souber que sua Sabinotchka vai terminar [os estudos], casar e levar uma vida feliz![30]

Até que tudo isso aconteça, porém, Sabina tem que terminar a tese e passar em todas as provas. Bleuler exige que ela revise mais uma vez o manuscrito: "A dúvida me deu coragem, corri para meu amigo, com o qual fazia tempo eu não queria falar."[31]

Primeiro Jung reage com reservas e questiona a competência analítica de Bleuler, atitude que Sabina considera muito rude. Então ele se oferece para corrigir o texto. Por que ela não enviou o trabalho para ele antes? Por acaso não confia nele? Então torna-se cordial, aperta as mãos de Sabina ao encontro do peito e assevera que nunca encontrou uma mulher que pudesse ocupar o lugar dela: é como se tivesse um colar no qual todas as demais admiradoras fossem pérolas e Sabina fosse o medalhão. Jung fala de uma "nova era" entre eles. Então, volta a dizer que devem "tomar cuidado" para não se apaixonarem novamente um pelo outro. Sabina não sabe o que dizer. O que ele quer dizer com isso? Vão voltar a se ver ou não?[32]

Ela aguarda com ansiedade o próximo encontro com Bleuler. Ele fica satisfeito com as modificações e aceita a tese. Sabina Spielrein é a primeira mulher na história a se formar como doutora em medicina abordando um tema psicanalítico.[33]

E as coisas só melhoram. Bleuler, "o bom paizinho", pergunta a Sabina se ela gostaria de publicar seu trabalho em uma revista freudiana. Fica decidido que Bleuler vai consultar Jung e dará notícias quando estiver tudo acertado. Novamente é preciso esperar. Sabina é vaidosa e certamente gostaria de dar uma alegria assim aos pais. Mas será que Jung vai aceitar o trabalho? Não seria muito extenso para o *Anuário*?

No dia seguinte ela recebe a notícia de Bleuler: "Caríssima senhorita. Gostaria de pedir que envie o trabalho ao Dr. Jung, que se encontra na cidade de Küssnacht, para que ele possa verificar se o texto pode ser publicado no anuário. Sincera e respeitosamente, saudações, Bleuler."[34]

Deuticke, o editor de Leipzig, se opõe a que Jung aceite publicar uma tese no *Anuário*. "Deuticke é limitado como sempre. O *único* lugar para o trabalho de Spielrein é o *Anuário*", assevera Freud com a força de sua autoridade.[35] A pesquisa de Sabina "Sobre o conteúdo psicológico de um caso de esquizofrenia (*dementia praecox*)" é a primeira tese e a segunda publicação de uma mulher no *Anuário*.[36]

Em 3 de novembro de 1910 Sabina Spielrein envia ao alto decanato da Faculdade de Medicina de Zurique a solicitação para ser admitida na prova de doutorado.[37] A requisição é deferida e Sabina é aceita como "candidata". As provas escritas são realizadas nos dias 9 e 15 de dezembro:

> Amanhã faço a primeira prova final. Todas as grandiosas sensações já foram liberadas ao piano. Toquei hoje o dia inteiro enquanto pensava em Siegfried. Tive medo de pensar mais, pois posso sofrer uma terrível dor de cabeça. Todo o meu ser está cheio de amor. Quero criar algo bom e grandioso! Ajude-me, espírito protetor! Ajude-me, destino! Mostre-me meu campo de atuação (...) e suportarei pacientemente as alegrias e as dores.

Além dos grandes sentimentos, a candidata não deixa de pensar nas questões práticas: que o destino a perdoe por incorrer na pequena falha que todos os outros cometem, "que é justamente plagiar o tema no exame final".[38]

O tema da primeira prova é "Regeneração. Conceito e existência". Sabina não se mostra muito hábil em enganar, pois o professor Arnold Cloetta anota na margem da página: "Para avaliar o trabalho: é uma contribuição própria?" O avaliador suspeita que o trabalho não foi escrito de forma totalmente espontânea, "em particular porque a introdução parece ser uma cópia. Porém, o conteúdo algo misturado não me parece coincidir com nenhum livro que eu conheça nem com nenhum livro de meus colegas, de forma que não posso comprovar nenhuma uso incorreto e por isso tenho que declarar o trabalho aprovado".[39]

Como anunciado, Nikolai Spielrein chega a Zurique para passar o período de exames. Sabina lamenta no diário que já não dispõe de tempo livre. Por outro lado, fica feliz por não se distrair e por funcionar como se espera que funcione uma "verdadeira máquina de estudar". O pai tenta convencer a filha a voltar para a Rússia, mas essa ideia não encontra a menor receptividade: "Papai me cansa com sua filosofia individualista e realista que quer tirar toda a magia das minhas fantasias. Não quero voltar para a Rússia! A língua alemã, que usei para escrever em meu diário, deixa bem claro que quero ficar o mais longe possível da Rússia. Sim, quero ser livre! Para onde vou? O que farei?"[40]

Agora tudo acontece muito rápido. Em 15 de dezembro Sabina faz a segunda prova. O tema é "Breve descrição das várias formas da febre puerperal".[41] Sabina é a primeira a terminar. Quando sai da sala de provas, é cercada por amigas e conhecidos no corredor. Pouco a pouco todo o grupo se reúne, conversa, compara respostas. Só Sabina age como se encarasse tudo com muita calma e caminha de lá para cá cantando canções que inventa de improviso: "Vejam como estou pálida, muito pálida, ai, ai, ai. Apaixonei-me por alguém, oh, meu Deus (...) pobre, pobre de mim." Em uma carta para casa diz que acredita ter sido aprovada em todos os exames.[42]

"Estou certa de que vai fazer tanto quanto Madame Curie!", escreve Eva Spielrein. Ela está entusiasmada com o fato de a filha ter reencontrado a coragem, e lamenta que ela ainda não tenha superado todos os problemas. Assim que todas as provas tenham ficado para trás, Eva Spielrein quer receber propostas de casamento de várias cidades. Seria melhor que Sabina não se encontrasse com Jung, adverte.[43]

Em meados de janeiro, Sabina é aprovada também nas provas orais. Pode exibir seu boletim com orgulho: tirou seis em psiquiatria, cinco em cirurgia, medicina interna e higiene e quatro nas outras provas.[44]

Iacha e Isaak Spielrein enviam juntos um telegrama: "doutora spielrein zurique = grande médica!".[45] Em 8 de março de 1911, Sabina deixa Zurique. Em seu formulário, no campo "para onde se dirige", lê-se somente "em viagem".[46] Em 18 de maio de 1911 a secretaria da Universidade de Zurique dá baixa no registro universitário de Sabina Spielrein.[47]

PARTE 3 Munique/Viena/Rostov/Berlim
(1911-1914)

14 "A DESTRUIÇÃO COMO CAUSA DO DEVIR"

Sabina Spielrein não se separa de Jung nem de Zurique por vontade própria. É uma ruptura profunda que leva em conta a realidade: Jung é casado e não pensa em deixar a mulher. Para Sabina, está claro que um filho ilegítimo e o destino de mãe solteira significariam um suicídio social. Ela passa algumas semanas descansando no lugarejo Chailly-sur-Clarens, no lago Genebra, perto de Montreux. Depois viaja para Munique para finalizar seu trabalho "Sobre o impulso destrutivo" e estudar história da arte. Com relação aos pais, conseguiu impor sua vontade de permanecer no Ocidente.

O tema "casamento" conserva sua força. Iacha Spielrein estudou engenharia na Sorbonne e em Leipzig; na primavera de 1920, quando ainda termina seus exames finais, casa-se na Rússia com Silvia Ryss (1884-1964), uma judia de família rica e prestigiosa. Em seu típico estilo distanciado e irônico, Iacha conta à irmã sobre o noivado, sobre as longas visitas a parentes e conhecidos da noiva e sobre a discussão com os sogros acerca da festa de casamento. Na verdade, Iacha não queria festa de casamento, porém no final acabou cedendo e foi organizada uma grande festa "para a qual foram convidados praticamente apenas judeus, judeus amáveis e grosseiros". Iacha e Silvia são colocados sob a *chupá*, o baldaquim de casamento: "Todos os judeus, bem como Silvia, dançavam em volta de mim." Depois bebeu-se e discursou-se. "Até papai fez um discurso emocionado, que na verdade foi bem bonito, embora ele tenha discursado aos gritos. Depois disso eu era então um homem casado e tinha um anel de ouro no dedo", diz Iacha, zombando de "quão primitivas e pequeno-burguesas são essas tradições".[1]

Em março de 1911, Eva e Nikolai Spielrein ficam felizes com o nascimento da primeira neta: Irene, filha de Iacha e Silvia.

Sabina tem agora 26 anos; já é hora de casar e ter filhos. Não faltam pretendentes. Um Dr. L. Schlesinger, de Berlim, a eleva aos céus em longas cartas.[2] Também o Dr. Emil Lenz, aluno de Jung e membro da associação local de psicanálise de Berlim, faz-lhe a corte.[3] Os relatos de Sabina sobre seus "novos amores" são recebidos com ceticismo por Eva Spielrein. Por que nunca tinha ouvido falar desse Sr. Lenz e como pôde se enamorar de Sabina assim tão de repente? A mãe teme que tudo esteja acontecendo rápido demais. Não existe por acaso o perigo de que se trate de sentimentos passageiros, que desapareçam tão rapidamente quanto surgiram? Que tipo de personalidade ele tem? É casado ou solteiro? É judeu? Se tem algum valor como pessoa e se Sabina deseja casar-se com ele, então ele deve primeiro pedir sua mão, aconselha Eva Spielrein. Ela conhece o temperamento da filha: "Nunca se esqueça, minha querida filhinha, de que um único erro pode causar a sua ruína." A mãe lhe pede que seja precavida, que espere mais um pouco, mesmo que seja difícil.[4] Para os critérios de Eva Spielrein, a filha é muito comedida ao dar informações. Por isso, envia um telegrama a Iacha, pedindo que visite Sabina em Munique para obter informações.

Nikolai Spielrein descobre na Sabina adulta uma interlocutora atenta e independente. Ele se entusiasma com os projetos e as atividades da filha, e divide com ela seus planos e suas ideias filosóficas e científicas. Compartilha com Sabina suas preocupações em relação "ao caráter demasiado fraco" de Iacha e aos "antipáticos familiares" da mulher dele. Chega até mesmo a contar-lhe seus sonhos. O profundo medo de provas que Sabina sente dá a ele algo sobre o que refletir, e Nikolai relaciona esses medos com seus métodos de educação radicais. Ele reconhece que exigiu demais da filha quando criança. Se Sabina tirava nota 10, ele invariavelmente reclamava por não ser um "10 com louvor".[5] Mas o pai não consegue mudar por meio desses *insights*. Quando a filha envia a ele uma de suas canções, ele fica "profundamente comovido". Porém, seria bom, prossegue, "se você escrevesse as notas correspondentes". Além disso, critica alguns erros de ortografia no alemão.[6] O pai escreve suas cartas em russo, alemão e francês.

Nikolai e Sabina Spielrein são ambos pessoas criativas, cheias de planos e ideias novas, e têm muito em comum. Nikolai conta a ela sobre livros que leu e filosofa por páginas inteiras sobre a relação entre "vida e morte, morte e vida",[7] tema que também interessa à filha e que é a base de seu novo trabalho científico sobre o "impulso destrutivo". Nikolai Spielrein tem um profundo interesse por experimentos pedagógicos e temas psicológicos, interesse que vai conservar até a idade avançada. Durante suas várias viagens, conhece pessoas e projetos interessantes.

Assim, por exemplo, ele conta a Sabina sobre seu encontro com Janusz Korczak, médico, escritor e pedagogo de Varsóvia. Janusz Korczak nasceu Henryk Goldzmit,[8] em uma família judia assimilada em Varsóvia. Estuda medicina e em 1901 viaja à Suíça, seguindo os passos de Pestalozzi. Renuncia a uma carreira liberal para poder ajudar os pobres e órfãos nos bairros humildes de Varsóvia. A partir de 1911, Korczak dirige o orfanato judeu Dom Sierot (= casa dos órfãos), na Krochmalnastraße 92, construído com o auxílio de doações e segundo seus planos. Ali materializa suas ideias de uma república democrática infantil, com um parlamento, um jornal e outras instituições nas quais crianças e professores aprendem a conviver de forma que ninguém seja dominado nem oprimido. O Dr. Korczak, que Nikolai conhece como Dr. Goldberg, pesquisa as diferentes fases do desenvolvimento infantil, reunindo dados e elaborando esquemas sobre o peso de cada criança, a duração e a frequência do sono, o desenvolvimento da sexualidade e da homossexualidade em meninos e meninas.

Depois de sua visita à Krochmalnastraße, Nikolai Spielrein comunica que Goldberg desenvolve com muita alegria e vitalidade seu trabalho científico. Além disso, compartilha as concepções estéticas de Nikolai. O Dr. Goldberg conhece Freud pessoalmente e o endeusa: "Porém não concorda com ele em todos os pontos; ele o endeusa por conduzir uma pesquisa tão corajosa no obscuro campo da psiquiatria, que a maioria das pessoas teme."⁹ Nikolai Spielrein também não vai deixar de conhecer Freud pessoalmente, e o consulta durante uma viagem para tratamento que faz a Viena devido a seu estado de nervos e às tendências depressivas.¹⁰

Sabina Spielrein gosta de Munique e das pessoas de lá, que são "sociáveis e amigáveis". Ela assiste a aulas do renomado historiador de arte Fritz Burger e fica fascinada por suas explicações vívidas e sutis, assim como pelo humor mordaz com que zomba dos burgueses. Sabina compra uma entrada anual para a "Antiga Pinacoteca com visitas guiadas pelo Dr. Fritz Burger" e chega à conclusão de que ele é de "uma natureza totalmente demoníaca e decididamente perigosa".¹¹ Contudo, Munique é só uma estação de passagem: no outono Sabina vai a Viena para se encontrar com Sigmund Freud.

Uma intensa correspondência mantém viva a ligação entre Munique e Zurique. Sabina se corresponde com Bleuler porque ainda precisa de uma confirmação da impressão de sua tese de doutoramento antes de poder usar oficialmente o título de doutora. Bleuler se ocupa disso e lembra-a de submeter à faculdade a quantidade de exemplares exigida.¹²

"Querida e doce Sabina", assim começa uma carta franca e calorosa de Rebekka Ter-Oganessian-Babizkaia à amiga. Rebekka quer deixar para trás as antigas divergências. Ela garante a Sabina que não tem inveja do sucesso científico nem da relação da amiga com Jung, e que lhe deseja de coração tudo de bom. Ela conta que Jung elogiou muito a tese de Sabina. Como prova de afeto, e para demonstrar que não tem realmente nenhum interesse por Jung, chega até mesmo a abrir mão de publicar sua tese "Tentativa de análise de um caso de esquizofrenia" no *Anuário*.¹³ Rebekka não esqueceu "as horas escuras e desafortunadas" que passou com Sabina: "Seria terrível se você ainda desconfiasse de mim. (...) Por favor, me escreva."¹⁴

Rebekka é então completamente independente e tem que cuidar de sua filha Anna (Asya), nascida em Zurique a 3 de abril de 1911. Nesse meio-tempo, Mikirtitsch terminou a faculdade de medicina e está na Rússia procurando emprego. Rebekka se sente "absolutamente só", fica uma semana inteira sem sair do apartamento e tem conflitos com a governanta. Durante o semestre de verão tira férias, porém quer voltar o mais rápido possível para a faculdade a fim de fazer as provas finais. Ela tenta encorajar Sabina, dizendo que não deve ficar constantemente ruminando os erros que possa ter cometido com relação a Jung. Ela deve ser exigente e dizer o que quer dele. Rebekka lembra a Sabina seus dons, seu talento científico e seu rosto belo e jovem: são meios dos quais nem toda mulher dispõe. "Portanto, não seja tão desconfiada e não evite as pessoas como fazia antes."[15]

A Munique chegam duas cartas confusas de Chaina Grebelskaia. Ela sente falta de Sabina como sua interlocutora e gostaria de visitá-la no verão. Grebelskaia não confia em seu trabalho e não avança em sua tese. O que mais gostaria seria deixar Zurique, voltar para a casa da mãe, despreocupar-se e deixar-se mimar.[16] Chaina perde todas as aulas e fica em casa, ociosa e depressiva. "O que vai acontecer comigo?", se pergunta amedrontada. "Ah, se tivesse alguém com quem conversar..." Chaina tem medo de em breve se tornar ela mesma uma paciente de Burghölzli. Além disso, preocupa-se com a amiga que não lhe escreve há muito tempo: "Por que você ficou tanto tempo em silêncio? Aconteceu alguma coisa?"[17] Durante os meses de verão, Chaina trabalha como assistente em Burghölzli, um trabalho que a distrai de suas ruminações e que a faz pensar em outras coisas.[18] A partir de então se propõe a reescrever sua tese do zero, porém começa a ter problemas financeiros. Sabina a ajuda. "Você me dá muito mais do que eu lhe dou", escreve Chaina agradecida.[19]

Sabina se separou fisicamente de Jung e agora procura a liberdade interior. Ou será que não? Seu novo trabalho científico, "A destruição como causa do devir", é na realidade o filho simbólico e sublimado que quer dar de presente a Jung. É uma carta de amor depois do fim do amor. O rascunho se assemelha a um fragmento de autoanálise, e vem acompanhado de sentimentos perturbadores.

> Eu me obstino, apesar de tudo, no medo mais poderoso que me rouba o sono e o apetite e que me faz passar, totalmente perturbada, de um estado de paralisia ao seguinte. Eu me obstino porque tenho que criar algo grandioso e nobre e porque não fui criada para viver o cotidiano. A única coisa válida é a luta pela vida e pela morte. (...) Se há um Deus-pai,

então que ele me ouça: nenhuma dor me é tão intolerável, não há sacrifício grande demais que possa me desviar de meu propósito sagrado! "Ele deve ser um herói", pois é meu desejo e desejo de meu pai Wotan. Prefiro a morte à desonra. Que essas palavras sejam gravadas em mim como em uma rocha dura e cinza (...) que o Destino me ajude.[20]

Os grandes momentos de exaltação se alternam com depressão e com o desejo de desaparecer. Quando Sabina se consulta com um médico, este reage sem entendê-la. Jung recomenda que ela se dirija a um aluno seu, o neurologista de Munique Leonhard Seif.[21]

Em nenhuma de suas mais de trinta publicações Sabina Spielrein vai argumentar e escrever em estilo "mais junguiano". *A destruição como causa do devir* (1912) lê-se como um balanço, uma retrospectiva e uma tentativa de compreender e assimilar as experiências dolorosas.[22] Logo no início do extenso texto, faz uma reverência a Jung com uma longa citação de seu "Transformações e símbolos da libido":* "O anseio apaixonado, isto é, a libido, tem duas faces: uma é a força que embeleza tudo e, em determinadas circunstâncias, destrói tudo."[23] É importante, continua Sabina, que o indivíduo do sexo masculino também esteja consciente de um perigo desconhecido vindo de dentro, um perigo que não é apenas social.

Contudo, enquanto para Jung as representações da morte estão em oposição às representações sexuais, Spielrein é da opinião de que o instinto de reprodução constitui uma unidade contraditória em si mesmo:

> A partir de minha própria experiência juvenil posso dizer que no primeiro plano dos sentimentos reprimidos normalmente aparece o sentimento de medo. Quando a possibilidade de realização de desejos entra em questão pela primeira vez, surge uma forma muito definida de medo: a pessoa sente em si mesma o inimigo. É a própria paixão amorosa que obriga a pessoa a fazer o que não deseja fazer: ela sente o fim, o passageiro, do qual em vão tentamos fugir para lugares distantes e desconhecidos.

---

*Obra posteriormente revista e publicada como C. G. Jung, *Símbolos da transformação*, tradução de Eva Stern, Petrópolis, Vozes, 2011. (*N. do T.*)

Ao devir correspondem os "sentimentos de prazer do próprio instinto de reprodução". Medo e aversão são os sentimentos "que correspondem ao componente destrutivo do instinto sexual".[24]

Sabina Spielrein elabora suas hipóteses em um *tour de force* que atravessa as mais diferentes áreas do conhecimento. Recorre a "fatos biológicos" e a reflexões sobre psicologia individual; busca exemplos na filosofia, na literatura, na mística judaica e nos escritos rabínicos; oferece material dos mitos europeus e observações clínicas, sonhos e psicologia infantil. No plano teórico recorre aos filósofos Ernst Mach e Friedrich Nietzsche, principalmente ao seu *Assim falou Zaratustra* (1883-1885), assim como a trabalhos psicanalíticos de Jung, Gross, Stekel, Bleuler, Herbert Silberer, Freud, Riklin, Rank, Binswanger e Oskar Pfister. No último capítulo, "Sobre vida e morte na mitologia", a autora chega a falar sobre o conceito freudiano de "amor do tipo libertador",[25] comparando-o com o modelo de amor de Richard Wagner: "O que une os heróis wagnerianos é que o amor deles, como o de Siegfried e Brunhilde, é do tipo libertador, ou seja, eles se sacrificam por seu amor e morrem."[26]

Certamente não terá escapado a Sabina Spielrein o fato de que ela mesma ama segundo o tipo libertador e que, para ela, o filho imaginário Siegfried também é um personagem libertador.

A fantasia que Sabina Spielrein tem de Siegfried é determinada de várias formas e se modifica com o passar dos anos. Quando Jung a conhece, com 18 anos, ela é — como o jovem Siegfried — uma pessoa no limiar da vida adulta. O papel da natureza em Wagner vem ao encontro das ideias românticas de Sabina sobre a natureza, e talvez ela goste tanto de *Ouro do Reno* porque aí, no puro e fabuloso começo do mundo, ainda reine uma harmonia jovial e lúdica, antes que o mal venha ao mundo com a renúncia ao amor, o roubo do ouro e seu uso instrumental. Siegfried é um jovem que cresce no meio da floresta, longe da civilização e da companhia humana. Siegfried é, segundo Wagner, a única pessoa verdadeiramente livre, guiada pelo instinto e não pela razão. É inocente, espontâneo, inconsequente e não carrega o peso de todos os condicionamentos e tradições sociais. Como filho da natureza, ele entende a língua dos animais e se expressa por meio de canções — um meio que a própria Sabina gosta de utilizar.[27]

Siegfried é filho da relação ilegítima de Sieglinde com seu irmão gêmeo Siegmund. Sua concepção contrapõe-se duplamente, devido ao incesto e ao adultério, à ordem divina e humana. É precisamente por causa disso que Siegfried é tão extraordinário e pode ser o herói que seu avô Wotan imagina como o "salvador do mundo". Sabina Spielrein também tem desejos incestuosos: ela quer ter um filho com seu pai analítico. A ele, ao "descendente dos deuses",[28] ela quer dar algo especial: um Siegfried, o filho sobre o qual ela e Jung falaram com tanta frequência.

O fato de que a russa judia Sabina Spielrein escolha como ideal o louro Siegfried e de que se identifique com a nórdica Brünnhilde suscita algumas questões. Wagner representa o ideal de um "amor livre e fundado em si mesmo". As personagens femininas do *Anel dos Nibelungos* são com frequência personalidades fortes e independentes, que sabem lutar e fazer política com as armas dos homens. A primeira parte do *Anel* leva seu nome por causa da personagem Brünnhilde: A Valquíria.

No início, Brünnhilde é uma verdadeira valentona, dependente de seu pai, Wotan, e ainda incapaz de amar. Como Brünnhilde, Sabina Spielrein também é uma filhinha do papai. Como Brünnhilde, não quer crescer e não conhece o amor. Quando enfrenta Wotan, Brünnhilde é castigada e levada para dormir no topo de uma pedra, protegida e cercada de fogo. Sabina Spielrein também se opõe ao pai e é mandada para Burghölzi, sobre uma colina, onde fica protegida e presa por muros altos. Na fantasia de Sabina, Siegfried representa Jung. Assim como Siegfried acorda Brünnhilde de seu sono mortal com um beijo, o jovem e ousado médico ajuda Sabina a reencontrar o caminho para a vida. É possível que a cena de libertação de Brünnhilde recorde a Sabina Spielrein sua própria fábula sobre Meri, a filha do czar, que escreveu em 1904, quando estava em Burghölzli. Também Meri está presa em uma pedra alta, não cercada por fogo como Brünnhilde, mas por serpentes assustadoras.

Sabina se identifica com o ideal de amor wagneriano na cena final de *Crepúsculo dos deuses*, quando Brünnhilde morre no fogo (de amor) com seu fiel corcel Grane:

> Nem bens, nem ouro.
> Nem pompa divina,
> Nem casa, nem palácio
> Nem esplendor de rei,
> Nem pactos sombrios,
> Nem uniões enganosas
> Nem costumes fingidos;
> Apenas a dura lei:
> Abençoado na alegria e na dor
> Que seja então o amor!

"Aqui a morte é uma canção vitoriosa do amor!", escreve Spielrein.[29] A morte de Brünnhilde é um fundir-se com Siegfried no fogo. Na cena final, os amantes cantam juntos: "Ele/ela me é eterno/a, ele/ela é para sempre para mim herdeiro/a e herança, um e tudo, amor luminoso, morte risonha."[30]

"Querido!", escreve Sabina a Jung:

> Receba agora o fruto de nosso amor, o trabalho (...) seu filhinho Siegfried. Custou-me um enorme esforço, mas por Siegfried nada é difícil para mim. (...) Quando tiver impresso o trabalho, vou considerar que minha obrigação para com você e com seu filhinho estará cumprida. Só então eu estarei livre. (...) A parte mitológica deve ter ficado bastante boa em termos gerais, pois nesse caso estávamos sozinhos com Siegfried.

Sabina lembra a Jung sua promessa de incluir seu trabalho no *Anuário* de julho. "Naturalmente agora aguardo temerosa sua resposta."[31]

Ao ler o manuscrito, Jung reage com perplexidade: "Estou surpreso com a abundância de excelentes pensamentos que antecipam muitas das minhas ideias", escreve a Sabina. Fica feliz que outros vejam as coisas da mesma maneira que ele: "Tomara que o vovô Freud tenha a mesma alegria que eu tive com esse fruto do seu espírito."[32] Jung se expressa a Freud de maneira completamente diferente: "Deve-se dizer: *desinit in piscem mulier formosa superne*."[33] No mais, continua Jung, o trabalho é "profundamente marcado por complexos".[34] Fica em aberto o que ele realmente pensava.

O III Congresso Internacional de Psicanálise acontece em 21 e 22 de setembro de 1911 no melhor hotel de Weimar, o Erbprinz. Jung anuncia antes do início do congresso: "Desta vez o elemento feminino avançará fortemente em Zurique." Compareçem a irmã Maria Moltzer, uma antiga enfermeira de Burghölzli, a charmosa americana Beatrice Moses Hinkle,[35] "a Srta. e Dra. Spielrein (!)", e uma "nova descoberta" de Jung, Antonia Wolff, uma mulher dotada de uma inteligência notável e de grande intuição em questões filosófico-religiosas. Emma Jung também viaja para o evento.[36]

Toni Wolff, como ela mesma se denomina, começa a se tratar com Jung em 1909, aos 21 anos. Com a sua cooperação surge a primeira parte de *Transformações e símbolos da libido*.[37] Wolff torna-se a colaboradora mais próxima de Jung e sua *"femme inspiratrice"* ("musa inspiradora") — essa relação vai durar por mais de quarenta anos, até a morte dela. Emma Jung já não opõe resistência quando o marido leva a amante para casa.

Na foto obrigatória de grupo do congresso de Weimar, a busca por Sabina Spielrein é em vão: ela se desculpa por dores no pé e fica em casa. Jung faz uma interpretação de seu afastamento e escreve a ela ainda em Weimar; não acredita que o problema no pé seja algo orgânico. Ele o interpreta da seguinte maneira: Sabina queria ir a Weimar com uma certa fantasia que teve que reprimir; por isso pune a si mesma. Ela tinha que ter ido mesmo assim, adverte ele, "pois a vida exige sacrifício e abnegação". Ele mesmo, depois de muita reflexão, afastara de seu coração a amargura em relação a Sabina desde havia muito tempo, devido a "todo o sofrimento interior que tivemos que suportar — eu por você e você por mim".[38]

15 COM SIGMUND FREUD EM VIENA

Sabina Spielrein deixa Munique e passa a temporada de veraneio com a mãe em Kolberg. Em outubro chega a Viena e se aloja na pensão Cosmopolite, um imponente prédio *art nouveau* na Alserstraße, no nono distrito de Viena. De acordo com o registro da polícia, Sabina Spielrein esteve em Viena de 14 de outubro de 1911 a 20 de abril de 1912.[1] Na primeira sessão da Sociedade Psicanalítica de Viena depois do verão, em 11 de outubro de 1911 na sala reservada do café Arkaden, realiza-se um de seus grandes desejos: devido a sua tese, Sabina Spielrein é nomeada membro da Sociedade Psicanalítica de Viena.

Na história da psicanálise as mulheres desempenham um importante papel como médicas clínicas, teóricas e — como no caso de Melanie Klein e de Karen Horney — fundadoras de escolas psicanalíticas próprias. Além disso, dão um exemplo contundente para as profissionais mulheres. Ao contrário de outras profissões qualificadas que têm um status relativamente elevado, a psicanálise esteve aberta para as mulheres desde o início. O próprio Sigmund Freud cria um precedente importante, pois valoriza e respeita as mulheres — apesar de em muitos aspectos manter uma imagem feminina conservadora e tradicional e não incentivar suas filhas a estudar, ao contrário do que faz com os filhos. Para ele, a questão da feminilidade permanece até o fim de sua vida, em suas próprias palavras, "um continente obscuro". Outros fatores são o fato de a psicanálise ser uma ciência muito recente, de ter que se impor fora das universidades, o que possibilita que as mulheres também façam carreira na área.²

A maioria dos psicanalistas do grupo formado em torno de Freud em Viena vem de famílias judias; mas são as mulheres — ao contrário de seus colegas homens — que representam o caráter internacional do movimento. São poucas as nascidas em Viena: elas vêm da Rússia e da Polônia, da Galícia, da Hungria e da Boêmia. As mulheres, muitas delas judias, têm que seguir seu caminho de formação solitárias. Em abril de 1910, a pediatra Margarethe Hilferding, de solteira Hönigsberg, torna-se a primeira mulher a ser admitida na Sociedade Psicanalítica de Viena. No início de janeiro de 1911, ela apresenta uma conferência, "Sobre a base do amor materno", na qual, partindo de observações na prática clínica de que muitas mães têm impulsos hostis contra seus filhos, chega à conclusão, na época revolucionária, de que não existe amor materno inato.

A aceitação de Hilferding na Sociedade ocorre por indicação de Paul Federn e contra a objeção de Isidor Isaak Sadger, que recusa a participação de mulheres por "questão de princípios". Além de Sadger e de seu sobrinho Fritz Wittels, Victor Tausk também dá voz a suas reservas com o pífio argumento de que as mulheres que estudam medicina são, em geral, homossexuais. Hilferding responde indicando que na Universidade de Viena as mulheres só são admitidas para estudar filosofia e medicina; mais ainda, "o observador [Tausk] parece abordar essas questões de uma posição preconceituosa".³

"Nossa única mulher com título de doutora participa da revolta de Adler", lamenta Freud a Jung às vésperas do Congresso de Weimar; "nós vienenses estamos completamente decadentes".⁴ Alfred Adler é um dos pupilos com os quais Freud se decepcionou devido a divergências teóricas e de quem se separou após grave desentendimento. Em seguida, Adler funda uma sociedade de pesquisa psicanalítica independente e uma escola de psicologia profunda: a psicologia individual.

Na mesma sessão em que Sabina Spielrein é admitida na Sociedade Psicanalítica de Viena, Freud força o desligamento de "todo o bando de

Adler (seis membros)", entre eles Margarethe Hilferding.[5] A partir desse momento, Sabina Spielrein passa a ser a única mulher na Sociedade Psicanalítica. A nova associada participa ativamente das discussões.[6] "Na última sessão, Spielrein foi a primeira a tomar a palavra, de modo muito inteligente e organizado", reporta Freud a Zurique.[7] Em fevereiro outra mulher entra no grupo: Tatiana Rosenthal. Rosenthal também é russa e foi estudante de medicina em Zurique.

Nesse meio-tempo, a intensa amizade entre Freud e Jung sofre abalos. Gradualmente, Jung vai se cansando de desempenhar o papel do filho dedicado e devotado ao pai. Na comunidade psicanalítica, discute-se com cada vez mais veemência sobre o papel da sexualidade infantil no surgimento das neuroses. Tampouco há acordo sobre o que se deve entender por conceitos metapsicológicos como instinto e pulsão. Sabe-se que Spielrein é discípula de Jung, algo do que ela não faz nenhum segredo. Jung não é uma figura muito querida entre a maioria dos vienenses, algo de que Freud é forçado a se dar conta quando, no II Congresso Internacional de Psicanálise de Nuremberg, em 30 e 31 de março de 1910, tenta indicar o nome de C. G. Jung como presidente vitalício da Sociedade Internacional de Psicanálise. Franz Wittels, então ele mesmo um dos "vienenses ingênuos", descreve assim os acontecimentos:

> Freud agia como se fosse o pai da horda darwiniana primordial: igualmente despótico e ingênuo. Quando percebeu a irritação dos cavalheiros vienenses e tendo em conta sua determinação de se opor por todos os meios à proposta de Ferenczi (…), ele transferiu a votação para a sessão seguinte. (…) Na tarde desse dia memorável, os cavalheiros vienenses se reuniram em um salão lateral do Grande Hotel em Nuremberg para discutir a situação. De repente, Freud apareceu sem ser convidado. Estava alterado, como eu jamais o tinha visto, e disse: "A maior parte de vocês é judia, e por isso incapazes de conquistar novos amigos para a doutrina. Os judeus têm que se contentar em ser insumo cultural. Eu preciso encontrar a companhia da ciência. Estou velho e não quero ser constantemente hostilizado. Estamos todos em perigo." Ele agarrou a lapela do paletó: "Nem mesmo este paletó vão me deixar", disse ele. "Os suíços vão nos salvar. A mim e a vocês todos."[8]

À medida que Sabina Spielrein se ocupa do xibolete da psicanálise — a libido e a teoria das pulsões —, ela se coloca também na mira da crítica. Percebe isso na sessão de 29 de novembro, quando faz uma palestra, "Sobre a transformação", baseada em trechos de "Vida e morte na mitologia", a terceira parte de seu novo trabalho. É uma escolha infeliz, pois o conteúdo mitológico do capítulo parece uma reunião arbitrária de material. Além disso, se apresenta como mais "junguiana" do que na realidade é. A discussão que se segue é utilizada para criticar Jung.[9] No dia seguinte, Freud escreve a Zurique: "Spielrein apresentou ontem um capítulo de seu trabalho (dela, não seu), ao que se seguiu uma produtiva discussão. Ocorreram-me algumas formulações contra seu método (agora me refiro a você, seriamente) de trabalho com a mitologia, que expus a ela. Aliás, ela é realmente muito boa, e estou começando a compreender."[10]

A dinâmica da relação entre Freud, Jung e Spielrein não consiste mais no bloco dos dois homens que se adulam à custa dela, como era em 1909. Agora cada um tenta, à sua maneira, atraí-la para o seu lado no conflito silencioso. Jung está firmemente decidido a salvar a psicanálise, se não de Freud, então dos vienenses. "Fico feliz que você tenha me representado em Viena", diz a Sabina.[11] Jung está preocupado com a reação de Freud a *Transformações e símbolos da libido*; é possível que ele faça toda sorte de "correções" na doutrina da sexualidade, e teme que haja "mal-entendidos".[12]

Freud é muito mais tolerante com relação às mulheres — principalmente se são belas e inteligentes — do que com seus pupilos homens. Acolhe benevolamente Sabina, participa de seu destino, chega a recomendá-la a pacientes, que ela trata sem receber honorários. Freud está satisfeito com o trabalho dela. Nas férias de Natal, Sabina viaja por duas semanas a Rostov e fica "sufocada por uma enxurrada de amor da parte dos pais, de Bombuchna, de conhecidos e parentes".[13] Na véspera da viagem de volta, ela dá uma palestra pública sobre psicanálise. Entre os espectadores mais entusiasmados está o pediatra Foivel Naumovitch Scheftel.

De volta a Viena, ela faz um balanço: "Viena. Passou-se já quase um ano. Que tempos difíceis se passaram! O leitor poderia se perguntar:

'Qual é a conclusão então?' Não há conclusão, passou-se muita coisa, mas ainda não há conclusão." Sabina Spielrein consegue muitas conquistas profissionais: é membro da Sociedade Psicanalítica, trabalha com sucesso como analista e seu novo artigo deve ser publicado no *Anuário* no verão. Todos os seus desejos se realizaram, com exceção de um: "Onde está aquele que eu poderia amar, que eu poderia fazer feliz como esposa e mãe de nossos filhos? Sigo totalmente solitária."[14] Uma noite Sabina sonha: "Uma menina (claramente meu futuro) olhava minha mão e dizia que eu iria me casar aos 27 anos com um homem mais velho." O colega Dr. Viktor Tausk observa a mão de Sabina e anuncia que aos 27 anos ela vai experimentar uma mudança de destino: 2 = lua + 7 = maternidade dá 9 = casamento! Spielrein, que várias vezes se ocupa da numerologia, lembra que Jung se casou com 27 anos.[15] Seus sonhos confirmam que permanece presa ao amor perdido.

Em 17 de abril de 1912, Sabina Spielrein participa pela última vez da noite de palestras.[16] Pouco antes de viajar para Rostov, ela escreve a Ludwig Binswanger pedindo que lhe envie algumas edições especiais do seu trabalho "Análise de uma fobia histérica", publicado no *Anuário* nº 3, vol. 1. Ela precisa "sobretudo de um exemplar para a Sociedade Médica de Rostov".[17] Sabina também pede uma audiência com Freud. Ela sonhou: "Você teve a dádiva de criar um grande herói ariano-semita."[18] Quer que Freud explique a ela o que o sonho significa: no caso do filho sonhado, se trata do desejo por um filho simbólico ou de um filho verdadeiro com Jung? As palavras sóbrias de Freud — "Você poderia tê-lo se quisesse, porém seria uma grande pena" — têm um efeito duradouro. Ambos concordam sobre uma futura análise.

Emil Oberholzer,[19] um jovem médico suíço que Sabina conhece da faculdade de medicina e da época em que foram médicos assistentes em Burghölzli, planeja ir a Viena para fazer análise com Freud. Ele gostaria muito de encontrar Sabina e pergunta se ela poderia ajudá-lo a conseguir hospedagem. Quando ela recomenda a ele a sua pensão, Cosmopolite, ele acha o preço um pouco elevado: "Você deve conhecer a situação em que nós, psiquiatras do segundo escalão, vivemos na Suíça." Ele fica decepcionado com o fato de Sabina provavelmente não estar em Viena.²⁰ Quando chega, ela já partiu faz tempo. Wilhelm Stekel, o editor do jornal *Zentralblatt für Psychoanalyse*, se pergunta por que ela simplesmente desapareceu de Viena sem dizer nada a ele. Ele pondera: "Junguismo ou fobia?"²¹

Pouco antes das férias de verão, Freud volta a pensar em seu projeto:

> Cara doutora, anteontem sua paciente loura me visitou para me informar que está bem e para agradecer pela recomendação do médico. Isso me deixou muito feliz. Ficarei até o dia 13 de julho em Viena, depois faço uma pausa até 1º de outubro (...) Quando outubro estiver chegando vou aguardar por uma mensagem me informando sobre sua viagem a Viena e sobre a correção de sua dependência de Jung. Agradeço muito à senhora pelas palavras lúcidas a Jung. De qualquer forma, não faltam outros que se esforçam para transformar em uma ruptura uma discussão menor. Com cordiais saudações e os melhores desejos com relação ao seu trabalho.²²

O apreço e a simpatia de Freud são claramente perceptíveis. E talvez ele tenha ficado muito surpreso quando, algumas semanas depois, nas termas de Karlsbad, fica sabendo por meio de Ludwig Jekels da "grande novidade": Sabina Spielrein se casou!

16 "CASAMENTO COM O DR. PAUL SCHEFTEL. CONTINUAÇÃO"

Sabina Spielrein se decide em Zurique a permanecer no mundo esclarecido e paternal do Ocidente; não quer voltar para a "Rússia materna". No formulário da imigração em Munique, assim como nos registros da polícia de Viena, preenche o campo "religião" com "sem religião".[1] Para a importante ocasião de seu casamento, porém, retorna ao mundo materno do Oriente e da religião. Em 1º de julho de 1912, a culta Sabina Spielrein se une em matrimônio ao devoto judeu Pavel Scheftel, em cerimônia realizada pelo rabino S.J. Brailovski em Rostov. No registro de matrimônios da comunidade judaica pode-se ler que o médico e veterinário "Foivel Notovitch Scheftel, solteiro", casou-se com a "Srta. Sabina Nephtelevna Spielrein". Os padrinhos são Isaak Epstein e (?) Zin. Além disso, consta no registro o contrato tradicional de matrimônio, ou a compra da noiva — *ketubá* —, de acordo com o qual o homem deve oferecer uma quantia em dinheiro, ou seja, praticamente como se estivesse comprando a mulher. Pavel paga por Sabina 200 zloty ou florins polacos, que equivalem a 300 rublos (ou 150 marcos): um gesto simbólico.[2] O diário registra o acontecimento memorável de maneira breve e críptica como "Casamento com o Dr. Paul Scheftel. Continuação".[3]

Pavel Scheftel é cinco anos mais velho que Sabina, um homem alto, atraente, forte, de compleição pálida e barba. O pai, Naum Scheftel, morre prematuramente, e a viúva tem que criar os quatro filhos — dois meninos e duas meninas — em meio às dificuldades impostas pela pequena renda familiar. Nos tempos de estudante, Pavel dá aulas particulares para que os irmãos possam estudar. Como filho mais velho, ele é responsável pela mãe e pelos irmãos. Não estuda medicina na universidade; adquire seus conhecimentos médicos na prática diária, e se torna um bom profissional. Ao contrário dos brilhantes e ambiciosos filhos dos Spielrein, que lutam com sucesso por uma posição no mundo da ciência, Pavel tem um forte tendência a perder-se em pensamentos e é muito menos exigente com relação ao que espera da vida. Não é ambicioso, tampouco deseja sê-lo: para ele, a família e o ambiente familiar são mais importantes. Por isso os irmãos de Sabina riem um pouco do cunhado, que nem sequer sabe falar russo sem sotaque iídiche. Quando Pavel conhece a bela, inteligente e rica Sabina Spielrein, a irmã Anja apoia o casamento. A mãe, por sua vez, fica magoada com a escolha de Pavel e viaja sem se despedir.[4]

O que faz com que Sabina Spielrein abdique da embriaguez amorosa wagneriana, de Siegfried e da análise com Freud? Trata-se de uma daquelas atitudes precipitadas que Eva Spielrein teme da filha? Será uma fuga para deixar o velho conflito com Jung para trás e finalmente ser esposa e mãe? Sabina não está realmente segura de sua decisão, por isso se dirige a uma conhecida que possui habilidades clarividentes. Ela conta à Sra. Kleiper sobre seus planos e pede a ela que observe cuidadosamente a foto do noivo e diga sua opinião.[5] Porém esquece de levar a foto!

Sabina Spielrein e Pavel Scheftel têm algumas coisas em comum: ambos são médicos e se especializaram em pediatria. Pavel tem um interesse especial pela ciência e apoia a esposa nesse sentido. Ambos se casaram relativamente tarde. Entre Sabina e Pavel existe uma forte atração erótica. Spielrein é uma mulher sensível, precisa de um homem e quer ter filhos a todo custo.[6]

"Nossos sonhos depois da tempestuosa noite de hoje", ela escreve em seu diário na manhã depois do casamento: "Tenho que servir chá para minha mãe e meu pai; primeiro despejo-o em uma garrafa, depois em copos, porém não encontro nenhum copo, pois todos estão sujos e a maioria quebrada. Acho que encontro apenas um copo, mas não dois, e isso é o que de alguma maneira me paralisa."[7] A cerimônia judaica de casamento termina com o noivo esmagando um copo para simbolizar que a alegria supera o lamento pela Jerusalém perdida. O copo de chá quebrado/sujo tem no sonho um significado individual. Já quando criança, Sabina havia sofrido por nunca ter tido um copo de chá só seu. Aos 14 anos, imaginou um futuro idílico como esposa, no qual seus filhos teriam cada um seu copo de chá.[8] O fato de o conflito envolvendo os copos de chá ressurgir na noite de núpcias está provavelmente relacionado com o fato de que os copos não são perfeitos, estão quebrados, feitos em pedaços: a noiva não é virgem. Na mesma noite, Sabina também sonha com Rebekka Ter-Oganessian e com sua filha Anna. No sonho, a menina é primeiro feia e depois linda de morrer. Asya, assim Rebekka chama sua filhinha Anna. O sonho de Sabina é um sonho de maturação: surgiu uma contrafantasia ambivalente com respeito ao Siegfried nórdico.

Os recém-casados têm que se acostumar um ao outro e à sua nova situação: "Ontem à tarde meu marido me pediu que lhe servisse rapidamente um copo de chá antes de ir à casa de oração por causa de seu pai. Eu queria fazer isso logo, e brinquei um pouco com ele. Eu só não sabia que ele estava tão apressado, de forma que saiu sem tomar o chá." Também há mal-entendidos; porém no diário lê-se promissoramente: "Noite — 'alegria'..."[9]

Nos dias e semanas do cálido verão de 1912 no sul da Rússia, o casal gosta de ficar na pequena casa que fica atrás da residência dos pais, num canto do jardim. Eles conversam até o amanhecer sobre sonhos, ideias e objetivos e sobre a carreira científica de Sabina. Dez anos mais tarde, Pavel Scheftel vai se lembrar dessa época de proximidade e ligação íntimas: "Foi uma época que não se pode medir em horas e minutos. O silêncio fala mais do que as palavras. Você falava naquela época com as minhas palavras. Você as lia como se as lesse de um livro."[10] Porém já há conflitos ou, pelo menos, questões esboçadas: Sabina não consegue se imaginar vivendo na estreiteza claustrofóbica da Rússia czarista. Pavel passou toda sua vida no país, e a ideia de deixar seus parentes e sua pátria para tentar a sorte no Ocidente não lhe é nada agradável.

"Cara doutora", assim começa a carta de felicitações de Freud.

Então a senhora agora está casada, o que significa que está quase curada de sua dependência neurótica por Jung. Do contrário, não teria decidido se casar. Ainda falta a outra metade [da cura], e a questão agora é: o que acontecerá com ela? Desejo que você se cure totalmente. Fora isso, admito que não gostei nada da sua fantasia sobre o nascimento do salvador a partir de uma união mista. Em sua época mais antissemita, o Senhor Deus o fez nascer da raça judia.

Freud fala do acordo que fizeram de que Sabina lhe informaria até 1º de outubro se gostaria de levar em frente seu objetivo de "derrotar o tirano por meio da psicanálise". Contudo, em vista da nova situação, Freud acha que o marido, de quem Sabina fala de maneira tão favorável, também tem direitos. Uma análise realizada logo depois do casamento negaria esses direitos:

Ele tem que primeiro ver com que força pode atá-la a sua pessoa e fazer com que esqueça antigos ideais. Só diz respeito à análise essa parte restante, que não está relacionada com ele. Enquanto isso, é possível que apareça outro que tenha mais direitos que o antigo e o novo homem juntos. Nesse momento a análise deve permanecer em segundo plano.

Freud se despede reforçando seu forte interesse pelos planos de vida de Sabina e com cordiais saudações a ela e ao marido.[11]

A formulação de Freud, "do contrário, não teria decidido se casar", pode ser uma afirmação, uma pergunta ou uma advertência. Também é curioso seu retrocesso em relação à análise de Spielrein. Teria ele dúvidas sobre o sucesso do tratamento? Estaria cansado de se preocupar com a dependência de Sabina em relação a Jung, uma vez que o próprio Freud se dá cada vez pior com ele? Ou Freud, que conhece tão bem o poder das fantasias inconscientes, está seriamente convencido de que o precipitado matrimônio e um filho poderiam curar Sabina do antigo e obstinado amor?

17 ANOS BERLINENSES: 1912-1914

A aversão a uma vida no reino dos czares está profundamente enraizada em Sabina Spielrein. Foi graças à sua primeira estada em Zurique que ela conheceu Jung, a psicanálise e uma perspectiva real de vida. Em Moscou e em São Petersburgo há um vivo interesse pelos escritos freudianos; Freud chega a diagnosticar em Odessa "uma epidemia local de psicanálise".[1] Contudo, em geral, os médicos russos preferem conceitos ecléticos a uma doutrina psicológica unificada. Sabina Spielrein e Pavel Scheftel querem se mudar para Berlim, pois a cidade tem fama de ser aberta e generosa. Sabina conhece Berlim de estadas anteriores, e lá funciona, em torno de Karl Abraham (antigo assistente de Bleuler), um grupo de psicanálise. Pavel Scheftel poderia procurar um emprego como médico em alguma clínica. Além disso, tem a possibilidade de abrir um consultório médico para a clientela russa. Mais da metade dos emigrantes russos da Europa ocidental vive em solo alemão, muitos deles em Berlim — existe, portanto, demanda por médicos competentes.

Antes da Primeira Guerra Mundial, Berlim era uma metrópole fervilhante, que oscilava entre uma monarquia quase absolutista marcada pelo militarismo e uma sociedade liberal e culturalmente aberta. As universidades de Berlim, sobretudo a Universidade Friedrich-Wilhelms e a Escola Politécnica de Charlottenburg, são conhecidas por seu alto nível científico; muitos jovens russos se formam nessas instituições. Há uma quantidade considerável de jornais e editoras na cidade, entre elas várias editoras russas. Assim, por exemplo, a tradução e edição das obras completas de Tolstoi em alemão é feita pelo editor alemão Raphael Löwenfeld, fundador do Teatro Schiller em Charlottenburg e pai do psicanalista Henry Lowenfeld.[2] O Teatro de Berlim — ao lado dos de Viena, Munique, Dresden e Leipzig — dita as tendências do teatro em língua alemã. O novo teatro e o novo estilo de atuação, ambos realistas, aspiram à representação da realidade crua e livre de todo páthos. A nova orientação se volta para a questão social e para as pessoas à margem da sociedade.

Por volta de 1900, há movimentos de renovação em curso em todas as áreas do pensamento, na arte, na ciência e na vida prática, que — alguns progressivos, outros conservadores — criticam os excessos da sociedade moderna, a atmosfera agitada das grandes cidades com o seu caráter contraditório de atração e ameaça, e o protótipo do ser humano moderno, com sua pressa e a ausência de rosto e vínculos.

A psicanálise deve ser considerada nesse contexto, especialmente porque Freud toma partido nas questões teórico-culturais.[3] Os primeiros psicanalistas simpatizam majoritariamente com ideais socialistas, e muitos são politicamente engajados. Otto Fenichel e Wilhelm Reich tentam unir teoricamente a psicanálise e o marxismo.[4] No entanto, Freud não vê com bons olhos que seu pessoal se exponha politicamente, pelo próprio bem deles, pois, se a psicanálise viesse a ser proibida, que fosse por causa dela mesma. A estreita ligação da psicanálise com outros movimentos de reforma se reflete na composição do grupo de Berlim, do qual fazem parte personalidades importantes da Associação Monista, da União dos Médicos Socialistas, bem como dos movimentos a favor da reforma sexual e da abstinência.[5]

Em 1912 vivem em Berlim aproximadamente 2 milhões de pessoas. Os subúrbios emergentes no sul e no oeste passam a ser áreas residenciais atraentes para os círculos em melhor posição social. A cidade autônoma de Charlottenburg, onde os Scheftel vão morar primeiro, é chamada de "Charlottengrado" pelos berlinenses.*

---

*Alusão à terminação comum aos nomes de várias cidades russas, como Stalingrado e Leningrado, e que substitui a terminação alemã -*burg*, fazendo referência à grande quantidade de imigrantes russos em Berlim. (N. do T.)

Isaak Spielrein também se muda para Berlim. Depois de um semestre em Heidelberg, transferira-se para a Universidade de Leipzig, um centro muito apreciado pelos estudantes russos desde a época de Catarina, a Grande. Isaak Spielrein estuda com Wilhelm Wundt no Instituto de Psicologia Experimental. Com Wundt estuda psicologia, história da filosofia atual, de Kant até a atualidade, bem como psicologia étnica; com Max Brahn, psicologia e pedagogia experimental; e com Eduard Spranger, filosofia e pedagogia. Ele também se interessa muito por outros temas fora da sua área de especialização e assiste a cursos como economia política geral, ciências da administração, psicologia criminal, história da arte grega e estética.[6] Na primavera de 1913, viaja por alguns meses a Rostov a fim de coletar material para um estudo comparado de crianças em idade escolar. Faz medições sobre o estado físico de 2 mil crianças rostovenses e realiza testes psicológicos com elas. De posse desses dados, descreve as diferenças entre crianças russas, judias e armênias em idade escolar. O estudo "Observações psicológicas a partir de experimentos com crianças em Rostov, no Don" é publicado em 1916 na *Zeitschrift für angewandte Psychologie*. Isaak envia a C. G. Jung uma separata assinada por ele.[7]

Quando na Rússia voltam a ser organizadas perseguições em massa a judeus, que chegam ao ápice no famoso caso Beilis (1911) — denúncia pelo suposto assassinato ritual de uma criança cristã —, Isaak Spielrein toma consciência de suas raízes. Começa a estudar iídiche e procura especialistas judeus. Não se torna um sionista, mas sim um judeu consciente. Apesar de ter usado o nome Oskar por muitos anos, volta a usar seu verdadeiro nome: Isaak Napthulevitch. Isaak está casado com a judia russa Rakhil Iosifovna Potchtariova, que estudou medicina na Sorbonne e exerce a profissão. Em Berlim, Isaak frequenta cursos de filosofia da religião com Hermann Cohen no Colégio de Judaística. Graças ao talento linguístico, que compartilha com a irmã, produz vários trabalhos sobre transcrição, pronúncia e ortografia do iídiche. Esses textos são publicados na revista mensal de cultura sionista *Der Jude* (1916-1928), editada por Martin Buber.[8] Além disso, Isaak entra em contato com Louis William Stern, diretor do Instituto Berlinense de

Psicologia Aplicada. Stern é um pioneiro na metodologia dos testes psicológicos e criou o conceito de quociente de inteligência. Em 1903, introduz o conceito de psicotécnica, um desenvolvimento a partir dos conceitos taylorianos de racionalização dos processos de trabalho, não apenas do ponto de vista técnico, mas também humano. (É de Taylor o conceito de *"the one best way"*, que pode ser traduzido como "o homem certo no lugar certo".)[9]

Em Berlim Sabina tem muitos parentes e conhecidos. A mãe de Pavel e sua irmã fazem-lhes longas visitas. Karl Liebknecht se casa com a conhecida historiadora de arte Sophie Ryss, irmã de Silvia, a esposa de Iacha. Liebknecht e sua mulher também moram em Berlim e têm bastante contato com Isaak.

Eva Spielrein vive transitoriamente em um sanatório nas proximidades de Berlim. Ela se preocupa um pouco com Sabina e Pavel: "Tenho uma coisa para você, Sabinotchka, e quero que um dia você faça uma análise de mim. Fiquei triste de saber que você emagreceu." Ela faz Sabina prometer que vai comprar um novo chapéu e um novo casaco; a mãe lhe enviará o dinheiro e não a incomodará mais com tais coisas. Tampouco está satisfeita com Pavluchka. Ele está deprimido, fica doente e se nega a procurar um médico. Eva Spielrein tenta animá-lo: "Você é um homem forte! Cabeça erguida! Acho que deveria ser professor universitário." Ela sugere que Pavel procure um médico para se assegurar de que está saudável. Filha e genro devem ir ao teatro, a concertos: a mãe paga tudo com alegria.[10]

Na casa de Sabina e Pavel, Eva Spielrein conhece Rachel Leibovitch,[11] que agrada até a crítica mãe de Sabina. Eva Spielrein fica maravilhada com essa amiga, que acha inteligente, discreta e compreensiva, e que além disso mantém sua fé.

Sabina Spielrein volta ao Ocidente com a esperança de poder trabalhar como cientista na atmosfera estimulante e liberal de Berlim. Porém, tem primeiro que conseguir pacientes. Para estabelecer contatos, a "Dra. Spielrein-Scheftel" se inscreve, no outono de 1912, em cursos de férias para médicos da Associação de Docentes de Berlim.[12] Ela estabelece contato com médicos da Charité, sabendo que estão abertos à psicanálise, como Friedrich Kraus, diretor do II Hospital de Clínicas.[13]

"Certamente posso indicar-lhe pacientes", responde Freud ao pedido de Sabina.

> No meu caso, o fluxo de estrangeiros é abundante, apesar de ser caprichoso. Ficaria muito satisfeito que você se aproximasse um pouco mais de Abraham. Há muito que aprender com ele, e seu estilo sóbrio contrabalançará muitas das tentações às quais vai estar exposta em seu trabalho. Não compreendo por que se isola tanto; há muito pouco sobre seu marido em sua carta.[14]

Freud acha que Sabina deixa coisas demais ocultas. Ele quer saber por que ela esteve no sanatório e por que teve de ser operada. "A senhora não escreve nada sobre isso, e tenho que me contentar em saber simplesmente que a senhora está bem."[15]

A psicanálise é conduzida sem vínculos com a universidade e ao estilo de uma ciência particular. Os pacientes são indicados por colegas que têm consultórios particulares, por amigos médicos que trabalham em instituições, ou chegam com outras recomendações. Ao se manter distante de Abraham, Spielrein renuncia a um promissor canal de recomendação. A abertura de um consultório de psicanálise se revela difícil. Também não é de nenhuma ajuda que os parentes na Rússia distribuam cartões de visita ou que Chaina Grebelskaia tente enviar pessoas interessadas a Berlim para se consultar com Sabina.

Pavel Scheftel também não tem sorte na busca por trabalho. Nikolai Spielrein o encarrega de vez em quando de algum serviço para uma de suas firmas. Contudo, não há como pagar todas as despesas de casa dessa forma.[16] Assim, os Scheftel vivem do dote de Sabina.

Sabina estabelece um orçamento doméstico mensal de 477,22 marcos para cobrir os custos básicos: o aluguel custa 141 marcos; eletricidade, gás e aquecimento somam 34 marcos, além de lavanderia (23,45 marcos), empregados (18 marcos) e telefone (15 marcos), bem como 215,77 marcos para "alimentação e despesas".[17]

Enquanto isso, Iacha Spielrein mora com a esposa Silvia e a pequena Irene em Stuttgart, onde consegue certo sucesso profissional. Ele escreve para revistas especializadas e é bem-remunerado por isso. Friedrich Emde, professor de eletrotécnica teórica na Escola Politécnica de Stuttgart, orienta o doutorado de Iacha. Na passagem de 1912 para 1913, Iacha deseja tudo de bom à irmã e ao cunhado, principalmente sucesso: seria bom se Sabina conseguisse analisar pessoalmente o chanceler do império alemão Theobald von Bethmann-Hollweg; Pavluchka devia curar o chefe de polícia e todos os ministros, inclusive esposas, filhos, cães, gatos e canários. Iacha gosta de debochar e sabe que a irmã não precisa se preocupar com problemas financeiros, pois seu dote corresponde a 30 mil rublos.[18] Iacha e Silvia querem saber se Pavel está gostando da Alemanha.[19]

Em setembro de 1912 é publicado no *Anuário* "A destruição como causa do devir", logo depois da segunda parte de "Transformações e símbolos da libido", no qual Jung se refere quatorze vezes a Sabina Spielrein. Esta é a última aparição em conjunto. As diferenças pessoais e científicas entre Freud e Jung chegam a um nível que ameaça a coesão e até mesmo a sobrevivência do movimento psicanalítico. Sem que Jung saiba, no verão de 1912 é criado um "comitê secreto", uma liga masculina — que se distingue com um anel de ouro com uma gema da coleção de antiguidades de Freud —, como prova de afeto e confiança. São membros do comitê, além de Freud, Karl Abraham, Sándor Ferenczi, Ernest Jones, Max Eitingon, Otto Rank e Hans Sachs. Os membros do grupo estão de acordo com "a entrega à análise" e prometem "proteger o seu desenvolvimento e manter entre si uma espécie de irmandade analítica".[20] O comitê é criado como um organismo de controle à maneira de um partido político, e deve planejar e estabelecer a política da direção interna e externamente. Para contrabalançar a influência de Jung no *Anuário*, é lançado um novo periódico, a *Internationale Zeitschrift für ärztliche Psychoanalyse* (Revista Internacional de Psicanálise Médica), a IZP. Além disso, é criado um comitê de avaliadores que tem por tarefa analisar criticamente todas as novas publicações. Assim, logo no primeiro ano de existência da *IZP* são analisados vários trabalhos de Zurique publicados no *Anuário*. Sándor Ferenczi resenha "Transformações e símbolos da libido" de Jung: é a crítica impiedosa que se esperava.[21]

Viktor Tausk comenta a tese de Chaina Grebelskaia, "Análise psicológica de um paranoico", e é todo elogios: "O trabalho está muito bem organizado, e sua sobriedade contribui muito para sua compreensão e verossimilhança." Grebelskaia respeita a linha freudiana. "É muito esclarecedora", continua Tausk, "a interpretação do dirigível como o desejo de possuir um membro grande e potente, ou seja, de ser homem."[22] A tese de Esther Aptekmann "Contribuições experimentais para a psicologia do fenômeno psicogalvânico", publicada no volume 3 do *Anuário*, é resenhada por Jos. B. Lang.[23]

Freud comunica pessoalmente a Spielrein uma crítica ao seu novo trabalho: "Nós nos permitimos criticar livremente, pois assim nos exigiram em Zurique. Não fique com raiva e leia tudo com boa vontade. Minha relação pessoal com seu herói germânico acabou definitivamente."[24] Paul Federn é quem se encarrega da resenha, abordando detalhadamente o "trabalho minucioso e interessante" de Spielrein. Ele elogia sua originalidade, as interessantes tentativas de análise e a capacidade da autora de formular hipóteses estimulantes. Porém, como era de esperar, critica o fato de ela complementar o conceito freudiano de libido com um componente destrutivo, e também o fato de introduzir novos conceitos de pulsão, como o impulso destrutivo e de transformação, para explicar certos fenômenos clínicos. O trabalho de Spielrein, conclui Federn, "tem uma orientação junguiana". Em vez de terem uma penetração compreensível, continua ele, os extensos e eloquentes processos de pensamento lembram — provavelmente sem que a autora tenha consciência — as obras dos grandes místicos. Graças à refinada sagacidade da autora para detectar contextos sentimentais, o trabalho também apresenta uma contribuição para a análise "do modo de pensamento místico, tão importante para a humanidade".[25]

A investigação psicanalítica sobre o ego e o superego ainda está no início. O masoquismo é considerado uma perversão puramente sexual.

Quando Sabina Spielrein diz, em seu trabalho sobre destruição, que há forças impulsivas que põem em movimento nosso aparato psíquico "sem se preocupar com o bem-estar ou o sofrimento do ego", que obtemos "diretamente prazer da desgraça e da dor", está expressando uma ideia completamente nova.[26] Nessa época, Freud ainda não está pronto para se dedicar a tais considerações. Ele não simpatiza com o impulso destrutivo de Spielrein e acha que ele está condicionado por sua pessoa: "Ela parece demonstrar mais ambivalência do que o normal."[27] As condições teóricas para a compreensão de fenômenos complexos como o masoquismo ainda precisam ser criadas. Sabina Spielrein está no caminho certo com suas considerações psicológicas sobre o ego, até que tenta penosamente acomodar suas suposições à teoria freudiana dos impulsos. O problema do masoquismo, porém, não pode ser resolvido nesse plano, e ela se perde em uma série de exemplos especulativo-metafísicos. Suas reflexões sobre o impulso destrutivo só encontrarão uma recepção relativamente tardia na literatura psicanalítica e de modo muito preciso. Otto Gross se sente estimulado a escrever um trabalho filosófico e sociopsicológico, "Sobre o simbolismo da destruição" (1914).[28] Sándor Ferenczi cita Spielrein no artigo "O problema da afirmação do desprazer" (1926).[29] Sigmund Freud, por sua vez, vai formular em "Além do princípio do prazer" (1920) sua terceira e última teoria das pulsões, com Eros e Tânatos como combatentes. Finalmente, Freud vai fazer justiça, em uma nota de pé de página, ao papel pioneiro de Spielrein na tematização dos componentes destrutivos da alma.[30]

Entre o impulso destrutivo de Spielrein e a pulsão de morte de Freud há diferenças fundamentais. O modelo de pulsões de Freud continua sendo — mesmo com diversas reformulações — um modelo de conflitos que opera com duas pulsões básicas e antagônicas. Spielrein, por sua vez, fala de uma unidade composta de dois elementos, da mesma maneira que Mefistófeles se define no Fausto como a força "que quer sempre o mal e no entanto faz o bem". Spielrein comenta:

> Essa força demoníaca, que por sua essência é destruição (o mal) e ao mesmo tempo é força criadora, na medida em que, a partir da aniquila-

ção de dois indivíduos, surge um novo. Essa é justamente a pulsão sexual, que, de acordo com sua natureza, é uma pulsão de destruição, de aniquilação do indivíduo e, por isso, na minha opinião, deve vencer uma grande resistência em todas as pessoas.[31]

Com esse estilo de pensamento, Sabina se movimenta na tradição de filósofos russos como Vladimir Soloviev,[32] Viatcheslav Ivanov[33] e — de maneira explícita — Ilya Metchnikov.[34]

No mesmo ano é publicado o primeiro trabalho de Spielrein sobre análise infantil, uma das primeiras investigações do gênero. Depois do trabalho muniquense sobre a destruição, "Contribuições para a compreensão da mente infantil" (1912) pode ser lido como um canto do cisne dedicado a Jung.[35] Spielrein se inspira na história freudiana da enfermidade do pequeno Hans (1909), o menino de 5 anos que tem fobia de cavalos.[36] Ela analisa a questão do surgimento dos medos infantis com base em alguns casos. De posse de material sobre a infância de uma menina — suas próprias lembranças de infância —, assim como da análise de dois meninos, ela mostra de forma convincente, não sem uma dose de humor, até que ponto os medos e as fobias infantis podem ser atribuídos a representações sexuais inconscientes. Além disso, Sabina demonstra sutilmente que o interesse pelo trabalho científico e intelectual é derivado da curiosidade sexual. Com essa publicação, adentra no campo científico ao qual vai dedicar grande parte de sua atividade.

As áreas específicas do conhecimento nas quais as mulheres começam a ter influência decisiva são a pedagogia psicanalítica, a investigação da relação entre mãe e filho, o desenvolvimento prático e a reflexão teórica sobre os métodos de tratamento infantil, bem como a aplicação da psicanálise em jardins de infância, escolas e na pedagogia familiar. Outra área na qual as mulheres têm sucesso é a investigação da psicologia feminina. O primeiro livro sobre o desenvolvimento feminino é publicado por Helene Deutsch, de solteira Rosenbach.[37] Porém, há textos sobre questões específicas da mulher na bibliografia de quase todas as outras psicanalistas. Valendo-se desses conteúdos, as pioneiras da psicanálise travam contato com os temas tradicionalmente femininos. O que se estuda agora em psicanálise — tanto feminina quanto masculina — tem a ver fundamentalmente com o desenvolvimento infantil, com a relação entre mãe e filho, e com a sexualidade. Na psicanálise, esses temas são centrais. E é nessas áreas que as mulheres têm a oportunidade de se destacar.

Sabina passa dois anos muito produtivos em Berlim. Entre 1912 e 1914 publica ao todo onze trabalhos nas revistas de psicanálise. Em comparação com os dois primeiros trabalhos, esses novos textos têm mais o caráter de esboços de caso ou notas, muitos não se estendendo a mais do que meia página. Em "Amor materno" (1913),[38] "Simbologia animal e fobias no caso de um menino" (1914),[39] assim como em "Autossatisfação na simbologia do pé" (1913),[40] trata-se de questões de análise infantil. Sabina Spielrein escreve sobre suas observações e conversas com crianças e sobre os sonhos delas; aproveita para comunicar suas próprias explicações sobre psicologia profunda. O segundo foco de interesse é a análise de sonhos. Ela publica "O sonho do 'Padre Freudenreich'" (1913),[41] "Dois sonhos sobre a menstruação" (1914)[42] e "O sonho inconsciente no 'Duelo de Kuprin'" (1913).[43]

Em suas publicações, com frequência aborda temas a partir de motivações pessoais. Quando surgem problemas com a mãe de Pavel, Sabina discute o assunto com Rebekka Ter-Oganessian-Babizkaia, que tem problemas semelhantes com a sogra. Pouco depois aborda o assunto de forma teórica. "O problema da sogra é um dos fatos mais tristes e ao mesmo tempo um dos problemas psicológicos mais interessantes": assim começa o texto "A sogra" (1913).[44] Spielrein descreve as rivalidades das jovens esposas com suas sogras, bem como os conflitos que se originam da fixação do marido/filho por sua família. Aborda a relação entre os sexos e as diferenças psicológicas entre homens e mulheres, mas enfocando-as em relação com a ordem social estabelecida. A mulher, argumenta, tem muito menos oportunidades de realizar seus desejos. Em compensação, tem uma capacidade muito maior de penetrar em outras personalidades e, dessa forma, viver a vida dos outros.[45]

Como aluna de Jung e como mulher, Sabina Spielrein enfrenta uma situação difícil na Sociedade Psicanalítica de Berlim. Abraham, o presidente, a conhece de Burghölzli e sabe de seu relacionamento com Jung. As tensões e rivalidades entre Jung e Abraham fizeram com que este retornasse — muito a contragosto — à Alemanha. Ele se estabelece em Berlim como especialista em doenças nervosas e psíquicas, e Freud concede com gosto ao homem confiável e analiticamente talentoso sua bênção oficial para que atue como seu discípulo e embaixador da psicanálise na Alemanha. Freud sempre alertara Abraham sobre as peculiaridades de Jung. Abraham não suporta Jung; também não gosta de Spielrein, o que é recíproco.

À parte o ressentimento pessoal de Abraham, o grupo de Berlim — ao contrário do de Zurique — se opõe à admissão de mulheres e de pessoas sem formação médica. São duas russas, que estudaram medicina em Zurique, que abrem o precedente. No início de 1911, Tatiana Rosenthal é a primeira mulher a participar de uma sessão. Ela apresenta uma palestra sobre o romance *A idade perigosa* (1910), de Karin Michaelis, durante três décadas a mais famosa escritora dinamarquesa. Seus livros progressistas para jovens mulheres são traduzidos para várias línguas. *A idade perigosa* é o sensível retrato psicológico de uma mulher depois da menopausa. Michaelis é tida como a autora do erotismo feminino. A palestra de Rosenthal, por sua vez, é uma das primeiras tentativas de aplicar a psicanálise à literatura.[46]

Em março de 1911, o grupo berlinense aceita a primeira mulher, Mira Ginzburg, uma judia polono-russa de Lodz que estudou com Bleuler e Jung e especializou-se em análise infantil.[47]

Durante certo tempo, o grupo berlinense de psicanálise em torno de Abraham promove uma política de recrutamento direcionada a atrair novos membros influentes, e para isso afrouxa as regras de admissão. Para citar um exemplo, a famosa feminista Helene Stöcker é convidada para as sessões e em abril de 1912 é aceita como membro extraordinário. Stöcker é a primeira mulher na Alemanha com um doutorado em filosofia (em Berna) e é assistente do filósofo Wilhelm Dilthey, catedrático em Berlim. É fundadora da Federação Radical de Cidadãos para a

Proteção das Mães e pela Reforma Sexual, em cuja lista de membros constam nomes como Max Weber, Magnus Hirschfeld, August Bebel, Auguste Forel e Sigmund Freud. Em numerosas publicações e conferências, e em sua própria revista, *Die Neue Generation*, Stöcker divulga uma nova ética e é, na qualidade de autora e agitadora, a precursora internacionalmente reconhecida de uma ampla reforma sexual da sociedade. A nova ética de Stöcker não tem como objetivo apenas um ordenamento mais justo das relações sociais, mas almeja também um desenvolvimento da personalidade com vistas a uma maior autodeterminação e capacidade de amar. Apoiando-se na filosofia do amor dos primeiros românticos alemães, defende que é preciso cultivar as sensações e a intimidade do ser humano. Stöcker visita Freud em Viena em março de 1913 e participa do congresso cismático do Movimento Psicanalítico Internacional em Munique, a 7 e 8 de setembro de 1913.[48]

Do modo que as coisas estão, Sabina Spielrein não cogita transferir sua filiação de Viena para Berlim. As recomendações de Freud para que se aproxime de Abraham seguem sem ser ouvidas.

Às dificuldades dos cônjuges de se estabelecer profissionalmente somam-se as tensões crescentes entre marido e mulher. No início, Pavel se opusera fortemente a sair da Rússia. Agora ele tem dificuldades com a língua alemã, sente falta de seu ambiente e se queixa de doenças do coração. O fato de os custos do dia a dia serem financiados majoritariamente pelo dote de Sabina o ofende e o mortifica. Sabina, por sua vez, está decepcionada e arrependida. O marido se mantém fiel às tradições, reza e vai à sinagoga, o que é para ela insuportável. Sabina se queixa para o pai, que responde:

> Minha querida! (...) Não se preocupe com seu destino e não se lamente por sua condição financeira. Enquanto eu viver tudo vai estar bem. E quando eu não existir mais, seu capital vai permanecer intacto, não se mexerá em uma copeica sequer. Talvez nos próximos dias eu deposite o seu dinheiro por três anos, com um rendimento de 9,5% ao ano e muito boas garantias. Assim, estão disponíveis uns 2.850 rublos para o que

precisar (isso dá mais ou menos 7.500 francos, e logo haverá algo mais de que terá parte). Não acuse seu marido de nada: ele é amável e fiel. Infelizmente você criou o ideal de marido segundo o modelo paterno. É uma pena, pois não encontrará maridos e pais tão pouco exigentes e desprendidos como eu, minha querida. Por isso, fique satisfeita com o que o destino lhe deu. Você escolheu bem. E, além disso, quem garante que estaria mais feliz com outro marido mais "forte"? Console-se, pois os anos passam, vocês vão se aproximar, tudo vai se nivelar, você vai ter um objetivo na vida e será feliz. Só não seja tão impaciente, não exija de uma pessoa acostumada com a família que esqueça tudo e se dedique exclusivamente a você. Se ainda assim insistir nisso, atraia-o de modo que esqueça de todas as outras coisas. (...) Não, minha linda, não minha querida; Pavluscha é muito nobre e você pode ser feliz com ele. Tente passar por cima das miudezas, (...) pois logo uma testemunha e crítica da relação de vocês verá a luz do mundo. Então, se preparem, pelo bem dela, para lhe dar as bases da felicidade serena, que se fundamenta sobretudo na disposição tolerante e bondosa, que entende que o outro é diferente, que pensa de outras formas e tem costumes diferentes dos nossos.

Nikolai Spielrein recomenda a Sabina que não faça caso das inconsistências na personalidade de Pavel e sugere que eles voltem para a Rússia. Lá Pavel vai progredir profissionalmente e poderá sustentar a família, pois é dedicado e trabalhador. Se Sabina não quiser voltar para Rostov, então simplesmente decida para onde prefere ir: Odessa, Moscou, São Petersburgo, Varsóvia ou qualquer outra cidade universitária de seu agrado. Se Sabina se sente chamada a criar algo novo, então deve fazê-lo. "Traga luz à escuridão russa", aconselha o pai. "No estrangeiro há suficientes propagadores de ideias iluminadas que não podem ser divulgadas na Rússia por causa de desconhecimento da região e da língua."[49]

Nikolai Spielrein não compartilha mais da preferência de Sabina pelo Ocidente. Ele se sente russo e quer engajar a filha na grande obra do esclarecimento e da reforma da Rússia. Quando o pai escreve essa carta, Sabina já está no terceiro mês de gravidez. Familiares, conhecidos e amigas a felicitam.

"Nem todos têm a sorte de poder ter um filho em paz", escreve Esther Aptekmann, "que esse pequeno ser seja a alegria e a felicidade de vocês." Esther terminou a faculdade na mesma época que Sabina e depois disso voltou para a Rússia. Trabalha agora em um hospital psiquiátrico com 1.300 pacientes na província do sul da Rússia, a 8 verstas de distância de Chersson. Há muitos pacientes interessantes, escreve, porém é cansativo interpretar o material, pois a psique da maioria deles é muito pobre e sua doença se restringe a um punhado de ideias fixas. "Fiquei muito surpresa", continua ela,

> quando pude ver esse delírio e essa histeria que ainda não tinha tido a oportunidade de ver no exterior. Eles eram como animais que despedaçavam tudo que viam. E os outros se escondiam e esperavam pelo momento certo para avançar e destruir tudo que lhes aparecia no caminho. É um tipo de inferno, onde todos gritam, urram, choram, cantam, e por toda parte se ouvem palavrões. Tudo muito virtuoso — coisas que só se pode ouvir na nossa mãezinha Rússia. Às vezes também se pode ver como eles se mordem e arranham uns aos outros, como se defendem e rolam no chão, depois ficam cansados e esperam até que outra ideia ocorra a alguém, e então começam tudo novamente.

No início o trabalho na clínica é muito cansativo e pesado para Esther, e frequentemente ela chega em casa esgotada. Agora que o pior calor de julho já passou, tudo está melhor e ela se tranquiliza um pouco.[50]

Jung também felicita Sabina pela gravidez: "Li a sua carta com interesse e fico contente de saber como a senhora está. Desejo-lhe muita felicidade, de todo meu coração. Se você amar realmente seu filhinho, então tudo vai dar certo. E por que não deveria amar seu filhinho?"[51]

Freud perde gradualmente a paciência:

> Não consigo mais ouvi-la fantasiar sobre o antigo amor e os ideais perdidos, e conto com uma aliança com o pequeno e grande desconhecido. Eu mesmo, como a senhora sabe, estou curado de toda remota predileção pelos arianos e gostaria de supor que, se for um menino, ele se tornará um enérgico sionista. Tem que ser moreno de qualquer forma, e

não louro, de jeito nenhum, deixemos de lado o brilho fátuo! (...) Nós somos e vamos ser sempre judeus. Os outros vão sempre nos usar e nunca vão nos entender ou apreciar.[52]

Nas semanas e meses que se seguem, forma-se, de acordo com seus correspondentes, uma imagem de Sabina Spielrein alterada e desestruturada. O período da gravidez é sombreado de medos e dúvidas. Ela carrega no ventre um filho de Pavel, mas já pensa em deixar Berlim e o marido. Rebekka Ter-Oganessian deseja saber por que ela quer ir para a Suíça e não para Viena, onde tudo é muito mais interessante. Sabina sente saudades de Jung, do homem com quem quer ter um Siegfried. Tem um "poderoso sonho sobre Siegfried" e quase perde a criança.[53] Quase ao mesmo tempo, Jung é assombrado por um sonho cênico-alucinatório no qual mata o Siegfried moreno — o símbolo de sua ligação mental e espiritual com Sabina.[54]

Temendo pela vida do filho, Sabina tenta expressar tudo que a angustia. No artigo "Contribuições sobre o desenvolvimento infantil" (1912), descreve os medos de mulheres grávidas que encaram a gravidez e o parto como doenças perigosas e até mesmo fatais. Sustenta que essas mulheres imaginam, consciente ou inconscientemente, que o novo ser cresce à custa delas e que implica um perigo.[55] Talvez ela própria tivesse fantasias semelhantes? São velhos medos que vêm à tona, medo de ser inútil para a vida, de ser estéril.[56] "Não seja supersticiosa e não tenha medo", escreve Rebekka Ter-Oganessian, que se formou um ano depois de Sabina e voltou com a filhinha Anna (Asya) para a Rússia, onde seu marido, Mikirtitsch Ter-Oganessian, trabalha como médico no campo. A vida no vilarejo é monótona. Rebekka assina a revista *Psichoterapiya* (1909-1914), que informa sobre as atividades da psicanálise russa. Sente-se alheia a tudo e anseia por relacionar-se com pessoas interessantes, por desenvolver uma atividade com algum sentido. Ela pensa muito em Sabina, no tempo que passaram juntas em Zurique; sente falta de um ambiente intelectual estimulante.[57] Rebekka ama o marido, e a filhinha a faz feliz, contudo, não se sente em casa na Rússia. Quando fica sabendo dos problemas e medos de Sabina, aconselha que tome ar fresco, respire profundamente e se movimente.

Outra preocupação de Sabina tem a ver com o parto, pois ela é de constituição pequena e esbelta. "Não tenha medo do parto", encoraja-a Rebekka: "Você diz que os filhos são metade da vida, a outra metade é fazer um trabalho interessante. E seu marido, qual é o papel dele?" Sabina deveria tentar confiar mais em Pavel e partilhar com ele seus interesses psicanalíticos. Ela não o conhece muito bem, escreve Rebekka, porém está convencida de que Sabina não deveria ser tão desconfiada e distante, pois, "como marido e como judeu, ele poderia compreender rapidamente os argumentos psíquicos e os argumentos de Freud". No que se refere às tradições e aos costumes judaicos de Pavel, não se lhes deve dar mais importância do que de fato têm. Mikirtitsch também tinha um perfil "caucasiano" bastante tosco no início, o que Rebekka conseguiu mudar gradualmente.[58]

Em 1º de agosto de 1913, Sabina Spielrein e Pavel Scheftel se mudam para a Thomasiusstraße, uma pequena e pacata rua residencial que termina na margem do Spree. A casa de nº 2 é um edifício de aluguel com quatro andares cuja decoração dispendiosa — janelas coloridas em *art nouveau* nas escadarias, portas de madeira maciça e escura, placas decorativas com os nomes de bronze batido — dá testemunho da elegância burguesa de seus moradores. Além dos Scheftel, vivem no prédio um médico militar, um professor do liceu, quatro comerciantes, um alfaiate e um agrimensor. Os empregados moram no sótão. Sabina e Pavel ocupam o segundo andar. Aí se situa o "consultório russo de diagnóstico médico" de Pavel, e o seu número de telefone é MB [Moabita] 8118.[59] É nesse apartamento que Sabina Spielrein dá à luz seu bebê.

"O pequeno, ou melhor, 'a pequena e grande desconhecida' nasceu", Sabina comunica a Freud. A pequena é enérgica e doce, "um bichinho grande e forte", completamente autoerótica e antissocial. Sabina amamenta o bebê e tem uma enfermeira que a ajuda. A criança é a cara da mãe, conta Sabina, só a boquinha puxou de Eva Spielrein.[60] Freud envia calorosas felicitações: "É melhor que seja 'ela' [alusão ao romance

She (Ela), de Rider Haggard]. Convém pensar melhor no assunto do Siegfried louro."⁶¹

Consta na certidão de nascimento nº 4.393/1913, cartório de Berlim 12a: "Irma-Renata Scheftel, sexo feminino, nascida a 17 de dezembro de 1913 em Berlim-Tiergarten."⁶² Como "pais", "Foivel Pavel Scheftel, mosaico,* e Sabina Scheftel, de solteira Spielrein, mosaica". Na profissão do pai está "médico", mas falta a informação correspondente à mãe. O funcionário anota na margem do documento que a criança ainda não tem primeiro nome no ato da lavra da certidão e fixa um prazo. Quando Rebekka envia felicitações, espanta-se por Sabina não lhe dizer com que nome batizou a filha: Tem um nome judaico? Ou por acaso se chama Cleópatra, Carmen, Mignon?⁶³ A criança ainda não tem nome porque os pais não entram em acordo. Pavel quer chamar a filha de Irma, e Sabina insiste em Renata, a "renascida". Acabam concordando com Irma-Renata.

Eva Spielrein vai a Berlim para ajudar a filha e conhecer a nova neta. Quando volta a Rostov, as notícias escasseiam: "Querida Sabina! Não recebo cartas suas, o que me deixa muito preocupada. Penso que há problemas em casa, que você está ocupada e por isso não me escreve. Como está a sua saúde? Como está a bebê, continua doente, a pobrezinha? É importante ter uma boa babá, pois você é inexperiente." A avó quer saber como a neta está se desenvolvendo, o que ela aprendeu desde que a viu pela última vez. Já sorri? Emite sons? Como reage ao ambiente? O que ela não sacrificaria para poder vê-la por uma hora que fosse!⁶⁴

Apesar de Pavel e Sabina terem anualmente 15 mil marcos à sua disposição, sempre falta dinheiro.⁶⁵ Sabina Spielrein não está preparada para a vida de esposa, dona de casa e mãe. Até pouco tempo antes, mal sabia cozinhar um *borscht*, um prato tão simples e popular. Eva Spielrein tenta auxiliar a filha mal-acostumada e com pouca prática nos rudimentos da administração de um lar decente. Ela opina em questões como a escolha de empregados adequados para a casa ou a busca por médicos confiáveis, se se deve servir caviar às visitas ("caro demais!"),

---

*Sinônimo de judeu, relativo ao mosaísmo. (*N. do T.*)

como comandar os criados e a que aspectos se deve atentar na escolha de uma babá ("entre 30 e 60 anos de idade, experiente, confiável, ativa").⁶⁶ Eva Spielrein envia suas recomendações em cartas detalhadas. Como não fosse suficiente, não poupa tempo nem dinheiro para proporcionar o melhor a Sabina, a todos os seus filhos e netos. Envia-lhes especialidades do sul da Rússia, triângulos e bolos de especiarias que ela mesma prepara.⁶⁷ Eva Spielrein costura com dedicação e entusiasmo um enxoval completo para a pequena Irma e para cada um de seus netos.⁶⁸ Ela pede regular e insistentemente à filha que compre um vestido e um chapéu novos, e envia o dinheiro necessário. Por intermédio de um conhecido, faz com que chegue a Sabina um anel de brilhantes, e já começa a poupar dinheiro para o chapéu de inverno.

Quando a relação entre Sabina e Pavel atinge um ponto crítico, os parentes de Pavel se envolvem, fazendo com que as discussões se agravem. Eva Spielrein anima a filha. "Não se aborreça, Sabina", escreve, "você tem seus amigos, seus pais e seus irmãos: nós vamos cuidar de você." Ela a encoraja e se oferece para cuidar da criança.⁶⁹ Nikolai, por sua vez, expressa compreensão também pela difícil situação de Pavel, dividido entre os familiares, que continuamente lhe pedem dinheiro, e a esposa rica.⁷⁰ Ele se preocupa com uma possível separação. Um conselho familiar deve procurar soluções para a complicada situação. Discute-se se Sabina deve se divorciar imediatamente ou se seria melhor que os cônjuges primeiro tentassem viver separados por um tempo.

Enquanto isso, o movimento psicanalítico é acometido por graves conflitos. Freud visita Jung em Zurique e "fica espantado com ele". Não tem mais nenhuma amizade por Jung, considera suas teorias ruins e sua personalidade desagradável. Freud suspeita que — depois de Adler — esteja diante de outra ruptura iminente. "Estou completamente esgotado", escreve a Abraham.⁷¹

As cisões no movimento psicanalítico — com Adler, Stekel, Jung e mais tarde Wilhelm Reich — acontecem sempre inexorável e abruptamente, e sempre por diferenças inconciliáveis. No conflito entre Jung e Freud, Sabina Spielrein se posiciona ao lado de Freud do ponto de vista do trabalho científico. Contudo, não está pronta para romper pessoalmente com Jung: uma posição ambígua que não agrada seus colegas.

No início de 1914, Karl Abraham inicia um debate na Sociedade Berlinense que se estende por várias sessões e resulta no aniquilamento científico de Jung. É nesse clima tenso que Spielrein, a antiga aluna de Jung, apresenta, em março de 1914, uma conferência sobre "Ética e psicanálise". Jung deixa a redação do *Anuário* e a disputa de poder com Freud termina quando Jung renuncia à presidência da Sociedade Psicanalítica Internacional.

Em abril de 1914, Sabina Spielrein faz uma viajem exploratória à Suíça. No mesmo mês, Jung solicita ao decanato da faculdade de medicina de Zurique uma licença para o semestre de verão.[72] A faculdade recebe com tranquilidade seu pedido feito às pressas: "Os cursos não serão significativamente prejudicados se já neste semestre as aulas do Dr. Jung forem canceladas."[73] Jung abandona temporariamente a carreira acadêmica. Ele empreende sua *Nekiya*, ou descida ao inferno, uma "doença criadora"[74] que mais tarde o conduzirá à formulação de sua própria doutrina de psicologia profunda.

Em maio Sabina Spielrein pergunta a Freud por que ele não lhe encaminha pacientes. Teria algo contra ela? Ele fica ultrajado: "Agora a senhora também começa a ficar *meschugge** (...) Já faz meio ano que não vejo nenhum paciente de Berlim ou algum outro que lhe pudesse encaminhar."[75]

Em 10 de julho de 1914, o grupo de Zurique se retira da Sociedade Psicanalítica Internacional. Freud respira aliviado: "Finalmente nos livramos dele, do sagrado e brutal Jung, e de seus seguidores."[76] Ele assimilará a dolorosa e difícil separação de Jung em dois artigos. Em "História do movimento psicanalítico" (1914), elogia a contribuição de Zurique para o desenvolvimento da teoria e do movimento psicanalíticos.[77] Ao mesmo tempo, faz um ajuste de contas com os dissidentes.[78] Segundo Anna Freud, seu pai nunca mais voltou a pronunciar o nome de Jung. No segundo

---

*Meschugge é empréstimo linguístico do iídiche para o alemão e significa "maluco", "doido". (N. do T.)

artigo — "Introdução ao narcisismo" (1914) —, Freud parte da teoria das pulsões para conceber um narcisismo primário e normal.[79]

Em 28 de junho de 1914, ouvem-se disparos em Sarajevo. O plano dos Spielrein de passar o verão juntos é frustrado. Sabina vai com a filha para uma estação de cura no interior, e Pavel fica muito preocupado em Berlim. A mãe e a irmã também estão na cidade. Circulam boatos de que o caminho para a Rússia se tornou complicado e perigoso. Em 28 de julho o Império Austro-Húngaro declara guerra à Sérvia. A Rússia mobiliza parcialmente suas tropas, assim como a união militar de Kiev, onde Pavel está registrado. Ele teme ter que voltar para a Rússia por causa disso. Sabina deve permanecer no interior por enquanto, onde há ar fresco e onde pode ficar longe dos distúrbios das cidades grandes, ele escreve a ela.[80] Em 1º de agosto a Alemanha mobiliza suas tropas e declara guerra contra a Rússia.

PARTE 4 Segundo período na Suíça
(1914-1923)

18 LAUSANNE — "LES VENTS"

Quando circula em Rostov a notícia de que Sabina e Irma chegaram sãs e salvas à Suíça, todos ficam muito aliviados. "Como você conseguiu se mudar com a criança?", quer saber Eva Spielrein. "Como a pequenina pôde aguentar uma viagem tão longa e cansativa?"[1] Sabina Spielrein pede a Pavel que envie para ela todos os documentos importantes e viaja diretamente da estação de cura, sem retornar a Berlim.[2] Pavel ainda precisa resolver alguns assuntos, mas depois também consegue fugir para a Suíça. Familiares distantes de Varsóvia chegam a Zurique, vindos de Mannheim: o comerciante Heinrich Spielrein com sua esposa Eva e três filhos pequenos.[3]

Eva Spielrein tem muitas perguntas a fazer, mas não obtém respostas concretas de Sabina. Ela quer saber como Pavel viajará para a Rússia, especialmente levando em conta seu reumatismo e seu coração fraco. A babá viajou com você para a Suíça? E o que vai acontecer com as coisas, com a prataria? "Sabina, não recomendo que você vá se encontrar com J[ung]. Tem mesmo que fazer isso? Considero inadequado que vocês tenham escolhido justamente Zurique para estabelecer-se. Não escrevo isso porque desconfie de você, mas me parece inapropriado que se encontrem. Seja como Deus quiser. Isso é assunto seu e de seu marido, façam como quiserem."[4]

Rachel Leibovitch está de volta a Zurique desde o fim de junho de 1914. Quando toma conhecimento de que Pavel planeja viajar para a Rússia sem mulher e filha, ela diz a ele sua opinião sincera.[5] O marido de Sabina se encontra em um dilema. Recebeu a convocação de seu regimento em Kiev e, se não a cumprir, não vai mais poder retornar à Rússia; por outro lado, não pode nem quer viver no Ocidente. Quando Pavel as abandona, Sabina tem 29 anos, e sua filha Irma acaba de completar 1 ano. A pequenina sofre de uma forte gripe com tosse aguda e vômitos; o pai acorda durante a noite para lhe administrar remédios a colheradas e a pequena puxa-lhe as barbas. As lembranças dessas noites vão atormentá-lo por muitos anos. Finalmente, Pavel Scheftel toma uma decisão e parte em 14 de janeiro de 1915. Depois de apenas dois anos e meio de união, o casal se separa. Como endereço, Pavel deixa "Rostov, às margens do Don, posta restante".

Quando Iacha e Silvia Spielrein ficam sabendo da partida dele, mal podem acreditar: "Ficamos totalmente espantados ao saber que Paul partiu e que a Renatinha esteve doente por seis semanas."[6]

Sabina Spielrein não sabe ao certo o que vai acontecer daí em diante. Ela faz cópias de parte de sua correspondência com Jung e envia a Odessa, a Chaina Grebelskaia. Em 14 de março de 1912, logo após se formar doutora, Chaina deixa Zurique e retorna para a Rússia, onde trabalha como ginecologista em um hospital de Odessa. Seu maior desejo é casar-se e ter filhos. Apaixona-se por um estudante pobre mas bondoso, que não tem dinheiro para se casar com ela. A cunhada de Chaina tenta lhe arrumar um marido, mas em vão.[7] Chaina, por sua vez, aconselha Sabina a não retomar sua antiga relação com Jung.[8]

Sabina tem novos planos científicos e faz contato com o professor Bleuler, que responde:

> Cara doutora! Naturalmente estamos dispostos a lhe ajudar no que pudermos em seus estudos, com muito prazer. No momento, porém, não temos nenhum dependente de morfina na instituição, e na verdade é muito raro aparecer algum, de forma que não sei bem o que podemos fazer. Se desejar uma conversa particular, peço-lhe apenas que me avise antecipadamente por telefone.[9]

Bleuler é amável, mas não pode ajudá-la. No início de abril de 1915, Sabina Spielrein deixa Zurique.[10]

* * *

Para Sabina e sua família, o início da Primeira Guerra Mundial significa que eles ficarão separados durante vários anos e terão sua liberdade de ir e vir limitada. Os pais e o irmão Emil estão em Rostov. Sabina está na neutra Suíça. Iacha e Isaak vivem na Alemanha, em território inimigo.

A grande quantidade de russos vivendo na Alemanha cria grandes dificuldades para as instituições públicas durante a Primeira Guerra. De acordo com o tempo de permanência e o *status* dos vários grupos, como, por exemplo, pacientes de estações de cura, trabalhadores, refugiados ou pessoal do corpo diplomático, são tomadas medidas diferentes: detenção, permissão temporária de moradia, deportação, desocupação.[11]

Iacha tem poucos documentos em Stuttgart, por isso deve se apresentar semanalmente à polícia. Graças ao professor Emde, diretor do Instituto de Eletrotécnica, ele pode continuar a trabalhar informalmente no início da guerra. Sua presença, porém, provoca inquietações e inimizades, e Emde tem que pedir a seu valioso colaborador que se afaste do Instituto.

Iacha e Silvia Spielrein têm uma segunda filha. Atendendo ao desejo expresso de Silva, ela se chama Marianne, um nome que não agrada ao pai. A mais velha, Irene, já sabe escrever e envia uma cartinha para a prima na Suíça. Entre Iacha Spielrein e sua mulher há várias diferenças, e em dado momento Silvia parte com as crianças para a Rússia.

No ano de 1916, é publicado o livro de Iacha Spielrein *Manual de cálculo vetorial segundo as exigências da mecânica técnica e da doutrina da eletricidade*, que ele dedica a seu "honorável professor Dr. Ing. Fritz Emde, em agradecimento".[12]

Isaak e Rakhil Spielrein acabam de voltar de férias em Kolberg quando são surpreendidos pela guerra. Eles viajam rapidamente para Berlim, onde ficam alojados no antigo apartamento de Sabina e Pavel na Thomasiusstraße. Isaak e Rakhil permanecem durante toda a Primeira Guerra em Berlim, onde sua única filha, Menicha (1916-2000), vem ao mundo.

Uma parte da correspondência entre os pais em Rostov e os irmãos na Alemanha se realiza através de Sabina, na Suíça. Quando as cartas começam a se extraviar por causa da guerra e do caos, chega-se ao acordo de numerar todas elas e repetir as perguntas importantes em cada uma até que se obtenha resposta.

"Todos os dias espero pela sua carta como se esperasse pelo maná do paraíso. Mas ela não chega," escreve Eva Spielrein. Ela descobre que Sabina sofre muito. Está muito preocupada e escreve diariamente, sempre com as mesmas perguntas: Como vai Sabina? Como vai a pequena Renata?[13] Como está a saúde? Eva Spielrein informa que Pavel está em Rostov, que alugou dois quartos e aguarda por pacientes. Segue oscilando como sempre. Ora fala de separação, ora sente saudades da mulher. Eva Spielrein consulta a todo momento as cartas para tentar ver o futuro.[14]

Em Rostov circulam rumores de que o casamento não funciona porque a esposa é inteligente demais.[15] A mãe acha que Sabina deveria procurar um novo trabalho na Suíça e esquecer esse assunto. Ela teme uma batalha pela guarda de Renata e quer assegurar-se de que a menina permaneça com a família da mãe. Por isso, concebe táticas de xadrez para Sabina lidar com Pavel.[16] Sabina envia uma foto de Renata. "Fiquei tremendamente alegre", escreve a mãe. "Mas por que parece tão triste em todas as fotos?"[17]

O envio de dinheiro ao Ocidente fica mais complicado, mas Sabina não tem que se preocupar com isso, diz a mãe: há o suficiente, e os negócios do pai estão melhorando!

Eva Spielrein reclama de fortes dores no corpo, e suas mãos e pernas incham com frequência.[18] Quando se sente em condições, se lança ao trabalho de cuidar da família e a atividades para esquecer a preocupação e os temores pelos filhos e netos.[19] "O trabalho me salva", escreve a Sabina.[20] Ela se envolve na construção de um abrigo para crianças em Marioupol, cidadezinha no mar de Azov.[21] Com outros voluntários, passa o dia costurando roupas para crianças necessitadas. Emil, o filho mais novo, é seu único alento: quando ele toca piano, principalmente quando improvisa, ela consegue esquecer tudo e ficar feliz por alguns instantes.[22]

Durante os três primeiros anos em Lausanne, Sabina mora com Renata em um apartamento claro com piso de parquê e sacada na Avenue Solange 4, uma tranquila rua residencial além da linha férrea. É o período mais longo que permanece em um único endereço em quase vinte anos de Ocidente. Por um tempo, Sabina trabalha como médica no Asile des Aveugles,[23] na Avenue de France 13. O asilo para cegos compreende uma clínica de oftalmologia, oficinas e uma residência para os cegos. Mais tarde, aceita por um breve período um posto de cirurgiã. "Eu estava cansada da psicanálise e queria fazer algo realmente útil", escreve a Jung.[24]

Eva Spielrein estremece ao saber da nova atividade de Sabina. Sabe que o trabalho de médico é árduo. "Pelo amor de Deus, não trabalhe como cirurgiã, cuide da sua filha em vez disso. Renata ainda está em uma idade em que precisa de cuidados!" E que não poupe no salário da babá, ela tem que ser experiente e habilidosa.[25] Mas a mãe também se preocupa com a saúde de Sabina: "Por favor, deixe a cirurgia, ela destruirá sua saúde."[26] A renda principal continua a ser o dinheiro que os pais enviam mensalmente.

Sabina Spielrein e Renata ficam cinco anos em Lausanne. Durante esse período, Sabina é vigiada pela Police de Sûreté. O inspetor Amstutz resume da seguinte forma suas observações para os órgãos competentes de Genebra:

> A senhora SCHEFTEL Sabine já foi objeto de um relatório do Ins. Lagnaz com data de 14 de outubro de 1920, elaborado em virtude de uma extensão da permissão pelo diretor da polícia cantonal de Genebra.
>
> A supracitada morou em nosso cantão de outubro de 1915 a setembro de 1920, quando partiu para a Holanda. Ela estava de posse de uma permissão de residência emitida depois da apresentação de um certificado de nacionalidade russa e válida de 29 de outubro de 1919 até 29 de outubro de 1920.
>
> A Sra. Scheftel não tem notícias do marido há muitos anos. É provável que ele viva na Rússia, porém se desconhece sua profissão e se ainda está vivo. Ela é médica e parece ser muito competente em sua área (psiquiatria). Procurou sem sucesso emprego em clínicas de Lausanne e Leysin durante muito tempo. Foi só no decorrer do último ano que conseguiu um posto como professora no Instituto Rousseau, em Genebra. No último outono, viajou para um congresso médico na Holanda.

A Sra. Scheftel é mãe de uma pequena filha, Irma Renata, nascida em 17 de dezembro de 1913, de saúde delicada e que se encontra em tratamento com o Dr. Brülstein no Château d'Oeux. De 31 de agosto a 30 de outubro de 1918, a mãe cuidou ela mesma do tratamento da filha e para esse fim a levou para tratamento na clínica Bois-Cerf, em Lausanne. Pagou uma diária de 7 francos para a filha. Sempre cumpriu seus deveres e dá a impressão de ser uma mulher muito capaz e inteligente.

Seja qual for o local de sua residência, a Sra. Scheftel sempre teve uma conduta moral irrepreensível, totalmente dedicada à ciência. Apesar de não ter sido favorecida pela sorte e de viver em condições muito austeras, sempre esteve à altura de todo desafio que se apresentou a ela e não se pode culpá-la de nada. Segundo informações do senhorio de seu apartamento, não se envolveu em momento algum com questões políticas.

Nosso departamento nunca teve que se inquietar com ela de modo desfavorável, e seu nome não consta nos registros de justiça do cantão de Vaud.

Amstutz[27]

Renata tem a saúde frágil e adoece com frequência, exatamente como a mãe quando criança. Depois da partida repentina do pai, tem acessos de tosse acompanhados de vômito durante a noite. Sabina não deixa de perceber a parte psíquica desses sintomas. Além disso, preocupa-se com uma possível tuberculose. Ela tenta, sem sucesso, conseguir uma vaga como médica na estação de cura de Leysin, nos alpes de Vaud. O que consegue é reunir material para uma breve análise de um ato falho, intitulada "Uma sentença inconsciente".[28] Além disso, publica um trabalho de análise infantil sobre "As manifestações do complexo de Édipo na idade infantil".[29]

Durante a guerra, os irmãos discutem questões científicas por carta. Isaak e Iacha Spielrein fazem experimentos de associação. Isaak conduz experimentos desse tipo baseados em números e estabelece uma conexão entre os números complexos (= números difíceis de lembrar) e a simbologia numérica do Velho Testamento. Sabina discute com ele sobre os pontos complicados de seu trabalho e escreve uma resenha para a *Revista Internacional de Psicanálise Médica*.³⁰ Depois disso, o trabalho científico de Sabina fica estagnado.

"Eu gostaria de acreditar que a senhora só está aparentemente improdutiva e que ocorrem mudanças em seu interior que correspondem ao novo estado de coisas", escreve Freud ao lhe confirmar o recebimento da taxa semestral da Sociedade Psicanalítica de Viena. "Gostaria de saber o que seu pai está fazendo, pois ele me pareceu uma pessoa muito interessante — e também imperturbável. A guerra o afetou muito?" Freud conta que, depois dos conflitos do ano anterior, o grupo de Viena voltou a trabalhar animadamente e com boas relações. O próprio Freud tem muito menos que fazer do que gostaria; além disso, está preocupado com Ernst e Martin, seus dois filhos, que estão na guerra: "Depois que o dilúvio passar, esperamos conseguir conduzir nosso barquinho a um bom porto. Infelizmente ainda não se vê nenhuma pomba com ramo de oliveira."³¹

Assim como Zurique e Berlim, Lausanne é uma cidade universitária com uma importante colônia russa. Sabina conhece pessoas novas, por exemplo, Madame Strasiunska.³² Rachel Leibovitch procura em vão um emprego adequado em Zurique, Aarau e Lucerna. Em abril de 1917, ela também se muda para Lausanne, para a vizinhança de Sabina. Formada na Universidade de Zurique com uma tese sobre miopia,³³ agora trabalha no antigo posto de Sabina no Asile des Aveugles.³⁴ Nos círculos intelectuais da Suíça não estão previstas mulheres profissionais. Só umas poucas colegas de faculdade, como Mira Ginzburg-Oberholzer e Lydia Rabinovitch, encontraram trabalho em uma clínica suíça, porém são exceções. Para abrir um consultório próprio, não basta ter um diploma de doutor da Universidade de Zurique. Deve-se fazer também o exame oficial suíço, e isso requer muito trabalho, principalmente para os estrangeiros.

Sabina começa a escrever o "fragmento de um possível romance: *Les Vents*". Escrito em um francês vacilante, o texto é lido como a crônica de uma depressão. "Faz cinco dias que o vento nordeste sopra selvagem e ameaçador. O céu era de um cinza implacável, mais cinza que azul, apesar de na realidade não haver nenhuma nuvem. O cinza das coisas, que não têm mais cor. Um cinza sem beleza, um cinza indefinível e sufocante."³⁵ Da mesma forma que sopra implacável, congelando toda vida e roubando sua paixão e cor, o vento nordeste pode parar repentinamente: "E esta manhã, ao acordar, tínhamos a impressão de estarmos mergulhados em um banho morno e aromático. Sentíamos como se um parafuso invisível se afrouxasse em nossa cabeça. De repente o ar era agradável de respirar. (...) O vermelho apareceu novamente na paisagem, e a natureza recomeçou a sonhar."³⁶

Às metáforas da natureza, que Sabina utiliza em textos de prosa e poesia, se associa um vocabulário marcial. Fala-se de cavaleiros e guerreiros derrotados, de marchas cansativas, de tirania, morte e escravidão. Por meio das "paisagens destruídas pelo vento nordeste", a autora tenta descrever seu próprio interior ou fala de sua pátria russa, que se situa no nordeste e está sendo devastada por uma terrível guerra?³⁷ A letra das anotações no diário mais parece rabiscos: linhas, palavras e frases voam desencontradas por todas as direções.

Sabina Spielrein redescobre seus interesses musicais, assiste a aulas de composição, escreve canções, compõe cânticos e se ocupa do contraponto. Com Mollie (como chama carinhosamente a filha), fala francês para que a pequena consiga se entender em seu ambiente. O piano se torna seu refúgio. Mãe e filha cultivam juntas o gosto pela música. Tocam e cantam: *Fuchs, du hast die Gans gestohlen*; *O, du lieber Augustin*; *Ma douce Anette*; *Die Trommel schlug zum Streite*.* O talento musical de Renata se revela muito cedo. Ela arrisca algumas notas ao piano, compõe pequenas melodias com ou sem palavras que, para admiração da mãe, "têm exatamente o mesmo estilo das antigas orações (mesmo sem nunca tê-las ouvido)".³⁸

Durante o primeiro ano da guerra, 4 milhões de soldados russos tombam: mortos, feridos, presos ou perdidos. Sem suprimentos nem munição, os russos têm que recuar da Galícia e da Polônia. Em 5 de agosto de 1915, Varsóvia cai nas mãos dos invasores alemães. "Deve-se ser muito forte e saudável para suportar a vida diária que vivemos", escreve Eva Spielrein à filha. As notícias espantosas se sucedem. Centenas

---

*Todas músicas típicas da região da Europa central. (*N. do T.*)

de refugiados caminham sem rumo pelas cidades, sem teto, sem comida e esgotados psíquica e fisicamente. "São todos vítimas dos bárbaros alemães, vítimas da guerra. Nós nos apiedamos de todos. Sinto vergonha de pensar em mim nesses momentos. A única coisa que desejo é ficar saudável para poder trabalhar pelas pessoas que estão próximas a mim e que me são caras. (...) Aqui faltam médicos, e é fácil conseguir um trabalho, se você quiser."[39]

Enquanto Nicolau II se refugia no longínquo quartel-general do Exército, a czarina Alexandra se ocupa dos assuntos do governo sob o comando de Rasputin. No período de dez meses sucedem-se cinco ministros do Interior e três ministros da Defesa. Militarmente falando, a Rússia está bem posicionada em longos trechos do *front*, mas a gestão da economia de guerra funciona mal e, no início de 1917, o fornecimento de suprimentos para as cidades e os centros industriais entra em colapso. "Nunca houve tantas queixas, brigas e discussões", informam os espiões da polícia secreta Okhrana. Uma pequena quantidade de batatas, que custava 15 copeicas antes da guerra, custa agora mais de dez vezes esse valor.

Em 9 de janeiro de 1917, no aniversário do domingo sangrento de 1905, são organizados protestos em massa em Moscou e em outras cidades. Em 22 de fevereiro, os trabalhadores da fábrica Putilov, a renomada empresa armamentista de Petrogrado, entram em greve. No dia seguinte — dia internacional da mulher —, trabalhadoras da indústria têxtil e mulheres que fazem fila para comprar víveres vão às ruas. Elas gritam: "Abaixo a fome! Pão para os trabalhadores!" e jogam bolas de neve nas janelas das fábricas para chamar seus maridos para as ruas. A greve se transforma em revolução. Nas primeiras horas da manhã de 1º de março de 1917, depois de 303 anos de domínio de sua dinastia, o czar Nicolau II foge de seu povo.

"Pela primeira vez em minha vida houve na Rússia um protesto que reuniu 12 mil pessoas", conta Eva Spielrein de Rostov. Ela assiste à passeata de 1º de maio de uma sacada na rua principal e fica completamente fascinada. Os vários partidos passam marchando com bandeiras vermelhas, entoando suas músicas e gritando palavras de ordem: "Por uma Rússia livre", "Terra e liberdade", "Pela luta conquistaremos nossos direitos para todos!". Todos os grupos da população participam: social-democratas e social-revolucionários, camponeses e operários, bancários e catadores de lixo, estudantes e atores, músicos e funcionários públicos: uma passeata pacífica que não tem fim. Pela primeira vez — escreve Eva Spielrein — as pessoas sentem que algo extraordinário está acontecendo e que uma nova ordem, com paz e justiça, é possível. "Há muito a fazer para a reorientação da Rússia."[40]

No outono de 1917, Sabina se dispõe a recuperar os laços com seus amigos em Viena e Zurique, rompidos pela guerra e por dificuldades pessoais. "Fiquei muito feliz ao receber de você uma demonstração de interesse como sinal de vida", responde Freud. "Tem razão, são tempos difíceis que não favorecem o trabalho científico. Aqui em Viena nos esforçamos por mantê-lo o mais ativo possível."[41]

A Primeira Guerra Mundial desmantela quase completamente o movimento psicanalítico internacional. A *Revista Internacional de Psicanálise Médica* e a *Imago* são publicadas com irregularidade. Tanto o *Anuário* quanto a *Zentralblatt für Psychoanalyse* de Stekel têm sua publicação descontinuada. Muitos psicanalistas se deixam contaminar pelo entusiasmo geral pela guerra. Alguns são recrutados para o serviço militar, outros se esforçam voluntariamente para assumir postos psiquiátricos no exército. Karl Abraham dirige a estação psiquiátrica do 20º batalhão do exército em Allenstein (Prússia oriental); Max Eitingon é médico-chefe do setor psiquiátrico do hospital de reserva em Miskolcz (Hungria); Ernst Simmel dirige o hospital de campanha para neuróticos de guerra em Posen. Para todos eles, trata-se de provar a eficiência da psicanálise no tratamento de neuróticos de guerra, com o objetivo de mandar seus pacientes de volta para o *front* o mais rápido possível. Os resultados são tão positivos que enviados militares do comando central participam do V Congresso Internacional de Psicanálise em Budapeste (a 28 e 29 de setembro de 1918). O fim da guerra se aproxima. "Na verdade, nossa análise de certa forma teve azar, pois, mal o mundo começou a se interessar pelas neuroses de guerra, esta terminou", lamenta Freud a Ferenczi.[42]

* * *

"Querida Sabina, pelo amor de Deus escreva mais vezes e com mais frequência. Faz tempo que não temos notícias suas, exceto um pequeno cartão-postal. (...) Escreva, escreva, escreva."[43] A mãe está de péssimo humor, pois também Emil vai partir para Charkov a fim de estudar agronomia. A casa vai ficar tão vazia! "Não baixem a cabeça, meus filhos."[44]

Sabina tenta ocultar muitas coisas, mas a mãe não se deixa enganar. Ela fica triste ao ler as cartas da filha, pois sente o quanto está abatida. E o pior é que não pode ajudá-la.[45] Sabina deveria tentar penhorar seus diamantes. Mas deve tomar o cuidado, avisa a mãe, de apresentar o certificado de garantia, senão há o risco de que a pedra preciosa seja trocada por uma sem valor. Na Rússia, toda a correspondência passa agora pelas mãos da censura militar, e o censor escreve na margem de uma carta de Eva à filha: "Os conselhos da sua mãe são muito bons, porém seria muito melhor se você tentasse ganhar dinheiro com seu trabalho. Este é o meu melhor desejo para o ano-novo."[46] "O que você acha dessa censura militar", revolta-se a mãe, "eles se intrometem nas regras mais sagradas da correspondência! (...) Peça emprestado a Jung", aconselha, "e pegue fraldas com Strasiunska. Ela tem muito dinheiro, segundo seu marido."[47]

Nikolai Spielrein tenta enviar dinheiro à Suíça por diversos canais: "Espero que pelo menos alguma coisa chegue a você. Mas também pode acontecer de não chegar nada, então você vai precisar trabalhar, o que é penoso quando se pensa na menina."[48]

"Eu vivo tão envolvida com ideais que encaro com bom humor os desconfortos da vida real, como a fome, o frio de 7°C no quarto e o sono insuficiente por causa da falta de tempo", escreve Sabina Spielrein a Jung no início de 1918.[49] Sabina envia a Jung alguns versos em francês. Lembra-se de um sonho de infância no qual o avô ou o pai a abençoam e anteveem "um destino grandioso" para ela. Mas onde, ela pergunta a si mesma e a Jung, está sua vocação? Em que área pode fazer essa coisa tão grandiosa? Deveria se dedicar mais à música, em vez de ficar apenas sonhando, ou deveria se dedicar a sua atividade médica? "Quem pode escolher sofre." A antiga obsessão por Siegfried atormenta Sabina novamente. Terá "Siegfried sido apenas um devaneio da juventude? Seria apenas isso? Não haveria nesse sonho, nessa fantasia algo mais do que a realização de um desejo?"[50]

No outono de 1913, depois do rompimento definitivo com Freud, a *Nekyia* ou descida ao inferno de Jung começa com uma torrente de visões, fantasias e sonhos: a Europa é inundada por uma onda gigante que destrói todas as conquistas da civilização e causa a morte de milhares de pessoas. É um mar que se transforma em sangue. Em outra visão, o cadáver de um menino com cabelo louro passa por ele, e um sol vermelho surge das profundezas. Jung é psiquiatra e sabe que corre perigo: "Que eu tenha resistido foi uma questão de força bruta. Outros teriam sido destroçados. Nietzsche, Hölderlin e muitos outros."[51]

Jung se separa de Freud para conseguir criar sua própria doutrina de psicologia profunda. Na viagem através de seu inconsciente, ele encontra também a figura da judia Salomé, para quem Sabina Spielrein é o modelo e que lhe inspira a figura arquetípica da *anima*. Jung envia a Spielrein seu novo trabalho: "Psicologia dos processos inconscientes. Uma sinopse da teoria moderna e do método da psicologia analítica" (1917).*

Sabina, por sua vez, relata seus sonhos a Jung. "Gostaria de conversar com o senhor sobre muitas coisas. Isso deve ser dividido em uma série de cartas. (...) Saudações, S. Scheftel."[52] Em longos monólogos, discute as diferentes formulações de conceitos como deslocamento, inconsciente, sexualidade infantil e complexo de Édipo em Freud e Jung. Ela aborda as inovações de Jung: a doutrina dos símbolos, o conceito de tipos "extrovertidos" e "introvertidos", sua psicologia dos sonhos prospectivo-visionária. O interesse de Jung por questões místicas e mágicas corresponde nela a elementos que conhece de sua própria tradição religiosa. Porém, ela se remete continuamente a Freud, o representante do Iluminismo e da *ratio*.

As cartas de Jung oscilam em tom e grau de intimidade. Ele está amargurado e ofendido porque as pessoas o censuram e ninguém reconhece

---

*Traduzido para o português em C. G. Jung, *A psicologia dos processos inconscientes*, Rio de Janeiro, Vozes, 1988.

Sabina Spielrein.

Família Spielrein, por volta de 1896.

Rabino Lubjinski.

Sabina, Eva e Emilia Spielrein.

A fatura do Dr. Moritz Heller.

Na entrada principal de Burghölzli, em 1910. Da esquerda para a direita: desconhecido, Johann Nelken, Eugen Bleuler, Hans Wolfgang Maier, Johann Klaesi. Ao fundo: a família Maier com a empregada.

Sabina Spielrein.

C. G. Jung perto da entrada principal de Burghölzli, 1901.

Eva e Nikolai Spielrein com um de seus filhos homens (Iacha).

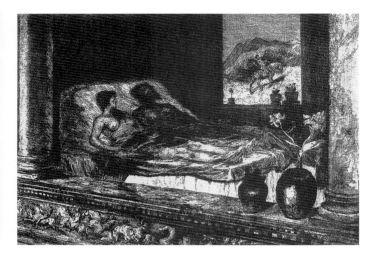

Albert Welti, *Noite de lua cheia* (1896).

Albert Welti, *O aplanador* (1903).

Wilhelm von Kaulbach, *Quem quer comprar deuses do amor?*.

Giovanni Segantini, *Ave Maria a trasbordo* (1886).

Bodas de prata de Nikolai e Eva Spielrein (1909).

Sabina Spielrein em Genebra.

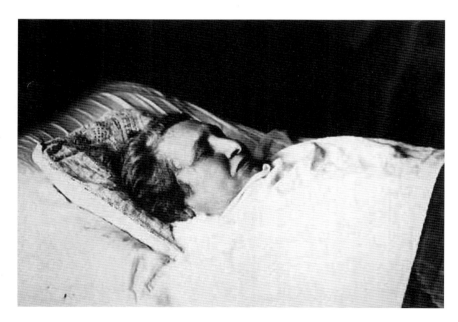

Eva Spielrein em seu leito de morte (1922).

Os três irmãos, Iacha, Isaak e Emil Spielrein (por volta de 1930).

A mansão Ryabuchinski.

Sabina Spielrein (foto do passaporte, por volta de 1924).

Eva Scheftel, a filha mais nova de Sabina.

seu valor. Em algumas ocasiões, expressa a Sabina questões importantes sobre seu íntimo.[53] Em outros momentos, seu antissemitismo — marcado pela origem clerical e intensificado pela ruptura com Freud — lhe atravessava o caminho:

> Cara doutora, não se esqueça de que o judeu também tem profetas. A senhora ainda não experimenta uma parte da alma judia porque se preocupa demasiado com as questões exteriores. Essa é — infelizmente — a maldição do judeu: a parte mais íntima e mais profunda da alma ele chama de "realização de desejos infantis"; ele é o assassino de seus próprios profetas, até mesmo de seu Messias.[54]

"Caro doutor!", começa a resposta de Sabina,

> não é apenas que o povo judeu tenha assassinado seus profetas, mas justamente que o destino dos profetas consiste em jamais serem reconhecidos em sua terra natal enquanto estiverem vivos. (...) O senhor acusa a nós judeus e a Freud de encarar nossa mais profunda vida espiritual como realização de desejos infantis. Mas em primeiro lugar tenho que lhe responder que não há nenhum povo que tenha tanta disposição para ver o místico e o destino em todas as coisas como o povo judeu. O espírito analítico-empírico de Freud é um contraponto a essa tendência.[55]

Depois do levante espartaquista de janeiro de 1919, Karl Liebknecht, cunhado de Iacha Spielrein, é sequestrado, torturado e executado com Rosa Luxemburgo por soldados da guarda de cavalaria e da divisão de tiro. Sabina Spielrein é profundamente afetada. Quando comunica seus sentimentos a Jung, este reage de forma grotesca e insensível: "O que a senhora tem a ver com Liebknecht? Ele é, como Freud e Lenin, um divulgador da escuridão racional que talvez chegue até mesmo a apagar a pequena lanterna da razão."[56]

Em 1º de setembro de 1919, em uma das poucas cartas de Jung livres de amargura, conselhos e sarcasmo, em um breve instante de reconhecimento de sua relação com Spielrein, fica visível uma postura conciliatória, ainda que na terceira pessoa:

O amor de S. por J. tornou consciente algo que antes ele apenas intuía de modo impreciso, isto é, o poder do inconsciente de determinar o destino, o que mais tarde o conduziu a questões essenciais. A relação tinha que ser "sublimada", caso contrário, teria conduzido ao enfrentamento e à loucura (concretização do inconsciente). Às vezes tem-se que ser indigno para seguir vivendo. Saudações cordiais do seu servo, Dr. Jung.[57]

O fim da guerra se aproxima, e Sabina Spielrein se ocupa da questão do regresso à pátria. Ela sonha "que a Sra. Bechterev vai para a Rússia com a filhinha". Mas Sabina conseguirá se tornar na Rússia uma psiquiatra do naipe de Vladimir Bechterev? E como vai ser o contato com os compatriotas russos depois de vinte anos no Ocidente? E a filha, vai conseguir suportar sem problemas a difícil viagem e as numerosas privações? Em outro sonho, Renata está de cama, doente, e Sabina espera a chegada de um médico às duas da manhã. O médico chega — "como é costumeiro na Rússia" — uma hora atrasado. "Dois é o símbolo da vida conjugal": talvez a sonhadora se pergunte se seu casamento ainda pode ser salvo. Ou já é demasiado tarde para o regresso à pátria e uma reconciliação?[58]

O conselho e a política familiar dos Spielrein estão funcionando a todo vapor. Vários canais diplomáticos, econômicos e particulares são movimentados na busca por meios e caminhos de levar todos os filhos de volta para casa. "Nossa partida é cada vez mais provável", escreve Iacha Spielrein de Stuttgart, "todos querem muito que você venha junto, Sabina!" Ela deve se dirigir ao consulado alemão com um requerimento detalhado. Seu patrimônio em Rostov permanece intacto: Nikolai Spielrein investe tudo em imóveis que se valorizaram muito.[59] Para Sabina e Renata são planejadas toda sorte de rotas alternativas, via Estocolmo ou Istambul, onde uma parente distante está casada com um banqueiro. Tudo está pronto.

Também Pavel Scheftel dá notícias depois de ficar muito tempo sem responder às cartas de Sabina. Recebe fotografias de Renata e fica surpreso e impressionado com sua beleza. Pavel esteve em ação no *front*, onde padeceu de problemas de saúde, e solicitou transferência para o

SEGUNDO PERÍODO NA SUÍÇA (1914-1923)

front russo. Ele informa que viagens de trem estão mais perigosas; além disso, é difícil encontrar um apartamento pelo qual se possa pagar. Ele pergunta à mulher se ela pensa em voltar para a Rússia.

Em São Petersburgo, o governo provisório da Duma e o soviete dos trabalhadores e soldados disputam o poder. Soldados russos e alemães se irmanam no *front*. Papel-moeda russo é impresso em quantidades absurdas, e as filas para conseguir pão, açúcar e tabaco começam a se formar nas primeiras horas da manhã. A guerra é uma catástrofe para a população judia. O *front* avança e recua pela zona de assentamento. Milhares fogem ou são conduzidos por cossacos como gado para o interior. Judeus são vilipendiados e assassinados como "traidores" e "espiões". O nacionalismo, o ódio racial e os *pogroms* lembram o fantasma sangrento das cruzadas medievais. As lutas entre grupos de bolcheviques e do exército contrarrevolucionário voluntário dos brancos se deslocam para o sul, nos vales dos rios Don e Kuban. Em 2 de dezembro de 1917, a cidade de Rostov é tomada pelo exército branco depois de duros enfrentamentos nas ruas.

Renata adoece de grave bronquite, na época uma doença séria sem possibilidades concretas de tratamento. Em agosto de 1918, Sabina a leva durante várias semanas à clínica Bois-Cerf, no bairro de Ouchy, em Lausanne, às margens do lago. Ela abandona o apartamento no qual viveu com Renata por três anos e passa a morar na clínica, onde se encarrega ela mesma dos cuidados com a filha. Rachel Leibovitch viaja a Lausanne para ficar ao lado da amiga. Ela mora na pensão dos Alpes, ao lado da clínica. Quanto recebe alta, Renata continua fragilizada, se resfria com frequência e tem febre; Sabina segue se ocupando dos cuidados com a filha.

Em dezembro de 1919, Sabina e Renata já não têm meios de pagar um apartamento e moram na pensão Trémière, em Chemin Pré-Fleuri. Sabina escreve no diário que no dia anterior Renata ganhou de presente um camundongo que caminha quando é empurrado. Renata gosta de brincar com ele, mas de repente o camundongo não quer mais correr. Nessa manhã a empregada diz que o camundongo subiu pela manga de sua blusa e andou sobre a pele de seu braço. Renata reage com um grito tão estridente que todos os moradores da pensão correm até a cozinha em mangas de camisa. "Que o destino ajude minha Renatinha", anota Sabina.[60]

Ela escreve no diário suas observações e conversas com a filha. Algumas coisas discute por carta com Nikolai Spielrein. Mais tarde vai utilizar esse material em suas publicações.[61]

A própria saúde de Sabina está prejudicada. Às vezes fica gravemente gripada, em uma ocasião tem que ser operada, e às vezes tem dor de dente ou de ouvido. Nikolai Spielrein não aguenta mais. Ele acha que Sabina deveria parar com as constantes enfermidades. Por que não confia em sua considerável capacidade intelectual e encara a vida com mais coragem e autoconfiança? "Você escreve que toda vida intelectualmente estimulante para você está em Zurique. Então vá para lá, uma vez que não há nada que a ligue a Lausanne." Além disso, exorta a filha a utilizar os poucos meses até a primavera para se preparar para o exame oficial do Estado suíço. "Faz seis, sete anos que você pensa nisso, agora é hora de realizá-lo."[62] Sabina pensa em traduzir os livros de Jung para o russo — pelo dinheiro, como ela mesma diz —, mas abandona o projeto.[63]

Em 9 de novembro de 1918 o cáiser Guilherme II abdica do trono e o social-democrata Philipp Scheidemann proclama a república na Alemanha. Em 11 de novembro de 1918 entra em vigor o armistício. No começo do verão de 1919, Iacha Spielrein viaja a Rostov de modo temerário para ver a mulher e os filhos. Ele usa a rota que passa pela Ucrânia, uma empreitada arriscada em virtude de uma guerra civil cujos *fronts* mudam com frequência e dos senhores da guerra, que lutam entre si pelo controle do território. Iacha permanece por nove tensos dias na Ucrânia até encontrar a oportunidade de se esgueirar até Rostov.[64]

Isaak Spielrein, o irmão do meio, que vive em Berlim, está indeciso. Como antigo social-revolucionário, sabe que vai encontrar dificuldades na Rússia. Ele recebe uma oferta da Austrália para trabalhar como professor universitário, mas recusa o convite e vai com a mulher e a filha em direção à pátria. Primeiro viajam para Viena, onde Isaak visita Freud. Depois passam pela Itália e por Istambul, até chegar à república autônoma da Geórgia, governada pelos mencheviques. Isaak Spielrein domina onze idiomas e aprende novas línguas com facilidade. Em Tíflis, antiga capital da Geórgia, trabalha como intérprete para a delegação permanente da Federação Russa Socialista da República Soviética. Em pouco tempo se torna membro do Partido Comunista.[65]

Quando Sabina Spielrein não pode mais pagar a taxa de membro da Sociedade Psicanalítica de Viena, Freud expressa seu apoio a ela:

> Cara doutora.
> Também fiquei muito feliz de ter notícias sobre a senhora por meio da visita de seu irmão; lamento que essa guerra tenha lhe causado apenas infortúnios. Respondo seu questionamento informando-lhe que pode permanecer como membro e nossa devedora o tempo que quiser. (...) Na esperança de ouvir melhores notícias suas, saúdo-a cordialmente.
> Freud[66]

Sabina Spielrein volta a pensar em Zurique. Em setembro de 1918, Rachel Leibovitch retorna à cidade e, em 28 de janeiro de 1919, casa-se com Meer Simon Nachmansohn. Nachmansohn é originário de Jaffa, então na Turquia asiática, e também é judeu e cidadão naturalizado suíço. Estuda filosofia e direito e obtém seu doutorado com uma tese sobre o "Esclarecimento das experiências da consciência provenientes da inspiração". Em 1919 participa da reunião para a fundação da Sociedade Psicanalítica Suíça em Zurique. Rachel e Meer Nachmansohn moram na Kasernenstraße. Rachel, que obtém cidadania suíça por meio do casamento, abre seu próprio consultório perto de casa, na Sauffacherstraße. Ela envia seu novo endereço à amiga e lhe deseja tudo de bom. "Agora vamos comemorar o ano-novo; é a época em que nós judeus pensamos de maneira especial em nossos amigos e fazemos votos de que o futuro seja gracioso para eles." Ela conta a Sabina sobre seus planos: "No momento somos suíços, mas espero terminar meus dias na América ou na Palestina."[67]

Sabina escreve a Jung, perguntando se ele não poderia encaminhar-lhe pacientes caso ela retorne a Zurique. "Provavelmente não", ela mesma se dá a resposta.[68] Sabina e Renata passam o verão de 1919 em Les Marecottes, uma pequena estação de montanha na parte alta do rio Ródano, perto de Salvan. No início de 1920, ela viaja por alguns meses para Château-d'Oex, para levar Renata a uma consulta com Franz Brüstlein, especialista em doenças infantis, na clínica particular Bois Gentil.

Rachel logo engravida e em julho de 1920 dá à luz um filho, Elias.[69] Sabina conta a Rachel que não pode mais pagar por seu quarto em Lausanne e que planeja ir para Zurique. Rachel fica abalada, mas feliz por Sabina querer ir para lá. Ela escreve à amiga contando sobre seu sono interrompido e sobre o cansaço da amamentação. Sabina quer saber sobre as possibilidades de realizar seu exame em Zurique. Se ela de fato estiver falando sério, Rachel a aconselha a fazer contato diretamente com Bleuler.[70] Em março de 1920, o marido de Rachel Leibovitch se muda para Frankfurt — sem ela. Em outubro de 1920, três meses depois do nascimento do filho, ele volta para Zurique. Em março de 1921, Meer Simon Nachmansohn parte novamente para Frankfurt, deixando esposa e filho definitivamente para trás, e em 19 de outubro o casamento é desfeito.[71]

Os pais de Sabina passam um ano inteiro sem receber notícias dela. A forma traiçoeira de gota de que Eva Spielrein padece avança muito.[72] Ela sabe que vai morrer logo.[73] "Até hoje não recebemos nenhuma notícia sua e passou-se exatamente um ano. Ficaríamos muito felizes se pudéssemos saber como você e a pequena Renata estão."[74]

No início de setembro de 1920, Sabina Spielrein deixa definitivamente Lausanne e vai para a Holanda,[75] onde participa pela primeira vez de um congresso de psicanálise.

19 PSICANALISTA EM GENEBRA

Fica decidido que o primeiro grande congresso de psicanálise depois da guerra deve se realizar em um país que permanecera neutro. A Sociedade Psicanalítica Holandesa já se prontificara a assumir a tarefa. E, assim, o VI Congresso Internacional de Psicanálise se realiza de 8 a 11 de setembro de 1920 em Haia, no prédio da associação de artistas Pulchri Studio. Na abertura do evento, apresenta-se uma série de novas fundações que mostram que o movimento psicanalítico não só sobreviveu à guerra, mas entrou com impulso renovado em uma nova fase de consolidação. Em Viena é fundada a Editora Internacional de Psicanálise, a Policlínica Berlinense de Psicanálise (a primeira instituição do tipo no mundo) abre suas portas, a Sociedade Psicanalítica Britânica é fundada e a Sociedade Psicanalítica Suíça é restaurada.

Esta última remonta a uma iniciativa de Emil Oberholzer e Mira Ginzburg-Oberholzer. A primeira reunião do novo grupo suíço se realiza a 24 de março de 1919, às 20h, no escritório de advocacia de Gilonne Brüstlein,[1] na Bahnhofstraße 102, em Zurique. Vinte e uma pessoas atendem ao convite, entre elas o psiquiatra Ludwig Binswanger, o pároco de Zurique Oskar Pfister, o pedagogo reformador de Berna Ernst Schneider e o psiquiatra de Genebra Raymond de Saussure.[2]

Freud saúda a nova fundação, mas mantém suas reservas. O fato de que à primeira sessão tenham comparecido Ernest Jones (Londres), Hans Sachs (Viena) e Otto Rank (Viena), três representantes da Sociedade Psicanalítica Internacional — os três são membros do comitê secreto —, constitui uma prova de apoio. Porém os suíços que percebem nisso algo de desconfiança não estão totalmente errados. Oberholzer é eleito o primeiro presidente da Sociedade Psicanalítica Suíça e é decidido por unanimidade o ingresso na Sociedade Psicanalítica Internacional.

O congresso de Haia é um grande sucesso, mesmo que a maioria dos analistas ainda esteja sofrendo materialmente com as consequências da guerra devastadora. Os analistas holandeses preparam uma acolhida calorosa para seus hóspedes. Reúnem fundos para ajudar com os custos de viagem dos colegas da Europa central, muitos dos quais fazem pela primeira vez uma refeição decente depois dos magros anos de guerra. Estão representadas as associações de Berlim, da Holanda, de Nova York, da Hungria e de Viena. No total, 118 pessoas participam do congresso de Haia, tanto membros quanto convidados.

Na foto obrigatória dos participantes do evento, Spielrein aparece bem à direita na segunda fila, uma mulher bem-cuidada e a única com um corte de cabelo moderno, curto e ondulado. Três pessoas à esquerda, está Melanie Klein. Anna Freud também está presente, como visitante; é a terceira sentada na primeira fileira, à esquerda.[3]

No congresso de Haia, a Sociedade Psicanalítica Britânica e a Sociedade Psicanalítica Suíça são admitidas na Sociedade Psicanalítica Internacional. Com a ampliação do movimento psicanalítico, surgem novos problemas. Quem pode ser chamado de psicanalista? Quais são os critérios para eleger novos membros? Que posição se deve adotar com relação à "psicanálise selvagem" que é praticada em muitos lugares? Faz sentido criar um diploma de psicanalista? Estas são as perguntas feitas.

Entre os palestrantes da parte científica há cinco mulheres: Helene Deutsch, Eugenia Sokolnicka, Margarathe Stegmann, Hermine Hug-Hellmuth[4] e Sabina Spielrein-Scheftel. Spielrein fala sobre "O surgimento e o desenvolvimento da fala articulada" — um esboço visionário de uma teoria da construção da linguagem e do significado do aleitamento e do ato de sugar no desenvolvimento da criança. Spielrein diferencia "linguagens primárias, autistas", que não têm por objetivo a compreensão e a comunicação com as outras pessoas, de "linguagens sociais". Fazem parte das linguagens sociais o canto e a linguagem com palavras, mas também "artes sociais e comunicativas" como a música e a poesia. Ela aborda especialmente as questões de se a criança cria ela mesma a linguagem e a que se devem atribuir as transformações infantis de palavras.[5]

Sabina comunica à administração do congresso de Haia que vai se mudar para Genebra para trabalhar no Instituto Jean-Jacques Rousseau. Além disso, sugere que se restabeleçam as relações com a psicanálise russa, interrompidas pela guerra e pela revolução, que se traduzam os anais do congresso de Haia para o russo, que se reúnam e eventualmente se publiquem artigos russos sobre psicanálise.

Max Eitingon apoia a ideia de reunir material em russo. Eitingon é oriundo de Mohilev, na zona de assentamento russa, e provém de uma família de comerciantes judeus extremamente rica. Ele conhece Spielrein ainda de Zurique, onde estuda medicina e obtém seu grau de doutor com a tese "Sobre o efeito do ataque na capacidade de associação dos epilépticos", defendida em 1919 sob a orientação de Bleuler. Eitingon é membro do comitê secreto e financia a Policlínica Berlinense de Psicanálise e todo o seu corpo docente com os rendimentos particulares da firma internacional de comércio de peles de sua família.[6] Em Burghölzli, houve desentendimentos entre Eitingon e Jung. "Considero Eitingon um charlatão totalmente ineficaz", Jung escrevera a Freud, "mal fiz esse julgamento desapiedado percebi que talvez o inveje pela sua libertação franca dos instintos poligâmicos (...) talvez um dia ele venha a ser um delegado da Duma."[7]

Freud também apoia a proposta de Spielrein, e chama a atenção, nesse contexto, para o recém-criado fundo de psicanálise, que certamente se interessaria por um projeto como esse e até mesmo poderia financiá-lo.[8]

Ao chegar a Genebra, Spielrein aluga um quarto na Rue Saint Léger 2bis, com Madame Rod. Renata, então com 7 anos e ainda adoentada, é internada em uma clínica algo distante de Genebra, em um lugar alto.[9] Antes que a médica russa possa começar a trabalhar, precisa da permissão de residência em Genebra. Ela protocola um pedido "A Monsieur le président de justice et police à Genève", redigido em um excelente francês, com sua caligrafia pontiaguda característica:

> Senhor presidente, sou russa de nascimento e doutora em medicina. Estudei durante seis anos em Zurique. Depois do começo da guerra, retornei à Suíça, onde morei com minha filhinha desde 1915 em Lausanne. O meu certificado, emitido pelo Sr. Garnosteriev, do consulado russo em Genebra, substitui meu passaporte. Esse documento é válido até 29 de outubro de 1920. Agora eu gostaria de me estabelecer em Genebra para trabalhar no Instituto J.-J. Rousseau. Ficaria imensamente agradecida ao senhor se pudesse emitir uma permissão de residência em Genebra. Mui respeitosamente, saúda-o S. Scheftel-Spielrein, Dr. Med.[10]

O departamento de justiça e de polícia de Genebra solicita previamente informações sobre a solicitante a seus colegas de Lausanne. Na cidade, não são encontrados os documentos da Sra. Scheftel, e os órgãos públicos dizem que ela lhes é "totalmente desconhecida", não tendo nunca vivido em Lausanne.[11] Na nova citação em Genebra, Sabina Spielrein consegue reforçar sua afirmação com documentação do consulado russo em Genebra que contém um visto de entrada do Bureau des Étrangers de Lausanne. Em vista disso, Genebra solicita novamente informações a Lausanne. Quando o relatório do inspetor Amstutz chega, em meados de fevereiro de 1921,[12] a Sra. Spielrein é citada novamente. Agora ela precisa de um cidadão que assuma quaisquer dívidas que possam surgir de despesas hospitalares, de repatriação ou traslado. O professor Pierre Bovet, catedrático de pedagogia experimental na Universidade de Genebra e diretor do Instituto Jean-Jacques Rousseau, encarrega-se disso e se torna fiador privado com a soma de mil francos como garantia para a permanência de Spielrein.[13] Antes de ser aceito como fiador, Bovet é investigado pela polícia. Em 8 de março de 1921, a Sra. Scheftel-Spielrein recebe finalmente, depois de meses de ansiosa espera, a permissão de residência em Genebra.[14]

O Instituto Jean-Jacques Rousseau, École des Sciences de l'Éducation (IJJR), é bastante reconhecido como instituição de pesquisa e ensino de questões de psicologia desenvolvimentista, de pedagogia educativa e reformadora — um prestígio que transcende as fronteiras da Suíça. O IJJR foi fundado em 1912, na ocasião do bicentenário do nascimento de Jean-Jacques Rousseau, seguindo o modelo do Instituto de Pedagogia e Psicologia Experimental de Wilhelm Wundt em Leipzig. A fundação do instituto independente e financiado por fundos particulares ocorre por iniciativa do professor Edouard Claparède, e Pierre Bovet assume a direção. O principal público-alvo do instituto são professores e educadores, que têm na instituição possibilidade de aprofundar sua formação. Em 1913, é fundada também uma escola experimental para crianças em idade pré-escolar: La Maison des Petits.[15] No plano de estudos do instituto constam aulas sobre temas como "doenças infantis" e "psicopatologia da idade infantil"; além destas, são oferecidas disciplinas modernas como grafologia, eugenia, parapsicologia na escola e psicanálise. O primeiro curso sobre psicanálise é ministrado por Ernst Schneider em 1916. Mas Bovet não fica satisfeito com Schneider, e a pequena quantidade de alunos decorrente da guerra faz com que o curso logo seja cancelado.[16]

Os genebrinos estão abertos a novas teorias. Nas vésperas da fundação, Claparède pergunta a Jung se ele não gostaria de ocupar um cargo no conselho do IJJR como representante da psicanálise. O diretor Bovet é membro da Sociedade Psicanalítica Suíça. Quando Sabina Spielrein chega a Genebra, no final de 1920, já existe na cidade uma sociedade psicanalítica sob a direção de Claparède. A sociedade está aberta sem restrições a todos aqueles que se interessem por psicanálise, não faz parte da Associação Psicanalítica Internacional tampouco anseia por isso. Além desse grupo maior e não muito ativo, há em Genebra o Groupe Psychanalytique Internationale, de orientação científica mais rígida, cujos membros se encontram para palestras semanais no laboratório de Claparède.[17]

Ademais, em 1920 Claparède e Bovet organizam a primeira Conférence Internationale de Psychotechnique Appliquée à L'Orientation Profisionnelle (conferência internacional de psicotécnica aplicada à orientação profissional), a partir da qual se desenvolverá um movimento psicotécnico mundial.[18] O espírito empreendedor e a iniciativa dos genebrinos são promissores. Freud também deposita grandes esperanças em Genebra como "porta de entrada para a França".[19]

Spielrein se apresenta em Genebra como representante da Sociedade Psicanalítica Internacional. Ela obtém algum dinheiro para os primeiros dias, que supõe que tenha saído do fundo da Sociedade Psicanalítica Internacional. Na realidade, o dinheiro vem de uma fonte particular, não há nenhum encargo "oficial" atrelado a ele. Quando Ernest Jones, presidente da Sociedade, toma conhecimento do comportamento pouco ortodoxo de Sabina, reage com irritação. Encarrega o pároco de Zurique e psicanalista Oskar Pfister da tarefa de *"to inform Bovet privately of the state of affairs, including the lady's mentality"* ("informar Bovet em particular sobre o estado das coisas, inclusive sobre a mentalidade da moça").[20]

O ocorrido tem alguma repercussão. Em uma carta circular aos membros do comitê secreto, Freud tenta esclarecer as coisas e colocar panos quentes: "Pelo que sabemos, a Sra. Spielrein não foi indicada oficialmente como representante da sociedade, porém deve ser tratada com muita gentileza."[21] Freud está muito animado com o fato de Sabina Spielrein voltar a trabalhar cientificamente depois de uma interrupção de três anos: "Finalmente uma análise infantil estimulante feita pela senhora Spielrein, que deve ser publicada em breve."[22]

Em 1920, Sabina Spielrein publica seis "comunicações" sobre análise infantil. As observações e os protocolos verbais que Spielrein reúne durante toda a primeira infância de Renata são um achado inestimável, do qual seu trabalho científico vai se beneficiar por muitos anos. Sabina acredita que as pesquisas sobre a psicologia infantil podem dar contribuições essenciais à psicanálise. Em "A mulher fraca" (1920), ela relata o caso do pequeno Claude, 5 anos e meio, muito masculino e dominante. Apesar de gostar de brincar com Renata, ele debocha das meninas "com fitas nos cabelos" e não quer ser menina por nada no mundo. Renata, ao contrário, expressa diversas vezes o desejo de ser menino. Questionada sobre isso, a pequena responde que gostaria de ser pai, "é tão bonito ter esposa e filhos". Spielrein se pergunta se é um fenômeno universal que meninas pequenas queiram ser meninos, enquanto os meninos se aferram à sua masculinidade. Ela não menciona que Renata tem que crescer sem o pai e o quanto ela sente sua falta. A fantasia de Renata de ser menino e ter uma família também pode ser compreendida como a realização de um desejo: se Renata fosse um menino, poderia cuidar ela mesma para que a família permanecesse unida e para que não fosse abandonada.[23]

O artigo "A teoria da origem do homem de Renatinha" (1920) contém trechos de conversas com Renata, então com 4 anos e meio, que são interpretadas por Sabina à luz de pressupostos teóricos sobre ambivalência e a unidade do nascimento e da morte.[24] Outros trabalhos de análise infantil são "O sentimento de culpa em crianças"[25] e "A repressão do erotismo oral".[26] "Breve análise de uma fobia infantil" (1921) se baseia na exposição de um caso de Sabina Spielrein na aula de F. Naville "Pathologie et clinique des enfants anormaux" ("Patologia e clínica das crianças anormais") no IJJR. Rudi, 7 anos e meio, tem pesadelos, distúrbios de sono e grita durante a noite. O trabalho mostra como Spielrein trabalha com as crianças, combinando a abordagem psicanalítica com outros métodos. Primeiro a criança é examinada fisicamente. Depois, ela faz com Rudi o teste de inteligência de Binet-Simon.[27] Na verdadeira investigação psicanalítica, ela pergunta a Rudi sobre seu comportamento com relação à mãe e ao pai, procurando cuidadosamente não sugerir as respostas. No passo seguinte, Spielrein constrói figuras de papel representando o pai, a mãe, o pequeno Rudi e a figura de um segundo menino "mau". Ela incentiva Rudi a brincar e acompanha a brincadeira com outras perguntas. Com a ajuda do segundo menino "mau", Rudi consegue "exteriorizar" seus sentimentos reprimidos de inimizade com relação ao pai — e o sintoma desaparece. "É quase desnecessário acrescentar", diz Spielrein, "que o desaparecimento de um sintoma não significa a cura. Para isso seria necessária uma análise mais demorada."[28]

Vale ressaltar que Spielrein mantém a abertura conceitual: ela não compreende a psicanálise como um sistema fechado, e prefere experimentar e combinar experiências psicanalíticas com outros métodos psicológicos. Isso se confirma no experimento com duas séries de três perguntas que ela realiza com quatorze estudantes de seu curso. Na primeira rodada, solicita-se aos estudantes que formulem por escrito três perguntas que desejam ver respondidas. Na semana seguinte, Spielrein pede a seus alunos que fiquem por um ou dois minutos com os olhos fechados. Depois, pede que escrevam as três primeiras perguntas que lhes vierem à mente. O resultado é que as perguntas espontâneas feitas logo depois de abrirem os olhos fechados se diferenciam significativamente das perguntas pensadas conscientemente. Todas as perguntas espontâneas, sem exceção, dizem respeito ao futuro imediato dos sujeitos do experimento. E, ao contrário da primeira série, nenhuma das perguntas espontâneas se refere a interesses religiosos, morais, filosóficos ou científicos. Quando nos afastamos do pensamento consciente, conclui Spielrein, nos afastamos cada vez mais da pressão do "conhecimento social" e nos dirigimos a um desejo de saber egocêntrico condizente com o momento.[29] Até seu último trabalho publicado no Ocidente — "Desenhos infantis feitos com os olhos abertos e fechados" (1931) — Spielrein vai continuar examinando e desenvolvendo suas descobertas psicanalíticas com outros métodos de pesquisa, principalmente com métodos experimentais. Ela inclui cada vez mais aspectos neuropsicológicos e neurofisiológicos em seus experimentos, uma abordagem que vai ser retomada muitas décadas mais tarde pela psicanálise.

O período em Genebra vai se mostrar uma época enormemente produtiva para a atividade científica de Spilrein. Em 12 de fevereiro de 1921 ela apresenta sua primeira conferência no Instituto Jean-Jacques Rousseau. As palestras sobre "L'âme enfantine" (A alma infantil) convencem os colegas genebrinos de seus profundos conhecimentos de psicanálise e desenvolvimento infantil. A pedido da plateia, a partir de então as reuniões de discussão passam a ser semanais.[30] No semestre de verão de 1921, Spielrein fala, em complemento ao curso universitário de Bovet "L'éducation de l'insinct sexuel" (A educação do instinto sexual), sobre "Les 'mauvoises habitudes' de l'enfant et la doctrine de Freud" (Os "maus hábitos" da criança e a doutrina de Freud) — também para um auditório cheio.[31] Sabina é muito tímida para convidar o professor Claparède, que se sente preterido e reclama. Ela corrige o descuido, explica seus motivos e pede "desculpas pela formalidade que talvez tenha faltado".[32]

SEGUNDO PERÍODO NA SUÍÇA (1914-1923)

A partir do semestre de inverno de 1921/1922, o Instituto J.-J. Rousseau passa a ser subvencionado com recursos do estado e da cidade de Genebra. Spielrein dá seu primeiro curso: oito palestras sobre "Psychanalyse et pedagogie" (Psicanálise e pedagogia), toda sexta-feira às 17h.[33] Ela fica aliviada por finalmente conseguir ganhar dinheiro. Quando Eva Spielrein fica sabendo que Sabina ganha 1.250 francos por mês, fica feliz pela filha, mas ao mesmo tempo se pergunta quanto ela terá que trabalhar para consegui-lo.[34]

A guerra, a expulsão e o assassinato dos czares, a revolução e a guerra civil modificam a face da Rússia para sempre. Depois de superado o primeiro impacto do sangrento transcorrer da revolução, muitos daqueles que permanecem no país se mostram dispostas a participar da reforma democrática. Muitos estão dispostos a sacrifícios.

Enquanto Nikolai Spielrein se engaja em Moscou por uma nova ordem social, Eva Spielrein fica em Rostov. Ela está muito doente e muito cética com relação ao futuro do país. A antiga mansão dos Spielrein na Puschkinskaya é dividida e convertida em apartamentos coletivos. Eva Spielrein mora agora com Emil e a esposa Fanya em um único cômodo, o antigo quarto de Sabina. Fanya está grávida. (Mark Spielrein nasce em 1922 e morre em 1944, no *front*, como soldado na Segunda Guerra Mundial.) Os quartos restantes são ocupados por estranhos. Sabina deve agora escrever para "Puschkinskaya 97, apartamento 3, 1º andar".[35] Eva Spielrein mantém vivas as esperanças por um futuro melhor com as cartas que envia ao marido e aos filhos. Pavel a visita quase diariamente. Eles trocam lembranças, olham fotos e leem e releem as cartas de Sabina.

Eva Spielrein se sente muito só e triste. Ela tem planos de visitar Sabina e Renata em breve, porém isso vai exigir muitos preparativos dispendiosos e uma longa viagem. Ela conta que Pavel esteve na biblioteca e leu o trabalho de Sabina sobre o impulso destrutivo. Pavel tenta encontrar trabalho em Moscou, mas em vão. "Faz uma eternidade que não temos notícias suas", reclama a mãe: "Tenho esperanças de que em breve nos chegue uma carta sua, mas, por favor, não pergunte nada, apenas fale de você."[36]

No 36º aniversário de Sabina, a Sra. Spielrein envia felicitações e expressa suas preocupações: "Todos os meus pensamentos giram em torno de você. Desejamos tudo de bom a você, mas, na realidade, as coisas se complicam a cada ano." Um franco francês custa agora 10 mil rublos: "Se lhe dermos um milhão de rublos, vão equivaler a apenas 100 francos!"[37]

No outono, Sabina Spielrein conhece um jovem cientista com o qual vai trabalhar durante um tempo com questões semelhantes. Claparède e Bovet convidam Jean Piaget para ser diretor de pesquisa no IJJR. Piaget provém de Neuchâtel; depois de terminar o ginásio, matricula-se na faculdade de matemática e ciências exatas da Universidade de Neuchâtel. Com 22 anos se forma doutor em ciências naturais. Piaget vai a Zurique, onde assiste a aulas de Bleuler sobre psicanálise. De 1919 a 1921, continua os estudos na Sorbonne, em Paris. Trabalha com material de testes junto a Théodore Simon, um dos inventores do teste de inteligência de Simon-Binet; na Salpêtrière, trabalha com crianças com distúrbios. Em 1920, ingressa na Sociedade Psicanalítica Suíça, e no mesmo ano publica seu primeiro artigo psicanalítico: "La Psychanalyse et les rapports avec la psychologie de l'enfant" (A psicanálise e suas relações com a psicologia infantil).

Piaget dá aulas no IJJR sobre "L'intelligence de l'enfant" (A inteligência infantil) e oferece um curso prático sobre metodologia de pesquisa. Na Maison des Petits e nas turmas do primário em Genebra, realiza as primeiras investigações sobre o desenvolvimento linguístico da criança e sobre o ambiente social. Sabina considera Piaget um "pesquisador valioso".[38] Com uma ampla formação, talentoso e inteligente, ela encontra nele, apesar da diferença de idade de onze anos, uma pessoa que compartilha as paixões científicas, que a incentiva e inspira, e com quem pode conversar sobre as questões que mais a interessam: o desenvolvimento do pensamento e da fala infantil e a construção de símbolos.

No semestre de inverno de 1921/1922, Spielrein assiste à palestra de Piaget "La pensée autistique" (O pensamento autista) na faculdade de ciências exatas da Universidade de Genebra, bem como a duas outras palestras dele no auditório. Em seu relatório sobre a Sociedade Psicanalítica de Genebra para a Internationale Zeitschrift für Psychoanalyse, o "professor não titular Piaget" é mencionado duas vezes, visto que ele defende a tese de que "devemos muito à psicanálise freudiana por todo nosso conhecimento do inconsciente e dos mecanismos primitivos do pensamento infantil".[39]

Sabina Spielrein revisa a palestra que apresentou em Haia — finalmente volta a produzir um trabalho detalhado. Em "A origem das palavras infantis 'mamãe' e 'papai'. Algumas considerações sobre os diferentes estágios do desenvolvimento da linguagem" (1922), ela apresenta um modelo em três fases do desenvolvimento da linguagem de lactentes e crianças pequenas, um trabalho pioneiro e notável. Em sua primeira fase de desenvolvimento, o lactente "fala" por meio de formas de expressão primevas e corporais, como o ritmo, a altura, a cadência e a intensidade do choro. A essa fase segue-se um segundo estágio, o "estágio mágico", e finalmente um terceiro, o "estágio social da linguagem". Enquanto Freud defende um autismo primário do lactente, Spielrein parte da necessidade primária que a criança tem de contato e comunicação. Ela é a primeira analista a descrever e investigar o significado do ato de sugar como uma experiência fundamental na vida da criança, e antecipa considerações que Melanie Klein vai tematizar apenas em 1936, em uma conferência sobre o "desmame", por meio dos conceitos de "peito bom" e "peito mau".[40] De posse de exemplos tomados da observação de lactentes, Spielrein mostra como a criança utiliza "mamãe" e "papai" — as primeiras palavras derivadas do ato de sugar — para a realização de seus desejos na fantasia. Com a pronúncia da palavra desejada chama-se o objeto que vai satisfazer o desejo — nesse caso, o peito com o leite morno que aplaca a fome. Desse modo, surgem as primeiras estruturas da linguagem social. E, na alternância entre satisfação e fracasso, a criança aprende gradualmente a diferenciar o interior do exterior, a fantasia da realidade. As explicações de Spielrein antecipam várias ideias importantes sobre o desenvolvimento de empatia, sobre a individuação e o ego, sobre as condições para a criatividade.[41] As hipóteses formuladas por ela vão ser retomadas por Piaget em seu livro *A linguagem e o pensamento na criança* (1923).

Spielrein não se interessa somente pelas pesquisas de Piaget, mas também o analisa. A análise começa logo depois da chegada de Piaget a Genebra, dura oito meses e acontece diariamente às 8h. Relata-se que ambos riem muito durante as sessões, que se realizam nas dependências do IJJR.[42] Só muitos anos mais tarde — em 1975, durante uma entrevista com Jean-Claude Bringuier — é que Piaget conta que fez análise quando jovem. Além disso, nessa ocasião ele afirma que Spielrein teria terminado a análise por conta própria, ao comprovar que não conseguiria convertê-lo em um bom freudiano. Dois anos mais tarde, em uma carta aberta ao *Journal de Genève*, Piaget vai dizer exatamente o contrário: agora afirma que sua análise foi uma análise de formação e que foi concluída com a inteira satisfação da analista (Spielrein).[43]

Outros pacientes analisados por Sabina são Charles Odier, provavelmente também Bovet, Claparède,[44] Henri Flournoy e Fanny Lovtzky-Schwarzmann, irmã do filósofo russo Lev Chestov.[45] Essa atividade lhe dá um rendimento modesto, com o qual não consegue se sustentar.

Na época pioneira da psicanálise, os tratamentos psicanalíticos duram algumas semanas ou, no melhor dos casos, alguns meses. Não se prevê que o exercício da psicanálise possa ser um ganha-pão. O mais comum era trabalhar como médico em uma clínica ou em consultório particular, como padre ou professor e, além disso, ter um caso psicanalítico por meio do qual se acumulam experiências. Quando Sabina Spielrein trata pacientes usando a psicanálise sem ter feito o exame oficial suíço, está se movendo em uma zona cinzenta entre a psiquiatria, a psicologia e a pedagogia. Isso é possível enquanto ela realiza análises de formação com seus colegas. Também explica por que Sabina Spielrein declara oficialmente que seu trabalho é aconselhamento pedagógico gratuito em um anúncio publicado no fim de fevereiro de 1922 no *Journal de Genève*.[46]

Quando Spielrein se transfere da Sociedade Psicanalítica de Viena para a Sociedade Psicanalítica Suíça, o presidente desta, Emil Oberholzer, se oferece para assumir a taxa mensal de 10 francos que ela dessembolsava.

"Por que seus colegas — que são muitos — não podem contribuir com um valor mínimo para você e para a criança?", pergunta Emil Spielrein à irmã.[47] Eva Spielrein, uma costureira entusiasmada, ensinara a filha a costurar. Sabina pode fazer agora bom uso desse ensinamento para ganhar o mínimo necessário com trabalhos de costura.[48]

Freud escolhe Genebra como "a porta de entrada para a França" porque a comunidade médica francesa se mostra resistente e impenetrável com relação à psicanálise. Na cena artística de vanguarda parisiense, porém, as ideias e os métodos psicanalíticos são discutidos ardorosamente; e mais: desenvolve-se por conta própria, com meios artísticos, "viagens de descoberta do inconsciente" (Max Ernst). Henri-René Lenormand, célebre dramaturgo francês, publica em 1920, no jornal *Comoedia*, um artigo sobre "Dadaisme et Psychologie" (Dadaísmo e psicologia), no qual descreve o dadaísmo como uma regressão à infância no sentido psicanalítico. André Gide escreve o romance experimental *Os moedeiros falsos* (1925),* no qual constrói um ambivalente monumento a sua psicanalista Eugenia Sokolnicka na personagem de Madame Sophroniska.[49] André Breton experimenta com a *écriture automatique* (escritura automática) e analisa sonhos e associações de pacientes psiquiátricos. Quando, em 1924, publica o primeiro "Manifesto surrealista", Breton faz uso de uma compreensão da psicanálise voltada para a crítica social.[50]

Henri-René Lenormand não se dedica à psicanálise apenas de maneira teórica, mas também experimenta em suas obras com pulsões e motivações inconscientes. Ele vai a Genebra, onde Claparède lhe permite participar de uma reunião do Groupe Psychanalytique International. Em Genebra, Lenormand se encontra com o diretor de teatro e criador de cenários Georges Pitoëff, um russo originário da Armênia que chega a Genebra em 1925 e funda com a mulher o grupo teatral Georges Pitoëff. Decide-se encenar o novo drama de Lenormand, *Le mangeur de*

---

* André Gide, *Os moedeiros falsos*, tradução de Mario Laranjeira, Rio de Janeiro, Francisco Alves, 1983.

rêve, no Teatro Pitoëff, em Genebra. Trata-se de uma obra com conteúdo psicanalítico.⁵¹

Tanto Claparède quanto Spielrein ficam fascinados com a obra, porém se distanciam dela. O protagonista da peça, "o devorador de sonhos", é o psicanalista Luc de Bronte, um personagem fraco dominado por seus impulsos, um dom-juan com roupas de curandeiro. Luc confronta sua paciente Jeannine com seus desejos edípicos e fez dela sua amante. A antiga paciente e amante de Luc, Fearon, que na peça é representada como a segunda personalidade de Luc, confronta Jeannine de modo brutal com os sentimentos inconscientes de culpa que esta nutre devido à morte da mãe. Jeannine não está preparada para essa: comoção e comete suicídio com o revólver que Feraon faz chegar a suas mãos como sem querer.

A peça estreia em 11 de janeiro de 1922. A decoração abstrata do cenário de Pitoëff — entre outros itens, uma série de faixas coloridas sobre um fundo de veludo negro — reforça o jogo simbólico e a crueldade da peça. Claparède — conhecido por ser um orador inspirado — faz a introdução para o público na noite de estreia: "Ele [Luc] teria feito melhor se se interessasse pela cura de seus pacientes em vez de devorar seus sonhos."⁵²

Spielrein fica consternada e escreve um longo artigo para o *Journal de Genève*. "Qui est l'auteur du crime?", quem causou a morte de Jeannine, é sua pergunta de partida. Spielrein esclarece que um médico competente poderia ter se aproximado com cuidado da alma frágil e sofredora de Jeannine. "Ele não teria forçado suas revelações à paciente, mas sim teria esperado até que ela alcançasse espontaneamente o ponto em que começa a autocompreensão: que diferença abismal separa esta [de Luc] invasão brutal dos métodos delicados que sustentam a psicologia vienense!" Luc não pode ajudar Jannine porque, apesar de se interessar por psicologia, não é realmente um psicanalista: "Para ser psicanalista deve-se ter modelado a ponto de poder dominar as próprias pulsões." Jeannine talvez tivesse se matado de qualquer maneira, afirma Spielrein. Mas talvez se pudesse tê-la ajudado a levar uma vida mais feliz, como muitos doentes que são tratados com a psicanálise.⁵³

Sabina Spielrein está convencida do valor do método psicanalítico, mas não desconhece seus problemas e limites. Com relação ao medo difundido entre os leigos de que a psicanálise rouba a individualidade, ela escreve em uma carta a Bovet: "Uma psicanálise bem executada não cura ninguém e preserva a individualidade de todos." Ela dá como exemplo Piaget, que permanece um místico apesar da psicanálise, e Madame W., outra paciente sua, que continua sendo realista. E ela mesma, Sabina, segue "respeitando" os andaimes e o número 13: "Portanto, não é tão perigoso", afirma.[54]

As explicações de Spielrein em "Qui est l'auteur du crime?" (Quem é o autor do crime?) e no artigo "Quelques analogies entre la pensée de l'enfant, celle de l'aphasique et la pensée subconsciente" (Algumas analogias entre o pensamento infantil, o do afásico e o pensamento subconsciente), de 1923, publicados na revista *Archives de Psychologie*, de Claparède, contêm indicações sobre como Sabina conduz os tratamentos analíticos e que postura terapêutica básica ela assume. Ela trabalha com o divã e pede que o paciente relaxe para eliminar os estímulos externos. Depois, pede-lhe que evite toda tentativa consciente de controlar seu pensamento. Ela explica a regra básica da psicanálise, de dizer tudo o que vem à mente "sem a menor crítica consciente".[55] No que diz respeito a interpretações, Spielrein é muito cuidadosa: aguarda, não fala muito e tenta não se apressar para não atropelar o paciente com interpretações prematuras. Nesse aspecto, se diferencia substancialmente de Melanie Klein, que confronta inclusive seus pacientes pequenos — crianças com menos de 3 anos — com interpretações profundas e precoces de seus medos e que faz rapidamente interpretações transferenciais. Apesar de Klein acreditar que dessa forma alivia os medos infantis, seus colegas a criticam, por considerar que a conscientização do inconsciente pode causar danos ao desenvolvimento da criança.

No final do artigo do *Journal de Genève*, Spielrein dá uma explicação inesperada e totalmente não analítica do desenlace fatal do tratamento de Jeannine: ambos, tanto Luc quanto Jeannine, seriam vítimas de uma educação falsa e sem amor, produto de uma perda da religião em nossa sociedade.

Aqui fica evidente quanto a concepção de Spielrein sobre transferência se modificou desde seus primeiros trabalhos psicanalíticos. Em seu grande trabalho "A destruição como causa do devir" (1912), ela utilizara um conceito radical de transferência segundo o qual tudo é transferência, motivo pelo qual psiquicamente não vivemos nada no presente: um acontecimento só possui carga emocional para nós "porque pode estimular conteúdos passados com carga sentimental (vivências) que estão ocultos no inconsciente".[56] No texto "Qui est l'auteur du crime?" os fenômenos de transferência desempenham um papel secundário. No lugar de reflexões psicanalíticas, aparece a defesa apaixonada de uma "educação saudável e natural", para além de mentiras e convenções sociais. O "homem do futuro" — isto é, o homem que consegue domar seus impulsos — deve ser criado com base na cordialidade e na razão, na compreensão e na abertura natural entre pais e filhos.

Ainda que Sabina Spielrein se abra para pontos de vista pedagógicos e sociopsicológicos, permanece seu interesse no ponto de vista psicanalítico. Ela sabe muito bem, devido a sua amarga experiência, que carga e que falta de liberdade uma transferência não dissolvida e uma relação terapêutica não resolvida podem acarretar para o paciente. A preocupação com o "devorador de sonhos" desperta lembranças, e antes de dormir ela relê antigas cartas de Jung. Nessa noite, Spielrein sonha com Iacha, seu irmão e companheiro de brincadeiras da primeira infância, e que já em seus primeiros sonhos representara Jung: "Trazem-me uma carta do meu irmão. Não há selos, de forma que tenho que pagar 30 *pfennige* de despesas postais. No envelope há fotografias de meu irmão, que estão tão ruins, apagadas... mal dá para reconhecê-lo nelas."

Spielrein publica a interpretação do sonho no artigo curto "Sonho sobre selos" (1922), porém não fala de suas experiências, mas das de uma "amiga".[57] Esta teria sido obrigada, por razões externas, a interromper prematuramente o tratamento analítico com um médico, ou seja, antes de poder dissolver sua intensa e ambivalente transferência. Na véspera do sonho mencionado, a "amiga" assistiu à demonstração de um caso na Sociedade de Medicina no qual foi apresentada uma mulher sifilítica. Passa pela mente da "amiga" que não consegue se lembrar de nenhuma mulher com tabes (= ataxia locomotora como consequência de sífilis) e se pergunta se as mulheres não teriam menos tendência a contrair a doença. Spielrein comenta: no sonho a "amiga" recebe uma carta do irmão (= médico) sem selos (= sem medula): ele, portanto, padece de ataxia locomotora, ou tabes. As fotografias estão completamente apagadas, ou seja, as lembranças da aparência do médico estão apagadas para a sonhadora, por isso ela não se preocupa muito com o que "esse dom-juan sifilítico" possa lhe escrever.

Pouco tempo antes a "amiga" tivera outro sonho no qual não conseguia se lembrar do nome de seu antigo analista. Ela acordou pela manhã com as palavras de Nietzsche: "Estive doente? Curei-me? E quem foi o meu médico? — Só agora estás curado, pois é saudável quem esquece."[58]

De 22 a 27 de setembro de 1922, Spielrein e Piaget participam juntos do VII Congresso Internacional de Psicanálise em Berlim. Piaget tem medo de falar em público, porque é muito jovem para falar para uma plateia tão grande. Freud se senta em uma poltrona ao lado de Piaget, fumando seu famoso charuto. Em Berlim, Freud participa pela última vez de um congresso, pois depois disso um grave câncer o impedirá de fazer apresentações em público.[59] Sabina Spielrein apresenta uma palestra sobre "Uma contribuição psicológica para o problema do tempo".[60] Jean Piaget fala sobre "La pensée de l'enfant" (O pensamento da criança).[61] Os dois cientistas citam-se mutuamente em suas palestras.[62]

No semestre de inverno de 1922/1923 e no verão seguinte, Spielrein dá aulas diárias de uma hora de duração no IJJR sobre "Psychanalyse éducative" (Psicanálise educativa).[63] Além disso, dá numerosas palestras para o público especializado e para leigos. No IJJR, fala sobre "O que as crianças não nos contam" e "Les enfants créateurs" (As criaturas infantis). Tanto no Laboratório de Psicologia quanto na Sociedade Vers l'Unité Sabina fala sobre o sonho, enquanto no Groupe Psychoanalytique Internationale dá palestras sobre repressão. Emil Oberholzer convida Sabina Spielrein para ir a Zurique, para apresentar uma palestra sobre "A associação de ideias em uma criança de 2 anos e meio". A conferência é anunciada no *Neue Zürcher Zeitung*.

No entanto, Spielrein não está satisfeita. Além das dificuldades financeiras, em Genebra ela continua sendo marginalizada. É claro que as pessoas se interessam por seus pontos de vista, convidam-na para jantares e concertos, porém, como médicos e professores, os suíços são — tanto em sua situação social quanto em seu modo de pensar — muito mais independentes do que os vienenses em torno de Freud. Os colaboradores do IJJR têm interesse pela psicanálise, porém não a consideram algo exclusivo, mas sim um método entre vários. Algo muito semelhante acontece na Rússia.⁶⁴ Sabina não se adapta a esse posicionamento científico aberto de seus colegas genebrinos e pede que Freud intervenha. Mas ele se recusa: "As pessoas em Genebra são absolutamente diletantes; a senhora tem que transferir lentamente para eles algo de sua formação analítica. Nem o próprio Claparède é exceção. (...) Se eu fizesse o que me propõe, não conseguiria nada além de indignação geral contra o velho de Viena, que se permite brincar de papa da Ψα."⁶⁵

Sabina se queixa a Pavel de que é hostilizada em Genebra e tem inimigos científicos. Quem é ativo e se expõe, diz Pavel, faz tanto amigos quanto inimigos, mas isso não deveria perturbá-la: "Se há inimigos na vida científica, isso é prova de que se criou algo sério, de que você está afetando os outros." Pavel recebe cartas longas e ingênuas de Renata com relatórios sérios sobre suas atividades. "É assustador que a filha de dois médicos tenha que viver com dinheiro emprestado", escreve Pavel à mulher.⁶⁶ Ele pergunta a Sabina por que ela não voltou para casa com Iacha e Isaak. Em vez disso, vive no estrangeiro, entra em longas filas de diversas organizações de amparo aos necessitados e pede esmola como uma emigrante russa — e tudo isso com uma filha a tiracolo. Além disso, tem que juntar penosamente cada vintém para poder visitar Renata de vez em quando. "Você não tem nenhum espírito prático e tem um amor quase doentio pela ciência."⁶⁷

Nikolai Spielrein escreve à filha dizendo que foi fundado em Moscou um instituto de pesquisa para análise infantil, que o governo se interessa pela psicanálise e procura especialistas com boa formação.⁶⁸

* * *

No que se refere à psicanálise russa, no Ocidente se ouvem diferentes versões. É impossível passar em revista a situação na Rússia, devido ao tamanho do país e às intrincadas relações sociais. Nikolai Ossipov,[69] cofundador da revista *Psichoterapiya* (1909-1914) e tradutor das obras de Freud para o russo, é um opositor da revolução e deixa Moscou em 1918. Em uma viagem que é quase uma odisseia, foge por Odessa e Istambul até Praga, onde se estabelece em 1921 e dá aulas de psicanálise na Prager Karls-Universität. "Que surpresa! Felizmente, não é uma surpresa ruim", escreve Freud. "O senhor está em segurança, rodeado de bons amigos e ansioso para recomeçar o trabalho."[70]

Ernest Jones relata aos membros do comitê secreto que um colega britânico retornou muito entusiasmado de Moscou: as condições para a psicanálise na Rússia são muito favoráveis, pois os cientistas mais jovens se mostram abertos a novos métodos na ciência e na medicina. Infelizmente, continua Jones, não há ninguém em Moscou que conheça a fundo a psicanálise; talvez não seja totalmente impossível que Ossipov retorne, "agora que os membros da *intelligentsia* não morrem de morte súbita".[71] As cartas de Ossipov a Freud dão a entender, ao contrário, que ele não está tão otimista quanto Jones com relação às condições em Moscou.

Quando a psicanalista russa judia Tatiana Rosenthal se suicida em 1921, em São Petersburgo, aos 36 anos de idade, há uma grande comoção e uma enorme perda para o movimento psicanalítico. Rosenthal nasceu em São Petersburgo e entrou com 17 anos na "confederação" judaica de trabalhadores. Assistiu a aulas em Halle e em Berlim antes de se matricular no semestre de inverno de 1902 na faculdade de medicina em Zurique. Não teve nenhum contato com Spielrein. Rosenthal interrompeu várias vezes os estudos, entre outras razões para participar da primeira revolução russa em 1905. Depois de se formar, em 1909, passa um período com Abraham em Berlim e foi a primeira mulher a palestrar na Sociedade Berlinense.[72] Rosenthal chega a Viena logo depois de Spielrein e também se torna membro da Sociedade Psicanalítica de Viena. Em 1911 regressa a São Petersburgo, onde trabalha como psicanalista em um consultório particular. Em 1917 publica um livro de poemas. Em 1920 é publicado na revista *Woprosi Psychologiu Litschnosty* (Questões de psicologia individual) seu trabalho "O sofrimento e a obra de Dostoievski".

Quando, em 1919, é fundado um instituto para pesquisas do cérebro e das funções psíquicas em São Petersburgo, o diretor Vladimir Bechterev nomeia Rosenthal para a direção da Policlínica para Tratamento de Psiconeuroses. No primeiro congresso russo sobre o tratamento de crianças com incapacidades psíquicas, realizado em 1920 em Moscou, ela luta com argumentos convincentes em prol da importância pedagógica e profilática da psicanálise para o tratamento das neuroses. Ela trata a maioria de seus pacientes com métodos psicanalíticos, apresenta palestras sobre temas psicanalíticos e incentiva a formação psicanalítica de colegas e médicos assistentes. Quando é criado um instituto de amparo a crianças com retardo mental, Bechterev volta a indicar Rosenthal para a direção médica. Sendo ela mesma mãe de um filho pequeno, se propõe a construir a nova instituição de acordo com os fundamentos curativos e pedagógicos da psicanálise.[73]

A intrincada situação de Spielrein em Genebra coloca em movimento novas atividades diplomáticas por parte da Sociedade Psicanalítica Internacional. Freud em Viena, Oberholzer em Zurique e Abraham em Berlim tentam encontrar uma solução para ela. "Posso expressar mais facilmente o lado negativo de seu futuro que o lado positivo", escreve Freud no fim de janeiro de 1923. Ele está convencido de que a analista russa não tem chance alguma em Viena. Ele mesmo quase não tem trabalho. Todos os estrangeiros — tanto médicos quanto pacientes — vão em massa para Berlim. Os analistas de Viena não podem viver apenas dos pacientes vienenses. Some-se a isso o fato de que os custos sobem de tal maneira que é difícil encontrar mesmo um apartamento modesto. Além disso, Spielrein é cidadã russa e não conseguiria um visto de entrada na Áustria. Freud se inclina para Berlim com as inesgotáveis fontes de ajuda da Policlínica Psicanalítica, com sua grande concentração de compatriotas russos e com as diversas editoras russas — tudo isso com custo de vida muito menor.[74]

Sabina está diante agora da opção de Berlim. Está desesperada. Não tem dinheiro para pagar o quarto na pensão. Não sabe o que fazer nem para onde ir com a filha. Sente-se abandonada pelos colegas de Genebra: não querem realmente ajudá-la e a evitam.

Como não tem mais um consultório próprio no IJJR, tem que pagar 50 francos por mês por um, além de pagar pela lenha para aquecê-lo. Os pacientes não têm dinheiro ou deixam de pagá-la. Ela acusa a si mesma de carecer de espírito comercial, de não saber como ganhar dinheiro. As pessoas que têm dinheiro são mais valorizadas neste mundo e têm o direito de viver com os filhos, mas lamentavelmente ela não pode mudar, escreve em uma carta desesperada a Bovet: "Espero que não nos deixem morrer dessa forma."[75]

20 ORIENTE OU OCIDENTE?

Passaram-se sete anos desde que Pavel viajou para a Rússia, deixando Sabina e Renata em Zurique. Há quase o mesmo tempo discute-se a questão do regresso dela para casa. Eva Spielrein já se conformou com a situação, porém gostaria muito de rever a filha e a neta. Nikolai Spielrein está convencido de que a nova Rússia oferece boas oportunidades para sua talentosa filha e de que ela poderia contribuir de alguma maneira para sua área de conhecimento. São concebidos cenários, esboçadas e abandonadas rotas de viagem, ninguém entra em acordo. As condições políticas cambiantes têm que ser consideradas. Viagens internacionais depois da Primeira Guerra Mundial ficaram complicadas devido às dificuldades de transporte e são marcadas por turbulências de câmbio, condições restritivas de vistos, vistos de passagem etc. A situação da segurança na Rússia é bastante precária: há diversos bandos de ladrões que realizam assaltos em trens. Além disso, não é certo que os comunistas deixarão Sabina Spielrein voltar à Suíça depois de pisar em solo soviético.[1] E ainda há a situação não resolvida com Pavel Scheftel, marido dela e pai de Renata.

Na Rússia faltam médicos, escreve Eva Spielrein; no momento é fácil conseguir um diploma de doutor sem fazer os exames.[2] "É bem possível que vocês recebam uma permissão para viajar", escreve o pai. "Mas se você me perguntar se viajar é realmente uma boa ideia, então acho que deve esperar até que as coisas estejam mais tranquilas."[3]

* * *

A guerra civil termina com a vitória do Exército Vermelho. Em novembro de 1920, as últimas tropas brancas são retiradas da Crimeia. A Rússia está devastada: as lavouras e as estradas estão destruídas e importantes regiões econômicas ficam inutilizadas por um longo tempo. O novo governo põe em prática violentas estratégias para resolver os problemas, como as requisições obrigatórias de alimentos dos camponeses e a estatização das indústrias. Essa política, acompanhada de períodos de seca e péssimas safras, leva ao colapso da economia. Em São Petersburgo os trabalhadores entram em greve, uma onda de perigosas insurreições de camponeses toma o interior do país e os marinheiros vermelhos de Kronstadt se amotinam. O governo soviético responde à agitação política com a intensificação da perseguição a mencheviques e social-revolucionários, e grupos opositores são proibidos no Partido Bolchevique.

O pesado aparato administrativo e um rigoroso inverno têm consequências catastróficas para o abastecimento da população na Rússia. Em janeiro de 1921 a distribuição de pão nas cidades é reduzida em um terço. O preço do pão aumenta onze vezes e meia de 1920 a 1921, e o mercado negro floresce. Na região a sudeste da Rússia europeia a fome impera; o tifo, a cólera e a disenteria dizimam a população debilitada. Em fevereiro de 1921, 21 milhões de pessoas são afetadas diretamente; 5 milhões morrem. Nos centros de cultivo de cereais às margens do Volga não cai uma gota de chuva na primavera e no verão de 1921. No início de agosto, o chefe de governo Vladimir Lenin e o escritor Maxim Górki apelam em conjunto para as nações industrializadas do Ocidente para pedir ajuda material e financeira. Uma grande campanha internacional é realizada para arrecadar dinheiro, roupas e alimentos para os famintos na Rússia. Em novembro de 1921, o médico suíço e socialista Fritz Brupbacher[4] acompanha um transporte de víveres da Ajuda Proletária Internacional para as regiões castigadas pela fome de Kasan, no Volga central. Ele se depara com situações espantosas: "Em cada casa camponesa havia de meia dúzia a uma dúzia de pessoas nas camas e no chão que mal conseguiam respirar, com as barrigas e os membros inchados, morrendo, e dos quais era impossível obter informação. O gado da região tinha sido consumido fazia tempo. As pessoas comiam grama, palha, o que desse para mastigar."⁵ Em Genebra, a esposa de Claparède, Helénè Spir, também ela russa, redige uma proclamação de dezesseis páginas *Au nom de l'humanité... Il faut secourir la Russie* (Em nome da humanidade... é preciso socorrer a Rússia).⁶

Pavel trabalha como diretor na coordenação central das estações de cura na Crimeia. Ele percebe que é melhor trabalhar em consultório particular, pois assim recebe-se um pouco mais de pão, toucinho e leite dos pacientes.⁷ Pavel se esforça em vão para fazer uma viagem a serviço para o exterior. Faz sete anos que viu a esposa e a filha pela última vez. Nas novas fotografias, Renata não parece uma menina de 8 anos, mas sim de 15, com seus olhos sérios, traços delicados, cabelo cacheado, o olhar concentrado e consciente e os lábios apertados. Pavel se pergunta se não haverá outros culpados além da guerra. Talvez os seres humanos tenham sua parcela de culpa e não sejam apenas vítimas das circunstâncias e do destino. O que mais dói é que Renata tenha que crescer longe dos pais e da família, em um internato clínico.⁸ Pavel conta a Sabina sobre o grande mar, que tanto ama e que faz pensar que sempre é possível partir. Às vezes ele é tomado de uma terrível saudade e o que quer é partir imediatamente. Por outro lado, faltam-lhe resistência, paciência e coragem para assumir o risco. Ele considera atroz que Renata — o único alento de Sabina nesses tempos desafortunados — não possa estar com ela; que Sabina tenha que costurar para ganhar dinheiro e poder comer — e isso depois de sete anos na Suíça. "A sua visão com relação ao que acontece na Rússia é de 1912", escreve Pavel. Ele sugere a Sabina que volte para a Rússia. Lá poderiam morar juntos; há trabalho, mesmo que as oportunidades sejam limitadas: "O mais importante é que comam até se satisfazerem."⁹

Depois que os bolcheviques tomam o poder, vários intelectuais e especialistas abandonam o país. A fuga para o exílio vai durar até 1926, quando a emigração é proibida. Pavel Scheftel conta à mulher que muitos rostovenses vivem agora no exterior.¹⁰

Isaak, irmão de Sabina, faz o caminho inverso. Depois do ataque do Exército Vermelho à Geórgia em fevereiro de 1921, o governo do país se refugia em Baku. Isaak Spielrein é nomeado diretor do Departamento de Informação do Comissariado Popular para Assuntos Estrangeiros em Moscou. Entre suas atribuições estão a inspeção da imprensa estrangeira para preparar um relatório matinal para o Comissariado Popular para Assuntos Estrangeiros. Além disso, recorre-se a Isaak como especialista quando se trata de atestar a nacionalidade e o endereço de uma pessoa de acordo com suas afirmações e seu dialeto.

Depois da revolução, Emil, o irmão mais novo, retorna a Rostov, onde prestou serviço militar na localidade de Nachichivan. Isso significa longos períodos de serviço, esgotamento crônico e uma vida no limite da fome.[11] Emil se esquece completamente da escola e de sua música. Nikolai Spielrein descobre que o filho leva uma vida terrível.[12] Mais tarde, Emil faz cursos de Agronomia na Universidade de Rostov. Ele escreve ao pai dizendo que se paga 320 mil rublos pelo pão preto que ainda ontem custava 250 mil rublos.[13]

As restrições de Sabina Spielrein com relação a viver na Rússia seguem intactas. Se tiver que se mudar, então que seja para Berlim.

Como antiga capital da Prússia e do *Reich*, Berlim se oferece como capital da nova república. Os primeiros quatro anos da República de Weimar são marcados pela violência interna e pela intransigência nos assuntos exteriores.

Na Alemanha há guerra civil, assassinatos políticos e inflação. A Renânia e o vale do rio Ruhr estão ocupados. Mas mesmo com todos os temores, por um curto momento histórico, parece que algo realmente novo pode surgir: a reforma social e econômica da sociedade, bem como uma ordem social nova, liberal-democrática. Descreve-se com frequência a atmosfera animada e bastante agitada de Berlim, a explosão curta porém intensa de criatividade e o afã de experimentar, aspectos que dão à década de 1920 o epíteto de "anos loucos". Os berlinenses aceitam com grande curiosidade e abertura os experimentos e as inovações: a nova literatura, a nova música, da música dodecafônica, passando pela "revista negra" até chegar à ópera jazz. Em Berlim há três óperas, 49 teatros, 75 cabarés, 363 cinemas, 120 jornais e cerca de duzentas editoras. Em um contexto assim se aceita com interesse a nova forma de tratamento e principalmente a nova imagem do homem propostas pela psicanálise.

Os imigrantes russos participam ativamente do florescimento cultural berlinense. A Alemanha, em especial Berlim, é, de 1919 a 1923, um centro de imigração russa. Tantos russos vivem na cidade que ela passa a ser chamada de "segunda capital russa". Os berlinenses batizam a Kurfürstendamm de "Prospecto NEPski", em referência à "Nova Política Econômica" de Lenin.*

Iacha não permanece muito tempo em Rostov. Agora ele mora com a família em Berlim. Nikolai Spielrein viaja com frequência à cidade, onde cuida de seus negócios no estrangeiro e realiza importantes encargos para o governo russo. Emil também faz viagens oficiais e passa meses a trabalho em Berlim. Iacha tem um emprego em uma redação, onde trabalha "como um cavalo".[14] Ele faz carreira e ganha o suficiente para que sua família viva sem problemas e para financiar a educação de sua filha mais velha. Iacha escreve a Sabina contando que Irene está agora com 11 anos, é uma garota crescida que aprende trigonometria e declama Goethe e Schiller. Além disso, adora brincar com bonecas.[15] Irene vive como aluna interna na Freie Schul-und Werkgeneinschaft Letzlingen, uma escola particular orientada para a reforma da vida, instalada no antigo castelo de caça imperial.[16] O regulamento escolar de Letzling se baseia no princípio da comunidade originária: todas as decisões importantes são tomadas em assembleias compostas de professores, pessoal administrativo e alunos; castigos são terminantemente proibidos. Além de matérias científicas e arte, o currículo prevê ensino profissionalizante em várias oficinas, jardinagem, horticultura e criação de animais.[17] Iacha Spielrein escreve a Sabina que, se quiser se mudar para Berlim, ele poderia conseguir um bom apartamento para ela e para Renata.[18]

Depois da Primeira Guerra Mundial o centro da psicanálise não é mais Viena, mas Berlim. A nova Policlínica Psicanalítica e a Instituição

---

* "Neue Okonomische Politik" (NEP) no original em alemão. (*N. do T.*)

de Ensino para Psicanálise fazem com que Berlim se torne em pouco tempo um ponto de atração internacional para futuros psicanalistas. "Os consultórios não são mais suficientes, o mesmo acontece com os cursos, que já não cabem nas antigas salas de aula", escreve Abraham a Freud no início de 1923.[19] "Em Viena está uma calmaria, já que Berlim tirou o vento das nossas velas", responde Freud.[20]

Em 1923 é implementado em Berlim o primeiro plano de estudos sistemático para futuros psicanalistas. O currículo se baseia nos três pilares que valem até hoje: análise, teoria e supervisão. "Berlim pede aos gritos pela psicanálise", informa Abraham a Viena.[21]

O Instituto de Berlim é enriquecido do ponto de vista de pessoal e científico graças aos analistas que chegam de toda parte. Só de Londres, vão para Berlim a fim de obter sua formação: Ella Sharpe, os irmãos James e Edward Glover, Sylvia Payne, Barbara Low e Alix Strachey, estas últimas pertencentes ao Círculo de Bloomsbury. Há também os húngaros que têm que fugir de seu país em 1921, depois da queda da república soviética húngara e do triunfo da contrarrevolução, entre eles Alice e Michael Balint, bem como Melanie Klein. Também estão presentes os jovens e engajados analistas da segunda geração vienense, entre eles Otto Fenichel, Wilhelm e Annie Reich e Siegfried Bernfeld, que encontram em Berlim melhores condições de trabalho e salário e sabem valorizar o clima político liberal.

Depois do suicídio de Rosenthal, Sara Neiditsch chega a Berlim para trabalhar na Policlínica Psicanalítica sob orientação de Eitingon. Neiditsch conserva seus contatos com a Rússia e se oferece para apresentar regularmente informações sobre a literatura psicanalítica russa. Logo em seguida anuncia que chegará a Berlim um comprador do governo russo para fazer uma grande aquisição de literatura psicanalítica russa para as universidades.

Fanny Lovtsky, a conhecida genebrina de Sabina Spielrein, também chega a Berlim em 1922. Ela se submete à análise com Eitingon e se associa à Sociedade Psicanalítica Alemã. Apresenta palestras sobre psicanálise em associações russas e para a seção russa da Federação Internacional de Mulheres com Formação Acadêmica (sede de Berlim).

Sabina já planejou a mudança para Berlim, porém seu plano dá em nada: ela fica em Genebra.

Então acontece algo inconcebível para toda a família: Eva Spielrein morre.

Ela passa os últimos dias de vida na casa da irmã de Pavel, onde é cuidada por Pavel e Emil. Morre nas primeiras horas da manhã de 25 de março de 1922 e é enterrada no cemitério judaico de Rostov.[22] Isaak não pode ir ao funeral porque Alexey Gastev, diretor do Instituto Central do Trabalho, onde Isaak trabalha, considera esse um "costume burguês".

É Pavel que dedica um memorial amoroso a Eva Spielrein: "O destino não quis realizar o desejo de nossa querida mãe", escreve ele em uma carta tocante a Nikolai Spielrein em Berlim. "Depois de todas as preocupações e inquietudes por seus filhos, e do desejo de reunir mais uma vez a família em torno de si por um breve momento, o destino quis diferente." Para que precisamos da morte?, queixa-se Pavel. Se a morte tivesse chegado dois ou três meses mais tarde, a mãe poderia ter visto Sabina e Renata. "Não conheço ninguém a quem a palavra 'mãe' se ajustasse melhor, com seu humanismo e sensibilidade. Ela só queria dar alegria aos filhos, como a mãe terra", diz Pavel. E fez isso também com ele, sempre deixando de lado as peculiaridades e o humor dele.[23]

Com a morte de Eva Spielrein, a estrutura familiar se desintegra. Em um primeiro momento, os filhos não têm coragem de dar a notícia ao pai. De qualquer forma, Nikolai Spielrein reage de maneira contida, pois em sua concepção de mundo vida e morte são dois lados da mesma moeda. Ele encontra alento nos filhos e netos, que continuarão sua obra.

Emil — até então o filho mais mimado da família — ganha contornos mais definidos. Ele quer preencher a lacuna deixada pela morte da mãe. Cuida do que restou de patrimônio em Rostov e tenta manter viva a comunicação entre os membros da família dispersa. "Você não tem planos de encontrar outro marido, portanto tem que voltar para a Rússia", escreve à irmã no início de 1923: "A Rússia czarista não existe mais, e os comunistas têm uma visão positiva da psicanálise."[24] Na Rússia, Sabina poderia colocar suas ideias em prática no âmbito escolar;

poderia colaborar com a organização de cursos de psicanálise e na construção de laboratórios psicanalíticos.

Emil traz à tona um assunto interessante: a posição de Spielrein com relação aos homens. Quando Pavel parte para a Rússia, Sabina não tem nem 30 anos, é uma mulher jovem. É difícil acreditar que durante todos esses anos não tenha sentido atração por alguém. Em 1923, Spielrein publica no *International Journal of Psycho-Analysis* o artigo "Rêve et vision des étoiles filantes" (Sonho e visão de estrelas cadentes). Trata-se da análise de um sonho, provavelmente com conteúdo autobiográfico. A senhorita N. (Sabina?) se apaixona por um homem jovem. Oferecem-lhe um bom emprego em R. e ela está prestes a viajar. Ela sonha que está de pé em frente à janela fechada do quarto, olhando para fora, e vê de repente muitas estrelas cadentes: "Eu achei maravilhoso, não terminava nunca, continuava sem parar." De repente percebe que não são estrelas cadentes, mas água da chuva que escorre pelo lado de fora da janela. Ao acordar, a sonhadora fica decepcionada com o fato de que "não era nada além de água", mas se consola com a ideia de que era "muito bonito" mesmo assim. A sonhadora, interpreta Sabina, procura o paraíso na terra, um amor ideal, "algo puro e descomunal", ao mesmo tempo que duvida da existência de algo semelhante. A Srta. N. conheceu recentemente as confusões do amor, apesar disso quer partir e subjugar seu amor. Segundo Spielrein, o sonho mostra desejo e dúvida. A Srta. N. se consola com o fato de que o grande amor é como fogos de artifício que desaparecem rapidamente; quando se olha bem, não é "nada além de água". Ao mesmo tempo é "muito bonito".[25] Sabina Spielrein termina encontrando uma solução conciliadora.

Outro sonho indica a presença de um conflito interno nas dificuldades de decisão de Spielrein com relação ao seu futuro: uma "dama" (Sabina?) se vê no sonho pendurada em um gancho e não tem coragem de pular para o chão. Ela procura ajuda, desesperada. Diz para si mesma: "Não preciso que ninguém me ajude realmente. Eu ousaria pular se tivesse a segurança de que alguém me ajudaria em caso de emergência."[26] Sabina diz que a dama tem medo da vida, se sente sozinha e precisa de ajuda. O tema "ousar pular" já ocupara a mente da adolescente

Sabina quando ela fez com que Bleuler pulasse por cima do banco no corredor de Burghölzli, enquanto ela mesma não se atrevia a "dar o menor pulinho". No sonho a mulher está pendurada em um gancho, ou seja, não pode se mexer. Sobre ela atuam forças opostas, de forma que não consegue ir em nenhuma direção, não consegue se decidir: está bloqueada. Na vida de Sabina, porém, há muitas decisões pendentes.

Nesse meio-tempo, Nikolai Spielrein volta a morar em Moscou, mas passa a maior parte do tempo viajando a trabalho. "Você planeja voltar para a Rússia?", pergunta à filha. "Aqui há muito trabalho na área de psicoterapia, e você poderia trabalhar. (...) Mas", reflete, "teria que abdicar de muita coisa no que diz respeito a alimentos e condições de moradia." Sabina poderia alugar um quarto, mas não um apartamento inteiro.[27]

Pavel está cansado de tantas idas e vindas, e envia uma longa carta à mulher. Este ano — 1923 — é especial, escreve ele, é o significativo nono ano desde a separação. Pavel exige uma decisão: vamos voltar a ficar juntos e reunir nossa família, eu, você e Renata? Ou vamos resolver decididamente "não"? Pavel lembra Sabina da pintura de Ivan Aivasovski *O mar bravio*, na qual a tempestade fustiga as ondas e ameaça destruir uma frota. Nessa pintura, diz Pavel, um homem está segurando o timão e a seu lado está uma mulher que tenta ajudá-lo; porém se vê claramente como cedem suas forças. "E agora vem a misteriosa nona onda. O que vai acontecer agora?" A onda vai levá-los além das águas inquietas, dar-lhes a vida? Ou vai devorar tudo sem piedade?[28]

Seria possível interpretar a pintura de várias maneiras, admite Pavel. Nas figuras do homem e da mulher poder-se-iam ver Sabina e ele mesmo. Há muitas coisas em comum, mas não é o mesmo tema: "Não sou o homem que segura o timão com pulso firme. E você não é a mulher frágil da pintura." Pavel não vê nenhuma possibilidade de obter uma permissão para sair da União Soviética. Também admite que não consegue se imaginar vivendo no estrangeiro à custa de outrem. Isaak e Iacha prometem conseguir trabalho para Sabina em Moscou, bem como um apartamento e acesso a uma biblioteca, para que possa continuar seu trabalho científico. Pavel quer ter novamente uma família pela qual possa trabalhar. E dá a Sabina a opção de voltarem a ficar juntos ou de se separarem definitivamente.[29]

Sabina Spielrein diz a Freud que planeja regressar para a Rússia. "Eu acho que a senhora tem razão", responde ele. "Sua intenção de ir para a Rússia me parece muito melhor do que o meu conselho de tentar ficar em Berlim. Em Moscou, além de Wuff, a senhora poderia realizar coisas extraordinárias com Yermakov. E além disso estaria em sua pátria. São tempos difíceis para todos nós. Espero voltar a ter notícias suas em breve."[30]

Antes de qualquer coisa, é necessário realizar grandes preparativos para a mudança de Sabina. Isaak aciona seus contatos. As universidades, os institutos científicos e as instituições psicanalíticas estão subordinados ao Narkompros, o comissariado do povo para a educação. Em todo caso, Isaak informa à irmã que o Narkompros está muito interessado no uso da psicanálise na educação.[31] Ele consegue para ela um convite oficial do professor Grigori Rossolimo, diretor do laboratório para psicologia experimental e psiconeurologia infantil do Instituto de Neurologia da Universidade de Moscou I. Com isso, ela pode solicitar em Genebra um visto de regresso para a Suíça com "Monsieur le Directeur du Bureau du Permis du Séjour":

> Fui convidada pelo Sr. Prof. Rossolimo para passar alguns meses na Rússia realizando atividades científicas. Eu gostaria de viajar, uma vez que toda a minha família, que não vejo faz oito anos, se encontra na Rússia, porém não desejo permanecer lá. Vivo na Suíça desde 1904 e estudei em Zurique. Em 1911 me mudei para complementar meus estudos no exterior e retornei em 1914; desde então sempre residi na Suíça. Tenho comigo minha filhinha de 9 anos, que frequenta a escola em Berna.[32] Trabalho com o Prof. Claparède no Instituto J.-J. Rousseau. A carta anexada do Prof. Claparède atesta a utilidade do meu trabalho, bem como o desejo do Prof. Claparède de que eu continue trabalhando no Instituto. O objetivo da minha viagem à Rússia é de natureza exclusivamente científica e pessoal: nunca me envolvi com política e não entendo nada do assunto. Tenho que trocar meu certificado por um passaporte bolchevique, sem o qual não poderia viajar para a Rússia.

Isso não muda em nada o fato de que nunca tive nada a ver com política. Uma vez que passei quase toda a minha vida no exterior, a maior parte dela na Suíça, não conheço a Rússia e não desejo permanecer nesse país. Haja vista essas condições, ficaria infinitamente grata ao Sr. Diretor se me pudesse conceder um visto que me permitisse retornar à Suíça após minha estada em Moscou.[33]

Com o apoio de um certificado de Claparède confirmando suas excelentes realizações científicas,[34] Sabina consegue obter o visto de retorno.

Iacha averigua a melhor rota de viagem para Sabina e Renata: passando por Berlim e Riga, depois sem baldeações diretamente para Moscou.[35] Antes de partir Sabina guarda seus diários, documentos, papéis pessoais, as cartas dos pais e irmãos, as cartas de amigas e colegas, sua correspondência com Sigmund Freud e C.G. Jung em uma valise marrom média.[36] Ela deixa esse pesado pacote com o Prof. Claparède, no Instituto de Psicologia de Genebra.[37]

PARTE 5 Laboratório União Soviética
(1923-1942)

21 "*MACHINISAZIYA*": O SONHO DO NOVO HOMEM

> "O ser humano vai finalmente conseguir se harmonizar. Vai assumir a tarefa de dar mais clareza, objetividade, funcionalidade e beleza aos movimentos de seus órgãos — no trabalho, ao caminhar ou jogar. (...) O ser humano vai ter como objetivo (...) chegar a um estágio mais elevado — um tipo sociobiológico mais elevado — para, se quisermos, criarmos o Super-Homem."
>
> LEON TROTSKI, *Arte da revolução e a arte socialista* (1924)

Sabina Spielrein vive agora em Moscou. Em setembro de 1923, começa a trabalhar na Sociedade Psicanalítica Russa e no Instituto Estatal de Psicanálise.

Nos primeiros anos após a Revolução Russa, pode-se falar de um enorme sentimento de euforia, que se expressa na arte e na ciência, em debates animados e inúmeros experimentos, em todos os âmbitos da cultura, o que atrai diversos cientistas e intelectuais ocidentais. Deseja-se construir a nova comunidade socialista. Quer-se realizar o que os filósofos e poetas do Ocidente se limitaram apenas a sonhar: a criação do "novo homem". Para consegui-lo, é preciso empreender uma reforma profunda da natureza humana.

Sob domínio bolchevique, a Rússia é submetida a uma enorme modernização e torna-se campo experimental para as ideias da modernidade: um laboratório de suas visões e seus pesadelos científicos, biológicos, sociais e técnicos. A máquina que funciona à perfeição serve de modelo para o novo homem socialista. "*Machinisaziya*" é a palavra mágica da vez. "Com máquinas e instrumentos calcula-se e ajusta-se tudo. Vamos fazer o mesmo com a máquina viva", delira Alexei Gastev, o "bardo da era das máquinas", autor de versos como "em minhas veias corre sangue metálico", que se converte imediatamente em cientista do trabalho.[1] A capacidade de educar tudo que vive parece infinita: não apenas os seres humanos, mas também os animais e até mesmo as características hereditárias das plantas devem ser "reeducadas" por meio da modificação das condições do meio ambiente. Quer-se "educar" os grãos de inverno para que se tornem grãos de verão, quer-se cultivar bananas no interior da Rússia e macieiras na Sibéria.[2]

Nesse ínterim, a situação econômica permanece crítica. É necessário êxito rápido, e os bolcheviques lançam mão de tudo que lhes permita atingir seus propósitos. Um grande número de pessoas é encarregado de realizar experimentos com biologia e "eugenia", pedagogia, psicotécnica, psicologia, fisiologia, cirurgia, nutrição, higiene e, em âmbito mais restrito, com a psicanálise freudiana. A partir desse ímpeto, são fundadas várias novas instituições nas primeiras décadas pós-revolução. Tudo isso, porém, acontece muito devagar.

O moral no campo está baixo. Entre 1918 e 1922, 12 milhões de pessoas morreram na Rússia, assassinadas ou em decorrência da fome, que persiste. Com receio de uma contrarrevolução, o X Congresso do Partido Comunista (1921) decide implementar uma Nova Política Econômica (NEP) que consiste em um retorno parcial a formas de economia capitalistas. A nova atitude política consiste em adaptar-se a um longo período de transição para a nova ordem social. Lenin volta a reforçar a necessidade de utilizar as experiências das ciências capitalistas para a construção da sociedade socialista. Em 1921, Leon Trotski organiza a I Conferência Russa para a Organização Econômica do Trabalho. Sob o conceito da psicotécnica, surge na Rússia um movimento para pesquisa e organização científica do trabalho; fundam-se em todo o país centenas de institutos psicotécnicos e alguns centros de assessoria.

O pai de Sabina, Nikolai, e os três irmãos dela são especialistas altamente qualificados e fazem carreira.

Nikolai Spielrein é um visionário. A perspectiva de colaborar na construção da nova sociedade russa aviva sua imaginação e o enche de alegria e orgulho. Muitas pessoas morrem de fome na Rússia; ele é agrônomo e especialista em entomologia. Muitas pessoas na Rússia têm que viver sem formação escolar e mal sabem ler; Nikolai se ocupou por muito tempo com questões pedagógicas e com a reforma escolar. Ele poderá contribuir com alguma coisa, disso está certo. Estabelece contato com a divisão de proteção ambiental do Comissariado Popular para a Agricultura e apresenta seu plano de fundar uma escola de botânica. Agora, depois de passada a terrível tempestade, ele escreve à filha que o renascimento do país deve repousar sobre a agricultura.[3]

Isaak Spielrein, o irmão do meio, está embrenhado no centro do poder. "Todo dia lê-se alguma coisa no jornal sobre Isaak", Emil informa à irmã.[4]

Em 1922, Isaak Spielrein é nomeado diretor do laboratório psicotécnico no recém-fundado Instituto Central para o Trabalho, dirigido por Gastev. A partir daí são introduzidas nas fábricas as doutrinas da biomecânica e do taylorismo. O objetivo é adequar o ritmo dos trabalhadores ao ritmo das máquinas, de forma a obter uma eficiência até então desconhecida e chegar a um novo tipo de beleza. Entretanto, Gastev e Isaak Spielrein não se entendem. Spielrein considera a abordagem de Gastev demasiado mecanicista. Ele se transfere para a divisão de pesquisa da escola aérea de Moscou para pesquisar a influência do álcool no desempenho dos pilotos. Além disso, dá aulas de iídiche na Universidade de Moscou II. Não leva muito tempo até que Isaak seja encarregado de instalar um setor psicotécnico na Universidade de Moscou I. Em 1923, é fundada a liga Vremya (O tempo), com o objetivo de fazer propaganda a favor da organização científica do trabalho. Na presidência estão Isaak Spielrein, Alexei Gastev e Vsevolod Meyerhold; os presidentes eméritos são Lenin e Trotski.[5] Em 1924, Isaak se torna catedrático da Universidade de Moscou I. Ele continua mantendo seus contatos com o exterior e participa dos congressos de psicotécnica em Paris (1927), Utrecht (1928) e Barcelona (1930). Em 1930 é eleito presidente da Associação Internacional para Conferências Psicotécnicas.

Os conhecimentos de engenharia, matemática e de especialista em eletrotécnica de Iacha Spielrein são especialmente requisitados na jovem União Soviética. Em vista da depressão econômica — em 1920, a indústria pesada produz cerca de 15% do que produzia em 1913 —, a Comissão Estatal para a Eletrificação da Rússia apresenta um plano econômico geral. Segundo o plano, em um período de dez a quinze anos devem ser criadas as condições materiais para o socialismo com auxílio da mais moderna tecnologia: a eletrotécnica. "O comunismo é a força dos sovietes mais a eletrificação de todo o país", reza o lema.[6] Iacha Spielrein dá palestras sobre cálculo vetorial; torna-se catedrático do setor de eletrotécnica do Instituto para Energia de Moscou, e logo se torna decano. Em 1934, é nomeado membro correspondente da Academia de Ciências da União Soviética.

Emil Spielrein termina seus estudos de agronomia e se especializa em biologia experimental. Fica em Rostov, onde se torna catedrático de biologia e zoologia na universidade. Logo também será decano.

Na Rússia, a psicanálise é designada desde o princípio com o nome do seu fundador; é chamada de "freudismo", e seus seguidores, de "freudistas". Trotski conhece a psicanálise durante o seu exílio em Viena e, graças à sua proteção, o freudismo vive um curto e espetacular florescimento no início da década de 1920. Em Moscou e Kazan surgem sociedades psicanalíticas e são fundados cursos psicanalíticos nas instituições estatais. Em algumas clínicas e ambulatórios psiquiátricos, os pacientes são tratados com métodos psicanalíticos.

Alexander Bernstein, diretor do Instituto de Psiconeurologia de Moscou, tem um papel crucial na fundação de instituições psicanalíticas. Bernstein se interessa muito pela psicanálise, e já em 1913 publica um artigo sobre teoria e prática da psicanálise na revista *Woprosy Nautschnoi Mediziny* (Questões de Medicina Científica). Em março de 1921,

Bernstein, Ivan Yermakov, Otto Schmidt, Moshe Wulff[7] e outros colegas fundam o primeiro grupo de psicanálise da União Soviética, chamado de Associação Psicanalítica para Pesquisa da Criação Artística. Essa denominação revela uma peculiaridade: o freudismo não é apenas um assunto de médicos e psicólogos, mas sim objeto de um discurso geral do qual participam intelectuais, poetas, filósofos da religião, pedagogos, teóricos da literatura e revolucionários profissionais.

Bernstein trabalha, além disso, no Narkompros, nessa época um híbrido heterogêneo composto de um aparato administrativo e burocrático inchado e uma oficina de experimentos utópicos. Quando apresenta, em maio de 1921, o projeto de criação de um abrigo psicanalítico para crianças, recebe prontamente a autorização. Em agosto o laboratório do abrigo infantil inicia suas atividades. O objetivo dessa instituição especial é a "criação de uma personalidade socialmente valiosa na coletividade".[8]

O abrigo baseia-se em fundamentos da teoria desenvolvimentista da psicanálise e em elementos psicanalíticos de pedagogia social, tal como foram formulados por August Aichhorn e Siegfried Bernfeld. A teoria é logo posta em prática em experimentos com crianças do abrigo.

O professor Yermakov, diretor da divisão de psicologia do Instituto de Neuropsicologia de Moscou, participa da fundação do laboratório psicanalítico do abrigo e é nomeado seu diretor. Toda a responsabilidade prática e organizacional fica, na realidade, a encargo da pedagoga Vera Schmidt.[9]

O segundo andar da mansão Ryabuchinski, uma imponente construção em *art nouveau* na Ulica Malaya, é colocado à disposição do laboratório do abrigo infantil.[10] Trinta crianças[11] de várias classes sociais são admitidas e distribuídas em três grupos por idade. No primeiro grupo há seis crianças entre 1 ano e 1 ano e meio; no segundo, há nove crianças entre 2 e 3 anos; o terceiro grupo é composto de quinze crianças entre 4 e 5 anos. Uma vez que em Moscou não existe uma equipe psicanalítica treinada, em um primeiro momento recorre-se a pedagogos que queiram colaborar na busca de novos métodos educativos por meio da psicanálise. Esses colaboradores devem obter paralelamente uma formação psicanalítica.[12]

As educadoras são treinadas para seguir uma série de princípios segundo os quais o trabalho no abrigo infantil é realizado. Não há punições; não se deve sequer falar com as crianças em um tom severo. Não se deve realizar nenhum julgamento subjetivo sobre as crianças, já que a criança não o compreende e ele serve apenas para satisfazer a ambição e o amor-próprio do adulto. Não é a criança em si, mas sim os resultados de sua atividade que devem ser julgados — por exemplo, descreve-se uma casa construída pela criança como "bonita" ou "não bonita". Quando as crianças brigam, o agressor não deve ser censurado; deve-se, em vez disso, descrever a ele a dor que causa no outro. As educadoras devem guardar muito recato na presença das crianças. Deve-se ser prudente com as ternuras e carícias e estão terminantemente proibidas demonstrações impetuosas de amor por parte dos adultos, como beijos ardentes e abraços íntimos.[13]

No térreo da mansão Ryabuchinksi fica o escritório de Otto Schmidt. Schmidt — professor de matemática, explorador do polo e colaborador de vários comissariados populares — edita a *Bolschaya Soveskaya Enziklopediya*, a primeira edição da grande enciclopédia soviética. Na qualidade de diretor da editora estatal, possibilita a edição da *Biblioteca Psicológica e Psicanalítica*, na qual aparecem traduções russas dos escritos de Freud e trabalhos de outros autores da psicanálise, entre eles trabalhos de sua esposa, Vera Schmidt.[14] Com os rendimentos da editora estatal advindos dessas publicações, paga-se uma parte dos custos do abrigo infantil.

No verão de 1922, a Associação Psicanalítica para Pesquisa da Criação Artística passa a chamar-se Associação Psicanalítica Russa. De acordo com os documentos de fundação da associação, a psicanálise é, "segundo a sua essência, um método de investigação e educação do ser humano em seu ambiente social que contribui para a compreensão de impulsos primitivos e associais correspondentes a personalidades subdesenvolvidas e que é de imenso interesse tanto como ciência pura quanto como disciplina aplicada a determinadas áreas".[15] Quando a fundação da associação é anunciada no Congresso Psicanalítico de Berlim, as reações divergem. Enquanto Freud e Spielrein apoiam a admissão do projeto russo na Sociedade Psicanalítica Internacional, Jones se opõe com o argumento de que a Associação ainda não cumpre os requisitos formais.[16]

Quando Sabina Spielrein chega a Moscou, a Associação Psicanalítica Russa se encontra em pleno processo de organização e extensão de suas atividades científicas. Nesse momento, Spielrein é a psicanalista com melhor formação da Rússia, de forma que colabora em todas as comissões importantes.

Ela faz parte da presidência, composta de cinco membros, responsável pela direção econômica da Associação e do Instituto.

Com Yermakov e Wulff, dirige a recém-fundada policlínica psicanalítica e um ambulatório infantil especial.

Também é corresponsável pelo programa de cursos científicos do Instituto Psicanalítico Estatal, no qual o seu "Seminário de análise infantil", na área de "Problemas básicos da psicanálise para iniciantes", é o mais concorrido — 30 participantes. Na área de "Cursos científicos de psicanálise para médicos, pedagogos, psicólogos e estudantes", dá aulas semanais de uma hora de duração sobre "Psicologia do pensamento subliminar".[17]

Spielrein participa das reuniões científicas da Associação e de suas diferentes seções, nas quais se discutem temas de medicina, pedagogia, sociologia e de análise artística. Na primeira reunião da qual Spielrein participa, Otto e Vera Schmidt apresentam um relato de sua recente viagem ao exterior para visitar o presidente da Sociedade Psicanalítica Internacional, Karl Abraham, em Berlim, e Freud, em Viena. Os Schmidt relatam que tanto o abrigo infantil de Moscou quanto as atividades do Instituto Psicanalítico de Moscou despertaram um intenso interesse nos colegas ocidentais. O professor Freud, o Dr. Otto Rank e o Dr. Karl Abraham expressaram interessantes opiniões. Discutiu-se com especial intensidade a questão da relação entre educação coletiva e psicanálise — o que acontece com o complexo de Édipo no âmbito da educação coletiva.¹⁸ Além disso, durante sua visita os Schmidt conseguem a aceitação provisória da Associação Russa na Sociedade Psicanalítica Internacional. Com isso, o Instituto Psicanalítico de Moscou torna-se o terceiro instituto de formação de psicanalistas reconhecido por Freud — depois de Berlim e Viena.

Em 15 de novembro de 1923, Sabina apresenta uma palestra na Associação sobre "O pensamento afásico e o pensamento da criança". Trata-se de ideias que já expôs em janeiro à Sociedade Psicanalítica Suíça em Zurique e em março ao Groupe Psychanalytique de Genebra.¹⁹ Ela descreve uma série de semelhanças entre o tipo de pensamento afásico, o pensamento infantil e o pensamento durante o sonho. Por exemplo, na afasia — assim como nas fantasias livres das crianças — podem-se comprovar fenômenos como a condensação e a existência de conteúdos latentes. O pensamento afásico e o pensamento infantil são ambos formas primitivas de pensamento nas quais — segundo Freud — o princípio do prazer predomina sobre o princípio da realidade. Assim como o pensamento infantil, o pensamento afásico está intimamente relacionado com o desenvolvimento da linguagem, afirma Spielrein.

Em oposição a Piaget, Sabina é da opinião de que são justamente as "imagens pré-conscientes e cinestésicas" que dão força ao nosso pensamento consciente, que, sem elas, estaria desenraizado, "descorticado", "descerebrado". É somente por meio da interação entre pensamento consciente e inconsciente que um ato criativo pode ser colocado em movimento neste mundo. Ela classifica essa atividade como ao mesmo tempo "científica e artística".²⁰ Em outras palestras na Associação Psicanalítica Russa, ela fala sobre sua prática analítica com crianças e participa da discussão sobre os resultados de Yermakov com a hipnose.

A peculiaridade universal da psicanálise russa é a sua relação com o poder. O apoio oficial da política cultural bolchevique é um fenômeno singular e é duramente criticado por parte da psiquiatria. Desde o início, a Associação Psicanalítica Russa e o Instituto Psicanalítico Estatal estão no campo de tensões das controvérsias políticas e ideológicas. O regime quer instrumentalizar a psicanálise para fins políticos; com a ajuda dos métodos psicanalíticos, deve-se avançar em direção à criação do "novo homem". Devido a isso, o elemento pedagógico tem muito peso na psicanálise russa.

Os comunistas têm, além de motivações ideológicas, muitas outras razões para se dedicar a questões de educação. Entre 6 e 9 milhões de crianças perderam os pais e parentes na confusão da guerra, da guerra civil e da Revolução. Hordas de órfãos e jovens abandonados tornam as cidades inseguras e vagam pelas estradas, lutando pela sobrevivência em condições miseráveis, fazendo trabalhos esporádicos, roubando e assaltando — ameaçados pela fome e pelo frio, diante dos quais muitos sucumbem. Esses jovens causam imensos problemas às instituições públicas, que devem ser solucionados com novos métodos pedagógicos. As pesquisas psicanalíticas são interessantes para essa tarefa porque são investigados os pressupostos e as condições para o desenvolvimento da criança como ser social. Outra tarefa relevante para a prática no abrigo infantil é elaborar métodos profiláticos para os fenômenos de enfermidade psíquica.

Devido a sua proximidade com o poder, as instituições psicanalíticas ficam muito expostas às mudanças nas relações de poder político. Isso pode ser comprovado nos debates a respeito do laboratório psicanalítico do abrigo infantil, que se prolongam desde a sua fundação.

Desde o início, circulam rumores sobre abuso sexual na instituição. O abrigo infantil é inspecionado várias vezes por comissões de investigadores; finalmente o Narkompros cancela os pagamentos. Em abril de 1922, a instituição está prestes a fechar quando surge um representante da Associação Alemã de Mineiros. Em nome dos mineiros alemães e russos, ele oferece apoio futuro para o abrigo infantil na forma de alimentos e combustível para o aquecimento. O laboratório do abrigo infantil tem seu nome mudado para Laboratório de Solidariedade Internacional e continua suas atividades com metade da equipe.[21] Ainda vivem na instituição de oito a dez crianças cujas idades variam de 2 a 5 anos, entre elas Vladimir Schmidt (Alik), um dos dois filhos de Vera e

Otto Schmidt. Vera Schmidt relata o desenvolvimento de Alik em vários estudos de caso psicanalíticos.[22]

Vladimir Schmidt se lembra de sua vida no abrigo:

> Em poucas ocasiões podíamos ir para casa. Era um internato. Vivíamos lá. Não tínhamos a sensação de que havia algo estranho nisso. Entre nós também havia crianças que tinham pais. Eles podiam visitá-los. (...) Uma das minhas lembranças mais vivas é das enormes janelas. Os parapeitos altos das janelas, que então ficavam na altura dos nossos olhos (se não mais alto), e naturalmente os grandes cômodos; a altura dos cômodos era algo que não percebíamos. A área, porém, era imensa. Neste cômodo ficava o nosso quarto. Havia lugar de sobra para sete caminhas. Ao lado ficava o quarto de brincar. Não lembro mais onde comíamos, mas passávamos quase o tempo todo ali. Éramos um grupo de sete ou oito crianças, um grupo pequeno, e por isso não havia conflitos. Os educadores estavam sempre presentes, mas para nós não eram educadores; era normal que minha mãe estivesse presente, e todos os outros sete a chamavam de "mamãe", além de outras pessoas legais, como Lana e Lida. Era normal elas estarem conosco. Não sei dizer que tipo de observações elas faziam; sei apenas que mantinham diários, tiravam muitas fotos, mas não sei dizer se outras pessoas também iam lá. Acho que Ivan Yermakov aparecia com frequência; na época ele era o chefe da escola psicanalítica de Moscou. [23]

A educação na pré-escola é considerada algo feminino, e por isso todas as oito vagas de educador são preenchidas por mulheres.[24] "Havia poucas proibições e coisas parecidas", continua Vladimir Schmidt. As crianças passavam a maior parte do dia no quarto de brincar, onde também havia móveis para crianças. As atividades preferidas eram brincar com grandes blocos de madeira no chão ou fazer rolar uma bola de madeira. O chão era muito apreciado, porque em casa era proibido brincar no chão. "A ideia central desse abrigo era que as emoções e as iniciativas das crianças não fossem reprimidas", diz Schmidt. Ao contrário, as educadoras permitiam que tudo se desenvolvesse livremente; elas apenas observavam. Schmidt lembra que quase não havia conflitos sérios entre as crianças. Quase não havia brigas ou palavrões. O pior dos insultos era quando uma criança dizia "blé!" para outra.²⁵

Já na primavera de 1923 voltam a se apresentar grandes objeções por parte de altos círculos do governo contra o método de trabalho do abrigo. Os debates sobre o tema se prolongam até o outono, quando outra comissão investigadora é instaurada. Sabina Spielrein e Alexander Luriya devem exercer o papel de assessores. As coisas, porém, tomam um rumo distinto. Antes que a comissão inicie os trabalhos, apresenta-se, proveniente de esferas altas, uma resolução que destaca expressamente o alto valor pedagógico dessa "instituição única não só na Rússia mas também na Europa". A comissão recomenda que um diretor com formação marxista seja incluído no trabalho do abrigo. Deve-se aumentar o número de crianças proletárias. Diz-se que o próprio Trotski interveio nisso.²⁶

Na lista de colaboradores da equipe do Instituto Psicanalítico de Moscou e do laboratório do abrigo infantil constam dezessete funcionários fixos.²⁷ No cargo mais alto está o diretor "Ivan Dimitrievitch Yermakov", em segundo lugar, "Sabina Nikolayevna Spielrein". Há uma "diretora administrativa, seção econômica", uma secretária, as duas diretoras responsáveis — Vera Schmidt e Lydia Yegorovna —, outras seis educadoras, duas faxineiras, uma lavadeira e uma cozinheira; além disso, há também um "agente" fixo. É comum que em toda instituição haja alguém que zele pelas opiniões políticas corretas. Outras cinco pessoas — sem cargo fixo — fazem parte da equipe: além de uma médica, há os colaboradores científicos Moshe Wulff, Alexander Luriya, Boris Friedmann e Rosa Abramovna Averbuch — esta última uma antiga colega de Sabina Spielrein em Zurique, que traduziu para o russo o livro de Freud *Psicologia das massas e análise do eu* (1921),* publicado em Kasan em 1923.²⁸

---

* S. Freud, "Psicologia das massas e análise do eu", in *Freud (1920-1923) — Psicologia das massas e análise do eu e outros textos*, tradução de Paulo César de Souza, São Paulo, Companhia das Letras, 2011.

Os analistas de Moscou — como era frequente nos primórdios da psicanálise — não têm nenhuma formação psicanalítica. Dos membros fundadores da Associação Psicanalítica Russa, só Moshe Wulff, Yermakov e Yuri Kannabich têm alguma experiência prática com a psicanálise. No que se refere às técnicas de tratamento e à orientação de conteúdos, os analistas russos não se orientam exclusivamente por Freud, mas recorrem em sua formação a psicólogos das mais variadas tendências, como C. G. Jung, Alfred Adler, Wilhelm Stekel, ou mesmo a psicoterapeutas que utilizam a análise, como é o caso de Paul Dubois, de Berna. Spielrein não se dá bem com as abordagens ecléticas. Por outro lado, nem todos os colegas russos concordam com as ideias e os conceitos que ela traz do Ocidente. Sabina acredita que é invejada por muitos e que eles em parte trabalham contra ela.[29] Às tensões internas no Instituto acrescenta-se o recrudescimento dos debates acerca da relação entre marxismo e freudismo, que se haviam iniciado na União Soviética em 1922.

Sabina tem de enfrentar uma grande carga de trabalho. Quando questionada sobre sua satisfação com o trabalho, responde: "Trabalho com prazer, sinto como se tivesse nascido e sido chamada para essas atividades, sem as quais minha vida não teria nenhum sentido."[30] Ela é conhecida por esgotar suas forças até o limite, como sua mãe costumava fazer. Tem muita confiança em sua capacidade técnica. Emite várias vezes sua opinião sobre a doença de Lenin a pessoas mais próximas. Está convencida de que poderia curá-lo, se lhe fosse permitido.[31] A partir do início de 1924, Sabina Spielrein trabalha também como "assistente científica" na seção de Psicologia no Instituto de Filosofia Científica, onde também trabalha o irmão Isaak. Em 3 de março de 1924 apresenta uma palestra em uma das conferências fechadas do instituto sobre "O pensamento inconsciente e as leis do comportamento infantil"; em 16 de março de 1924, apresenta uma palestra maior sobre "Os processos por trás do umbral da consciência e o comportamento da criança".[32]

Como está envolvida em muitas atividades profissionais, Sabina instala Renata na casa da família de Isaak. Rakhil, mulher de Isaak, não fica muito entusiasmada com esse arranjo de coisas. Ela acha que a sobrinha é uma menina muito esquisita e que não exerce boa influência sobre sua filha Menicha. Renata é muito fechada e conta muitas mentiras. Com frequência fica simplesmente sentada, com um bloco na mão, observando e anotando tudo — justamente como sua mãe fazia com ela. Sabina se preocupa com a filha. Em uma ocasião pergunta a Rakhil o que pode fazer com relação ao comportamento estranho de Renata e suas mentiras. Ela acha que Renata vive por demais encerrada em seu próprio mundo de fantasias.[33]

Em 1924, o Narkompros exige que os colaboradores do Instituto Psicanalítico Estatal preencham um formulário de três páginas. A maioria é muito reservada nas respostas, ao contrário de Sabina Spielrein: ela preenche o formulário com grande exatidão, se esforça para responder detalhadamente a todas as perguntas e, para poder dizer tudo, escreve inclusive nas margens das páginas. Com exceção de algumas poucas perguntas, às quais faz "correções" politicamente oportunas — por exemplo, como resposta à pergunta sobre sua "origem social", escreve "pequena burguesia" —, suas respostas são as de uma pessoa que confia nas autoridades superiores, que conta que será escutada.

Na primeira parte do formulário trata-se de dados pessoais e familiares. No item "Propriedades dos pais, filhos. Há imóveis, terra, capital? O quê e onde exatamente?", ela escreve: "Ninguém tem nada." Os pontos de 10 a 19 abordam "Formação", "Ocupação principal para sustento", "Filiação a partido político ou sindicatos"; cada uma dessas perguntas se subdivide em "a. antes da revolução de fevereiro", "b. antes da revolução de outubro" e "c. depois da revolução de outubro". Na questão 13, "Lugar onde exerce seu ofício", pode-se escolher entre "a. serviço soviético", "b. serviço ao czar" e "c. serviço ao inimigo".[34]

Nas questões de 20 a 27 trata-se do histórico profissional, de estadas no exterior e da atividade científica, "própria ou de parentes".

"Em 1905 comecei na medicina", escreve Spielrein, "alguns anos mais tarde, estudei harmonia e contraponto (às vezes me dedico à composição musical)." Questionada sobre pesquisas próprias, declara: "Comecei muito cedo a realizar pesquisas independentes. Em parte trabalhei com temas de minha própria escolha, em parte com temas que me foram sugeridos pelo professor Bleuler ou por Jung."[35] Além do trabalho autônomo, que Spielrein indica como a principal fonte de renda para a época antes da Revolução, trabalhou com psicanálise na clínica psiquiátrica do professor Bleuler, na clínica psiconeurológica do professor Bonhoeffer (em Berlim), bem como com o Dr. Jung em Zurique e com o professor Freud em Viena. Continua: "Em Munique me dediquei à mitologia e à história da arte; fui médica pedóloga no Instituto Rousseau (Genebra), no laboratório psicológico (instituto psicológico) do professor Claparède (Genebra)."[36]

Como atividade atual, ela cita em primeiro lugar a "pedologia" na "pequena cidade chamada III Internacional". O conceito de pedologia é posto em circulação por volta de 1900 por Stanley Granville Hall.[37] Trata-se de uma ciência prática e interdisciplinar do desenvolvimento infantil que se baseia em conceitos pedagógicos, psicológicos, psico-higiênicos e psicanalíticos.[38] Como segunda área de atuação, Spielrein indica sua "colaboração científica no Instituto Psicanalítico Estatal". Além disso, há pouco tempo coordena a seção de psicologia infantil da Universidade Estatal I.[39]

A resposta para a última pergunta sobre propostas para a reorganização do âmbito de trabalho é característica do engajamento de Sabina e de sua necessidade de organizar ela mesma as coisas. Em primeiro lugar, diz, está se dedicando à introdução de várias novidades, para o que precisa de mais tempo. Por esse motivo, gostaria de limitar temporariamente seu trabalho com crianças difíceis e suas famílias. Dessa forma, espera ser mais eficiente em suas outras atividades. Em segundo lugar, gostaria de ter mais independência. Quer ter mais alunos para analisar pessoalmente. Esses discípulos deveriam se dedicar a questões pedagógicas e trabalhar sob sua orientação com temas científicos propostos por ela. Com relação a sua atividade no Instituto Psicanalítico com as educadoras do abrigo infantil, Spielrein sugere que sejam realizadas observações sistemáticas das crianças. Só assim, diz ela, seria possível assegurar que as conversas com as educadoras não se limitariam a meras reflexões teóricas e imprecisos diagnósticos "platônicos" sem nunca se ter observado uma criança.[40]

As propostas de melhora de Sabina têm como cenário tensões internas do Instituto Psicanalítico de Moscou. Além disso, há conflitos entre as educadoras do abrigo infantil e o diretor, Yermakov. O abrigo infantil psicanalítico Solidariedade Internacional continua sendo a instituição de pesquisa mais importante para a exploração de uma pedagogia fundada cientificamente na psicanálise. Ele existe já faz dois anos, e muito material de pesquisa já foi reunido: valiosos diários, nos quais foram detalhadamente registradas observações sobre a vida das crianças, observações sobre o desenvolvimento linguístico de cada criança, sobre manifestações sexuais na infância, sobre jogos e criatividade infantil.[41] A organização desse interessante material e sua avaliação sistemática ainda estão por fazer. O chamado "arquivo" — critica um dos inspetores — encontra-se em total desordem;[42] apenas Yermakov tem acesso ao material, e não faz muita coisa com ele.[43] O trabalho científico de alto nível ao qual Spielrein está acostumada é impossível nessas condições.

As condições de trabalho das educadoras no abrigo infantil também continuam ruins, e as tensões entre elas e o diretor Yermakov se agravam no decorrer do verão de 1924. As educadoras exigem uma direção tecnicamente competente, censuram a falta de oportunidades de formação e querem ter acesso ao material de pesquisa reunido. Nesse momento, porém, Sabina Spielren não se encontra mais em Moscou.

Pavel Scheftel escreve que surgiu uma nova situação em sua vida que exige uma decisão da mulher. Na primavera de 1924, Sabina deixa a capital soviética e retorna à sua cidade natal, Rostov, no sul da Rússia.[44]

22 A NOITE SOBRE A RÚSSIA

Pavel Scheftel trabalha como médico-chefe em uma clínica pediátrica de Rostov com 120 pacientes. Ele tem pouco tempo para o trabalho científico; de vez em quando apresenta alguma palestra. Muito a contragosto, ocupa-se sobretudo da solução de situações materiais difíceis e de problemas organizacionais: aquecimento, luz, lavanderia.[1] Pavel vive na casa da irmã, Fanya, uma mulher abastada que conta com uma equipe de empregados e apoia o irmão. No hospital, Pavel conhece a internista Olga Snitkova, de 34 anos. Ela perdeu o marido na "Primeira Guerra Imperialista": ele foi preso e enlouqueceu; na época Olga estava grávida. Agora vive com a mãe viúva e um irmão mais novo, do qual também cuida. Pavel Scheftel e Olga Snitkova têm um relacionamento amoroso. Não vivem juntos, mas visitam um ao outro com frequência.[2] Olga Snitkova engravida — e Sabina Spielrein retorna a Rostov. Para não se encontrar com ela e terminar definitivamente o relacionamento com Pavel, Olga se muda para Krasnodar, onde trabalha como médica nas instalações da ferrovia estatal. Em 1924 nasce sua filha, Nina Snitkova.

O velho Nikolai Spielrein, que conseguiu salvar parte de seu patrimônio durante a época do NEP, está morando novamente no antigo endereço da Puchkinskaya 97. Ele continua sendo um homem engajado e colabora com a sociedade no combate ao analfabetismo. Sabina Spielrein não mora mais no nobre bairro de mansões de Rostov, mas sim na

Chaumyana Uliza, no bairro estreito e modesto entre a Engels-Straße — antigamente Bolchaya Sadovaya — e o Don.

Sabina, Pavel e Renata moram em dois cômodos com cozinha no térreo de uma casa de tijolos. Um dos quartos é para Pavel, cujo nome está afixado na porta, em uma placa; é aí que atende seus pacientes. O outro quarto é de Sabina e Renata. Em outro cômodo — um quartinho sem janelas — fica o divã de Sabina, uma biblioteca pessoal com vários volumes em alemão e francês: os periódicos da Sociedade Psicanalítica.

A vida em comum não é fácil. Como sempre, Pavel sofre de bruscas alterações de humor e fica deprimido com frequência. Tem consciência de seus problemas, de sua introspecção doentia, de sua desconfiança com relação às outras pessoas e de seu "humor",[3] porém não consegue mudar nem controlar esses aspectos de sua personalidade. Sabina envelheceu e ficou mais sisuda. Com seu penteado austero — o cabelo dividido ao meio e firmemente penteado e preso na parte de trás —, os lábios finos e apertados, as maçãs do rosto ressaltadas e o olhar sério, perdido ao longe, ela transmite uma impressão melancólica, de um hermetismo impenetrável. Na foto do passaporte, está usando um vestido de algodão feito por ela mesma, estampado com motivos de arte popular russa, o que lhe dá quase o aspecto de uma camponesa.

Em 18 de junho de 1926, Sabina, então com 41 anos, dá à luz sua segunda filha: a pequena menina vai se chamar Eva, como a avó.

O interesse oficial dos comunistas no potencial de renovação social da psicanálise é substituído por uma atitude de extrema desconfiança e suspeita com relação às tendências "subjetivistas" e "burguesas" na teoria e no método psicanalíticos. Com a morte de Lenin, em janeiro de 1924, e a ascensão de Josef Stalin a sua posição de autocrata e condutor da União Soviética, o "judas" Trotski[4] cai em desgraça: perde seu cargo de comissário de guerra, e a psicanálise não conta mais com a sua proteção. Na primavera de 1925, realiza-se uma discussão na Casa da Imprensa de Moscou sobre "Psicanálise e marxismo" que se estende por duas noites e questiona severamente a psicanálise. Pouco depois é decretado o fechamento do abrigo infantil; as crianças são encaminhadas para outras instituições estatais. Vera Schmidt intercede em vão pela sobrevivência do instituto. Em agosto de 1925, o Instituto Estatal para Psicanálise também é fechado por decreto do soviete do comissariado popular. A editora estatal suspende a publicação de trabalhos psicanalíticos.

Rostov fica a mais de 1.000 quilômetros de Moscou e do centro das lutas pelo poder. A princípio, a atividade de Spielrein permanece variada. Ela trabalha como pedóloga no ambulatório escolar profilático de Rostov. Na policlínica psiquiátrica, trata crianças e adultos. Pesquisa, dá palestras e publica trabalhos.

Faz parte de suas tarefas no ambulatório realizar exames em série para a detecção precoce de distúrbios do desenvolvimento em crianças nos jardins de infância. O tempo é definido pelas autoridades: são disponibilizados 30 minutos — que não podem ser fracionados — para cada criança. O local dos exames também é definido: por exemplo, todas as crianças do jardim de infância X devem ser examinadas nesse mesmo jardim. Depois dos exames, é realizada uma reunião com as educadoras sem a presença das crianças.

Spielrein é livre para compor o conteúdo dos exames. Em "Alguns breves aportes sobre a vida infantil" (1927/1928), ela descreve seu procedimento: Georg tem 8 anos, é um pouco pequeno, ruivo, frágil e um aluno mediano, filho de um operário. Até o momento não foi observado nada digno de nota no menino. A primeira coisa que ela faz é perguntar a Georg sobre seus sonhos. Ele conta que às vezes sonha que um negro vem, agarra-o pela camisa, arrasta-o e corta-lhe as pernas. Às vezes, Georg também sonha que ursos se aproximam rastejando. Com base nos sonhos do menino, Sabina elabora hipóteses sobre possíveis conflitos, que ela então continua a investigar com questões do teste de Binet-Simon. Ela pergunta a Georg: O que você faz quando perde o trem? Resposta: Quero me cortar até morrer. Outras perguntas do teste confirmam as tendências masoquistas do menino. Sabina chama a atenção das educadoras para o problema de Georg. A partir de então, elas informam com frequência que Georg não confia em sua própria força e que se deixa agredir.[5]

Além de exames em série conduzidos externamente, Spielrein realiza, em seu consultório no ambulatório escolar profilático, exames pedológicos com "crianças com atraso pedagógico" que são encaminhadas a ela — por exemplo, aquelas que fazem xixi na cama ou que se masturbam em excesso. Essas crianças têm entre 8 e 13 anos. Ela pergunta a cada uma delas como é o sono e o que sonham durante a noite. Em muitos sonhos aparecem a água ou o ar. Segundo Sabina, não se deve adiantar nenhuma hipótese, porque desse modo se elimina qualquer possibilidade de influência sugestiva.[6]

Utiliza a observação das crianças e breves desenhos como meios de expressão. Deixou seus diários e sua correspondência em Genebra, mas antes de partir para a Rússia produziu cópias do material no qual continua a trabalhar. Em "Aportes sobre a vida infantil" (1927/1928), inclui observações sobre a primeira infância de Renata e Irene, filha de Iacha. Sabina utiliza isso, combinado com observações sobre sua segunda filha, Eva, para descrever o surgimento dinâmico de um "mau hábito de tossir" na primeira infância. Com 6 meses, "Kossia" (= Eva) tosse; o pai (= Pavel) produz brincando um som de susto, o que faz com que a pequena ria e volte a tossir intencionalmente. Os pais repetem o experimento da tosse, sempre com o mesmo resultado. Agora "Kossia" tem 1 ano e conserva como um vício a tosse proposital; ao tossir, olha para os pais e sorri com malícia. "Olietchka" (= Renata), a irmã mais velha de "Kossia", havia padecido na primeira infância de ataques de tosse que tinham, em grande parte, origem nervosa. Em certa ocasião, a mãe (= Sabina) perguntou à menina: "Por que você tosse assim?" Resposta: "Quando 'Olietchka' tosse, a mamãe tem medo e chama o médico."

Spielrein dá um exemplo de reações primitivas e hostis da criança com base nas cartas de um pai (= Iacha) e de sua filhinha de 4 anos e meio, "Viera" (= Irene). As cartas foram escritas em 1914, enquanto a mãe de "Viera" (= Silvia) estava grávida e pouco depois do nascimento de "Mariechen" (= Marianne), a irmã mais nova de "Viera". Sabina volta a trabalhar com transcrições detalhadas que extrai das observações de Iacha sobre a filha pequena e da carta da pequena Irene para a prima Renata, ditada ao pai.[7]

Além das investigações psicológicas no ambulatório escolar profilático, Sabina trabalha na policlínica psiquiátrica de Rostov. Uma vez que não há possibilidade de tratar os pacientes por mais de seis ou oito meses, ela desenvolve um método especial de tratamento que chama de "psicanálise abortiva". Isto é, ela se concentra em grupos preferenciais de representações reprimidas em combinação com elementos cognitivos — "educação da vontade" —, uma técnica que exige muita experiência do terapeuta. Spielrein trata com métodos exclusivamente psicanalíticos pacientes com neuroses clássicas de transferência, ou seja, pelo caminho do esclarecimento do que foi reprimido; de todo modo, na maioria dos casos tem que se contentar com três sessões semanais de meia hora por paciente. No caso dos pacientes com "psicastenia", ela combina a psicanálise com a "técnica ativa" de Sándor Ferenczi.[8] Spielrein continua utilizando sua própria técnica na terapia infantil, na qual renuncia totalmente — em oposição a Melanie Klein e a Hermine Hug-Hellmuth — a explicações verbais, concentrando-se na influência da atuação da manifestação do que foi reprimido.[9]

No inverno de 1928, Sabina Spielrein faz uma conferência na Sociedade Pedológica na Universidade do Norte do Cáucaso, em Rostov. Ela apresenta novos resultados científicos: trata-se da investigação da influência de experiências cinestésicas sobre a estrutura do pensamento. Até mesmo o velho Nikolai Spielrein está na plateia. Logo no início, ela esclarece[10] que vai se ater à terminologia psicológica usual, que, apesar de não ser totalmente exaustiva, é mais acertada do que a terminologia "dos reflexos" de Ivan P. Pavlov e Bechterev, fundadores da escola da reflexologia.

Na primeira parte da conferência, Spielrein dá uma visão geral sobre as diversas formas do nosso pensamento. Referindo-se a Freud, diferencia a capacidade linguística intelectual do adulto do pensamento "orgânico", alucinatório e pré-linguístico da primeira infância. Segundo sua hipótese, no sonho, na narcose, na dor fantasmal, no pensamento de alguns psicóticos e em estados hipnóticos, coexistem formas de pensamento adequadas à idade adulta e elementos ontogeneticamente precoces do pensamento infantil. Spielrein relaciona essa fusão com a excitação de estruturas corticais e subcorticais do cérebro. Quer comprovar experimentalmente a suposição de uma cooperação simultânea de diferentes formas de pensamento. Para isso, inspira-se em Leonardo da Vinci, que afirmava que a mão do homem se esforça contínua e instintivamente para representar as formas e os movimentos do próprio corpo. A hipótese de Spielrein consiste em que as reproduções dos próprios desenhos feitas de memória são, até certo ponto, mais fiéis à realidade quando feitas com base em experiências cinestésicas, sem o controle da visão.

O material para esse estudo provém das pesquisas pedológicas realizadas por Sabina no ambulatório escolar profilático de Rostov. Os sujeitos dos experimentos foram vinte adultos e algumas centenas de crianças entre 5 e 14 anos, a maioria em idade escolar e, com algumas exceções, de origem proletária. Os sujeitos do experimento foram divididos em quatro grupos e receberam a tarefa de desenhar pessoas aleatórias, primeiro de olhos abertos, depois de olhos fechados, em uma postura corporal artificial. Os resultados mostram que os desenhos feitos às cegas diferem de um desenho comum, executado por meio do controle visual. A composição correta ou incorreta de determinadas partes do corpo e todo o "ritmo de movimento" do indivíduo são muito mais claramente perceptíveis nos desenhos feitos às cegas do que nos desenhos feitos com os olhos abertos. O desenho cinestésico reproduz, às vezes com extrema precisão, a posição corporal que o sujeito do experimento assumiu enquanto desenhava.

Segundo ela, pesquisas futuras devem esclarecer a questão de em que medida os desenhos feitos às cegas têm validade diagnóstica para a definição da personalidade da criança e para a detecção precoce de certas doenças psíquicas. Além disso, sugere que se levem em conta experiências cinestésicas no plano de aulas — por exemplo, nas aulas de ginástica e ginástica rítmica, de música e de desenho, e de desenho geométrico.[11]

A interessante conferência, na qual são apresentados casos e desenhos, é traduzida para o alemão por Nikolai Spielrein e publicada em 1931 na revista *Imago* e, no mesmo ano, em versão resumida, na *Zeitschrift für psychoanalytische Pädagogik*.[12] Sabina acrescenta: "Dedicado ao meu pai".

* * *

Na I Conferência de Psiquiatria e Neuropatologia do Norte do Cáucaso, Sabina disserta sobre "A conferência do Dr. Skalkovski". Nessa ocasião, ela apresenta diferentes métodos de tratamento e esboça o modelo de um ambulatório psicoterapêutico baseado nas ideias freudianas. "A doutrina de Freud é muito mais ampla do que as de todos os seus opositores e seguidores", diz Spielrein, em uma confissão arriscada.[13]

À medida que desaparece a aceitação da psicanálise e cresce a pressão política na União Soviética, os psiquiatras de orientação psicanalítica também tendem a se adaptar às exigências da época no que se refere à orientação teórica e aos métodos de tratamento. G. A. Skalkovski e Leonid Drosnes, antigo membro da Sociedade Psicanalítica de Viena, publicam em 1925 um livro intitulado *Fundamentos do processo de desenvolvimento individual e coletivo determinado pelo meio. Doutrina da homofunção*. Os autores se declaram marxistas convictos e tentam corroborar sua "doutrina da homofunção" com os resultados da reflexologia pavloviana. Spielrein utiliza a discussão crítica em torno da "homofunção" de Skalkovski para elucidar sua própria concepção do surgimento de neuroses e da adaptação social frustrada.

Ela passa a colocar em primeiro plano a faceta crítico-cultural dos escritos freudianos. Décadas antes, Freud já havia definido a neurose como "incapacidade social", como a tentativa malsucedida de estabelecer contato com o entorno. No pensamento de Spielrein — até onde ela deixa transparecer —, a transferência passa para um segundo plano. De acordo com Freud — assim ela o interpreta — a "sina das pulsões" não depende somente de fatores biológicos e fisiológicos, mas sim, essencialmente, de circunstâncias sociais, bem como da influência das condições socioculturais do ambiente familiar da criança. Ela descreve agora os desvios do desenvolvimento normal usando uma terminologia influenciada por Alfred Adler, que revela também a influência de teóricos russos como Georgi V. Plechanov. Spielrein diferencia duas formas principais da fixação patológica nas figuras paternas: o "tipo positivo", de extrema dependência, e o "tipo negativo", que se distingue por protestos extremos — ambos seriam resultado de uma educação equivocada.[14] O modelo dessa forma de polaridade é a situação infantil da própria Sabina Spielrein. O jovem Isaak

Spielrein era um exemplo de "tipo negativo" de extrema rebeldia — seja em protesto contra o pai, seja na luta contra o regime autocrático czarista. Sabina se internara em uma posição crítica de extrema dependência — mas também podia reagir com protestos.

Com tais conceitos sociopsicológicos, Spielrein se desloca em uma direção semelhante à dos jovens psicanalistas da segunda geração, de orientação socialista ou comunista e que realizam diferentes tentativas de unir teoricamente Freud e Marx; isso acontece nos trabalhos de Karen Horney, Erich Fromm, Otto Fenichel e Wilhelm Reich. Quando o último trabalho de Spielrein é publicado no Ocidente — "Desenhos infantis feitos com olhos abertos e fechados" (1931) —, Otto Fenichel faz alusão expressa a ele.[15]

A situação política e social da Rússia se agrava no fim da década de 1920 e início da década de 1930. O XVI Congresso do Partido promulga medidas de emergência. Os discursos de Stalin contêm apelos para refletir radicalmente sobre os métodos científicos e para fundá-los sobre bases marxistas. Stalin utiliza os *slogans* de "ciência dos trabalhadores" e "tecnologia dos trabalhadores" e exorta a produção de uma "inteligência proletária" para substituir os "parasitas sociais", como a velha burguesia ou as pessoas pertencentes a grupos oposicionistas (mencheviques, social-revolucionários, trotskistas). Em 1930, começam na União Soviética os debates sobre a introdução do marxismo-leninismo nas ciências. Paralelamente a isso, há uma onda de medidas repressivas contra cientistas, engenheiros e trabalhadores culturais (artistas). No I Congresso de Psicologia da União, em janeiro de 1930, em Leningrado, o "freudismo" é denunciado pelos meios oficiais como teoria especialmente reacionária. Em julho a Sociedade Psicanalítica Russa é dissolvida. É um destino que a psicanálise compartilha com outras ciências: com a psicologia da *gestalt* e a fenomenologia, com a teoria da relatividade de Einstein e a teoria quântica, passando pela biologia ocidental, a estatística e os testes psicológicos.

* * *

Até mesmo Isaak Spielrein — agora um homem importante, chamado de "pai da psicotécnica" — é tragado por esse redemoinho. Em 1930, a psicotécnica soviética é um movimento gigantesco, com 141 centros estatais, centros de consulta próprios, hospitais para doenças do trabalho, bolsas de trabalho e uma associação profissional. Isaak é o presidente e editor de uma revista própria. Ele se autodenomina "psicólogo marxista" e defende na prática sobretudo posições pragmáticas. Isaak compara a psicotécnica a uma pistola que funciona da mesma maneira nas mãos dos vermelhos e nas dos brancos. Além disso, compreende a psicologia como uma série de disciplinas, não como uma estrutura homogênea. Rejeita a ideia de um conceito científico uniforme para a solução de determinados problemas.

No decorrer dos debates sobre a "ciência correta", Isaak Spielrein tem que refletir sobre sua posição. Ele chega à conclusão de que a psicotécnica não pode ser neutra em uma sociedade de classes. Seu primeiro "discurso autocrítico" é bem recebido pela Academia Comunista, motivo pelo qual sobrevive à primeira onda de "limpeza científica". No entanto, a mudança de posição do governo com relação à psicotécnica é irreversível: ela é classificada como inimiga potencial do regime e deve ser eliminada.

A XVII Conferência Internacional de Psicotécnica é realizada em setembro de 1931 em Moscou. É o primeiro congresso internacional em solo soviético desde a Revolução de 1917, o ponto alto do movimento psicotécnico soviético e também da carreira de Isaak. Ele convida a irmã, Sabina, que vem de Rostov especialmente para o evento.

Isaak Spielrein havia induzido os psicotécnicos e psicofisiologistas soviéticos a atuarem em uma plataforma unificada. Nas sessões, agem de comum acordo: afirmam o caráter de classe da psicotécnica aplicada e fazem uma crítica demolidora tanto de seus antigos trabalhos quanto das pesquisas de colegas ocidentais. Os convidados estrangeiros, entre eles Claparède, ficam escandalizados. Sabina Spielrein se cala e retorna a Rostov. É sua última viagem a Moscou.

* * *

Os contatos entre os psicanalistas russos e ocidentais ficam restritos. Os psicanalistas russos só podem viajar ao Ocidente em condições excepcionais e com autorização especial dos órgãos públicos. Moshe Wulffe Vera Schmidt participam do IX Congresso Internacional de Psicanálise em Bad Homburg (1925).[16] Moshe Wulff viaja para o X Congresso Internacional de Psicanálise em Innsbruck (1927) — e se estabelece no Ocidente. Em 1928, a *Internationale Zeitschrift für Psychoanalyse* informa abertamente pela primeira vez as dificuldades dos analistas russos.[17] Pouco tempo depois é declarado: "Nos últimos anos, não chegam boas notícias da Rússia. A psicanálise provavelmente não está incluída nos planos quinquenais, com os quais se esgota toda a atividade política dessa curiosa estrutura estatal."[18] Em 1933 a psicanálise é proibida na União Soviética. Há agora apenas alguns psicanalistas de esquerda, como Otto Fenichel e Wilhelm Reich, que tentam manter contato com a Rússia.

Os psicanalistas de esquerda da segunda geração se mudam para Berlim na década de 1920. Com a mudança da situação política da Alemanha, eles se tornam — como esquerdistas — opositores do regime dominante; além disso, são, na maioria, judeus. Quando Paul von Hindenburg, presidente do Reich, nomeia Adolf Hitler chanceler, em 30 de janeiro de 1933, começa a perseguição e a expulsão dos psicanalistas da Europa central.

Os nazistas utilizam o incêndio do Parlamento, na noite de 27 de fevereiro de 1933, como a desculpa perfeita para perseguir esquerdistas e oposicionistas, e mais tarde judeus. Nessa mesma noite são presos milhares de comunistas, membros do SPD e outros democratas. A psicanalista berlinense Paula Heimann é denunciada e presa durante uma sessão. A SA* vasculha repetidas vezes o apartamento de Wilhelm Reich, que é colocado sob vigilância permanente. Assim como várias pessoas ameaçadas pelo regime, o psicólogo e escritor Manès Sperber passa as

---

* *Sturmabteilung* ("Divisões de Assalto"): milícia paramilitar nazista durante o período em que o nacional-socialismo exerceu o poder na Alemanha.

noites fora de casa, para escapar das buscas da polícia e da SA, que são realizadas de madrugada.[19]

Por ordem expressa de Joseph Goebbels, em 10 de maio de 1933 são organizadas queimas de livros em várias cidades universitárias alemãs. Na Opernplatz de Berlim, sob as ovações da multidão, às 11h20 a primeira leva dos mais de 20 mil livros que seriam incinerados nesse dia é jogada nas chamas. Enquanto isso, as bandas militares da SA e da SS* tocam canções patrióticas e marchas. A "fala incendiária" de Goebbels acompanha os escritos de Freud atirados ao fogo: "Contra a supervalorização da vida instintiva que destrói a alma, pela nobreza do espírito humano! Entrego às chamas os escritos de Sigmund Freud."[20]

"Mas como progredimos!", comenta Freud. "Na Idade Média teriam me queimado, hoje se contentam em queimar meus livros."[21] Max Eitingon e Moshe Wulff emigram para a Palestina. Ernst Simmel vai para Los Angeles e Otto Fenichel, para Oslo. Fanny Lovtzky foge para a Palestina passando por Paris. Em agosto de 1934, 24 dos 36 membros ordinários da Sociedade Psicanalítica Alemã já tinham deixado a Alemanha.

C. G. Jung tira proveito do vazio deixado pela expulsão da psicanálise da Alemanha. Com palestras antissemitas, transmissões de rádio e artigos, ele consegue obter influência no Reich. Quando Ernst Kretschmer abdica, em sinal de protesto, da presidência da Associação Alemã Geral de Psiquiatria, Jung fica com o cargo. Mais tarde ele diz, em sua defesa, que queria salvar a psicoterapia das circunstâncias de então.[22] Enquanto a Associação continua funcionando sob o comando de Jung, é fundada uma nova sociedade alemã para psicoterapia, com Matthias Heinrich Göring (um primo de Hermann Göring, presidente do conselho de ministros e posteriormente marechal do Reich) como líder. Na declaração de princípios consta: "Esta sociedade tem o desejo e o dever de, em lealdade incondicional ao *Führer* do povo alemão Adolf Hitler,

---

* *Schutzstaffel* ("Tropa de Proteção"): organização paramilitar ligada do partido nazista de Adolf Hitler.

reunir os médicos alemães que estejam dispostos a desenvolver e exercer uma medicina da alma de acordo com a cosmovisão nacional-socialista e comprometer-se benevolamente com essa medicina."[23]

Em 21 de junho de 1933, Jung assume oficialmente a presidência da Associação Alemã Geral de Psiquiatria. Em 26 de junho de 1933, a Rádio Berlim o apresenta como "o conhecido psicólogo de Zurique" que "opõe sua edificante doutrina anímica à psicanálise desagregadora de Sigmund Freud". Jung segue propositalmente o uso linguístico e o pensamento nacional-socialista de seu entrevistador: seu discípulo Adolf Weizsäcker. Apelando explicitamente a declarações de Adolf Hitler, elucida suas ideias sobre o "verdadeiro *Führer*".[24]

Quando a redação da federação *Zentralblatt für Psychoterapie. Organ der Allgemeinen Ärztlichen Gesellschaft* renuncia, Jung acumula mais essa função.[25] O novo diretor apresenta seu programa científico no "Prefácio" ao número de dezembro de 1933 e indica a tarefa do *Zentralblatt*:

> (...) criar uma visão geral, apreciando sem partidarismos todas as contribuições verdadeiras; essa visão deve levar em conta com mais justiça os fatos básicos da alma humana do que se fez até agora. Não se devem mais apagar as diferenças realmente existentes — e percebidas pelas pessoas de claro entendimento — entre a psicologia germânica e a judaica, questão essa que só pode ser de muito proveito para a ciência.[26]

Mostram-se mais claras e mais assustadoras em seu anseio de reconhecimento pelo poder as explicações de Jung em "Sobre a situação atual da psicoterapia", uma introdução ao *Zentralblatt* de 1934:

> O judeu, como nômade relativo, nunca criou e provavelmente nunca vai criar uma forma própria de cultura, pois para que todos os seus instintos e talentos se desenvolvam faz-se necessário um povo anfitrião mais ou menos civilizado (...) O inconsciente ariano tem um potencial maior do que o judaico; esta é a vantagem — e ao mesmo tempo a desvantagem — de uma juventude que ainda não se afastou completamente da barbárie.[27]

Resta apenas o assombro diante de tanta ingenuidade política, que o leva a publicar um texto como esse naquela época. Jung, porém, está feliz com o fato de suas teorias serem finalmente reconhecidas oficialmente. Ele age de forma oportunista. Quer fazer carreira, e com as melhores intenções. Por isso não se deve duvidar da veracidade subjetiva de suas palavras quando assegura, em uma resposta ao artigo de B. Cohen "Teria Jung perdido a independência?", publicado no *Israelitischen Wochenblatt für die Schweiz* em 16 de março de 1934: "Não sou absolutamente um opositor dos judeus, ainda que seja um opositor de Freud. (...) Minha relação com a Alemanha é muito recente e se baseia em um altruísmo estúpido, porém não tem de maneira alguma orientação política."[28] O que incomoda nessas declarações é saber que, em 7 de dezembro de 1944, a direção do Clube Psicológico Junguiano de Zurique introduz — com o beneplácito de Jung — um sistema de quotas secreto que determina que os judeus não podem representar mais de 10% dos membros registrados nem mais de 25% dos membros convidados. Essa chamada "quota judaica" só foi abolida tacitamente em 1950.[29]

Consternada e preocupada, Yolande Jacobi pergunta a Jung se ele não consegue ver e ouvir o que está acontecendo no mundo naquele momento. Como resposta, Jung aconselha sua aluna a manter os olhos abertos; não se pode negar o mal, pois o mal traz consigo a luz: Lúcifer = o portador da luz. Mais tarde, em uma entrevista, Jacobi dirá que Jung estava completamente convencido dessa ideia. Isso também mostra que ele não conseguia compreender o mundo exterior; todos os acontecimentos eram para ele um fenômeno interno, que tinha que ser aceito como pressuposto psicológico para um renascimento.[30]

No registro dos crimes de guerra FO 371/57639 (1946), que se encontra nos registros políticos do Foreign Office, em Londres, é formulada uma avaliação completamente diferente do comportamento de Jung. Em 1943, por iniciativa dos aliados, é criada a United Nation War Crimes Commission (UNWCC), para reunir dados sobre os crimes de guerra e levar os responsáveis por eles à justiça. O tribunal militar internacional de Nuremberg é responsável pela condenação de criminosos de guerra e pela punição por crimes contra a humanidade e contra a paz. Em 20 de novembro de 1945, começa o primeiro processo contra os 24 principais criminosos de guerra do Terceiro Reich. Seguem-se processos contra juristas nazistas, médicos da SS, guardas de campos de concentração, diplomatas, industriais e altos funcionários do governo. Lorde Vansittart (1881-1957), diplomata inglês e opositor contumaz da política alemã, lê o artigo de Maurice Léon "The Case of Dr. Carl Gustav Jung. Pseudoscientist Nazi Auxiliary" (O caso do Dr. Carl Gustav Jung. Pseudocientista auxiliar dos nazistas) e escreve uma carta ao Foreign Office, na Downing Street, alertando para o papel desempenhado por Carl Gustav Jung e Matthias Göring no nacional-socialismo alemão.[31] A carta é encaminhada a Pat H. Dean Esq., o encarregado britânico dos crimes de guerra em Nuremberg. Nos protocolos das atas dos crimes de guerra FO 371/57639, "The Case of Dr. Carl Gustav Jung", chega-se à seguinte conclusão:

> Está claro que o Dr. Jung forneceu grande parte do contexto filosófico, ou talvez pseudofilosófico, do movimento nazista. O Dr. Göring também desempenhou um importante papel em sua condição de *Reichsführer* da Sociedade de Medicina Geral Alemã. O Dr. Jung é, aparentemente, cidadão suíço e é presumivelmente imune. No que concerne ao Dr. Göring, talvez valha a pena investigar se ele pode ser processado por algum crime. Não imagino que certas opiniões, por mais repugnantes e equivocadas que sejam, constituam por si mesmas um crime.[32]*

A psicanálise é expulsa da Europa central. Apesar de as notícias que chegam da Rússia não serem nada boas, psicanalistas de esquerda como Otto Fenichel e Wilhelm Reich mantêm as esperanças em um futuro para a psicanálise na União Soviética. De seu exílio em Oslo, Otto Fenichel escreve aos amigos russos. As respostas se limitam à linguagem so-

---

* *"It is clear that Dr. Jung provided much of the philosophical, or perhaps pseudo-philosophical, background to the Nazi movement. Dr. Göring also played a large part in his capacity as Reichsführer of the German General Medical Society. Dr. Jung is apparently a Swiss citizen and is presumably immune. As regards Dr. Göring, it might perhaps be worth while to see whether he can be prosecuted for any crime. I should not imagine that the holding of certain views, however odious and mistaken they might be, would of itself constitute a crime."*

viética regulamentar. Quando, em 1934, ele convida Vera Schmidt a discutir por escrito questões metodológicas com companheiros analistas no Ocidente, ela responde que

> na nossa opinião (...) só [há] um partido, o Partido Comunista, que compreende plenamente o marxismo e o leninismo; ou seja, não podemos nem queremos discutir questões metodológicas com pessoas que não são marxistas nem comunistas. Quando nós, analistas soviéticos, dizemos "marxismo", não entendemos com essa palavra "marxismo em geral", mas sim o marxismo revolucionário, aperfeiçoado por Lenin e Stalin.[33]

Fenichel é ingênuo: não percebe que coloca Vera em grande perigo com suas cartas. Quando uma médica ocidental procura Vera Schmidt durante uma viagem turística e lhe pergunta sobre o futuro da psicanálise russa, recebe como resposta que na União Soviética não há neuroses, doença típica de países capitalistas; nem se considera viável um método que se entrega por anos a um só indivíduo: um psicanalista não tem nada a buscar no novo mundo.[34] As cartas posteriores de Fenichel nem sequer são respondidas.

Enquanto pode trabalhar como pedóloga, Sabina Spielrein consegue superar, até certo ponto, as dificuldades. No verão de 1936, porém, o Partido Bolchevique emite uma resolução contra as "aberrações pedológicas" no sistema do Narkompros. A pedologia e a psicotécnica são catalogadas como "pseudociências" burguesas. Especialistas nessas disciplinas são acusados arbitrariamente de não serem cientistas. Nina Snitkova — filha de Pavel — informa sobre a situação profissional de Spielrein:

> Eu sabia que ela era psicóloga, mas naquela época essa palavra nunca era utilizada por nós em casa. As pessoas diziam que ela era discípula de Freud. Disso eu sabia. Naturalmente também sabia quem era Freud, pois minha mãe era médica e em nossa casa se conversava sobre esse tema. Nós sabíamos que ela vivia em condições muito precárias, piores que as

nossas, porque ninguém precisava de uma pedóloga. Já havia medidas contra pedólogos nessa época. A pedologia era considerada uma falsa ciência. Ela trabalhava meio período em uma escola como médica, com o que ganhava apenas o suficiente para comprar o pão.[35]

A noite avança sobre a Rússia.

Para Isaak Spielrein esses anos são cheios de infindáveis inspeções, "limpezas" e "revisões" de suas publicações e de suas várias atividades. A divisão psicotécnica do Instituto Estatal de Psicologia é dissolvida. Pouco depois, Isaak tem que abandonar suas atividades como docente. Suas pesquisas sofrem repressão. A revista *Psychotechnik*, coordenada por ele, deixa de ser publicada. Em 1934, a ampla rede de instituições psicotécnicas é desfeita. Em 25 de janeiro de 1935 — aniversário de 19 anos de Menicha —, Isaak Spielrein é preso. A acusação é de "propaganda contrarrevolucionária" e "trotskismo". Além disso, Isaak — devido a seus dotes linguísticos — manteve contatos demais com o exterior. Ele é expulso do Partido Comunista e em 20 de março de 1935 é condenado por um tribunal especial do Comissariado Popular para Assuntos Internos da União Soviética (NKWD = Narodnyi Kommissariat Wnutrennich Del) a cinco anos de detenção em um campo de trabalhos forçados.[36] Nikolai Spielrein também é preso, mas é libertado, e retorna para casa um homem alquebrado e amargurado.

Ambas as filhas de Sabina, Renata e Eva, são muito musicais, e Sabina gosta muito de levá-las a concertos. Renata toca violoncelo. Depois de terminar a escola, vai para Moscou, para continuar os estudos no conservatório. Eva toca violino; várias de suas amigas de então atestam seu grande talento; David Oistrach previu que ela teria um grande futuro como violinista.

Nesses anos, Sabina Spielrein tenta várias vezes entrar em contato com Olga Snitkova; ela quer que as filhas se conheçam. Snitkova se recusa categoricamente. Ela não quer ter nenhuma relação com Sabina nem com o pai de sua filha Nina. Em 1937, Pavel Scheftel morre em plena rua, de infarto. A morte do marido é um duro golpe para Sabina. É importante para ela que tudo fique intacto em seu escritório, exatamente do jeito que ele deixou.

Meio ano depois da morte de Pavel, Sabina Spielrein toma o caminho para Krasnodar, onde Olga Snitkova mora com Nina. Nina se lembra de que aquele foi um inverno gelado e que havia muita neve:

> Eu voltava da rua, estava congelada, porque estávamos brincando de tobogã. Então bateram na porta; a entrada ficava embaixo, tínhamos que descer até lá, mas alguém a deixou entrar. Lá embaixo vivia um tio com a esposa e o filho (...) Então bateram diretamente em nossa porta, e uma mulher entrou. Diziam que ela não era pequena. Segundo minhas lembranças, e as dos meus conhecidos de Moscou que eram amigos de Eva, ela era pequena. Talvez já estivesse curvada pelas preocupações, não sei. Usava sapatos sem salto. A impressão que ela passava era incomum. Naquela época ninguém se vestia assim. Ela usava um vestido preto comprido, como minha avó, mas só as mulheres velhas usavam roupas assim, e um casaco, apesar de estar muito frio. E aqueles sapatos baixos. O mais provável é que ela mesma tenha se apresentado. Não lembro o que ela falou. Pediram que eu me retirasse rapidamente para que não ouvisse a conversa. No começo ela disse à minha mãe que Pavel havia amado somente a ela. E então — ouvi isso várias vezes de minha mãe — elas concordaram que nos conhecêssemos. Isso foi em 1937.[37]

Sabina Spielrein convida Nina para o ano-novo. A árvore de Natal fica ao lado do sofá. Nina conhece Renata, uma jovem bonita e culta que a recebe com um vestido de noite. Renata viaja nos fins de semana para visitar conhecidos. Sabina causa uma forte impressão em Nina, que em uma ocasião a descreve como uma mulherzinha encurvada e envelhecida precocemente, que só usa roupas que lhe dão de presente; em outra ocasião, compara Sabina a Lidiya Ginsburg (1902-1990), a célebre literata e escritora de memórias russa — uma mulher encurvada, de cabelos grisalhos e dotada de uma clareza de pensamento e de uma força intelectual incomuns. Nina Snitkova acreditava que havia algo "misterioso" em Sabina. Também relata que ela jamais falava de seu trabalho. Certa vez ela teria colocado as mãos sobre a cabeça de uma menina, e logo depois as dores de cabeça dela teriam desaparecido. Menicha Spielrein lembra que Sabina se correspondia com um poeta em Leningrado. Ele tinha o apelido de Crocodilo, e enviava o relato de seus sonhos a Sabina para que ela os interpretasse.[38]

O ponto culminante dos "grandes expurgos" (1934-1939) é o ano de 1937. Stalin denuncia publicamente, em processos simulados, os opositores potenciais ou hipotéticos do regime, envia-os para campos de concentração ou manda matá-los. As prisões são realizadas por oficiais do Comissariado Popular. Eles usam insígnias vermelhas, andam em limusines pretas e são chamados de "corvos". Chegam preferencialmente à noite, entre as onze e as três da manhã. "Você sabe o que foi esse ano no campo", diz Nina Snitkova. "Toda noite ficávamos esperando que um carro preto viesse e levasse alguém embora. O irmão de minha mãe já tinha sido levado. Ele foi detido em Sachalin, onde trabalhava. Quando quis voltar, foi detido no barco. Ficou três anos preso e depois foi solto."[39]

Isaak Spielrein tem menos sorte. Ele passa por sete campos de passagem; em seguida é levado até Pochka-Sudostroi, na república autônoma de Komi — um lugar que não consta em nenhum mapa e que os próprios presos têm que planejar e construir numa paisagem subártica monótona e no clima rude da taiga.[40] Mais tarde, vai para o campo de Uchta-Petchora, depois para Karaganda, o temido Karlag, onde os presos têm que trabalhar em fábricas e na indústria pesqueira. Isaak constrói ruas sobre pântanos e sobre o gelo permanente, tece tapetes e dirige caminhões. "Por favor, me mande os livros que pedi", escreve à esposa. "Mande-me novas revistas sobre psicotécnica, só algumas. Tenho certeza de que não as vão confiscar."[41] Isaak está convencido de que foi preso por engano. "Por favor, não perca a cabeça", escreve a Rakhil: "Conserve sua fé na justiça soviética e no Partido. O Partido vai averiguar o meu caso e tudo vai ficar bem. Talvez leve algum tempo e a coisa não ande tão depressa quanto eu e você gostaríamos."[42]

Ambos os cônjuges enviam solicitações às instâncias estatais superiores. As mensagens de Isaak dão a impressão de que uma parte dele se nega a perceber e entender o que está se passando na sociedade soviética. Quando é expulso do partido bolchevique, envia mais uma solicitação: "Não tenho culpa diante do Partido. Durante os 15 anos em que fui membro do Partido não me afiliei a nenhum partido menor, nem à oposição ou a nenhum outro grupo. Nunca deixei de observar as resoluções do Partido."

Isaak Spielrein quer se fazer escutar quando enumera os inestimáveis serviços prestados à construção da nova sociedade soviética: "Em meus trabalhos pedagógicos, literários, científicos, organizacionais e partidários, assim como em minha vida pessoal, sempre me esforcei para seguir os princípios do Partido. Faço o possível para seguir a linha do Partido, mesmo nas duras circunstâncias nas quais se encontra um prisioneiro comunista acusado de atividade contrarrevolucionária."[43]

O Partido, porém, tem outros planos. No banquete realizado no Kremlin em 1937 para comemorar o aniversário da Revolução, Stalin propõe um brinde que antecipa os planos de Hitler para sua campanha no leste: que todos os "inimigos ocultos e suas famílias sejam exterminados até o último membro".[44] Pouco depois, Rakhil e Menicha Spielrein são intimadas a sair de seu apartamento e de Moscou em um prazo de cinco dias. Em 26 de dezembro de 1937, Isaak Naphtulevitch Spielrein é condenado à morte por fuzilamento pelo colegiado militar do Superior Tribunal da União Soviética, acusado de "espionagem e participação em uma organização contrarrevolucionária". É executado no mesmo dia em um lugar indicado nas listas de fuzilamento como "território moscovita, cova comum". Jean Nikolayevitch Spielrein, catedrático do Instituto Energético de Moscou, é preso em 10 de setembro de 1937 e condenado à morte em 21 de janeiro de 1938 por "participação no Partido Democrata". É fuzilado no mesmo dia e no mesmo local.[45] Emil Spielrein, professor de biologia experimental na Universidade de Rostov, é preso em 5 de novembro de 1937 e fuzilado em Rostov em 10 de junho de 1938. Em poucas semanas, Sabina Spielrein perde os três irmãos.[46] Nikolai Spielrein morre em 17 de agosto de 1938.

Sabina Spielrein e Olga Snitkova chegam a um acordo: se uma delas for presa, a outra cuidará das meninas. Caso os comunistas queiram tirar-lhes as filhas e levá-las para um campo, as duas mulheres prometem uma à outra entregar as jovens para alguém ou escondê-las.

Em 22 de junho de 1941, ao meio-dia em Moscou, alto-falantes espalhados pela cidade informam que a *Luftwaffe* alemã está bombardeando pistas de pouso e cidades russas na fronteira ocidental. Ao mesmo tempo, o exército alemão abre fogo de artilharia em vários pontos e atravessa a fronteira da União Soviética. Quando ouve essas notícias, Renata Scheftel sai imediatamente de Moscou e viaja até Rostov, para ficar com a mãe e a irmã. A vida é difícil para as três mulheres. Sabina Spielrein tem 55 anos, Renata, 27 e Eva, 15. Sabina ganha algum dinheiro como médica; Renata trabalha como professora em um jardim de infância, e às vezes Eva e Renata conseguem ganhar algum dinheiro com a música. Muitos anos mais tarde, moradores da cidade vão se lembrar da música clássica que saía da janela aberta do apartamento delas nos dias quentes.

23 "A MORTE É UM MESTRE DA ALEMANHA"

Paul Celan

Como uma porta para o Cáucaso com suas quatro grandes linhas de trem, numerosos cruzamentos para leste, oeste, norte e sul, Rostov constitui, assim como a conquista da Crimeia, um objetivo estratégico de alta prioridade para os planos de Hitler. Lá deve ser criada a base para ocupar a bacia do Don, o "vale do Ruhr" da União Soviética. As pontes de Rostov são importantes para ter acesso aos campos de petróleo soviéticos e à Pérsia, por onde passa a única ligação direta por terra e a única linha de abastecimento entre a União Soviética e seus aliados ocidentais.

A "Operação Barbarossa" é um plano de guerra e extermínio de Hitler com objetivos estratégicos e raciais; é concebido assim desde o começo. O objetivo é a conquista de "espaço vital no Oriente"; o inimigo por excelência, o "bolchevismo judaico". Em 27 de setembro de 1939 é fundado em Berlim o Escritório Central de Segurança do Reich (RSHA), no qual se centralizam todos os comandos existentes até aquele momento: o Serviço de Segurança (SD), a polícia criminal e a Gestapo. O RSHA é a expressão institucional do aparato de violência nacional-socialista impulsionado por Himmler, e se desenvolve sob o comando de Reinhard Heydrich, seu chefe e general da SS, como ponto de coordenação da repressão, do terror e do assassinato de milhões de pessoas na Alemanha e no exterior. Para a guerra de extermínio planejada para o Oriente o RSHA cria grupos móveis especiais, que são como um primeiro "rolete" (assim chamado no jargão das autoridades), encarregados da "limpeza do povo" e, a partir do verão de 1941, da "solução final da questão judaica".[1] Os grupos móveis da SS assassinam sistematicamente judeus e ciganos (etnias sindi e roma), bem como autoridades comunistas. A administração militar alemã tolera esses crimes e em vários locais o exército apoia os grupos móveis da SS.

O grupo móvel "D", sob o comando do general da SS Otto Ohlendorf, tem a missão de realizar "tarefas especiais" nos territórios ao sul da Ucrânia, na Crimeia e no Cáucaso. Esse grupo é composto dos comandos especiais 10a, 10b, 11a e 11b, bem como do grupo móvel 12. Na declaração sob juramento de Ohlendorf nos julgamentos de Nuremberg, consta como tarefa dos grupos móveis "limpar" os territórios conquistados de judeus, trabalhadores comunistas e espiães: "A tarefa mencionada deveria ser levada a cabo mediante a execução de todos os elementos capturados, indesejáveis raciais ou políticos."[2]

Rostov é ocupada duas vezes por tropas alemãs durante a Operação Barbarossa. Em 8 de outubro de 1941 cai Marioupol, a maior cidade às margens do mar de Azov, onde Eva Spielrein participou da instalação de um orfanato para crianças judias. Dez dias depois, cai Taganrog, lugar de excursões que Sabina Spielrein visita de barco a vapor navegando pelo Don com o pai e os irmãos no verão de 1898, quando viu o mar pela primeira vez.

Hitler ordena a tomada de Rostov antes de passar à guerra de trincheiras diante da iminência do inverno — nesse ponto começam as novas operações na primavera de 1942. Em 5 de novembro de 1941, a primeira divisão blindada avança sobre Rostov, mas fica atolada na lama de outono. A ofensiva é retomada em 13 de novembro, com o começo das primeiras nevascas mais intensas. Em 17 de novembro começa o primeiro ataque alemão a Rostov, realizado por parte da terceira divisão blindada — composta da 13ª e da 14ª divisões blindadas e da escolta da SS "Adolf Hitler" (LAH) —, sob o comando do general von Mackensen.

Rostov é defendida pelo general Remisov. Nessa época, vivem na cidade 500 mil pessoas, muitas fugindo dos invasores alemães. Sabina Spielrein, Renata e Eva moram como sempre na casa de tijolos na Chaumyana Uliza. Olga Snitkova veio de Krasnodar com Nina e também está morando em Rostov.[3]

Em 19 de novembro de 1941, a LHSA toma o vilarejo de Ssultan Ssaly, a nordeste de Rostov, um lugar completamente desmantelado e destruído. No dia seguinte cai o aeroporto de Rostov. Um comando da escolta "Adolf Hitler", vestindo uniformes russos e tendo à frente o major Heinrich Springer, avança até a ponte ferroviária sobre o Don, que é ocupada à tarde, enquanto a população desesperada tenta fugir pelo rio congelado. Em vista da falta de reforços e dos ataques do Exército Vermelho na margem sul do Don, a ponte tem que ser abandonada novamente algumas horas depois, e nos dias seguintes é explodida por unidades russas. Contudo, em 21 de novembro a terceira divisão blindada já está em Rostov e começa uma amarga luta por cada casa e cada rua. Os invasores alemães usam lança-chamas contra "fugitivos e partidários". Em 22 de novembro, às 16h10, Berlim recebe o comunicado da tomada definitiva de Rostov.

A primeira ocupação causa uma destruição considerável na cidade. Seguindo o procedimento habitual, os invasores alemães estabelecem um comando local, o primeiro passo para tomar a infraestrutura da cidade. O controle sobre Rostov, porém, permanece relativo. Com frequência ocorrem tiroteios, choques armados e atos de sabotagem. Apesar de estar na retaguarda durante a tomada de Rostov, o comando 10a da SS se envolve em conflitos armados e tem de bater em retirada em direção a Taganrog depois de poucos dias. Assim, não conta com tempo suficiente em Rostov — como tampouco anteriormente em Mariupol e Taganrog — para organizar o assassinato sistemático de toda a população judia.[4]

Contudo, o fogo fustigante soviético e a atividade de patrulhas de vigilância no sul da cidade persistem; os ataques de tropas russas se intensificam dia após dia. Em 25 de novembro de 1941 começa um ataque combinado de regimentos russos através do Don congelado, que a essa altura tem mil metros de largura.[5] Em 27 de novembro de 1941 tem lugar a grande ofensiva concêntrica do Exército Vermelho, do norte até o sul. Em 28 de novembro, às 18h, é transmitida por rádio a ordem de entrega provisória de Rostov. Ordena-se que o comando local de Rostov abandone imediatamente a cidade e se apresente em Taganrog. A situação é tão caótica e a comunicação entre as unidades alemãs está a tal ponto arruinada que Adolf Hitler se apresenta pessoalmente em 2 de dezembro no quartel-general da primeira divisão blindada. Em 8 de dezembro Hitler emite a "Diretiva 39", que adia todas as demais operações para a primavera de 1942.[6]

Sabina Spielrein e suas duas filhas, Renata e Eva, sobrevivem à primeira ocupação de Rostov. Olga e Nina Snitkova também permanecem na cidade.

Nina Snitkova descreve a situação da época:

> Em 1941 não escapamos, não conseguimos, era muito difícil fugir enquanto os fascistas estavam se aproximando da cidade. Sabina também ficou, naturalmente. Muitos não acreditavam no que se dizia sobre os fascistas. Muito menos Sabina, que passara mais da metade da vida na Alemanha e na Suíça, mas nunca falou sobre esse assunto. Todos estávamos com medo. Os alemães permaneceram na periferia de Rostov, ficaram de fato oito meses nas cidades do entorno. Claramente não fazia sentido atacar antes que Charkov tivesse sido tomada novamente.[7]

Durante os meses de inverno, a atividade dos serviços de informação do comando 10a da SS se concentra em estar a par da situação geral e dos ânimos em Rostov, bem como da possível vontade de resistência da população. O comando 10a obtém suas informações de seus próprios agentes, e também de interrogatórios de espiões inimigos e desertores. De acordo com as "Notificações da União Soviética ao chefe da polícia de segurança e ao SD", a situação em Rostov é calamitosa. Depois da retirada das tropas alemãs em novembro de 1941, a administração da cidade cai nas mãos do Comissariado Popular para Assuntos Internos (NKWD). Nessa época 50 mil judeus ainda vivem na cidade. Segundo relatórios do serviço de segurança, a maioria trabalha no comércio. Há uma grande porcentagem de judeus entre médicos, farmacêuticos e juristas; a maioria dos juízes de Rostov é judia. O NKWD — continua a informar o serviço de segurança — realiza uma "grande ação de limpeza" da judiaria de Rostov e fuzila cerca de 800 pessoas suspeitas de colaborar com os alemães. Durante todo o inverno e no tempo que se segue, recorre-se ao trabalho forçado de quase toda a população para executar obras de fortificação na cidade e arredores. O congelamento, a fadiga e as punições causam várias mortes. O estado de ânimo da população é muito baixo — afirma o informe ideologicamente deformado do serviço de segurança —; somente a população judaica "se beneficia da situação de emergência". Com base nessas "análises", o comando 10a da SS chega à conclusão de que a população civil de Rostov vai se mostrar mais colaboradora em uma nova ocupação da cidade.[8]

O abastecimento da população de Rostov é catastrófico. Há água e eletricidade em apenas alguns bairros. A população civil passa fome. Os civis já não podem comprar comida. O trabalho forçado nas obras de fortificação — para as instalações de defesa da cidade, bem como para os três anéis de campos minados, fossos e barreiras antitanques — deixa várias vítimas entre os homens mais fracos, que recebem pelo trabalho apenas 400 gramas de pão. Quando estoura um levante contra as condições indignas de vida em um bairro da periferia de Rostov, o NKWD empreende uma repressão sangrenta. Além das condições materiais miseráveis, o dia a dia da população é marcado por buscas e prisões. O NKWD considera politicamente suspeito o grupo numeroso de armênios e alemães enraizados no leste. Todos que fazem parte de uma dessas etnias — sobretudo os homens entre 17 e 50 anos — são deportados para o interior da Rússia. Quando amigos armênios de Sabina são evacuados da cidade, eles se oferecem para levar Renata e Eva de Rostov com passaportes armênios falsos: assim Sabina teria mais chances de conseguir fugir sozinha. Mas Renata, agora uma mulher de 28 anos, e Eva, com 15, permanecem com a mãe em Rostov.[9]

* * *

As normas operativas do ditador alemão Adolf Hitler para a ofensiva de verão de 1942 são definidas na "Diretiva 41" de 5 de abril de 1942. Em um primeiro momento, o codinome da operação é "Siegfried", porém depois é modificado para "Operação Azul".[10] A conquista de Rostov tem prioridade absoluta para o avanço em direção ao sul.

Nina Snitkova:

> Então começou a ofensiva de verão. Foi em julho [de 1942]. Minha mãe propôs à filha mais velha de Sabina, Renata, que fugisse conosco. Isso era muito difícil na época. (...) E Sabina Spielrein conseguiria fugir sozinha de alguma maneira, seria mais fácil. Mas elas não quiseram, e ficaram. Vi Renata pela última vez um dia antes de nossa partida, na casa de uma amiga em comum. (...) Nós partimos. Melhor seria dizer que abrimos nosso caminho lutando, mais tarde a cavalo pela Chechênia, passando pelo Cáucaso e ao largo do mar, até as montanhas do Daguestão.[11]

Em julho de 1942, a primeira divisão blindada, o 17º batalhão e o 57º corpo de tanques, as divisões blindadas 13 e 22 e a divisão de granadeiros blindados da SS "Viking" avançam sobre Rostov. Além disso, a cidade é bombardeada em toda a sua extensão e arde em chamas em vários lugares. A casa na Chaumyana Uliza onde Sabina Spielrein mora com as filhas também é bombardeada durante os terríveis ataques aéreos. Sabina, Renata e Eva perdem o apartamento e se abrigam em um porão. Em 19 de julho de 1942, unidades alemãs atacam a cidade em três frentes. Em 22 de julho alcançam o verdadeiro núcleo habitado de Rostov, onde continuam os combates nas intrincadas ruas, nas casas e nas barricadas da cidade. As ruas estão destruídas e o pavimento é utilizado para levantar altas barricadas. Cavalos de frisa e minas dificultam o avanço das tropas alemãs. As portas das casas estão tapadas, as janelas são convertidas em postos de tiro com ajuda de sacos de areia e sobre os telhados se encontram, bem camuflados, os franco-atiradores do NKWD. Os combates superam em crueldade tudo que se conhecia até então, e Rostov é quase completamente destruída. A população civil tem que vegetar por onze dias dentro dos porões de suas casas. Em 27 de julho de 1942 as unidades alemãs assumem o controle de Rostov. Nesse momento há na cidade, segundo estimativas imprecisas do comando 10a da SS, de 200 mil a 300 mil habitantes.[12]

Quando, depois de onze dias assustadores dentro de seus porões, as pessoas podem sair às ruas, elas se mostram "intimidadas" e "muito dóceis", como informam comunicados dos territórios do leste ocupados. "Ainda se percebe o efeito da propaganda soviética na população restante, porém o medo da volta dos soviéticos desaparece gradualmente."[13]

Essa versão da história do serviço de segurança diverge do documento "Relatório escrito sobre as atrocidades dos ocupantes fascistas alemães na cidade de Rostov, às margens do Don, durante a ocupação. Dirigido ao secretário do Comitê Regional do Partido Comunista dos Bolcheviques de Rostov, camarada Dvinski", documento classificado como "estritamente confidencial". Nas primeiras páginas do relatório são descritos maus-tratos e assassinatos arbitrários perpetrados pelos alemães: por exemplo, civis são levados a uma escola, os fascistas simulam uma execução e fotografam as pessoas em pânico. Um menino de 14 anos é fuzilado porque três cartuchos são encontrados em seu bolso. Quando se descobre que um membro da Wehrmacht foi assassinado, os alemães tomam 35 moradores como reféns e os fuzilam em represália.[14]

O tenente-coronel Heinrich Seetzen, comandante do comando 10a da SS, marcha sobre Rostov com vinte homens de seu comando e mais trinta soldados italianos que, segundo o desejo de Mussolini, devem mostrar sua "eficiência". Ocupa uma antiga mansão nas proximidades do Hotel Rostov na Budenov-Prospekt como sede de seu gabinete. O relatório do grupo de ação D classificado como "secreto" é redigido minuciosamente e na linguagem anônima da burocracia:

> Os comandos especiais e de ação do grupo D associados às unidades militares começaram a executar imediatamente as tarefas de segurança polí-

tica desde o início dos ataques na zona sul do *front*. Para isso, o trabalho de segurança política nas regiões recém-conquistadas foi iniciado com toda a força. (...) Apenas uma pequena parte dos judeus de Rostov permanece na cidade. As primeiras medidas de registro foram introduzidas.[15]

Além dos atos arbitrários perpetrados pelos invasores contra a população civil, o comando 10a atua seletivamente contra judeus e comunistas, soldados do Exército Vermelho, pessoas com doenças psíquicas e "suspeitos". Como é de praxe nas "ações de limpeza", os grupos-alvo são primeiramente registrados, depois conduzidos a locais de aglomeração e finalmente executados.

Diferentemente do que ocorre em várias cidades do Leste Europeu e na antiga zona de assentamento, a população judaica de Rostov não vive em bairros separados ou em guetos, mas espalhada por toda a cidade. Permanecem na cidade sobretudo idosos e doentes, mulheres e crianças. A eles se somam muitos judeus que chegam fugindo do avanço das tropas alemãs.[16] Em 1º de agosto de 1942, o comando especial 10a da SS organiza um conselho de anciãos judeus. Em 4 de agosto, Seetzen manda afixar cartazes por toda a cidade. Nesses cartazes informa-se aos judeus que estão agora sob a proteção do comandante alemão, que podem viver despreocupados, porém têm que se registrar em postos instalados em todos os bairros. Para enganar a população judaica, Seetzen faz com que o presidente do conselho dos anciãos, o Dr. Lurye, antigo diretor da Casa de Assistência Médica, assine a convocação. O processo de registro dura cerca de cinco dias e é conduzido por judeus especialmente designados para isso pelos invasores — de acordo com o relatório secreto ao camarada Dvinski —, compreendendo informações como primeiro nome, sobrenome, filiação, ano de nascimento, nacionalidade, local de trabalho, profissão e endereço residencial.[17]

O comando 10a, contudo, não fica inativo durante esse processo de registro. Até 2 de agosto de 1942, cerca de 700 pessoas são presas e 400 são "liquidadas", sobretudo "partidários dispersos e gente do partido".[18]

Anna I. Yevstafyeva, médica-chefe da Clínica Psiquiátrica Estatal de Rostov, e M. K. Bachmakova, enfermeira do mesmo estabelecimento, fazem relatos similares: em 2 de agosto de 1942 três alemães chegam ao hospital, onde estavam internados naquele momento 72 pacientes graves. Um dos alemães fala russo muito bem e se apresenta como especialista em neuropsicologia. Depois de uma ronda de inspeção pela clínica, o médico alemão sugere que se faça uma lista com os nomes de todos os doentes psiquiátricos e promete voltar no dia 3 de agosto para pegá-la. Em 3 de agosto, por volta das 14h, dois grandes caminhões param ao lado do hospital. O médico alemão aparece escoltado por soldados armados e ordena à médica-chefe que instrua seu pessoal a reunir os doentes e levá-los para os caminhões. Ao ser questionado sobre para onde eles seriam levados, o alemão responde que isso seria informado posteriormente. Assim que todos os doentes estão nos caminhões, os alemães examinam todos os quartos e cantos do hospital e deixam o local, que, a partir do dia seguinte, é utilizado como alojamento para comandantes alemães.

Yestafyeva afirma que mais tarde descobriram que os caminhões nada mais eram que *duschegubki*, os temidos caminhões de gás que começaram a ser usados pelo grupo de ação D a partir do fim de 1941.[19]

Assim que todos os judeus de Rostov são registrados, é afixado um segundo cartaz.

> ### Convocação para a população judaica da cidade de Rostov
>
> Nos últimos dias ocorreram vários casos de violência contra a população judaica cometidos por moradores não judeus. É impossível garantir que no futuro tais casos não venham a se repetir enquanto a população judaica morar espalhada pelos vários bairros da cidade. Os órgãos policiais alemães, que até agora procuraram evitar, na medida do possível, esses atos de violência, não encontram outra saída a não ser concentrar os judeus em um bairro separado. Por isso, em 11 de agosto de 1942, todos os judeus de Rostov serão levados a uma zona de residência pró-

pria, onde estarão protegidos de atos de violência. Para levar a cabo essa medida, todos os judeus, de ambos os sexos e de qualquer idade, bem como todos os descendentes de casamentos mistos entre judeus e não judeus, devem comparecer até as 8h da manhã de 11 de agosto de 1942 nos pontos de reunião correspondentes. Para cada um dos bairros estão designados os seguintes pontos:

Nº Bairro (zona de residência) Local de reunião (rua, nº)
1 Kirovski Puchkinskaya, 137/139
2 Andreyevski Sozialistitcheskaya, 90
3 Leninski e Chelesnodorochny Engelsa, 60
4 Oktyabrski Prosvechtchenskaya, 23/73
5 Proletarski e Stalinski 20. Linha 14/ esquina com Murlitchevskaya
6 Ordchonikidsevski Stanislavskogo, 188

Todos os judeus devem levar seus documentos e entregar as chaves de suas casas ou apartamentos nos pontos de reunião. Deve-se prender à chave com arame ou fio um cartão de papelão contendo o nome completo e o endereço exato do morador. Aconselha-se os judeus a levarem todos os objetos de valor e dinheiro, bem como a bagagem de mão necessária. Posteriormente será informado como será feito o transporte do restante das coisas de cada um. A execução sem contratempos dessa ordem é do interesse da própria população judaica. Todo aquele que se opuser a ela e às diretivas do Conselho dos Anciãos deve contar com as consequências inevitáveis.

Pelo Conselho dos Anciãos Judeus — Dr. Lurye[20]

Em 11 de agosto de 1942, às 8h, os judeus começam a chegar aos pontos de reunião, em grupos ou sozinhos, com crianças em idade escolar e bebês, doentes e idosos. Sabina Spielrein e suas filhas moram no bairro Andreyevski; o ponto de reunião nº 2, designado para esse bairro, fica na Sozialisticheskaya 90, a primeira rua paralela ao sul da Chaumyana Uliza, em direção ao Don.

A dona de casa Lina Yakovlevna Pravdiyeva, residente do bairro Andreyevski e testemunha ocular dos preparativos para o assassinato em massa perpetrado no ponto de reunião nº 2, narra:

> Em 9 de agosto de 1942 os alemães ordenaram que todos os judeus comparecessem com todos os seus objetos de valor e as chaves de suas casas nos pontos de reunião em 11 de agosto. Nesse dia os judeus se reuniram nesses pontos (no pátio da escola que fica na esquina da Sozialistitcheskaya com a Gazednaya). Os objetos e as chaves dos que chegavam eram tomados e jogados em uma pilha, e os judeus eram conduzidos até o outro lado do pátio. Depois de algum tempo, chegavam veículos alemães nos quais os judeus eram amontoados. Quando algum idoso ou criança não conseguia subir rápido o bastante, era agredido e jogado para dentro do veículo com as pernas para fora.
> O conhecido médico terapeuta Ingall Moishe Markovitch levava sua mala ao embarcar no veículo e queria se afastar. Um alemão correu rapidamente até ele, tomou a mala de suas mãos e o obrigou a embarcar. Depois que conseguiu embarcar com muito esforço, o Dr. Ingall quis olhar para fora do veículo; um soldado alemão lhe deu um soco tão forte que seu chapéu voou. Os alemães levaram os veículos cheios de judeus na direção da "pequena cidade do trabalho".[21]

Logo fica claro que não se trata de proteção, e sim de extermínio. Muitos dos capturados se suicidam. Outros tentam construir barricadas em suas casas. A maioria se submete. Quem se opõe ou é muito fraco para chegar aos pontos de reunião é "recolhido". Os caminhões viajam sem cessar dos pontos de reunião na direção nordeste, onde, a 5 quilômetros de distância, ficam os vilarejos "2-ya Smiyovka" e Smiyevskaya Balka, a "Garganta da Serpente", e o despenhadeiro.[22]

Muito próximo do desfiladeiro há uma casa vazia no meio de uma área verde. Leo Maar, alemão do leste nascido na Ucrânia, trabalha como intérprete para o comando 10a da SS.

Em 1965 e em 1966, Maar presta declarações no inquérito para a causa contra Heinz Seetzen no tribunal de Munique I. A linguagem dos interrogatórios atesta a "quotidianidade" do assassinato.

Leo Maar declara:

> Era uma casa de um andar. Eu me lembro de três cômodos, que pareciam já ter sido preparados. Em cada cômodo havia uma mesa e uma caixa, esta medindo um metro de altura por 50 centímetros de largura e 50 centímetros de profundidade. A casa tinha uma porta nos fundos e outra na frente. Em cada cômodo havia duas janelas. Ao lado de cada mesa havia um banquinho. Não havia mais nada nos cômodos. O encarregado a quem eu estava destinado, um primeiro-sargento da SS (...), instruiu-me sucintamente nesse mesmo lugar sobre a minha atividade. O primeiro-sargento disse: "Logo as pessoas vão entrar aqui; diga a elas que coloquem seus objetos de valor na mesa e vão se despir em um canto do cômodo. Depois eles tomarão um banho, ganharão roupas novas e irão para um campo de trabalho." Estas foram as palavras que traduzi depois para os judeus que chegavam, disso estou certo.[23]

Na antessala da casa os judeus que chegavam eram separados: homens para um lado, mulheres e crianças para outro. Leo Maar ficava no cômodo destinado às mulheres:

> Então, segundo indicação do primeiro-sargento mencionado, exigi às mulheres que deixassem seus objetos de valor, como anéis, relógios, ouro e dinheiro, em cima da mesa. A maioria obedeceu sem opor resistência, e o primeiro-sargento sentado à mesa colocava os objetos na caixa que ficava ao lado dele. Depois indiquei às mulheres que fossem ao canto do cômodo e se despissem. Naturalmente eu tinha que fazê-las entender que precisavam fazer isso mesmo que tivessem vergonha. Quando a coisa não funcionava como devia, o primeiro-sargento gritava para os judeus e para mim, de forma que as mulheres se despiam rapidamente, mesmo não tendo entendido uma palavra do que ele tinha dito. O que as assustava era o volume dos gritos.
> Sempre entravam no cômodo de 8 a 10 mulheres com seus filhos — quando os tinham —, depositavam os objetos de valor sobre a mesa, se despiam e saíam pela mesma porta traseira. (...) O processo no qual os judeus — no meu caso, judias — entregavam seus objetos de valor e se despiam em minha presença durava do final da manhã até a

tarde. Durante esse tempo, passaram por mim várias centenas de pessoas. Não tínhamos tempo nem para almoçar. Eu ficava impressionado com a quantidade de joias coletadas. Vários judeus tinham objetos muito valiosos. Lembro-me nesse contexto de uma senhora mais velha que tirou o sutiã e o jogou no chão. Ao cair, o sutiã fez um barulho como o de um objeto duro. O primeiro-sargento mandou que eu levasse a ele o sutiã, o que eu fiz. O primeiro-sargento o abriu e encontrou uma grande quantidade de rublos de ouro. O fato de os judeus terem tanto ouro o deixava furioso.

Uma vez, quando tivemos uma pequena pausa em nossa atividade, olhei para fora pela porta de trás da casa e notei que um longo muro passava ao redor da casa. Nesse muro havia uma porta, e atrás da porta, eu podia ver, estavam parados caminhões."[24]

As pessoas despidas e roubadas tinham que passar por essa porta e em seguida embarcar nos caminhões que as levariam embora.

Como preparação para o assassinato em massa, soldados do Exército Vermelho capturados e outras pessoas do partido presas eram obrigados pelos alemães a cavar treze covas — cada uma medindo 3 x 5 x 7 metros —, 5 quilômetros a noroeste de Rostov e a poucas centenas de metros do vilarejo "2-ya Smiyovka".

Beloded Ignat Stepanovitch, um morador desse vilarejo, relatou: "Em 10 de agosto, às 6h da tarde, foi recomendado a todos os moradores, a mim inclusive, que saíssem do vilarejo no dia 11 de agosto, das 7h às 19h. A justificativa dada foi um exercício de tiro. Também nos disseram que quem não obedecesse à ordem seria fuzilado."

Na noite de 11 de agosto, ao voltar para o vilarejo, Stepanovitch fez as seguintes observações:

> No vilarejo 2S vi, no caminho para o bosque, um grupo de mulheres e crianças de cerca de 150 a 200 pessoas. Quando vi isso, entendi na hora por que tínhamos sido afastados do vilarejo e para onde a coluna de mulheres e crianças estava sendo conduzida, também porque ouvi barulho de tiros. Pela rua circulavam caminhões cheios de pessoas.

Por volta de 14 de agosto fui a esse bosque onde ouvi os tiros e vi que as covas estavam cheias de cadáveres, cobertos com uma fina camada de terra sobre a qual havia pequenos fios de sangue.[25]

Outra moradora do vilarejo, Ulyana Tomofeyevna Kireyeva, conta:

Eu deixei o local, mas meu marido, Kireyev I. K., ficou no vilarejo, e eu soube por intermédio dele que em 11 de agosto os alemães ficaram até tarde da noite perpetrando uma matança monstruosa da população judaica da cidade de Rostov. Meu marido me contou que todos os judeus eram despidos no bosque, levados até as covas e fuzilados à queima-roupa. Mulheres, crianças e idosos eram fuzilados; as crianças [vivas] eram atiradas pelos ocupadores dentro das covas junto das mães mortas. Depois do dia do assassinato em massa e até setembro de 1942, os alemães continuaram a levar ao bosque vários caminhões cheios de gente, e lá as pessoas eram fuziladas ao lado das covas. Desde o início do assassinato em massa até setembro de 1942, os monstros fascistas alemães cometeram atrocidades no vilarejo 2S e mataram 13 mil cidadãos soviéticos. Todas essas pessoas foram enterradas nas covas preparadas anteriormente; depois os presos também eram fuzilados [os presos haviam cavado as covas = eliminação de testemunhas]. Existem sete dessas covas, cheias de cidadãos soviéticos.[26]

No dia seguinte, 12 de agosto de 1942, os assassinatos continuam. Agora também são usados *duschegubki*, caminhões convertidos e disfarçados de trailers dentro dos quais são espremidas de cinquenta a oitenta pessoas. O interior das carrocerias é hermeticamente fechado, e as pessoas sufocam lenta e dolorosamente pelos gases expelidos.

A viúva I. Filyenko, testemunha ocular, relata:

Além dos fuzilamentos, os assassinos alemães mataram centenas e milhares de pessoas em caminhões especiais, os *duschegubki*. Os caminhões pareciam ônibus sem janelas e tinham capacidade para cerca de cinquenta pessoas. Depois que os *duschegubki* chegavam ao local do fuzilamento, ficavam cerca de vinte minutos parados com o motor ligado. Então as portas da parte de trás do caminhão eram abertas e saía uma fumaça escura. Depois de dissipada a fumaça, o caminhão era manobrado com a parte de trás virada para a cova, onde os cadáveres nus de homens e mulheres eram atirados. Segundo as minhas contas, os alemães fuzilaram ou mataram nos *duschegubki*, entre 2 e 10 de agosto, mais de 4 mil pessoas no vilarejo 2S.[27]

No terceiro dia, a chamada "ação" continua. Depois disso, começam as "limpezas finais", que também produzem muitas vítimas: judeus, comunistas, soldados doentes do Exército Vermelho, jovens vagabundos.

Em 1943, depois que as tropas alemãs são expulsas de Rostov pelo Exército Vermelho, Olga e Nina Snitkova tentam obter informações sobre o destino de Sabina Spielrein, Renata e Eva. Em 1944, Nina Snitkova viaja a Rostov com esse objetivo.

Ela conta:

Nossa vizinha de apartamento conhecia bem Sabina e as filhas, e também meu pai; como é costume no sul, todos se conhecem, pois a vida acontece nos pátios das casas, o que fazia com que minha mãe tivesse muito medo por mim. Essa vizinha, digo, contou que tinha visto como os judeus foram conduzidos em grande número pela Gartensstraße, depois pela Hauptstraße — que na época se chamava Engels-Straße. As pessoas observavam a cena das calçadas. Ela viu que Sabina Spielrein estava entre esses judeus. Ao seu lado iam Eva e Renata, que a amparavam. Sempre acreditamos que os alemães as tinham levado para a Garganta da Tartaruga [também conhecida como Garganta da Serpente ou do Dragão]. Em 1981 eu estive lá, viajei para lá especialmente por isso. Mas não havia nada lá, assim como em Kiev: tudo enterrado e ponto final; 70 mil pessoas. Quando estive lá, havia um monumento em memória de todos que tinham morrido no local: partidários e russos que foram fuzilados, mas, é claro, a maioria eram judeus.[28]

No Arquivo do Holocausto do memorial Yad Vaschem em Jerusalém existem três formulários que atestam a morte de Sabina Spielrein, Renata Scheftel e Eva Scheftel — foram preenchidos em outubro de 1995 por Valeria Elvova, uma companheira de colégio de Eva Scheftel. Nas perguntas sobre o momento, o local e a causa da morte, Elvova escreve: "em 1942, mortas com outros judeus, em Rostov, às margens do Don".[29]

Epílogo

No aniversário do Yom Ha Shoa de 19 de abril de 2004 os membros da comunidade judaica de Rostov foram com o rabino Chaim Fridman à Smiynevskaya Balka, acenderam velas e rezaram o kadish, a oração pela paz. Depois disso, duas listas foram lidas em voz alta. Na primeira estavam os nomes das vítimas do assassinato em massa dos judeus de Rostov. Na segunda lista, os nomes daqueles que ajudaram os assassinos.

Em 20 de outubro de 2002, a prefeitura de Rostov afixou uma placa dedicada à "psicanalista Sabina Spielrein" na antiga casa dos Spielrein na Puchkinskaya.

Em 19 de abril de 2003, foi plantado um carvalho na Garganta da Serpente para Sabina Spielrein, tal como ela expressou em seu texto "Último desejo", em 1904, em Burghölzli.

Nota editorial

A datação das fontes segue a data do original, ou seja, deve-se levar em conta que na Rússia o calendário juliano esteve em vigor até fevereiro de 1918, e foi atrasado 12 dias no século XIX e 13 dias no século XX com relação ao calendário gregoriano.

Nem todos os arquivos privados dão acesso aos textos-fonte; há restrições de citação em alguns documentos. Sempre que possível, nos reportamos ao texto-fonte. A certidão de casamento de Sabina Spielrein e Pavel Scheftel, encontra-se no Gosudarstevnnyi Arkhiv Rostovskoi Oblasti, em Rostov. O acesso não é permitido por razões de segurança das informações, assim como outros dados pessoais referentes aos membros da família Spielrein e Scheftel.

Erros insignificantes de digitação nos textos citados foram corrigidos, mas tomamos o cuidado de preservar peculiaridades — como, por exemplo, o contato de Spielrein com a língua alemã. Omissões e observações da autora foram indicadas em colchetes.

Os escritos póstumos de Sabina Spielrein encontram-se em um apartamento particular em Genebra. Há planos de transportá-los em breve para um arquivo público.

Tabela de abreviaturas

Barch	Arquivo nacional de Berlim, divisão do Reich
CAR	Aldo Carotenuto. *Tagebuch einer heimlichen Symmetrie. Sabina Spielrein zwischen Jung und Freud*. Freiburg, 1986. [*Diário de uma secreta simetria. Correspondência entre Jung e Freud*. Tradução de Amélia Rosa Coutinho. Rio de Janeiro: Paz e Terra, 1984.]
Copierbuch	StAZ. P.U.K. Z99 Copierbuch [mais número do volume]
GW	Sigmund Freud, obra completa
GWJ	C. G. Jung, obra completa
IJJR	Instituto Jean-Jacques Rousseau, em Genebra
Imago	*Imago. Zeitschrift für Anwendung der Psychoanalyse auf die Geisteswissenschaften* [Imago. Revista para aplicação da psicanálise às ciências humanas]
IPV	Internationale Psychoanalytische Vereinigung [Associação Psicanalítica Internacional]
IZP	*Internationale Zeitschrift für ärztliche Psychoanalyse: offizielles Organ der Internationalen Psychoanalytischen Vereinigung* (1913-1919) [Revista internacional de psicanálise médica: publicação oficial da Sociedade Psicanalítica Internacional]; a partir de 1920: *Internationale Zeitschrift für Psychoanalyse: offizielles Organ der Internationalen Psychoanalytischen Vereinigung* [Revista internacional de psicanálise: publicação oficial da Sociedade Psicanalítica Internacional]
Anuário	*Jahrbuch für Psychoanalytische und Psychopathologische Forschungen* [Anuário de pesquisas psicanalíticas e psicopatológicas]
KG	StAZ. P.U.K. Krankengeschichte [Registros médicos, mais o número]
LAH	1ª Divisão SS Leibstandarte Adolf Hitler

NEP	*Neue Ökonomische Politik* [Nova política econômica]
NKWD	Volkskommissariat für Innere Angelegenheiten der UdSSR [Comissariado popular para assuntos internos da União Soviética]
PUK	Clínica psiquiátrica universitária de Burghölzli, em Zurique
RB	Carta circular do "Comitê Secreto" ["Geheimen Komitees"]
RPV	Russische Psychoanalytische Vereinigung [Associação Psicanalítica Russa]
Sk 10a	Comando especial da SS [composto de presos] 10a
StAnw	Procuradoria do Estado
StAZ	Staatsarchiv des Kantons Zürich [Arquivo Público do Cantão de Zurique]
StZ	Stadtarchiv Zürich [Arquivo Municipal de Zurique]
WPV	Wiener Psychoanalytische Vereinigung [Associação Psicanalítica de Viena]
WW	Irene Wachenhut/Anke Wilke. *Sabina Spielrein. Mißbrauchüberlebende und Psychoanalytikerin, Eine Studie ihres Lebens und Werkes unter besonderer Berücksichtigung ihrer Tagebücher und ihres Briefwechsels. Anhang A: Übersetzung und Edition der bisher unveröffentlichten Schriften* (I. Wackenhut), Dissertation aus der Abteilung Geschichte der Medizinischen Hochschule Hannover, 1994 ["Sabina Spielrein. Sobrevivente de abusos e psicanalista. Um estudo de sua vida e obra com especial atenção dedicada a seus diários e a sua correspondência. Anexo A: Tradução e edição dos escritos inéditos. (I. Wackenhut) Tese de doutoramento apresentada ao departamento de História da Medicina na Faculdade de Medicina de Hannover, Hannover, 1994]

Notas

Prólogo

1. Cf. MARTÓN, Elisabeth. *Ich hieß Sabina Spielrein*. Documentário, 90 minutos. IDÉ Film Felixson LTD Estocolmo/Suécia/Suíça/Dinamarca/Finlândia: 2002.

2. Cf. HAMPTON, Christopher. *The Talking Cure*. Londres/Nova York: 2002.

3. Cf. SPIELREIN, Sabina. *Ausgewählte Schriften* [Obras escolhidas]. Günter Bose e Erich Brinkmann (orgs.). Berlim: 1986; Idem. *Die Destruktion als Ursache des Werdens*. Tübingen: 1986; Idem. *II. Sämtliche Schriften*. Freiburg i.Br.: 1987.

4. Cf. MINDER, Bernhard. "Sabina Spielrein. Jungs Patientin am Burghölzli". *Luzifer-Amor. Zeitschrift zur Geschichte der Psychoanalyse*, ano 7, vol. 14, 1994, pp. 55-127.

5. Cf. WACKENHUT, Irene e WILLKE, Anke. *Sabina Spielrein. Mißbrauchüberlebende und Psychoanalytikerin, Eine Studie ihres Lebens und Werkes unter besonderer Berücksichtigung ihrer Tagebücher und ihres Briefwechsels. Anhang A:Übersetzung und Edition der bisher unveröffentlichten Schriften* (I. Wackenhut) Tese de doutorado em História da Medicina apresentada na Faculdade de Medicina de Hannover. Hannover, 1994. A tese contém materiais que Aldo Carotenuto não utilizou em suas publicações (1982, 1984, 1986). Uma parte desse material foi publicada em: SPIELREIN, Sabina. *Ausgewählte Schriften*. Günther Bose e Erich Brinkmann (orgs.). Berlim: 1986; Idem. "Extraits inédits d'un journal. De l'amour, de la mort, de la transformation." Traduzido do alemão por Jeanne Moll em: *Le Bloc-Notes de la Psychanalyse*, n° 3, 1983, pp. 147-170. Em inglês: SPIELREIN, Sabina. "Unedited extracts from a diary". Com prólogo de Jeanne Moll. In: *Sabina Spielrein. Forgotten Pioneer of Psychoanalysis*. Coline Covington e Barbara Wharton (orgs.). Hove/Nova York: 2003, p. 15-31; Idem. "Les vents". In: *Patio* 1983, n° 1, pp. 84-87; LOTHANE, Zvi. "Tender Love and Transference. Unpublished letters

of C. G. Jung and Sabina Spielrein." *International Journal of Psychoanalysis*, 1999, vol. 80, pp. 1189-1204. Para manter a uniformidade, as citações serão feitas sempre a partir de Wackenhut e Willke, doravante WW.

6. RICHEBÄCHER, Sabine. "'Bist mit dem Teufel du und du und willst dich vor der Flamme scheuen?' Sabina Spielrein und C. G. Jung: Ein verdrängtes Skandalon der frühen Psychoanalyse". In: SPRECHER, Thomas (org.). *Das Unbewußte in Zürich. Literatur und Tiefenpsycholoie um 1900*. Zurique: 2000, pp. 147-187.

I. INFÂNCIA NA RÚSSIA

1. Nikolai Mochkovitch Spielrein: de filho de agricultor a grande homem de negócios

1. Cf. carta de Eva Spielrein a Sabina Spielrein de 12 de janeiro de 1917, Genebra. As cartas da família, salvo algumas exceções, estão escritas em russo.

2. Cf. BUGMANN, Karin Huser. *Schtetl an der Sihl. Einwanderung, Leben undalltag der Ostjuden in Zürich*. Zurique: 1998, p. 35ss.; HAUMANN, Heiko. *Geschichte der Ostjuden*. Munique: 1990, pp. 95, 99ss., 105, 121.

3. Cf. DUBNOW, Simon. *Mein Leben*. Berlim: 1937.

4. Cf. GÜNTHER, Karl Heinz; HOFMANN, Franz; HOHENDORF, Gerd. *Geschichte der Erziehung*. Berlim: 1976, p. 469.

5. Cf. SCHWARA, Desanka. "Ojfn weg schtejt a bojm". In: *Jüdische Kindheit und Jugend in Galizien, Kongreßpolen, Litauen und Rußland 1881-1939*. Colônia: 1999; RÜTHERS, Monica. *Tewjes Töchter. Lebensentwürfe ostjüdischer Frauen im 19. Jahrhundert*. Colönia/Weimar/Viena: 1996.

6. Cf. SPIELREIN, Isaak. "Zur Aussprache und Transkription des Jüdischen". In: BUBER, Martin (org.). *Der Jude. Eine Monatsschrift*, ano 2, H. ½, abril/maio de 1917, p. 286.

7. Cf. NACHAMA, Andreas e SIEVERNICH, Gereon. *Jüdische Lebenswelten*. Catálogo. Frankfurt a.M.: 1991, p. 13.

8. Cf. NACHAMA, op. cit., p. 10.

9. Não se sabe em que circunstâncias Naphtul Spielrein e Eva Lublinskaia se conheceram, mas pode-se supor que, de acordo com a época e a tradição, tratou-se de um casamento arranjado. Sabina Spielrein escreve sobre isso: "Ele foi apre-

sentado a ela pelo avô. Por quê? Sua inteligência e sua devoção impressionavam os avós". Diário de Sabina Spielrein, 18 de outubro de 1910. In: CAROTENUTO, Aldo (org.) *Sabina Spielrein. Tagabuch einer heimlichen Symmetrie. Sabina Spielrein zwischen Jung und Freud.* Freiburg i. Br.: 1986, p. 62, citado doravante como CAR.

10. Em 1903, a título de exemplo, foram transportadas 1.320.200 toneladas de trigo, centeio, cevada e aveia — e isso considerando um volume total de exportação de 1.344.340 toneladas.

11. WEIZMANN, Chaim. *Memoiren. Das Werden des Staates Israel.* Zurique: 1953, p. 112.

12. WEIZMANN, Vera. *The Impossible Takes Longer.* Nova York/Evanston: 1967, p. 91 (Tradução do inglês para o alemão: SR).

13. Cf. LJUNGGREN, Magnus. "Sabina und Isaak Spielrein". In: BJÖRLING, Fiona (org.). *On the Verge. Russian Thought Between the Nineteenth and the Twentieth Centuries.* Lund: 2001, p. 79.

2. Eva Lublinskaia: uma pioneira dos estudos femininos na Rússia

1. O equivalente judeu para "Eva" é "Khave". Unificamos os nomes aqui para facilitar a leitura.

2. Cf. 17 de abril de 1900, WW, p. 160. Cf. também 29 de agosto de 1918, atestado médico do Dr. Zeitlin, Genebra (médico da família Spielrein).

3. Cf. 18 de outubro de 1910, CAR, p. 60.

4. Cf. HAUMANN, op. cit., p. 51.

5. Cf. 18 de outubro de 1910, CAR, p. 61.

6. Cf. 18 de outubro de 1910, CAR, p. 61.

7. Cf. 18 de outubro de 1910, CAR, p. 62.

8. Pode-se compreender como esse ato foi pioneiro considerando o fato de que, no final do século XIX, no império russo, três quartos da população — no caso feminino, o percentual chega a 86,9% — eram analfabetos. Cf., a esse respeito, NEUMANN, Daniela. *Studentinnen aus dem Russischen Reich in der Schweiz (1867-1914).* Zurique: 1987, p. 42.

9. Cf. 18 de outubro de 1910, CAR, p. 62.

10. Cf. 23 de setembro de 1909, CAR, p. 43.

11. Cf. 19 de novembro de 1918, de Nikolai Spielrein para Sabina Spielrein, Genebra.

12. Entrevista de Regine Kühn com Nina Snitkova: 26, São Petersburgo, 2000, com cordial autorização de Regine Kühn e Eduard Schreiber. Nina Snitkova é a filha ilegítima de Pavel Scheftel, marido de Sabina Spielrein.

3. Grande deusa, alquimista, ataques de ansiedade — infância no sul da Rússia

1. O registro de nascimentos da comunidade judaica se encontra no Gosudarstvennyi Arkhiv Rostovskoi Oblasti (GARO).

2. Cf. 8 de novembro de 1971, carta de Eva Spielrein a Sabina Spielrein, Genebra.

3. Cf. 18 de agosto de 1904, prontuário médico de Spielrein, StAz. P.U.K. KG 8793: p. 2, citado doravante como KG 8793.

4. SPIELREIN, Sabina. "Beiträge zur Kenntnis der Kindlichen Seele" [Contribuições ao conhecimento da alma infantil]. *Zeltralblatt für Psychoanalyse*, ano 3, vol. 2, novembro de 1912, p. 60.

5. Cf. SPIELREIN, ibidem, p. 60.

6. Cf. SPIELREIN, ibidem, p. 58.

7. SPIELREIN, ibidem, p. 59s.

8. Cf. HAUMANN, op. cit., p. 45s.

9. SPIELREIN, "Beiträge...", op. cit., p. 58.

10. Cf. JUNG, C. G. "Die Freudsche Hysterietheorie" [A teoria freudiana da histeria] (1908). In: RIKLIN, Franz; JUNG-MERKUR, Lilly; RÜF, Elisabeth (orgs.). *GWJ IV*. Zurique: 1969, p. 24.

11. Cf. KG 8793, p. 3.

12. SPIELREIN, "Beiträge...", op. cit., p. 57.

13. SPIELREIN, "Beiträge...", op. cit., p. 58.

14. Cf. 10 de junho de 1897, WW, p. 136.

15. Cf. GÜNTHER, op. cit., p. 261-268.

4. No Colégio Catarina, em Rostov

1. 12 de setembro de 1896, WW p. 121. Enquanto estudou no Colégio Catarina, em Rostov, Sabina escreveu um diário em três cadernos finos, com 15, 35 e 14 páginas. As entradas começam em 12 de setembro de 1896 e terminam em 9 de agosto de 1902; há várias interrupções. Além das entradas de diário propriamente ditas, há uma série de pequenos contos e um texto escrito para o aniversário da mãe. O terceiro caderno continua a partir do outono de 1904. Nesse momento, Sabina Spielrein está em Burghölzli, o sanatório do cantão de Zurique. O material foi traduzido para o alemão a partir do russo por Irene Wackenhut e foi publicado como anexo de sua tese de doutorado; além disso, foram publicadas algumas cartas familiares e cartas de Sabina Spielrein com conteúdo psicanalítico. Os originais encontram-se em um apartamento particular em Genebra. Nos arquivos do Central Archives for the History of the Jewish People (CAHJP), em Jerusalém, assim como no Yidisher Visenshaflikher Institut (YIVO), em Nova York, encontram-se vários diários de jovens judeus do período entre 1881 e 1939. Os diários de Sabina Spielrein podem ser equiparados a esses textos como documento histórico. Da perspectiva de adolescentes, são descritos o ambiente e os problemas do dia a dia de diferentes classes sociais em uma época de profundas mudanças sociais, econômicas e políticas.

2. Cf. KOLODNYI, L. "Mit doppeltem boden". Moscou: Moskowskaia Prawda, 1992, segundo WW, p. 13.

3. Cf. SPIELREIN, "Beiträge...", op. cit., p. 57, 61.

4. 30 de março de 1897, WW, p. 130.

5. Cf. 3 de fevereiro de 1897, WW, p. 124.

6. Cf. 20 de (...) de 1896, de Sabina Spielrein para Nikolai Spielrein, Genebra.

7. Cf. 20 de abril de 1910; 9 de novembro de 1913, de Nikolai Spielrein para Sabina Spielrein, Genebra.

8. Cf. OVCHARENKO, Victor. "Le destin de Sabina Spielrein". *L'Evolution Psychiatrique*, n° 60, vol. 1, 1995, p. 116.

9. 18 de julho de 1898, WW, p. 150.

10. 26 de fevereiro de 1897, WW, p. 126.

11. Uma versta corresponde a 1.066,78 metros, ou seja, cerca de 1,07 quilômetros.

12. 11 de agosto de 1897, WW, p. 140.

13. 11 de agosto de 1897, WW, p. 140.

14. 16 de julho de 1898, WW, p. 149s.

15. Cf. 29 de outubro de 1897, WW, p. 143.

16. 13 de abril de 1898, WW, p. 145.

17. Cf. 11 de maio de 1898, WW, p. 148.

18. Cf. 11 de maio de 1898, WW, p. 148.

19. 2 de janeiro de 1899, WW, p. 154.

20. Cf. entrevista de Snitkova, 2000, p. 25.

21. 2 de fevereiro de 1897, WW, p. 123.

22. 22 de julho de 1898, WW, p. 152.

23. 1º de janeiro de 1899, WW, p. 153.

24. 19 de agosto de 1904, KG 8793, p. 4.

25. 8 de janeiro de 1905, KG 8793, p. 12.

26. 26 de fevereiro de 1900, WW p. 158s.

27. 25 de fevereiro de 1900, WW, p. 157s.

28. 19 de outubro de 1910, CAR, p. 64s.

29. Cf. GARO, fundo 72, inventário I, arquivo 17; CAR, p. 63.

30. 2 de agosto de 1902, WW, p. 177.

II O PRIMEIRO PERÍODO NA SUÍÇA (1904-1911)

5. A idade nervosa

1. 11 de junho de 1901, WW, p. 161ss.

2. Cf. MARX, Karl e ENGELS, Friedrich. *Das Kommunistische Manifest*. Berlim: [1848] 1945, p. 7 [Edição brasileira: *O manifesto comunista*. Tradução de Sueli Barros Cassal. São Paulo: L&PM, 1998].

3. Cf. RADKAU, Joachim. *Das Zeitalter der Nervosität. Deutschland zwischen Bismarck und Hitler*. Munique: 2000; WEICKMANN, Dorion. *Rebellion der Sinne. Hysterie — ein Krankheitsbild als Spiegel der Geschlechterordnung (1880-1920)*. Frankfurt/M.: 1997; CORBIN, Alain. *Meereslust. Das Abendland und die Entdeckung der Küste. 1750-1840*. Berlim: 1990.

4. SCHLEICH, Ludwig. *Vom Schaltwerk der Gedanken. Neue Einsichten und Betrachtungen über die Seele*. Berlim: 1926, p. 254.

5. Cf. "Hysterie (in Villarets 'Handwörterbuch')". In: GW, volume suplementar. Frankfurt/M.: 1987, p. 72.

6. In: MASSON, Jeffrey Moussaieff (org.). *Sigmund Freud. Briefe an Wilhelm Fließ 1887-1904* [Cartas a Wilhelm Fliess]. Frankfurt/M.: 1985, p. 149. Cf. também FREUD, Sigmund. "Entwurf einer Psychologie" [Projeto de uma psicologia] (1895). In: *GW*, volume suplementar. Frankfurt/M.: 1987, pp. 387-477.

7. In: *GW*. Volume XIV. Frankfurt/M.: 1976, pp. 419-506.

8. BÖHM, Max. *Lehrbuch der Naturheilkunde vom Standpunkte der Erfahrung und Wissenschaft. Die Krankheiten der Frauen (Gynäkologie)*. Chemnitz: 1897, p. 9.

9. Cf. IDELER, Karl Wilhelm. "Vorwort". In: DUBOIS, E. F. *Über das Wesen und die gründliche Heilung der Hypochondrie und Hysterie*. Berlim: 1840, pp. V, LIV, LV.

10. Sabina Spielrein também está confiante na aceitação social da fórmula nervosa: "Fiquei uma semana inteira sem ir ao colégio. Não gosto quando mentem. Papai escreveu um bilhete dizendo: [...] *Quand on te demandra comment étais-tu malade, alors dis que le soeur te faisait mal*. E o médico disse que eu tinha uma visão ideal. E o que vai acontecer se perguntarem com que médico me consultei e como estão meus olhos? Prefiro dizer que foi uma doença de fundo nervoso." Vide 25 de março de 1897, WW, p. 128.

11. 11 de junho de 1901, WW, p. 162.

12. 11 e 15 de junho de 1901, WW, p. 162.

13. Cf. 25 de junho de 1901, WW, p. 163.

14. 25 de junho de 1901, WW, p. 163ss.

15. Cf. HALLER, Johannes. *Lebenserinnerungen. Gesehenes — Gehörtes — Gedachtes*. Stuttgart: 1960, pp. 74ss.

16. 25 de junho de 1901, WW, p. 164.

17. 2 de junho de 1901, WW, p. 165.

18. 1 de junho de 1901, WW, p. 165.

19. 6 de julho de 1901, WW, p. 165.

20. Cf. 6 de junho de 1901, WW, p. 166. Pode-se identificar facilmente os locais de estadia, trajetos de passeio e locais de excursão dos três em um mapa da época.

21. 25 de julho de 1901, WW, p. 171.

22. 25 de julho de 1901, WW, p. 172.

23. 10 de julho de 1901, WW, p. 167.

24. Cf. 19 de agosto de 1904, KG 8793, p. 4.

25. 25 de julho de 1901, WW, p. 172.

26. Cf. 18 de outubro de 1904, KG 8793, p. 10.

27. 16 de julho de 1901, WW, pp. 168ss.

6. A terra adorada

1. 18 de outubro de 1910, CAR, p. 63. "... acho que foi lá pela sexta série e depois da morte da minha irmãzinha que a minha doença começou. Me refugiei na solidão."

2. Cf. comunicação pessoal de Menicha Spielrein. In: LJUNGGREN, Magnus. "Sabina Spielrein mellan Jung och Freud". *Expressen*, Estocolmo, 15 de julho de 1983, p. 4 (tradução de Marianne Kern); LJUNGGREN, "Sabina and Isaak Spielrein", pp. 81ss.

3. Cf. 25 de setembro de 1905, de Jung a Freud. In: StAZ. P.U.K. Z99, Livro de anotações 63, pp. 471ss. Citado doravante como "Livro de anotações".

4. Cf. 25 de fevereiro de 1900, WW, p. 158.

5. Cf. BERG, Feiga. "Korrespondenzija. Zjurichskie psichiatritscheskie wpecatlenija". In: *Sowremenaja Psichiatrija*, vol. 1, 1909, pp. 9-15 (tradução de Irina Ariana Styblo).

6. Cf. ROSANOV, Wassiliy (1856-1919). Para: Evgeniy Neceporuk (Simerofopol). "Vasilij Rozanov und die Schweiz". In: BRANG, Peter; GEOHRKE, Carsten; KEMBALL, Robin (orgs.). *Bild und Begegnung. Kulturelle Wechselseitigkeit zwischen der Schweiz und Osteuropa im Wandel der Zeit*. Basileia/Frankfurt/M.: 1996, p. 264.

7. Cf. HARTMANN, H. *Führer durch Interlaken und seine Umgebung*. Associação Hotel Interlaken [s.d.]: pp. 3, 4, 5.

8. Graças a uma fina folha de papel medindo 14 x 22 centímetros, que estava colada na página 9 do prontuário de Burghölzli, sabemos que Sabina esteve lá. Trata-se de um recibo do "Dr. Moritz Heller, médico e proprietário do Sanatório Interlaken" no valor de 100 francos "pagos adiantados", emitida em 21 de julho de 1904 para a "Srta. Silberrein". Cf. KG 8793, p. 9.

9. Até a Primeira Guerra Mundial, a maioria dos pacientes de Sigmund Freud era originária do Leste europeu.

10. Permanece incerto com base em que recomendação ou conselho Sabina Spielrein chegou ao Sanatório do Dr. Heller para se tratar. O arquivo dos prontuários do sanatório foi conservado, segundo declarações dos descendentes do Dr. Heller, porém não foi possível consultá-lo.

11. Cf. KG 8793, p. 9.

12. 18 de agosto de 1904, KG 8793, p. 2. C. G. Mais tarde, em Burghölzli, Jung afirma que o médico não estava maduro para lidar com as "veleidades e loucuras" dela. Sabina teria enlouquecido todos em Interlaken. Cf. 25 de setembro de 1905, de Jung a Freud, Livro de anotações 63, p. 471.

13. Cf. GEORGI, F. "Constantin von Monakov (1853-1930)". In: *Große Nervenärzte*, vol. 3. Von Kurt Kolle (org.). Stuttgart: 1963, pp. 149-163; VON WYSS, Walter H. *50 Jahre Psychophysiologie in Zürich. A. Forel, E. Bleuler, C. von Monakow, W. R. Hess*. 111ª folha. Zurique: 1948, pp. 37-54.

14. Não fica muito claro por que Monakov se negou a realizar o tratamento: nos prontuários de Burghölzli consta somente que ela é "inquieta demais" para ele. Cf. 18 de agosto de 1904, KG 8793, p. 2. Talvez Monakov tenha recusado o tratamento com a justificativa de que "não trata *dementia praecox*". Cf. BERG, Feiga, op.cit., p. 14.

15. 17 de agosto de 1904, KG 8793.

7. Burghölzli

1. Adotamos a descrição oficial da época para reproduzir a atmosfera opressiva de então. Por isso foram evitados os conceitos politicamente corretos.

2. Uma parte do texto está na entrada do prédio, esculpida à direita na parede, como inscrição e programa pétreos.

3. FOREL, Auguste. *Rückblick auf mein Leben*. Praga/Zurique: 1935, p. 101.

4. Como revela uma olhada no "Índice dos diretores, médicos assistentes e voluntários que trabalharam em Burghölzli desde 1º de julho de 1870" (1920), Forel inaugura uma tradição de colaboração feminina. Cf. o "Índice..." supracitado até 30 de abril de 1920. StAZ. P.U.K. 124.10.

5. Cf. ELLENBERGER, Henry F. *Die Entdeckung des Unbewussten. Geschichte und Entwicklung der dynamischen Psychiatrie von den Anfängen bis zu Janet, Freud, Adler und Jung*. Berna: 1996, pp. 9ss.

6. Cf. ELLENBERGER, Henry F. Ibidem, pp. 143ss.; MCDOUGALL, Joyce. *Theater der Seele. Illusion und Wahrheit auf der Bühne der Psychoanalyse*. Munique/Viena: 1988.

7. FOREL, 1935, p. 133.

8. Cf. HAUPTMANN, Gerhart. *Vor Sonnenaufgang*. Berlim: 1889.

9. RUOFF, Wilhelm Heinrich. *Stammtafeln des Bürgerverbandes Alt-Zollikon*. Bearbeitet von Wilhelm Heinrich Ruoff [s.l.] 1958, p. 20.

10. FOREL, 1935, p. 131.

11. Entrada de 16 de abril de 1898. Cf. cartões pessoais, organizados alfabeticamente. StAZ SS 50, pp. 1-2.

12. Cf. 15 de maio de 1899. Livro de registros do Manicômio Burghölzli (1899-1901). StAZ SS 22, p. 8.

13. Cf. BRILL, Abraham A. *Lectures on Psychoanalystic Psychiatry*. Nova York: 1946, p. 24.

14. Cf. BLEULER, Eugen. "Dr. Jos. Breuer und Dr. Sigm. Freud: Studien über Hysterie (Rezension)". *Muniqueer Medicinische Wochenschrift*, nº 22, 2 de junho de 1896, p. 525.

NOTAS

15. O contato pessoal mais antigo entre Bleuler e Freud de que se tem notícia ocorreu em 1898. Freud queria enviar um paciente a Burghölzli. Cf. 28 de setembro de 1898, de Bleuler a Freud, Livro de anotações 42, p. 199.

16. Cf. BLEULER, Eugen. "Freud'sche Mechanismen in der Symptomatologie von Psychosen". *Psychiatrisch-Neurologische Wochenschrift*, ano 8, 1906/1907, p. 323.

17. Cf. BLEULER, Eugen. "Die Psychoanalyse Freuds. Verteidigung und kritische Anmerkungen". *Jahrbuch für Psychoanalytische und Psychopathologische Forschungen*, vol. II, caderno 2/2, 1910, p. 660.

18. Cf. BLEULER, op. cit., p. 660.

19. Cf. ABRAHAM, Hilde e ABRAHAM, Karl. *Sein Leben für die Psychoanalyse*. Munique: 1976, p. 62.

20. FREUD, Sigmund. "Zur Geschichte der psychoanalytischen Bewegung (1914)". In: *GW X*, Frankfurt/M.: 1991, pp. 65ss.

21. Cf. MCGUIRE, William e SAUERLÄNDER, Wolfgang (orgs.). *Sigmund Freud, C. G. Jung. Briefwechsel*. Zurique: 1976.

22. Cf. JUNG, C. G. *Erinnerungen, Träume, Gedanken*. Organização e edição de Aniela Jaffé. Zurique: 1999, pp. 25ss.

23. Cf. JUNG, ibidem, p. 15.

24. Cf. Idem, ibidem, p. 31ss.

25. Cf. Idem, ibidem, pp. 51-94.

26. Cf. Idem, ibidem, p. 91.

27. Cf. ZUMSTEIN-PREISWERK, Stefanie. *C. G. Jungs Medium. Die Geschichte der Helly Preiswerk*. Munique: 1975, pp. 59-65.

28. Cf. JUNG, op. cit., pp. 13-88.

29. 2 de novembro de 1900, StAZ S 322.2.

30. JUNG, op. cit., p. 119.

31. Cf. ZUMSTEIN-PREISWERK, op. cit., p. 92.

32. Cf. 28 de janeiro de 1975, de Stefanie Preiswerk a Henry Ellenberger; ELLENBERGER, H. F. "The Story of Helene Preiswerk. A critical study with new documents". In: *History of Psychiatry*, vol. 2, parte 1, n° 5, março de 1991, pp. 41-52.

33. Cf. JUNG, C. G. "Zur Psychologie und Pathologie sogenannter okkulter Phänomene". In: NIEHUS, Marianne; HURWITZ-EISNER, Lena; RIKLIN, Franz (orgs.). *GWJ* I (Psychiatrische Studien). Solothurn/Düsseldorf: 1995, pp. 19, 31, 97.

34. Cf. ZUMSTEIN-PREISWERK op. cit., pp. 95ss.

35. Cf. JUNG, C. G. *Zur Psychologie sogenannter occulter Phänomene*. Dissertação para obtenção do título de doutor da Faculdade de Medicina da Universidade de Zurique. Leipzig: 1902; cf. também o dossiê de Carl Gustav Jung. Faculdade de Medicina. "Defesas de Doutorado individuais 1901-1902". StAZ. U 106g 10.1.

36. Cf. BAIR, Deirdre. *Jung. A Biography*. Boston/Nova York/Londres: 2003, pp. 72ss.

37. Cf. RIKLIN, Franz. "Analytische Untersuchungen der Symptome und Associationen eines Falles von Hysterie (Lina H.)". *Psychiatrisch-Neurologische Wochenschrift* 46, 1905, p. 45.

8. "Como! És tão íntimo com o diacho/E te apavoras vendo a chama?"

1. Cf. "Registro geral dos pacientes a partir de 1° de julho de 1870". StAZ. SS 52 1, p. 334. Os prontuários se encontram em um envelope de cartolina azul desbotado e manchado em vários pontos, no formato 25 x 37 centímetros.

2. A data de internação é 17 de agosto de 1904. Em "alta" consta "1° de junho de 1905", bem como "melhoria". Cf. KG 8793.

3. Cf. MINDER, Bernhard. "Sabina Spielrein. Jungs Patientin am Burghölzli". *Luzifer-Amor. Zeitschrift zur Geschichte der Psychoanalyse*, ano 7, n° 14, 1994, p. 61.

4. 18 de agosto de 1904, KG 8793, p. 2.

5. Cf. Wägetabelle, KG 8793.

6. O formulário foi preenchido com três tinteiros diferentes.

7. Cf. 18 de agosto de 1904, KG 8793, p. 3.

NOTAS

8. Cf. 18 de agosto de 1904, KG 8793, p. 4.

9. Cf. 20 de agosto de 1904, KG 8793, p. 5.

10. Cf. 22 de agosto de 1904, KG 8793, p. 5.

11. FREUD, Sigmund. "Zur Dynamik der Übertragung" (1912). In: *GW* VIII. Frankfurt/M.: 1996, pp. 364ss.

12. Cf. MCDOUGALL, op. cit.

13. Cf. 22 de agosto de 1904, KG 8793, p. 5.

14. 24 de agosto de 1904, KG 8793, p. 7.

15. Cf. BRENTZEL, Marianne. *Anna O. — Berta Pappenheim. Biographie.* Göttingen: [s.d.].

16. Cf. BLEULER, Eugen. *Lehrbuch der Psychiatrie.* Berlim/Heidelberg/Nova York: 1983, p. 557.

17. Indicação de Martha Eicke, Zurique, 2001.

18. 28 de agosto de 1904, Livro de anotações 59, p. 466.

19. 14 de setembro de 1904, Livro de anotações 60, p. 52.

20. Cf. BLEULER, Eugen. *Die allgemeine Behandlung der Geisteskranken (Erweiterte Antrittsvorlesung).* Zurique: 1898, p. 26.

21. 26 de setembro de 1904, Livro de anotações 60, p. 104.

22. 12 de outubro de 1904, Livro de anotações 60, p. 180.

23. Cf. 28 de novembro de 1904, Livro de anotações 60, p. 395.

24. 24 de agosto de 1904, KG 8793, p. 7.

25. 29 de setembro de 1904, KG 8793, p. 9.

26. Cf. Ata da palestra inaugural de C. G. Jung em 21 de outubro de 1905. In: *Akademisches aus Zürich.* Neue Zürcher Zeitung. Suplemento do nº 295, 24 de outubro de 1905.

27. Cf. JUNG, C. G. "Psychoanalyse und Assoziationsexperiment. Diagnostische Assoziationsstudien I/VI, 1906". In: *GWJ.* vol. II (Experimentelle Untersuchungen). Lilly Jung-Merkur e Elisabeth Rüf (orgs.). Olten/Freiburg i. Br.: 1979, p. 325.

28. Franz Riklin, assistente de Bleuler por muitos anos, foi o primeiro a unir o procedimento de testes ao conceito freudiano de associações inconscientes. Mais tarde, C. G. Jung assume o laboratório de pesquisa e, sob sua engajada direção, assistentes, doutorandos e residentes valeram-se do teste de associação para pesquisar as diferenças entre vários quadros clínicos, entre pacientes doentes e saudáveis, homens e mulheres, cultos e incultos. Muitos dos colaboradores de Bleuler e dos alunos de Jung obtiveram o doutorado com algum tema nessa área, entre eles algumas colegas de Sabina Spielrein. Os resultados dessas pesquisas deram a Freud a esperada confirmação científica de suas suposições sobre o inconsciente. Os colaboradores de Bleuler, por sua vez, se adequaram às novas teorias de Freud e aprenderam a compreender melhor seus pacientes.

29. Cf. 10 de outubro de 1904, KG 8793, p. 10.

30. 18 de outubro de 1904, KG 8793, p. 10.

31. O resultado do teste se encontra no espólio de Sabina Spielrein em Genebra.

32. Cf. JUNG, *Psychoanalyse und Assoziationsexperiment*, op. cit., pp. 308-337. Diferenças de conteúdo entre Freud e Jung com relação a terminologia parcialmente idêntica são trabalhados por EISSLER, K. R. "Psychologische Aspekte des Briefwechsels zwischen Freud und Jung". *Jahrbuch der Psychoanalyse*. Suplemento 7. Stuttgart/Bad Cannstadt: 1982; BOOTHE, Brigitte. "Der Traum im Gespräch: bei Freud — bei Jung". In: SPRECHER, Thomas (org.). *Das Unbewußte in Zurique. Literatur und Tiefenpsychologie um 1900*. Zurique: 2000, pp. 189-216; HOFFER, Axel. "Jung's analysis of Sabina Spielrein and his use of Freud's free association method". *The Journal of Analytical Psychology*, vol. 46, n° 1, janeiro de 2001, pp. 117-138; LEITNER, Marina. *Ein gut gehütetes Geheimnis. Die Geschichte der psychoanalytischen Behandlungs-Technik von den Anfängen in Viena bis zur Gründung der Berliner Poliklinik im Jahr 1920*. Gießen: 2001

33. JUNG, *Psychoanalyse und Assoziationsexperiment*, p. 337.

34. Cf. idem, ibidem, pp. 324ss, 337.

35. SPIELREIN, Sabina. "Über den psychologischen Inhalt eines Falles von Schizophrenie (1911)". In: BOSE, Günther e BRINKMANN, Erich (orgs.). *Sabina Spielrein. Ausgewählte Schriften*. [s.l.]: 1986, pp. 22ss.

36. Cf. SPIELREIN, ibidem, pp. 12, 20ss.

37. Outubro de 1904, WW, p. 178.

38. É o primeiro texto de Sabina em alemão: "Últimos desejos. Quando eu morrer, permito que embalsamem minha cabeça, contanto que não tenha um aspecto muito feio. O jovem não pode estar presente durante a operação. Apenas os estudantes mais esforçados poderão assistir. Deixo meu crânio para nosso colégio, para que o coloquem em uma caixa de vidro e a decorem com flores perenes. Que escrevam o seguinte na caixa: [russo] 'Que brinque a jovem vida à entrada do túmulo, e que a natureza indiferente brilhe com sua glória infinita'. Também lhes cedo meu cérebro; que seja conservado em um recipiente bonito e ornado e que se escrevam as mesmas palavras sobre ele. O corpo deve ser cremado, mas ninguém deve estar presente. As cinzas devem ser divididas em três partes. Uma parte deve ser colocada em uma urna e enviada para casa; a segunda deve ser espalhada na terra, no meio de um imenso campo (perto de casa); lá deve ser plantado um carvalho lá com a inscrição: 'Eu também fui um ser humano. Meu nome era Sabina Spielrein'. Quanto à terceira parte, meu irmão lhes dirá." KG 8794.

39. 25 de outubro de 1904, WW, pp. 179ss.

40. SPIELREIN, op. cit., p. 180ss.

41. SPIELREIN, op. cit., p. 182.

42. Mais tarde escreverá a Freud que ele a admitiu em seu tratamento como uma "menininha totalmente inocente". Nessa época, ela ainda era "uma menina de 19 anos", usava roupas muito simples e os cabelos presos em uma trança, já que queria que "a alma se elevasse acima do corpo". 10 de junho de 1909, de Sabina Spielrein a Sigmund Freud, CAR, p. 91; de Sabina Spielrein a Sigmund Freud, 13 de junho de 1909, CAR, p. 100.

43. Cf. JUNG, C. G. e RIKLIN, Franz. "Experimentelle Untersuchungen über Assoziationen Gesunder. Diagnostische Assoziationsstudien I/I 1906 (1904)". In: *GWJ*, vol. II, op. cit. pp. 13-213, em especial pp. 95-102.

44. 13 de junho de 1909, de Sabina Spielrein a Sigmund Freud, CAR, p. 100.

45. Cf. JUNG, C. G. "Über das Verhalten der Reaktionszeit beim Assoziationsexperimente. Diagnostische Assoziationsstudien I/IV, 1906 (1905)" [Sobre o comportamento do tempo de reação no experimento de associação. Estudos diagnósticos de associação"]. In: *GWJ*, vol. II, op. cit., pp. 254ss. Aqui Jung diz: "O sujeito do experimento n°1 é uma senhora casada que se pôs à disposição de meu experimento da maneira mais cooperativa." O sujeito do experimento está grávida e tem medo de que a gravidez a deprecie aos olhos do marido; ela pensa em um

determinado casal no romance de Zola *Verité*: no começo eram felizes, mas logo se separaram. Esse sujeito do experimento é claramente Emma Jung.

46. Cf. 13 de junho de 1909, Sabina Spielrein a Sigmund Freud, CAR, p. 100ss.

47. 11 de novembro de 1904, KG 8793, p. 11.

48. Cf. 18 de outubro de 1904, KG 8793, p. 10.

49. Cf. Sabina Spielrein. *Beiträge zur Kenntnis der kindlichen Seele*, op. cit., p. 57.

50. Cf. 25 de outubro de 1904, WW, p. 181.

51. Cf. 20 de novembro de 1904, KG 8793, p. 11.

52. Cf dezembro de 1904, KG 8793, p. 11.

53. Cf. Stadtarchiv Zürich V. E. c. 100. Controle de moradores e estrangeiros da cidade de Zurique, período de 1901 a 1933.

54. Cf. 8 de janeiro de 1905, KG 8793, p. 12.

55. Cf. 8 de janeiro de 1905, KG 8793, p. 12.

56. 13 de janeiro de 1905, KG 8793, p. 12.

57. 20 de novembro de 1904, StAZ, S 322.2.

58. 29 de janeiro de 1905, KG 8793, p. 13.

59. Cf. BORCH-JACOBSEN, Mikkel. *Anna O. zum Gedächtnis. Eine Hundertjährige Irreführung* [Em memória de Anna O. Um erro centenário]. Munique: 1997. Nos tempos pioneiros da psicanálise, quase ninguém tinha realizado uma análise e não havia uma formação regular para psicanalistas. As pessoas tateavam e faziam experiências. E enquanto os psicanalistas vienenses podiam conversar com Freud, Jung se fechava totalmente em si mesmo com seu experimento terapêutico. O fato de se dedicar ao tema e refletir sobre ele prova que Jung foi o primeiro a reconhecer a importância de que todos os analistas se submetam a uma análise pessoal.

9. Primeiras amigas

1. Cf. "Registro geral dos pacientes a partir de 1º de julho de 1870", StAZ. SS 52 1, p. 283.

2. StAZ P.U.K. KG 8984, p. 2. Citado doravante como KG 8984.

3. Mais tarde, o pároco August Waldburger ficou famoso: ele prestou grandes serviços aos fugitivos da Segunda Guerra Mundial. Indicação de Barbara Stadler, novembro de 2003.

4. 5 de maio de 1905, KG 8984.

5. KG 8984.

Acompanha os prontuários de Louise Rähmi uma longa série de poemas. O poema seguinte mostra que ela também se preocupa com a história de Sabina Spielrein:

Ao Imperador da Rússia/ Como sentaste em teu trono dourado,/ Tudo estava ao teu desejo submisso;/ Viveste dos impostos de teu povo,/ Que te obedecia em compromisso./ Como teu coração era tão pequeno no corpo,/ Tu, que o povo como um deus venerava,/ Viveste alegre em inastalações grandiosas,/ Enquanto o povo pelo mais básico mendigava./ A vida deles não era de gente,/ Como animais eram tratados,/ Tinham que se ordenar à tua vontade,/ E pela própria vida eram esfolados./ Quando ao fim se aproximaram para te pedir algo,/ Um pedido apenas de justiça,/ Desceste-lhes o braço forte,/ E muitos caíram, vítimas da injustiça./ Mas, quando viste teu juízo sangrento,/ De teu alto trono fugiste/ E, murmurando canções alegres escondido,/ Teu holocausto vira odioso chiste./ Mas logo sofrerá o golpe mortal,/ Treme, horrível assistente de verdugo;/ Teus subalternos tomam seus direitos,/ E se libertam, violentos, de teu jugo. *Louise Rähmi, 1905*

6. Cf. Comunicados para os estudantes russos que querem assistir aulas na Universidade de Zurique. Reitoria da Universidade de Zurique, julho de 1906, Universidade de Zurique, Arquivo.

7. Na publicação *Pervyi semestr v Cjuriche. Pis'mo russkoj studentki* (1902). "Carta de uma estudante russa. O primeiro semestre em Zurique". Odessa: 1902; traduzido para o alemão por Ludmilla Rakina.

Natalja Kirpitchnikova permanece na Suíça depois de terminar o curso de medicina. Casa-se com Emil Oettli, professor de ciências naturais. Os dois trabalham no internato rural Glarisegg e têm cinco filhas. Separam-se em 1930. Kirpitchnikova volta para Zurique, onde trabalha como professora da Escola Social para Mulheres (hoje Escola para o Trabalho Social) e se filia ao SPS.

8. KIRPITCHNIKOVA, ibidem.

9. Cf. 17 de abril de 1905, Formulário de matrícula, StAZ UU 24 16; "Livro de matrículas dos estudantes", início: outubro de 1904, final: junho de 1917". StAZ. UU 24a 5, p. 61.

10. 24 de abril de 1905, WW, p. 185.

11. O paciente russo e amigo de Jung Emil Medtner também utilizava o termo "iunga". Cf. LJUNGGREN, Magnus. *The Russian Mephisto. A Study of the Life and Work of Emilii Medtner*. Estocolmo: 1994, p. 182.

12. Cf. SPIELREIN, *Beiträge zur kindlichen Entwicklung*, op. cit., p. 57.

13. 25 de abril de 1905, WW, p. 185.

14. Cf. Stadtarchiv Zürich V.E.c.100, Controle de moradores e estrangeiros da cidade de Zurique, período de 1901 a 1933. Lenggstraße 31 é o endereço oficial de Burghölzli. Mas Sabina indica-o como se morasse com Jung em um domicílio privado. Talvez isso tenha sido combinado para que ela se distanciase do *status* de paciente. 18 de abril de 1905, Livro de anotações 62, p. 140.

15. 18 de abril de 1905, Livro de anotações 62, p. 140.

16. 27 de abril de 1905, Livro de anotações 62, p. 182.

17. 28 de abril de 1905, KG 8793, p. 13.

18. Também em Rostov é realizado um *pogrom* por uma multidão de baderneiros e por uma unidade do exército cossaco, no qual morrem 150 cidadãos judeus em três dias. Cf. SPECTOR, Shmuel (org.). *The Encyclopedia of Jewish Life before and during the Holocaust*, vol. II. Jerusalém/Nova York: 2001, p. 1094ss.

19. Trata-se de relatórios falsos sobre supostas negociações realizados no primeiro congresso sionista na Basileia, em 1897, nos quais se esboçava o programa de uma "conspiração mundial de judeus" e um "plano secreto para destruir as nações cristãs". As atas são atribuídas a vários autores do círculo da polícia secreta do czar, Ochrana, em Paris. Apesar de o conteúdo do panfleto ser absolutamente inconsistente e delirante, ele se tornou o documento mais difundido do antissemitismo internacional. O ministro do Exterior alemão Walter Rathenau, por exemplo, era considerado por seus assassinos um dos "sábios de Sião"; o nacional-socialismo alemão fez com que esses protocolos se tornassem leitura obrigatória nas escolas. Cf. SAMMONS, Jeffrey L. *Die Protokolle der Weisen von Zion. Die Grundlagen des modernen Antisemitismus — eine Fälschung. Text und Kommentar* [Os protocolos dos sábios de Sião. As bases dos antissemitismo moderno: uma falsificação]. Göttingen: 1998.

20. Cf. LJUNGGREN, Magnus. "Sabina und Isaak Spielrein." In: *On the Verge. Russian Thought betweeen the Nineteenth and the Twentieth Centuries*. Fiona Björling (ed.). Lund: 2001, p. 83.

21. Cf. Cartão-postal de Jean Spielrein a Vera Sokolova. Comunicação pessoal de Elisabeth Martón, janeiro de 2004.

22. 31 de maio de 1905, Livro de anotações 62, p. 361.

23. 7 de junho de 1905, Livro de anotações 62, p. 397.

24. Isaak se registrou de 10 de maio de 1905 a 29 de agosto do mesmo ano com o nome de "Oscar Spielrein" em Zurique, no endereço "Dufourstr. 95/com o Dr. Hadorn". Cf. Stadtarchiv Zürich, op. cit.

25. 23 de maio de 1905, Livro de anotações 62, p. 320.

26. [1904] WW, 182.

27. Cf. 7 de junho de 1905, Livro de anotações 62, p. 397ss.

28. BERG, Feiga. "Zjurichskie psichiatritscheskie wpetschatlenija". In: *Sovremennaja Psichiatrija*, vol. 1, 1909, p. 13ss. (Tradução para o alemão de Irina Arianova Styblo).

10. "Cavalinho russo": estudantes russas em Zurique

1. 6 de junho de 1905, WW, p. 186.

2. 8 de junho de 1905, WW, p. 187.

3. Cf. 28 de abril de 1904, do professor Wyss ao decano da Faculdade de Medicina. StAZ. U 106g 11. Cf. também BERG, Feiga. *Pädatrophie*. Tese para obtenção do grau de Doutor na alta Faculdade de Medicina da Universidade de Zurique. Zurique: 1907.

4. Cf. Stadtarchiv, op. cit.

5. *Neue Zürcher Zeitung*, n° 346, 14/12/1867.

6. Cf. BANKOWSKI-ZÜLLE, Monika. "Nadezda Prokof'evna Suslova (1843-1918) — die Wegbereiterin". In: *Ebenso neu als kühn. 120 Jahre Frauenstudium an der Universität Zürich*. Associação Feminista de Ciências da Suíça (org.). Zurique: 1988, p. 119-126; BANKOWSKI-ZÜLLE, "Zürich — das russische Mekka", op. cit., p. 127-146.

7. Indicação de Michail Schischkin, julho de 2002.

8. Cf. FIGNER, Vera. *Nacht über Russland*. Berlim: 1926.

9. Obviamente Sabina Spielrein também lera Chernychevski; e, no período mais desconcertante e negro de seu relacionamento com Jung, faz referência ao livro: "Ah, de novo esse 'O que fazer?'". Cf. 14 de setembro de 1910, CAR, p. 52.

10. Cf. KIRPITCHNIKOVA, op. cit.; TIBURTIUS, Franziska. *Erinnerungen einer Achtzigjährigen*. Berlim: 1923; SCHIRMACHER, Käthe. *Zuriqueer Studentinnen*. Leipzig/Zurique: 1896; VINOKUROVA, Elsa. "Elsa Winokurowa". In: *Woman Physicians of the World. Autobiographies of medical pioneers*. Leone Mc Gregor Hellstedt (org.). Washington/Londres: 1978, p. 10-15; HUCH, Richarda. *Frühling in der Schweiz. Jugenderinnerungen*. Zurique: 1938; SCHERR, Johannes. *Die Nihilisten*. Leipzig: 1938.

11. Cf. NEUMANN, Daniela, op. cit., p. 17.

12. Cf. FELLER, Richard. *Die Universität Berna 1834-1934*. Apresentado por solicitação da Secretaria de Educação do Cantão Berna e da Universidade de Berna. Berna/Leipzig: 1935, pp. 440, 441, 442.

13. "Die russischen schwarzen Banden in Genebra". *Neue Zürcher Zeitung*, ano 128, n° 348, 16 de dezembro de 1907, primeira folha da noite, p. 1.

14. "Die Russinnen an deutschen und schweizerischen Hochschulen". *Bernaer Volkszeitung*, ano 49, n° 99, 12 de dezembro de 1906, p. 1.

15. Cf. "Zur Russenfrage an der Bernaer Hochschule". *Neue Zürcher Zeitung*, ano 129, n° 45, 14 de fevereiro de 1908, segunda folha da manhã, p. 1.

16. "Kantone. Zurique". *Neue Zürcher Zeitung*, ano 53, n° 291, 11 de junho de 1873, p. 2.

17. Cf. TIBURTIUS, op. cit., p. 102.

18. FELLER, op. cit., pp. 441ss. O grupo de Sabina Spielrein também era composto quse que apenas de judias.

19. Cf. FELLER, op. cit., p. 387.

20. Cf. KIRPITCHNIKOVA, op. cit.

21. KIRPITCHNIKOVA, op. cit.

NOTAS

22. Cf. KG 8793.

23. Cf. StAZ UU 24, pp. 11, 15.

24. Cf. KIRPITCHNIKOVA, op. cit.

25. [S.d.] Universidade de Zurique, Arquivo.

26. KIRPITCHNIKOVA, op. cit.

27. Osteologia é o estudo dos ossos. Sindesmologia é o estudo dos ligamentos entre os ossos por meio das articulações. Trata-se de uma parte central do curso de medicina.

28. KIRPITCHNIKOVA, op. cit.

29. Ela obtém a segunda melhor nota em cirurgia do exame final. Mais tarde, vai trabalhar por um período como cirurgiã.

30. Sabina se identifica, no plano inconsciente, com o pai, com o representante do Iluminismo e da Reforma segundo o modelo ocidental. Ela dá voz a isso em um texto escrito quando tinha 15 anos. No centro da história há um homem para o qual a ciência significa mais do que tudo no mundo; um homem que está disposto a sacrificar a felicidade de sua família pelo bem da ciência. Em sua história, Sabina faz com que o homem envelheça e sofra muito. Perde a mulher, a única filha, o genro e o neto para o cólera. Quando lamenta seu destino, cheio de autopiedade, aparece-lhe o fantasma da filha. Ela o repreende e o faz recordar suas próprias máximas pedagógicas: deve-se sacrificar os sentimentos particulares e os interesses pessoais pelo bem da ideia do todo social e da utilidade para a humanidade. Ele deve permanecer fiel ao seu objetivo de servir à ciência sem receber recompensas. Cf. 28 de março de 1901, WW, p. 205.

31. Cf. ROUX, Wilhelm. *Die Entwicklungsmechanik ein neuer Zweig der biologischen Wissenschaften*. Leipzig: 1905; e HERTWIG, Oscar. *Lehrbuch der Entwicklungsgeschichte des Menschen und der Wirbeltiere*. Iena: 1893.

32. Cf. VON HARTMANN, Eduard. *Philosophie des Unbewussten*. Leipzig: 1890.

33. 8 de junho de 1905, WW, p. 187.

34. Para as aulas assistidas do semestre de verão de 1905 até o semestre de verão de 1906, cf. Livros-caixa da Universidade. StAZ. UU p. 25/41-42; a partir do semestre de inverno de 1906/1907, cf. Cartões do livro-caixa, Universidade de Zurique, Arquivo.

35. 25 de abril de 1905, WW, pp. 185ss.

36. 26 de agosto de 1905, de Sabina Spielrein a Eva Spielrein, WW, p. 195.

37. Cf. 8 de junho de 1905, de Eugen Bleuler ao Auxílio aos pobres de Marthalen. Livro de anotações 62, p. 411.

38. No teste de associação de Jung, o "dinheiro" se revelou como um de seus complexos. Sabina conhecia os resultados do teste.

39. Cf. 29 de agosto de 1906, WW, pp. 222-224.

40. 29 de agosto de 1906, WW, p. 224.

41. Cf. 17 de julho de 1905, de Bleuler ao Auxílio aos pobres de Marthalen, Livro de anotações 62, p. 115.

42. 30 de julho de 1905, Bleuler a Sabina Spielrein, Livro de anotações 63, p. 183.

43. Cf. 1º de agosto de 1905, de Bleuler a Waldburger, Livro de anotações 63, p. 188.

11. "A personalidade dela tem algo de decididamente inconsequente..."

1. 25 de setembro de 1905, de Jung a Freud, Livro de anotações 63, p. 472.

2. Cf. Stadtarchiv, op. cit.

3. 8 de junho de 1905, WW, p. 188.

4. 31 de agosto de 1906, de Sabina Spielrein a Jung, WW, p. 222.

5. 25 de abril de 1905, WW, p. 185.

6. 8 de junho de 1905, WW, p. 188.

7. 25 de abril de 1905, WW, p. 185.

8. 6 de junho de 1905, WW, p. 186.

9. O endereço completo de Pesia Liebe Katzmann era: "Srta. L. Kazmann, Zurique, Clausiusstr. N3/I". Cf. KG 8793.

10. 8 de junho de 1905, WW, p. 186.

11. Isso também pode ser observado na entrada do diário escrita durante as férias de verão de 1909: "Sempre tarde... tudo, tudo tarde, e agora também digo: tarde (...) Meu ânimo ainda tem o frescor da juventude, meu intelecto já é demasiado velho, e os constantes testes, ponderações, cuidados, desconfianças." 21 de setembro de 1909, CAR, p. 42.

12. Sabina Spielrein também se identifica com o pai fustigador que atormenta toda a família, é agressivo e ameaça suicidar-se.

13. 17 de julho de 1905, KG 8793.

14. Sabina sugeriu a Louise que estudasse. Bleuler não se mostra muito entusiasmado com essa intervenção. Ele escreve a Sabina quando está em Weggis: "Cara senhorita. Acho que temos que deixar a Srta. Rähmi fazer alguma coisa sozinha. Se ela quiser ir até o pai, não podemos impedi-la, ainda que isso não me pareça adequado. Não estou de acordo com o estudo. Seria uma calamidade se ela tivesse que estudar e ainda ganhar o dinheiro para isso com a pouca energia que tem; não deveria ter proposto isso a ela. Tem que haver algo mais por trás de seu colapso, algo que ainda não veio à luz, talvez algo sexual. Muito obrigado por seus relatos, que nos interessaram muito, e cordiais saudações. Bleuler." Cf. 20 de agosto de 1905, Livro de anotações 63, p. 280.

15. [S.d.] Sabina Spielrein a Bleuler, KG 8793.

16. StAZ. UU 25 42, p. 435.

17. 29 de agosto de 1905, WW, p. 214.

18. 26 de agosto de 1905, WW, p. 195.

19. 29 de setembro de 1905, Livro de anotações 63, pp. 471ss.

12. "Quem quer comprar deuses do amor?"

1. 5 de janeiro de 1905, Recomendação de Bleuler, StAZ U, pp. 106ss. 2.76.

2. Cf. 17 de fevereiro de 1905, Documento do decano da Faculdade de Medicina para a comissão do Senado da Universidade, StAZ U, pp. 106ss. 2.76.

3. 27 de fevereiro de 1905, 233. (D.11.b.) Habilitação. Excerto da ata da Secretaria de Educação do Cantão de Zurique. StAZ U, pp. 106ss. 2.76.

4. Cf. "Kleine Chronik. Akademisches aus Zürich". *Neue Zürcher Zeitung*. Suplemento do n° 295, 24 de outubro de 1905.

5. 3 de abril de 1905, StAZ S 322.2.

6. Cf. 6 de abril de 1905, p. 543. Burghölzli. Excerto da ata da Secretaria de Governo, StAZ. S 322.2.

7. 23 de outubro de 1906, FJB, p. 7.

8. 27 de outubro de 1906, FJB, pp. 8ss.

9. Cf. 7 de outubro de 1906, FJB, p. 6.

10. No registro do FJB há quarenta menções a Sabina Spielrein; cf. também p. 716.

11. Cf. JUNG, C. G. "Über die Psychologie der Dementia praecox. Ein Versuch." In: GWJ, vol. III, *Psychogenese der Geisteskrankheiten*. Franz Riklin, Lilly Jung-Merkur e Elisabeth Rüf (orgs.). Zurique: 1968, p. 7.

12. Cf. op.cit., pp. 56ss.

13. 29 de dezembro de 1906, FJB, p. 15.

14. JUNG, ibidem, p. 68.

15. Cf. 1° de janeiro de 1907, FJB, p. 20.

16. JUNG, ibidem, p. 72.

17. 29 de dezembro de 1906, FJB, p. 15.

18. Cf. BINSWANGER, Ludwig. "Diagnostische Assoziationsstudien: Über das Verhalten des psychogalvanischen Phänomens beim Assoziationsexperiment", parte I. *Journal für Psychologie und Neurologie*, vol. X, caderno 4,5, 1908, pp. 165, 167, 171; cf. também a Parte II, vol. XI, caderno 1,2, 1908, pp. 65-95.

19. Cf. 14 de janeiro de 1908, FJB, p. 121.

20. Cf. 13 de junho de 1909, de Sabina Spielrein a Sigmund Freud, CAR, p. 10.

21. Cf. JUNG, ibidem, p. 72.

22. As cartas de Jung a Sabina Spielrein também não vieram a público durante muito tempo. Elas foram publicadas pela primeira vez em 1986, na edição alemão

do livro de Aldo Carotenuto *Diário de uma simetria secreta*. Foram publicadas pela primeira vez em tradução para o inglês em: *The Journal of Analytical Psychology*, vol. 46, 1º de janeiro de 2001, pp. 173-199.

23. Cf. BINSWANGER, op. cit., p. 170.

24. Cf. JUNG, ibidem, p. 74.

25. Cf. 1º de janeiro de 1907, FJB, p. 19.

26. Cf. JONES, Ernest. *The Life and Work of Sigmund Freud*. Harmondsworth: 1981, p. 328.

27. 2 de novembro de 1907, FJB, pp. 105ss.; cf. também EISSLER, Kurt R. "Psychologische Aspekte des Briefwechsels zwischen Freud und Jung". *Jahrbuch der Psychoanalyse*, suplemento 7, Stuttgart/Bad Cannstatt: 1982, pp. 18ss.

28. 7 de abril de 1907, FJB, p. 29.

29. 6 de julho de 1907, FJB, p. 79s. Alguns versos podem ter sido recitados e confundidos; de qualquer forma, esse poema não é de Lermontov, mas sim de Puchkin. Foi escrito em 1882, durante o exílio de Puchkin em Kichinev, e trata do costume de soltar um pássaro na primavera.

30. 6 de julho de 1907, FJB, p. 79ss.

31. GOETHE, J. W. v. *Sämtliche Gedichte. In einem Band*. Herisau: 1873, p. 8.

32. Cf. LEHMANN, Herbert. "Jung contra Freud/Nietzsche contra Wagner". *International Review of Psychoanalysis*, 13, 1986, pp. 201-209.

33. Cf. 12 de julho de 1907, a Freud, FJB, p. 84.

34. 4 de setembro de 1907, FJB, p. 92.

35. Cf. JUNG, C. G. "Die Freudsche Hysterietheorie". In: GWJ, vol. IV. Franz Riklin, Lilly Jung-Merkur e Elisabeth Rüf (orgs.). Zurique: 1969, pp. 24ss. Essa exposição da doença de Sabina teve consequências fatais para ela, já que autores posteriores, como Aldo Carotenuto ("episódio positivamente esquizofrênico"), Bruno Bettelheim ("distúrbio esquizofrênico") e Max Day ("*borderline*") a adotaram praticamente sem questionamentos.

36. 20 de agosto de 1906, a Jung, WW, p. 215.

37. 30 de agosto de 1906, WW, p. 217.

38. 31 de agosto de 1906, WW, p. 218.

39. Cf. 12 de fevereiro de 1908, p. 180. (D. 11. a. u. d.) Laboratório Psicopatológico. Excerto da ata da Secretaria de Educação do Cantão de Zurique. StAZ U, p. 106ss. 2.76.

40. [S.d.] WW, p. 237.

41. Cf. [s.d.] WW, p. 242; BOSE, Günter e BRINKMANN, Erich (orgs.). *Sabina Spielrein. Ausgewählte Schriften*. Berlim: 1986, pp. 220ss.

42. Cf. 13 de junho de 1909, de Spielrein a Freud, CAR, p. 99.

43. [S.d.] WW, p. 243.

44. Nas obras de Wagner, ela se chama Brünnhilde.

45. [S.d.] WW, p. 247.

46. Cf. 21 de junho de 1909, de Jung a Freud, FJB, pp. 260ss.

47. Cf. JUNG, C. G. "Die Archetypen und das kollektive Unbewusste". In: GWJ, vol. IX, 1/2. Lilly Jung-Merkur e Elisabeth Rüf (orgs.). Olten/Freiburg i. Br.: 1978.

48. 30 de junho de 1908, de Jung a Spielrein, CAR, p. 189ss.

49. Cf. Stadtarchiv Zürich, op. cit.

50. 12 de agosto de 1908, de Jung a Spielrein, CAR, p. 193.

51. 21 de outubro de 1908, cf. Controle de moradores e estrangeiros da cidade de Zurique, op. cit. Em 1908, o acesso das mulheres à universidade foi permitido na Prússia; é possível que Sabina Spielrein tenha tentado conseguir uma vaga em Heidelberg.

52. Cf. 10 de junho de 1909, de Spielrein a Freud, CAR, p. 94; [s.d.] de Sabina Spielrein a Eva Spielrein, Genebra.

53. [S.d.] de Sabina Spielrein a Eva Spielrein, Genebra.

54. [S.d.] de Sabina Spielrein a Eva Spielrein, Genebra.

NOTAS

55. Cf. JUNG, C. G. "Über die Bedeutung des Vaters für das Schicksal des Einzelnen". In: *Anuário*, op.cit., primeira metade, 1909, pp. 155-173.

56. [S.d.] de Sabina Spielrein a Eva Spielrein, Genebra.

57. [S.d.] de Sabina Spielrein [a Jung], WW, pp. 247ss.

58. Falece em 13 de fevereiro de 1920, em Berlim, em consequência do consumo de drogas. Cf. HURWITZ, Emanuel. *Otto Gross. Paradies-Sucher zwischen Freud und Jung*. Frankfurt/M.: 1979.

59. 25 de maio de 1908, FJB, pp. 169ss.

60. 29 de maio de 1908, FJB, pp. 170ss.

61. Cf. 19 de junho de 1908, FJB, pp. 172ss. Cf. também 30 de junho de 1908, de Bleuler ao Prof. Hans Gross, Livro de anotações 75, p. 487.

62. Cf. 12 de junho de 1909, de Spielrein a Freud, CAR, p. 92; 11 de setembro de 1910, CAR, p. 50.

63. 11 de setembro de 1910, CAR, p. 50.

64. Cf. 4 de dezembro de 1908, CAR, p. 195ss.

65. É possível que nessa época a direção de Burghölzli tenha insinuado a Jung que renunciasse a seu cargo.

66. Cf. 11 de março de 1909, p. 467. Manicômio Burghölzli. Médico secundário. A partir da ata da Secretaria de governo, 1909. StAZ. S 322.2.

67. 7 de março de 1909, FJB, p. 229.

68. Cf. 9 de março de 1909, FJB, p. 233.

69. 11 de março de 1909, FJB, p. 234.

70. Cf. 10 de junho de 1909, de Sabina Spielrein a Freud, CAR, p. 90.
Em sua carta a Freud, Sabina Spielrein não revela quem é essa amiga. Em seu diário, segue o mesmo procedimento que Jung em suas cartas a Freud: da mesma maneira que Freud fica muito tempo sem saber que as cartas de Jung tratam da mesma paciente, aqui também surge gradualmente a suspeita de que Sabina Spielrein fala sempre da mesma pessoa: Rebekka Babizkaya.

71. [S.d.] Sabina Spielrein a Freud, WW, p. 208.

72. 30 de maio de 1909, de Sabina Spielrein a Freud, CAR, p. 89.

73. 3 de junho de 1909, FJB, pp. 249ss.

74. 4 de junho de 1909, FJB, pp. 252ss.

75. Cf. 4 de junho de 1909, FJB, p. 253. A posição de Jung com relação ao judaísmo, ao judeu Freud e às mulheres judias é altamente ambivalente. Sabina Spielrein escreve: "Ele me disse que amava as mulheres judias, que queria amar uma garota judia e morena. Portanto, também nele está presente o empenho de se afirmar em sua religião e cultura, que convive com a ânsia de renovação por meio de uma nova raça, o impulso de libertar-se do jugo paterno por meio de uma judia improvável." Cf. 19 de outubro de 1910, CAR, p. 70. Yolande Jacobi (1890-1973), judia e uma das colaboradoras mais próximas de Jung, conta, em uma entrevista, como ele lhe explicou certa vez que os antepassados dela tinham sido curandeiros, rabinos e cientistas havia seis mil anos, enquanto os seus próprios antepassados corriam pelas florestas alemãs nus e mal cobertos por peles de animais. Em outra ocasião, porém, ele também disse que não queria ter filhos de uma mulher "com sangue judeu". Cf. 23 de dezembro de 1969, entrevista com Yolande Jacobi. *Countway Library of Medicine. C. G. Jung Oral History Archive.* Boston. Chave H MS c 29, p. 24.

76. A última expressão Freud escreve em inglês; é uma expressão idiomática de seu autor preferido, Arthur Conan Doyle (1859-1930), criador do personagem Sherlock Holmes. Freud se refere nesse caso a Elfriede Hirschfeld (nascida em 1873), que tratou durante quase sete anos. Ele gostava muito dela e a chamava de sua "grande paciente" e "praga principal", porque os sintomas dela não queriam melhorar. Elfriede Hirschfeld também teve um papel na ruptura entre Freud e Jung. Cf. FALZEDER, Ernst. "My Grand-Patient, my Chief-Tormentor: A hitherto unnoticed case of Freud's and the consequences." *Psychoanalytic Quarterly*, 63, 1994, pp. 297-331.

77. Em português: uma vitória que não é reconhecível imediatamente, que está "oculta". Cf. 7 de junho de 1909, FJB, p. 255.

78. Cf. 17 de janeiro de 1909, FJB, p. 218.

79. 3 de maio de 1908, de Freud a Abraham. In: *Sigmund Freud/Karl Abraham. Briefe 1907-1926.* Frankfurt/M.: 1965, p. 47. Citado doravante como Correspondência Freud/Abraham.

80. 18 de junho de 1909, FJB, p. 259.

81. Lassalle era um socialista alemão de origem judaica e teve de se apresentar várias vezes diante dos tribunais devido a suas opiniões políticas; a citação de Freud foi utilizada por ele em um de seus discursos de defesa. Lassalle se envolveu em diversos escândalos amorosos e morreu com apenas 39 anos, em um duelo por uma dama. É questionável se as referências de Freud apetecem a Jung — ou se ele realmente chega a reconhecê-las —, principalmente tendo em vista seu pânico.

82. [S.d.] WW, p. 209.

83. 10 de junho de 1909, de Sabina Spielrein a Freud, CAR, pp. 90ss.

84. O remetente nunca foi encontrado. Em geral se aceita que a carta foi enviada por Emma, que temia por seu casamento.

85. Cf. 10 de junho de 1909, Sabina Spielrein a Freud, CAR, p. 92.

86. Cf. 13 de junho de 1909, Sabina Spielrein a Freud, CAR, p. 98.

13. "doutora spielrein zurique = grande médica"

1. Cf. 27 e 28 de agosto de 1909, CAR, pp. 39ss.

2. Hoje Kotobrzeg, Polônia.

3. 21 de setembro de 1909, CAR, p. 42.

4. 21 de setembro de 1909, CAR, pp. 42ss.

5. De acordo com a filha de Isaak, Menicha Spielrein, nessa época seu pai executava tarefas para o PSR, porém não tomou parte em atentados. Comunicação pessoal de Elisabeth Márton, dezembro de 2003.

6. Cf. LJUNGGREN, 2001, op. cit., pp. 83ss.

7. De acordo com Menicha Spielrein. Comunicação pessoal de Elisabeth Márton, dezembro de 2003.

8. Sabina Spielrein nunca se inscreveu para Heidelberg e, no arquivo da universidade de Heidelberg, constam apenas documentos de Isaak, não de Sabina. Cf. 23 de outubro de 1909, "Oskar/Isaak Spielrein", Formulário de inscrição e boletim de estudos e atestado de boa conduta da Universidade do Grão-Ducado de Baden em Heidelberg, Universidade Karl Ruprecht Heidelberg, Arquivo da universidade. De acordo com um documento de 30 de julho de 2002 do Arquivo Municipal de Hei-

delberg, morou também em Heidelberg, de maio a julho de 1911, "Jean Spielrein, engenheiro, nascido em Rostov, com esposa e filha".

9. "O abaixo assinado atesta que a Srta. Sabina [!] Spilerein trabalhou nos dois últimos meses como sub-assistente [algo correspondente ao alemão "famulus", "fâmulo"] nesta clínica psiquiátrica. Ela é um pouco nervosa, mas trabalhou sempre com muita dedicação. Eu a conheço como uma senhorita de boa reputação e grande inteligência, e por isso recomendo sua matrícula na Universidade de Heidelberg. [Carimbo] Prof. Bleuler". 16 de outubro de 1909, Bleuler; cf. também LOTHANE, 1999, op. cit., p. 1201.

10. Durante os estudos, Sabina mora em doze endereços. Cf. Controle de moradores e estrangeiros da cidade de Zurique, op. cit.

11. Cf. Formulário de matrícula 17739, StAZ UU 24, p. 21.

12. Cf. StAZ AA 16,7 1910-1915. Na Suíça, a melhor nota é seis.

13. Cf. 12 de março de 1911, de Chaina Grebelskaya a Sabina Spielrein, Genebra.

14. Cf. [...] setembro de 1910, CAR, pp. 55ss; 22 de fevereiro de [1912], CAR, p. 85. Cf. também os documentos de formatura de Aptekmann, StAZ U 106g 15.1.

15. In: *Zentralblatt für Nervenheilkunde und Psychiatrie*, ano 32, 1º caderno de maio de 1909, nova sequência 20, vol. 303-307. Kurt Mendel, um opositor da psicanálise, criticou esse trabalho, juntamente com trabalhos de Jung e de Freud, no *Neurologischen Centralblatt*. Cf. ano 28, 1909, 1 de junho, nº 11, pp. 584-587.

16. 14 de outubro de 1909, FJB, p. 277.

17. [S.d.] de Sabina Spielrein [a Jung], WW, pp. 247-249.

18. Cf. 10 de outubro de 1910, CAR pp. 67, 68, 71.

19. 19 de outubro de 1910, CAR p. 67.

20. Cf. 19 de outubro de 1910, CAR, pp. 67, 69.

21. 10 de outubro de 1910, Tagebuch, CAR, p. 69.

22. Cf. HUONKER, Thomas. *Anstaltseinweisungen, Kindswegnahmen, Eheverbote, Sterilisationen. Fürsorge, Zwangsmassnahmen, "Eugenik" und Psychiatrie zwischen 1890 und 1970*. Editado pelo Departamento Social da cidade de Zurique. Edição Política Social nº 7. Zurique: 2002.

23. Cf. FOREL, August. *Malthusianismus oder Eugenik*. Munique 1911, p. 11.

24. A escritora Richarda Huch escreve sobre ele: "O ginecologista, que foi um opositor dos estudos femininos e que expressava sua oposição de maneira muito indelicada (...), entremeava em sua aula (...) piadas ofensivas relativas à sua especialidade (...) que tinham o objetivo de intimidar as estudantes presentes ou pelo menos de ofendê-las, pois renunciar a essa aula significava desistir do curso." Em HUONKER, op. cit., p. 62.

25. 26 de novembro de 1910, CAR, p. 76; 11 de setembro de 1910, CAR, p. 51.

26. Cf. 9 de novembro de 1910, CAR, p. 74.

27. 14 de dezembro de 1910, CAR, p. 79.

28. Cf. 14 de setembro de 1910, CAR, p. 53.

29. Cf. também o capítulo "Estás com o diabo tu e tu/e queres te acovardar diante da chama?".

30. 10 de junho de 1910, WW, p. 197.

31. 23 de setembro de 1909, CAR, p. 45.

32. Cf. 23 de setembro de 1909, CAR, p. 45.

33. Cf. SPIELREIN, Sabina. *Über den psychologischen Inhalt eines Falles von Schizophrenie (Dementia praecox)* [Sobre o conteúdo psicológico de um caso de esquizofrenia (*dementia praecox*)]. Tese para obtenção do grau de doutor na Faculdade de Medicina da Universidade Zurique. Impressão especial. Leipzig/Viena: 1911.

34. 9 de setembro de 1910, CAR, p. 47.

35. 16 de novembro de 1911, FJB, p. 513.

36. Cf. *Jahrbuch für psychoanalytische und psychopathologische Forschungen*, vol. III, 1/2, 1911, pp. 329-400.

37. 3 de novembro de 1910, StAZ, U 106g/14.2.

38. 8 de dezembro de 1910, CAR, p. 77.

39. 18 de dezembro de 1910, M. B. Schmidt, StAZ U 106g/14.2.

40. 26 de novembro de 1910, CAR, p. 76.

41. Cf. StAZ U 106g/14.2.

42. Cf. [s.d.], de Sabina Spielrein a "Meus queridos", Genebra.

43. Cf. [s.d.] de Eva Spielrein a Sabina Spielrein, Genebra.

44. Cf. 20 de janeiro de 1911, StAZ AA 16,7 1910-1915.

45. Cf. 22 de janeiro de 1911, de Iacha e Isaak Spielrein, Leipzig, a Sabina Spielrein, Genebra.

46. Cf. Controle de moradores e estrangeiros da cidade de Zurique, op. cit.

47. Cf. o livro do zelador, ano 1910/1911. Livros do zelador são uma segunda versão da lista de estudantes e contêm endereços residenciais e mudanças. Trata-se de exemplares únicos. StAZ, Lista impressa dos estudantes, exemplares da reitoria da Universidade, 1910/11.

III. MUNIQUE/VIENA/ROSTOV/BERLIM (1911-1914)

14. "A destruição como causa do devir"

1. Cf. 7 de maio de 1910, de Iacha Spielrein a Sabina Spielrein, Genebra.

2. Cf. 8 de dezembro de 1911, de Schlesinger a Sabina Spielrein, Genebra.

3. Emil Lenz era originário de Uesslingen, na Turgóvia, e estudou medicina em Berlim, Munique, Genebra e Zurique, onde obteve também seu doutorado. Trabalhou como médico voluntário da caridade com o professor Friedrich Kraus (1858-1936). Retornou a Zurique em 1912; trabalhou depois como médico em estações terapêuticas em St. Moritz e Brissago, e finalmente ocupou o cargo de catedrático titular de Farmacologia em Berna. Cf. StAZ UU 24 20 und 25; cf. também 28 de novembro de 1910, de Jung a Freud, FJB, p. 237.

4. [S.d.] de Eva Spielrein a Sabina Spielrein, Genebra.

5. Cf. 9 de janeiro de 1910, de Nikolai Spielrein a Sabina Spielrein, Genebra.

6. Cf. 20 de abril de 1910, de Nikolai Spielrein a Sabina Spielrein, Genebra.

7. Cf. 9 de janeiro de 1910, de Nikolai Spielrein a Sabina Spielrein, Genebra.

NOTAS

8. Naquela época os judeus mudavam frequentemente de nome, em geral tornando-os mais ocidentalizados. Durante algum tempo Korczak se chamou Goldberg.

9. Cf. 9 de novembro de 1913, de Nikolai Spielrein, Varsóvia, a Sabina Spielrein, Genebra.

10. Cf. 29 de fevereiro de 1914, de Eva Spielrein a Sabina Spielrein, Genebra; cf. também 6 de julho de 1914 e [...] maio de 1922, de Nikolai Spielrein a Sabina Spielrein, Genebra.

11. Cf. [s.d.] CAR, p. 138. Fritz Burger é autor de *Einführung in die Moderne Kunst*. Berlim: 1917. Ele foi amigo de Franz Marc (1880-1916) e morreu em 1916 nos campos de batalha de Verdun.

12. Cf. 5 de maio de 1911 e 25 de setembro de 1911, de Bleuler a Sabina Spielrein. Sabina Spielrein obtém seu doutorado em 2 de setembro de 1911. Cf. Universidade de Zurique, Arquivo, AA 15 2 (1833-1912).

13. Cf. Biblioteca central de Zurique, Índice anual de 1912/13, n° 96.

14. Cf. [...] de 1911, de Rebekka Ter-Oganessian a Sabina Spielrein, Genebra.

15. Cf. [s.d.] de Rebekka Ter-Oganessian a Sabina Spielrein, Genebra.

16. Cf. 12 de março de 1911, de Chaina Grebelskaya a Sabina Spielrein, Genebra.

17. Cf. 18 de agosto de 1911, de Chaina Grebelskaya a Sabina Spielrein, Genebra.

18. Cf. 23 de agosto de 1911, de Chaina Grebelskaya a Sabina Spielrein, Genebra.

19. Cf. 12 de março de 1911, de Chaina Grebelskaya a Sabina Spielrein, Genebra.

20. [...] de fevereiro de 1911, CAR, pp. 80ss.

21. Leonard Seif se mudou para Zurique em 1909 para estudar psicanálise com Jung. Foi um dos membros fundadores do grupo local de Zurique e fundador (em 1° de maio de 1911) e presidente do grupo local de Munique da Sociedade Psicanalítica Internacional. Seif se separou de Freud em 1913 e passou a seguir Adler. Ele foi o analista do Prof. Mathias Heinrich Göring (1879-1945), tio de Hermann Göring e *Führer* do Instituto para Pesquisa Psicológica e Psicoterapia do *Reich*. Cf. 21 de março de 1909, FJB, p. 237· LOCKOT, Regine. *Erinnern und Durcharbeiten. Zur Geschichte der Psychoanalyse und Psychotherapie im Nationalsozialismus* Frankfurt/M.: 1985, p. 328.

22. Cf. SPIELREIN, Sabina. "Die Destruktion als Ursache des Werdens" [A destruição com causa do devir]. In: *Jahrbuch*, op. cit., vol. IV, 1912, pp. 465-503.

23. Cf. SPIELREIN, ibidem, p. 464.

24. Cf. SPIELREIN, ibidem, p. 466s.

25. Cf. FREUD, Sigmund. "Beiträge zur Psychologie des Liebeslebens. Über einen besonderen Typus der Objektwahl beim Manne" [Contribuições à psicologia da vida amorosa. Sobre um tipo especial de eleição do objeto no homem] (1910). In: *GW* VIII, Frankfurt/M.: 1996, pp. 66-91.

26. Cf. SPIELREIN, ibidem, p. 496.

27. Como Sabina escreveu certa vez a Freud, foi Wagner que lhe apresentou o demônio, o impulso sexual: "Quero deixar de lado as comparações, porque provavelmente achará graça da exuberância do sentimento. O mundo todo se transformou para mim em melodia: cantavam a terra, o mar, as árvores e cada galho de árvore." 20 de junho de 1909, de Sabina Spielrein a Freud, CAR, p. 106.

28. Cf. [s.d.] CAR, p. 108.

29. Wagner, segundo Spielrein. *Die Destruktion*, op. cit., pp. 494ss.

30. Richard Wagner. *Der Ring der Nibelungen. Zweiter Tag: Siegfried*. Stuttgart: 2002, p. 124.

31. [S.d.] CAR, p. 138.

32. 8 de agosto de 1911, CAR, pp. 199ss.

33. "De forma que termina em horrível peixe o que em cima é uma formosa mulher". HORÁCIO, *De arte poetica*.

34. 1º de abril de 1912, FJB, p. 552.

35. Beatrice Moses Hinkle é uma psiquiatra e psicóloga junguiana procedente da Califórnia.

36. Cf. 29 de setembro de 1911, FJB, p. 486.

37. In: *Jahrbuch*, op. cit., vol. III, primeira metade, 1911, pp. 120-227.

38. 21/22 de setembro de 1911, de Jung a Spielrein, CAR, p. 201.

15. Com Sigmund Freud em Viena

1. Cf. 30 de maio de 2000, Documento do magistrado da cidade de Viena, divisão de magistrados 8, Arquivo da Cidade e do Estado de Viena. Na última data, ela informa que partiu "para a Rússia".

2. Contudo, apesar do aumento constante do contingente feminino — de 2,3% em 1910 para 45,6% em 1937 —, a relação entre homens e mulheres permanece desigual, e as pioneiras da psicanálise enfrentam uma situação difícil. Cf. MÜHLLEITNER, Elke. "Frauen in der psychoanalytischen Bewegung. Der Fall der Vienaer Psychoanalytischen Vereinigung 1902-1938". *Psyche*, ano 54, caderno 7, julho de 2000, pp. 642-667, em especial p. 646.

3. Cf. 9 de novembro de 1910, p. 118. Ata. In: *Atas da Sociedade Psicanalítica de Viena*. Vol. III 1910-1911. Herman Nunberg e Ernst Federn (orgs.). Frankfurt/M.: 1979, pp. 57, 59.

4. Cf. 1º de setembro de 1911, FJB, p. 488.

5. Cf. 12 de outubro de 1911, FJB, p. 493.

6. Cf. *Atas da Sociedade Psicanalítica de Viena*, op. cit.

7. 12 de novembro de 1911, FJB, pp. 506ss.

8. WITTELS, Franz. *Sigmund Freud. Der Mann. Die Lehre. Die Schule.* Leipzig/Viena/Zurique: 1924, pp. 123ss.

9. Cf. Srta. Dr. Spielrein: "Über Transformation." In: *Zentralblatt für Psychoanalyse*, ano II, 1912, p. 478; cf. também "29 de novembro de 1911, p. 152. Ata. Über Transformation". In: *Atas da Sociedade Psicanalítica de Viena*, vol. III, op. cit., pp. 314-320.

10. 30 de novembro de 1911, FJB, p. 519.

11. Cf. 25 de março de 1912, CAR, p. 208.

12. Cf. 24 de novembro de 1911, de Jung a Sabina Spielrein, CAR, p. 204.

13. 7 de janeiro de 1912, CAR, p. 83.

14. 7 de janeiro de 1912, CAR, pp. 82ss.

15. Cf. 17 de fevereiro de 1912, CAR, p. 84.

16. Cf. 17 de abril de 1912, Ata 169. *Atas da Sociedade Psicanalítica de Viena*, vol. IV, 1912-1918. Herman Nunberg e Ernst Federn (orgs.). Frankfurt/M.: 1981, pp. 84ss.

17. 8 de abril de 1912, de Sabina Spielrein a Binswanger. Em sua resposta, Binswanger lamenta que só possa enviar uma cópia adicional, porque lhe restam poucos exemplares à disposição. Gostaria muito de poder obter uma cópia especial do trabalho que Spielrein publicou sobre *Dementia praecox* no *Anuário*. Cf. 10 de abril de 1912, de Binswanger a Spielrein. Arquivo da Universidade de Tübingen, Chave 443/34.

18. Cf. 27/28 de janeiro de 1918, de Sabina Spielrein a Jung, CAR, p. 184.

19. Emil Oberholzer era originário de Zurique, onde estudou medicina e obteve seu doutoramento em 1912, sob orientação de Bleuler, com o tema castração e esterilização de doentes mentais na Suíça. Foi assistente em Burghölzli de 1908 a 1910; em outubro de 1911 foi aceito no grupo local de Zurique, onde em 3 de novembro apresentou uma palestra "Über die Traumanalyse bei einer 33-jährigen Frau mit Introversionspsychose" ("Sobre a análise de sonhos de uma mulher com 33 anos com psicose introvertida"). Em 1912 Oberholzer vai para Viena a fim de realizar "uma análise infelizmente muito curta" com Freud. Cf. 13 de junho de 1912, de Freud a Jung, FJB, p. 566. Em 1913, casa-se com Mira Ginzburg. Quando a escola psicanalítica se divide, ele permanece ao lado de Freud.

20. Cf. 27 de maio de 1912, de Oberholzer a Spielrein, Genebra.

21. Cf. 12 de maio de 1912, de Stekel a Spielrein, Genebra.

22. 14 de junho de 1912, CAR, p. 119.

16. "Casamento com o Dr. Paul Scheftel. Continuação..."

1. Cf. 31 de maio de 1911, formulário de registro, capital do cantão de Munique, Diretório, Arquivos da Cidade; cf. 13 de outubro de 1922, registros da polícia de Viena.

2. O registro de casamentos da comunidade judia de Rostov se encontra no GARO. Sabina Spielrein figura nesse documento como "cidadã de Varsóvia"; não se registra o título de doutora nem a profissão. No que se refere às informações sobre o contrato de casamento e indicações sobre a moeda de compra: 8 de julho de 2005, informe escrito de Monika Bankovski, assim como informação oral de Michel Bollag.

3. Cf. 11 (14) de julho de 1912, CAR, p. 85.

4. Cf. 11 (14) de Juli 1912, CAR, p. 86.

5. Cf. [s.d.] de Kleiper a Sabina Spielrein, Genebra.

6. De acordo com Menicha Spielrein. Comunicação pessoal de Elisabeth Márton, janeiro de 2004.

7. 11 (14) de julho de 1912, CAR, p. 86.

8. Cf. 25 de fevereiro de 1900, WW, p. 158; 26 de fevereiro de 1900, WW, p. 159. Cf. também o capítulo 4.

9. 11 (14) de julho de 1912, CAR, p. 86.

10. Cf. 5/11 de janeiro de 1922, de Pavel Scheftel a Sabina Spielrein, Genebra.

11. 20 de agosto de 1912, CAR, p. 120.

17. Anos berlinenses: 1912-1914

1. 21 de março de 1912, FJB, p. 548.

2. Cf. MÜLLER, Thomas. *Von Charlottenburg zum Central Park West. Henry Lowenfeld und die Psychoanalyse in Berlim, Prag und New York.* Frankfurt/M.: 2000.

3. Cf. FREUD, Sigmund. "Das Unbehagen in der Kultur" [O mal-estar na cultura]. In: GW XIV. Frankfurt/M.: 1976, pp. 419-506.

4. Cf. RICHEBÄCHER, Sabine. "Wie ein Hai im Karpfenteich..., Wilhelm Reich: Ein Portrait". *Journal. Psychoanalytisches Seminar Zürich*, 34, 1997, pp. 36-55; Idem. "Psychoanalyse im Exil. Otto Fenichel und die geheimen Rundbriefe der linken Freudianer". *Jahrbuch der Psychoanalyse. Beiträge zur Theorie, Praxis und Geschichte*. 42, 2000, pp. 125-164.

5. Cf. 21 de agosto de 1908, de Abraham a Freud, Correspondência Freud/Abraham, op. cit., p. 60.

6. Cf. 25 de outubro de 1912, Índice das aulas indicadas como já assistidas, n. 834, Universidade de Leipzig, Arquivo da Universidade.

7. STERN, William e LIPMANN, Otto (orgs.). *Isaak Spielrein. Psychologisches aus Kinderuntersuchungen in Rostov am Don.* Vol. 11. Leipzig: 1916.

8. Cf. Isaak Spielrein. "Ein jüdisches Wörterbuch". *Der Jude. Eine Monatsschrift*, ano 1, 1916/1917, pp. 633-636; Idem. "Zur Aussprache und Transkription des Jüdischen". *Der Jude*, ano 2, 1917, pp. 285-287.

9. Louis William Stern foi um filósofo e psicólogo alemão. Em 1897, formou-se em filosofia e psicologia em Breslau. De 1906 a 1916 foi diretor do Instituto para Psicologia Aplicada da Sociedade para Psicologia Experimental de Berlim. Stern adotou o conceito de uma administração de negócios científica que o engenheiro americano Frederik Winslow Taylor (1856-1915) havia desenvolvido. Trata-se, nessa forma de administração, de racionalizar os processos de produção tendo como objetivo a otimização da relação pessoa-técnica e técnica-pessoa. Em 1903, Stern exigiu, em seu artigo programático *Angewandte Psychologie*, a criação da disciplina de psicologia aplicada, já que a psicologia, como todas as outras ciências, teria a tarefa de colocar seus resultados a serviço da cultura. Com esse artigo ele introduziu o conceito de *psicotécnica*. Hugo Münsterberg (1863-1917) popularizou o conceito de psicotécnica e a ajustou às necessidades da economia. O contexto social e econômico para as ideias de Taylor e Stern foi a Revolução Industrial, ou seja, o deslocamento do centro de gravidade da produção econômica para a área industrial. O processo de trabalho industrial pôde então ser decomposto em planejamento, realização e controle — tarefas que exigiam diferentes qualificações dos trabalhadores. As tarefas principais da psicotécnica se tornaram análises de postos de trabalho, estabelecimento de perfis obrigatórios e estabelecimento de procedimentos de seleção para cada profissão.

10. [S.d.] de Eva Spielrein a Sabina e Pavel Scheftel, Genebra.

11. Rachel Leibovitch era uma antiga colega de estudos de Sabina Spielrein em Zurique. Ela era de Kurland (no Mar Báltico), era judia e respeitava as tradições. Rachel chegou a Zurique em 1906. Assistiu aulas no Instituto Dr. Lämmel e passou no teste final do ensino médio suíço, o *Matur*. No semestre de verão de 1907, matriculou-se na Universidade de Zurique para estudar medicina. Formou-se com um trabalho sobre miopia orientado pelo Dr. Sidler, oftalmologista clínico. Cf. LEIBOVITCH, Rachel. *Ein statistischer Beitrag zur Frage, ob die Vollkorrektur der Myopie diese zum Stillstand bringen könne*. Dissertação inaugural, Universidade de Zurique. Índice das formaturas de 1914/1915, n° 57. Enquanto estudava, Rachel Leibovitch esteve por duas vezes em períodos mais longos em Berlim para fazer estágio na universidade.

12. Cf. 5 de outubro de 1912, Carta da associação dos docentes para os "Cursos de férias para médicos práticos", n° 22, Genebra. O honorário das férias de outono do ano de 1912 compreende 60 marcos.

13. No formulário pessoal do Comissariado Popular para a Educação (Narkompros), Sabina declara em 1924, em Moscou, que teria trabalhado em Berlim com Karl Friedrich Bonhoeffer (1868-1948) na clínica neuropsicológica. Cf. Formulário, GARF, Fundo A 2307, Índice 23, dossiê 13, folha 20. Contudo, de acordo com os documentos disponíveis, não houve uma relação de emprego. Muitos médicos e psicólogos faziam curtos estágios na Charité sem contratação oficial. Cf. 2 de agosto de 2003, informação da diretoria médica, Charité. Hospital de Clínicas da Faculdade de Medicina da Universidade Humboldt em Berlim.

14. 13 de outubro de 1912, CAR, p. 121.

15. 20 de janeiro de 1913, CAR, p. 121.

16. De acordo com o formulário de impostos, Paul Scheftel paga 52 marcos de imposto de renda, estimados para um rendimento anual entre 2.700 e 3.000 marcos. Cf. Declaração de imposto n° A 634, de 9 de dezembro de 1913, delegação de impostos do magistrado, escritório C2, prefeitura, Stralauerstraße 15/22.

17. Cf. novembro de 1914, disposição orçamentária. Caligrafia de Sabina Spielrein, Genebra.

18. De acordo com o câmbio de 1907, isso daria cerca de 64.800 marcos. É muito dinheiro se forem levados em consideração o custo de vida e o poder de compra de então. 30 de janeiro de 2004, informação de Monika Bankowski.

19. Cf. 13 de janeiro de 1913, de Iacha Spielrein a Sabina Spielrein, Genebra.

20. Cf. 11 de novembro de 1928, de Sigmund Freud a Ernst Simmel. In: FREUD, Sigmund. *Briefe 1873-1939*. Frankfurt/M.: 1980, p. 397.

21. FERENCZI, Sándor. "C. G. Jung, Wandlungen und Symbole der Libido". *IZP*, Ano 1, 1913, pp. 391-403. Ferenczi critica, entre outras coisas, a "tendência impetuosa de Jung de decretar, a partir de duas possibilidades, a que lhe pareça mais simpática.". Vide p. 400.

22. TAUSK, Viktor. "Sch. Grebelskaja: Psychologische Aspekte eines Paranoiden". *IZP*, ano 1, vol. I, p. 88.

23. Cf. LANG, Jos. B. "Esther Aptekmann. Experimentelle Beiträge zur Psychologie des psycho-galvanischen Phänomens." *IZP*, ano 1, 1913, pp. 576-578.

24. 20 de janeiro de 1913, CAR, p. 122.

25. FEDERN, Paul. "Sabina Spielrein. Die Destruktion als Ursache des Werdens". *IZP*, ano 1, 1913, caderno 1, pp. 89-93.

26. Cf. SPIELREIN, *Die Destruktion*, op. cit., p. 471.

27. 21 de março de 1912, de Freud a Jung, FJB, p. 548.

28. In: *Zentralbblatt für Psychoanalyse und Psychotherapie*, ano 4, 1914, pp. 525-534.

29. Cf. FERENCZI, Sándor. *Schriften zur Psychoanalyse*. Vol. II. Frankfurt/M.: 1982, pp. 200-211.

30. Cf. FREUD, Sigmund. "Jenseits des Lustprinzips". In: *GW* XIII. Frankfurt/M.: 1972, p. 59.

31. [S.d.] de Sabina Spielrein a Freud, CAR, pp. 107ss.

32. Solovyev nasceu em Moscou, filho de um famoso historiador. Estudou na faculdade de física e matemática de Moscou e depois na faculdade de ciências humanas em Sergiev Posad. Em 1874, tornou-se professor da Universidade de Moscou. Opôs-se à pena de morte que devia se fazer cumprir contra os assassinos do czar Alexandre II, foi severamente atacado por causa disso e anunciou sua despedida. Em 1881, conheceu o rabino Faivel' Gec, com quem aprendeu hebreu para ler o Talmude e a Bíblia. Solovyev passou a se ocupar de questões religiosas e em 1890 protestou publicamente com Lev Tolstoi contra o antissemitismo. Sabina Spielrein se ocupara de temas religiosos e filósicos durante o ginásio. Em diários posteriores, em cartas e sobretudo em "A destruição como causa do devir" aparecem recorrentemente conceitos e linhas de pensamento que remetem aos cinco artigos de Solovyev reunidos com o título *O sentido do amor* (1892-1894). (Cf. Vladimir Solov'ev. *Der Sinn der Liebe*. Hamburgo: 1985.) O quarto artigo começa com: "'Dioniso e Hades são um e o mesmo' disse o mais profundo pensador do mundo antigo [Heráclito] (...) O deus da vida e o deus da morte são um e o mesmo deus. Essa é uma verdade incontestável para o mundo dos organismos naturais" (pp. 35ss.). Solovyev formulou a "Lei da identidade de Dioniso e Hades", criticou a dupla moral burguesa e sua separação entre corpo e alma, santiadade e prostituição. Concebeu uma teoria do amor em três estágios, cujo terceiro estágio, supremo e exclusivamente verdadeiro, representa o amor "espiritual, místico ou divino" que restaura a totalidade da essência humana e triunfa sobre a morte.

33. Ivanov foi um dos principais poetas e teóricos da segunda geração de simbolistas russos. Estudou Filologia clássica e História na Universidade de Moscou, em Berlim e em Paris. Em 1904, retornou para a Rússia e em 1905 se mudou para São Petersburgo, onde criou, sob a influência de Nietzsche, Schopenhauer e Dostoiévski, uma filosofia religiosa a partir da síntese de Dioniso e de Cristo. Cf.

ETKIND, Alexander. *Eros des Unmöglichen. Die Geschichte der Psychoanalyse in Russland*. Leipzig: 1996, pp. 62ss.

34. Ilya Metchnikoff estudou ciências naturais em Charkov, Gießen, Göttingen e Munique. Em 1867, formou-se na Universidade de Odessa, onde se tornou catedrático de Zoologia e Anatomia Comparada em 1870. Em 1875, Metschnikoff se casou com Olga Belopytov, então com 17 anos, oriunda de uma família rica da nobreza rural. Em 1882, abandonou a cátedra por motivos políticos e deixou a Rússia. Em 1888, chegou a Paris, onde obteve uma cátedra no Instituto Pasteur, do qual se tornou vice-diretor em 1904. Em 1908 Metchnikoff recebeu, juntamente com o alemão Paul Ehrlich, o prêmio Nobel de Medicina e Fisiologia, em reconhecimento por seus trabalhos sobre o sistema imunológico. Em anos posteriores, de-edicou-se ao problema do envelhecimento, que compreendia como um processo crônico de envenenamento por meio da comida. Para combatê-lo, recomendava bactérias do ácido lático, leite coalhado, iogurte e quefir. Em sua obra tardia *Estudos sobre a natureza humana. Uma filosofia otimista* (Leipzig [1905] 1910), propõe a tese de que depois de um processo do envelhecimento normal — atualmente inatingível — sobrevém um instinto de morte natural. Sabina Spielrein utiliza em seu trabalho "Sobre a destruição" exemplos dos estudos de Metchnikoff. Na ocasião da sua palestra "Sobre a transformação", apresentada na Sociedade Psicanalítica de Viena, ela se refere explicitamente à obra dele. Cf. 152ª ata, 29 de novembro de 1911. In: *Atas*, vol. III, op. cit., p. 314.

35. Cf. Sabina Spielrein. "Beiträge zur Kenntnis der kindlichen Seele". *Zentralblatt für Psychoanalyse*, ano III, caderno 2, 1912, pp. 57-72.

36. Cf. FREUD, Sigmund. "Analyse der Phobie eines fünfjährigen Knaben" (1909). In: *GW VII*, Frankfurt/M.: 1972, pp. 243-377.

37. Helene Deutsch era a aluna preferida de Freud e foi uma das mulheres mais importantes da história da psicanálise. Construiu um nome para si como teórica da sexualidade feminina e foi extremamente criticada. Em 1944/1945, publicou em exílio nos Estados Unidos *The Psychology of Women: A Psychoanalytic Interpretation. Volume 1: Girlhood; Volume 2: Motherhood.* Nova York; em alemão: *Die Psychologie der Frau*. Berna 1948/1954.

38. *Imago*, vol. II. 1913, pp. 523ss.

39. *IZP*, vol. II. 1914, pp. 375-377.

40. *Zentralblatt für Psychoanalyse und Psychotherapie*, ano III, 1913, p. 263.

41. *IZP*, vol. I. 1913, pp. 484-486.

42. *IZP*, vol. II. 1914, pp. 375-377.

43. *Imago*, vol. II. 1913, pp. 524ss.

44. *Imago*, vol. II. 1913, pp. 589-592.

45. Cf. SPIELREIN, "Die Schwiegermutter", op. cit., p. 589.

46. Cf. ROSENTHAL, Tatyana. "Karin Michaelis: 'Das gefährliche Alter< im Lichte der Psychoanalyse'". *Zentralblatt für Psychoanalyse*, ano 1, caderno 7/8, pp. 277-294.

47. Cf. 5 de agosto de 1909, de Jung a Freud, FJB, p. 268; Gincburg fez seus estudos de medicina primeiramente em Berna e, a partir do semestre de inverno de 1906, em Zurique. No verão de 1909, fez, com Rebekka Babizkaya, a residência em Burghölzli. Durante os estudos, participou das reuniões da Sociedade Freudiana em Zurique. Em outubro de 1911, transferiu-se para o Grupo Local de Zurique, onde apresentou, em 17 de novembro, a palestra "Zur Psychologie des Suizids" ("Sobre a psicologia do suicídio"). Em 1913 casou-se com Emil Oberholzer. Oberholzer e Gincburg se tornaram as forças impulsionadoras da refundação da Sociedade Psicanalítica Suíça, em 1919. (Cf. WIESER, Annatina. *Zur frühen Psychoanalyse in Zürich 1900-1914*. Dissertação para obtenção do grau de Doutor da Faculdade de Medicina da Universidade de Zurique. Zurique; 2001, p. 187.) Emil Oberholzer era considerado um analista muito severo. Freud considerava Mira Gincburg uma analista mais talentosa. Comunicação pessoal de Kaspar Weber, 16 de fevereiro de 2004. Na fotografia do congresso de Weimar, ela está sentada à frente, na primeira fila, entre Maria Moltzer e Lou Andreas-Salomé (1861-1937).

48. Stöcker foi uma pacifista convicta; quando vários psicanalistas participaram do fervor bélico de 1914, ela se distanciou da psicanálise. Depois da tomada do poder pelos nacional-socialistas, em 1933, Stöcker emigrou para Zurique. Cf. STOPCZYK, Annegret. "Helene Stöcker. Philosophin der Neuen Ethik". In: BUCHHOLZ, Kai; LATOCHA, Rita; PECKMANN, Hilke (orgs.). *Die Lebensreform. Entwürfe zur Neugestaltung von Leben und Kunst um 1900*. Vol. 1. Darmstadt: 2001, pp. 157-159.

49. 13 de junho de 1913, de Nikolai Spielrein a Sabina Spielrein, WW, p. 13.

50. 1º de outubro de 1913, de Esther Aptekmann a Sabina Spielrein, Genebra.

51. 24 de agosto de 1913, CAR, p. 209.

52. 28 de agosto de 1913, CAR, p. 124.

53. 27/28 de janeiro de 1918, CAR, p. 183.

54. Cf. JAFFÉ, Aniela (org.). *C. G. Jung. Erinnerungen, Träume, Gedanken. Aufgezeichnet und hg. von Aniela Jaffé*. Zurique/Düsseldorf: 1999, pp. 183ss.

55. Cf. Spielrein. *Beiträge*, op. cit., p. 60.

56. Cf. 19 de outubro de 1910, CAR, p. 71.

57. Cf. [...] de 1913, de Rebekka Ter-Oganessian a Sabina Spielrein, Genebra.

58. Cf. [...] de 1913, de Rebekka Ter-Oganessian a Sabina Spielrein, Genebra.

59. A lista telefônica da cidade de Berlim em 1915 indica também a profissão do chefe da família.

60. Cf. [...] de dezembro de 1913, de Sabina Spielrein a Sigmund Freud.

61. 29 de dezembro de 1913, CAR, p. 125.

62. Cf. 19 de junho de 2002, Cartório de Registro Civil Mitte, Berlim, transcrição da certidão de nascimento.

63. [...] de Rebekka Ter-Oganessian a Sabina Spielrein, Genebra.

64. 17 de janeiro de 1914, de Eva Spielrein a Sabina Spielrein, WW, p. 202.

65. Cf. 16 de fevereiro de 1914, de Eva Spielrein a Sabina Spielrein, Genebra.

66. De Eva Spielrein a Sabina Spielrein, Genebra.

67. Cf. 25 de março de 1914, de Eva Spielrein a Sabina Spielrein, Genebra.

68. Cf. 16 de fevereiro de 1914, de Eva Spielrein a Sabina Spielrein, Genebra.

69. 15 de março de 1914, de Eva Spielrein a Sabina Spielrein, Genebra.

70. Cf. 21 de junho de 1914; 6 de julho de 1914, de Nikolai Spielrein a Sabina Spielrein, Genebra.

71. 27 de maio de 1913, Correspondência Freud/Abraham, op. cit., p. 137.

72. Cf. 18 de abril de 1914, Documentos do decanato da Universidade de Zurique, Arquivo.

73. Cf. 28 de maio de 1914, do Decanato da Faculdade de Medicina à Direção de ensino da Universidade, StAZ U, pp. 106ss. 2.76.

74. Cf. ELLENBERGER, op. cit., p. 953.

75. 15 de maio de 1914, CAR, p. 125.

76. 26 de julho de 1914, Correspondência Freud/Abraham, op. cit., p. 137.

77. Cf. capítulo 7.

78. Cf. FREUD, Sigmund. "Zur Geschichte der psychoanalytischen Bewegung" [História do movimento psicanalítico]. In: *GW* X, Frankfurt/M.: 1991, pp. 43-113.

79. Cf. FREUD, Sigmund. "Einführung in den Narzißmus". In: *Jahrbuch*, op. cit., vol. VI, 1914, pp. 1-24.

80. [...] de 1914, de Pavel Scheftel a Sabina Spielrein, Genebra.

IV SEGUNDO PERÍODO NA SUÍÇA (1914-1923)

18. Lausanne — "Les Vents"

1. 15 de dezembro de 1914, de Eva Spielrein a Sabina Spielrein, Genebra.

2. Cf. 6 de agosto de 1914, de Pavel Scheftel a Sabina Spielrein, Genebra.

3. Cf. Controle de moradores e estrangeiros da cidade de Zurique, op. cit. É possível que Naer Spielrein (1881), de Varsóvia, tivesse um grau de parentesco com Nikolai Spielrein. Naer Spielrein viveu em Zurique de maio de 1916 a outubro de 1917.

4. 27 de dezembro de 1914, de Eva Spielrein a Sabina Spielrein, Genebra.

5. Cf. 11 de outubro de 1917, de Pavel Scheftel aa Sabina Spielrein, Genebra.

6. 15 de novembro de 1915, de Iacha Spielrein a Sabina Spielrein, Genebra.

7. Cf. 16 de janeiro de 1914, 7 de maio de 1914, de Chaina Grebelskaya a Sabina Spielrein, Genebra.

8. Ela também escreve que está infeliz porque deseja um amor romântico. Depois volta a dizer que prefere ficar sozinha. A última coisa que se sabe dela é que lhe é apresentado um pretendente, um primo por parte de pai que é dezoito anos mais velho e já tem uma filha. Depois se perdem seus rastros. Cf. [s.d.] de Chaina Grebelskaya a Sabina Spielrein, Genebra.

NOTAS

9. 28 de dezembro de 1914, Livro de anotações 116, p. 482.

10. No cartão de registro de "Sabina Scheftel, de solteira Spielrein" consta "partiu sem avisar para Montreux"; depois há uma anotação "15. X. 1915 Lausanne" — sem mais explicações. Cf. Controle de moradores e estrangeiros da cidade de Zurique, op. cit.

11. Cf. carta de 11 de junho de 2003, Arquivo Estadual Secreto do Patrimônio Cultural da Prússia, Berlim. Nas listas telefônicas de Stuttgart de 1914 a 1918 consta "Engenheiro diplomado J. Spielrein" em seu endereço particular.

12. Cf. Dipl.-Ing. J. Spielrein. *Lehrbuch der Vektorrechnung nach den Bedürfnissen in der technischen Mechanik und Elektrizitätslehre.* Stuttgart: 1916.

13. Agora que o marido partiu, Sabina Spielrein usa o nome predileto para a filha: Renata.

14. Cf. 8 de fevereiro de 1915, 13 de fevereiro de 1915, 14 de fevereiro de 1915, de Eva Spielrein a Sabina Spielrein, Genebra.

15. Cf. 13 de março de 1915, de Eva Spielrein a Sabina Spielrein, Genebra.

16. 2 de abril de 1915, de Eva Spielrein a Sabina Spielrein, Genebra.

17. 2 de março de 1915, de Eva Spielrein a Sabina Spielrein, Genebra.

18. Cf. 23 de outubro de 1915, de Eva Spielrein a Sabina Spielrein, Genebra.

19. Cf. 20 de julho de 1915, de Eva Spielrein a Sabina Spielrein, Genebra.

20. 6 de setembro de 1915, de Eva Spielrein a Sabina Spielrein, Genebra.

21. Cf. 4 de julho de 1915, 6 de julho de 1915, de Eva Spielrein a Sabina Spielrein, Genebra.

22. 15 de fevereiro de 1915, de Eva Spielrein a Sabina Spielrein, Genebra.

23. Cf. 2 de março de 1915, de Eva Spielrein a Sabina Spielrein; 20 de junho de 1915, de Nikolai Spielrein a Sabina Spielrein, Genebra.

24. Cf. 27/28 de janeiro de 1918, CAR, p. 183.

25. Cf. 21 de agosto de 1915, de Eva Spielrein a Sabina Spielrein, Genebra.

26. Cf. 9 de dezembro de 1915, de Eva Spielrein a Sabina Spielrein, Genebra.

27. 15 de fevereiro de 1921, Dossiê Scheftel, Spielzeiten [!] Sabine [!], Archives d'Etat, Genebra. Réferences: 1985 va 22.1.10 rép. + dossier de permis de séjour nº 93420 + Permis de séjour étrangers du 8 mars 1921 nº 1802 (Etrangers Dj 30) (Tradução de Pepe Solbach). Citado doravante como Dossiê Scheftel.

28. *IZP* II 1915, p. 350.

29. *IZP* IV 1916/17, pp. 44-48.

30. Cf. Sabina Spielrein. "Isaak Spielrein. Über schwer zu merkende Zahlen und Rechenaufgaben". *IZP* VI 1920, pp. 172-174.

31. 20 de abril de 1915, CAR, pp. 127ss.

32. Cf. 18 de dezembro de 1915, 16 de agosto de 1917, de Eva Spielrein a Sabina Spielrein, Genebra.

33. Cf. capítulo 17, "Anos berlinenses", nota 11.

34. Cf. 12 de fevereiro de 2004, Documentos do Archives de la Ville de Lausanne.

35. WW, p. 256.

36. WW, pp. 257ss.

37. Cf. WW, pp. 256-260, em francês e em alemão. Em francês, cf. também SPIELREIN, Sabina. "Les Vents". *Patio* I, 1983, pp. 84-87.

38. 19 de janeiro de 1918, de Sabina Spielrein a Jung, CAR, p. 176.

39. Cf. 7 de agosto de 1915, de Eva Spielrein a Sabina Spielrein, Genebra.

40. Cf. 18 de abril de 1917 [segundo o calendário antigo], de Eva Spielrein a Sabina Spielrein, Genebra.

41. 18 de novembro de 1917, CAR, p. 128.

42. 17 de novembro de 1918, de Freud a Ferenczi. Cf. BRECHT, Karen; FRIEDRICH, Volker; HERMANNS, Ludger M. (orgs.). "Hier geht das Leben auf sehr merkwürdige Weise weiter...". *Zur Geschichte der Psychoanalyse in Deutschland* [s.l.]: 1985, pp. 26ss., em especial p. 28.

43. 12 de agosto de 1917, de Eva Spielrein a Sabina Spielrein, Genebra.

44. 16 de agosto de 1917, de Eva Spielrein a Sabina Spielrein, Genebra. Algumas cartas são reenviadas aos irmãos.

45. 1º de outubro de 1917, de Eva Spielrein a Sabina Spielrein, Genebra.

46. Cf. 28 de novembro de 1917, de Eva Spielrein a Sabina Spielrein, Genebra.

47. 28 de novembro de 1917, de Eva Spielrein a Sabina Spielrein, Genebra. É mencionado em várias cartas de Eva Spielrein que Sabina teve de passar fome várias vezes nos anos em Lausanne e Genebra: "Querida Sabina, você não poderia pegar dinheiro emprestado? (...) Você tem tantos conhecidos, é inacreditável que tenha uma vida tão dura e, além disso, passe fome (...) Faça todo o possível para não passar fome!" Cf. 29 de outubro de 1917, Eva Spielrein. As cartas de Pavel Scheftel também mencionam várias vezes o estado de fome ou de "quase fome" de Sabina Spielrein. Cf. [...] Pavel Scheftel; 11/9 de dezembro de [1921], de Pavel Scheftel a Sabina Spielrein, Genebra. O péssimo estado de nutrição de Sabina Spielrein contribui para o fato de ela estar sempre doente e deprimida.

48. 23 de novembro de 1917, de Nikolai Spielrein a Sabina Spielrein, Genebra.

49. 6 de janeiro de 1918, CAR, p. 167.

50. Cf. 6 de janeiro de 1918, CAR, pp. 167ss.

51. Cf. JUNG, 1999, op. cit., pp. 179-183.

52. 27 de novembro de 1917, CAR, p. 141.

53. Cf. 21 de janeiro de 1918, CAR, pp. 218ss.

54. [...] de janeiro de 1918, CAR, pp. 219ss.

55. 27/28 de janeiro de 1918, CAR, pp. 177, 179.

56. Cf. 3 de abril de 1919, CAR, p. 222.

57. 1º de setembro de 1919, CAR, p. 223.

58. 16 de janeiro de 1918, CAR, pp. 168ss.

59. Cf. 1º de julho de 1918, de Iacha Spielrein a Sabina Spielrein, Genebra.

60. 7 de dezembro de 1919, Diário, Genebra.

61. Cf. SPIELREIN, Sabina. "Renatchens Menschenentstehungstheorie". *IZP* VI 1920, pp. 155-157.

62. Cf. [s.d.] de Nikolai Spielrein a Sabina Spielrein, Genebra.

63. Cf. 2 de agosto de 1919, de Freud a Sabina Spielrein, CAR, p. 129.

64. Cf. 1º de julho de 1919, de Eva Spielrein a "Meus queridos filhos", Genebra.

65. Cf. LJUNGGREN, 2001, op. cit.; cf. também KOLTSOVA, V. A.; NOSKOVA, O. G.; OLEINIK, Yu. N. "Isaak Spielrein and Soviet Psychotechnics". *Psikhologichesky Zhurnal*, 2, 1990, pp. 95-122.

66. 2 de agosto de 1919, CAR, p. 128ss.

67. Cf. 30 de setembro de 1919, de Rachel Leibovitch a Sabina Spielrein, Genebra.

68. 19 de janeiro de 1918, de Sabina Spielrein a Jung, CAR, p. 176.

69. *13 de julho de 1920. Cf. 15 de julho de 2003, Documento do Arquivo Municipal de Zurique.

70. Cf. 17 de agosto de 1920, de Rachel Leibovitch a Sabina Spielrein, Genebra.

71. Nada mais se sabe sobre o destino de Rachel Nachmansohn Leibovitch. Cf. 15 de julho de 2003, Documento do Arquivo Municipal de Zurique.

72. Cf. a declaração de 29 (16) de agosto de 1918 de seu médico familiar e amigo Dr. S. Zeitlin. Ele afirma que "A Sra. Eva Spielrein, 55 anos, sofre de uma forma grave de *arthritis urieca*", uma arteriosclerose universal com cardiosclerose fortemente pronunciada, no estágio de *myogeneration cordis*, bem como frequentes ataques de angina peitoral. A paciente tem que ficar constantemente de cama."

73. [...] de 1920, de Eva Spielrein a Sabina Spielrein, Genebra.

74. [...] de 1920, de Eva Spielrein a Sabina Spielrein, Genebra.

75. Cf. 12 de abril de 2002, Documento dos Archives de la Ville de Lausanne.

19. Psicanalista em Genebra

1. Gilonne Brüstlein é irmã do médico de Renata Scheftel, Franz Brüstlein, Château-d'Oex.

2. A lista de membros cita, além disso, Ferdinand Morel, G. de Gontaut-Biron, H. J. Schmidt, Henri Frey, Emil Lüthy, Arthur Kielholz, a Srta. S. Kempner, a Sra. M. Huber, Hermann Rorschach, Franz Kornmann, a Srta. E. Fürst, M. Nachman-

sohn, T. Hofmann, Ernst Neuenhofer. Cf. "Sociedade Suíça de Psicanálise, Lista de membros". Arquivo da Universidade de Tübingen, 433/117.

3. Na psicanálise contemporânea, a filha de Sigmund Freud, Anna, é considerada a fundadora da psicanálise infantil. No melhor dos casos, Melanie Klein também é mencionada. Anna Freud publicou seu primeiro artigo em 1922; nesse momento, Spielrein já tinha publicado 25 artigos, dez dos quais tratavam de análise infantil.

4. Na mesma tarde em que Spielrein faz sua intervenção, Hermine Hug-Hellmuth fala sobre "Técnica da análise infantil". Hug-Hellmuth, cuja obra e vida ficaram esquecidas por muito tempo, também é pioneira em sua área. Cf. GRAF-NOLD, Angela, *Der Fall Hermine Hug-Hellmuth. Eine Geschichte der frühen Kinder-Psychoanalyse*. Munique/Viena: 1988.

5. Cf. "Dr. Sabina Spielrein (Lausanne). Zur Frage der Entstehung und Entwicklung der Lautsprache". *IZP* VI 1920, p. 401

6. Eitingon obteve seu título de Doutor em Medicina em 20 de setembro de 1909 em Zurique. Os registros de doutoramento foram conservados e se encontram no Arquivo do Cantão de Zurique: StAZ, U 106g/13. Eitingon estudou em Leipzig, Halle, Heidelberg e Marburg antes de se matricular no semestre de inverno de 1904/1905 na Universidade de Zurique — um semestre depois de Spielrein. De 12 de março a 30 de maio de 1906, bem como de 11 de março a 24 de maio de 1908, trabalhou como médico assistente em Burghölzli. Cf. Lista dos diretores e médicos secundários, assistentes e voluntários em Burghölzi a partir de 1º de julho de 1870, op. cit. StAZ, P.U.K # 124.10.

7. 25 de setembro de 1907, FJB p. 99. Em Burghölzli, Eitingon recebeu o apelido de "Oblomov", que remonta possivelmente a Jung. Cf. BRILL, A. A. "Max Eitingon". *Psychoanalytic Quarterly*, 12, 1943, pp. 456ss. Oblomov é o nome do anti-herói do romance homônimo (1859) de Ivan Gontcharov (1812-1891). Ele é considerado a personificação da inércia absoluta, símbolo e resultado do feudalismo russo. Acreditava-se ver no comportamento passivo de Oblomov um traço russo característico. Eitingon fez jus a esse apelido, pois postergava seus trabalhos e planos durante sua época de estudante, postergando inclusive seu doutorado — por exemplo, com atestados médicos por causa de enxaqueca e pavor de provas. Depois da sua defesa, Eitingon se mudou para Berlim, onde colaborou no grupo de Karl Abraham e deu muitas contribuições para a psicanálise.

8. Cf. "Relatório sobre o VI Congresso Internacional de Psicanálise em Haia, 8-11 de setembro de 1920". *IZP* VI 1920, p. 391.

9. Não conseguimos descobrir que instituto era esse.

10. 21 de setembro de 1920, Dossiê Scheftel, op. cit.

11. 14 de outubro de 1920, Relatório do Inspetor Lagnaz ao chefe da polícia de segurança, Lausanne. Dossiê Scheftel, op. cit.

12. Cf. capítulo 18, "Lausanne — "Les Vents", pp. 205ss.

13. Cf. 22 de fevereiro de 1921. Dossiê Scheftel, op. cit.

14. Cf. Permis de séjour étrangers du 8 mars 1921, n° 1802 [Etrangers Dj 30]. Dossiê Scheftel, op. cit.

15. Cf. HAMELINE, D. *L'éducation dans le miroir du temps*. Lausanne, 2002, p. 259.

16. Cf. WEBER, Kaspar. "Es geht ein mächtiges Sehnen durch unsere Zeit." *Reformbestrebungen der Jahrhundertwende und Rezeption der Psychoanalyse am Beispiel der Biographie von Ernst Schneider 1878-1957*. Berna/Berlim/Bruxelas: 1999.

17. Cf. SPIELREIN, Sabina. "Suíça". *IZP* VIII, 1922, pp. 234.

18. Cf. GUNDLACH, Horst. "Die internationalen Kongresse für Psychotechnik und die frühe Geschichte der IAAP/AIPA". In: JAHNKE, Jürgen; FAHRENBERG, Jochen; STEGIE, Reiner (orgs.). *Psychologiegeschichte — Beziehungen zur Philosophie und Grenzgebieten*. Munique/Viena: 1998, pp. 191-196.

19. Cf. 14 de novembro de 1911, FJB, p. 513.

20. Cf. 7 de outubro de 1920, WITTENBERGER, Gerhard; TÖGEL, Christfried (orgs.). *Die Rundbriefe des "Geheimen Komitees"*. Volume I, 1913-1920, Tübingen: 1999, p. 71.

21. 21 de outubro de 1920, ibidem, p. 104.

22. 5 de dezembro de 1920, ibidem, p. 199.

23. Cf. "Das schwache Weib". *IZP* VI, 1920, p. 158.

24. Cf. SPIELREIN, Sabina. "Renatchens Menschenentstehungstheorie". *IZP* VI, 1920, p. 15.

25. *IZP* VI, 1920, pp. 157-158.

26. *IZP* VI 1920, pp. 361-362.

27. O primeiro teste de inteligência foi apresentado pelos psicólogos franceses Alfred Binet e Théodore Simon em 1905. Tratava-se de um teste com 30 perguntas. O teste Binet-Simon foi introduzido para esclarecer sobre a capacidade escolar de crianças.

28. Cf. SPIELREIN, Sabina. "Schnellanalyse einer kindlichen Phobie". *IZP* VII, 1921, pp. 473-474.

29. Cf. SPIELREIN, Sabina. "Die drei Fragen". *Imago* IX, 1923, pp. 260-263.

30. Cf. "Chronique de L'institut". *L'Educateur.* LVIIme année, n° 8, 16 de abril de 1921, p. 143.

31. Cf. "Chronique de l'institut". *L'Educateur.* LVIIme année, n° 12, 11 de junho de 1921, p. 207.

32. Cf. 15 de maio de 1921, de Sabina Spielrein a Edouard Claparède. Arquivo da Universidade de Genebra, Ms.fr.4007/210.

33. Cf. Instituto J. J. Rousseau. *Programme et horaire du semestre d'hiver, 1921/22*, Archives Institut Jean-Jacques Rousseau, Genebra.

34. 24 de dezembro de 1921, de Eva Spielrein a Sabina Spielrein, Genebra.

35. Cf. 24 de dezembro de 1921, de Eva Spielrein a Sabina Spielrein, Genebra.

36. [S.d.] de Eva Spielrein a Sabina Spielrein, Genebra. A censura tornava necessária uma medida desse tipo.

37. Cf. 27 de outubro de 1921, de Eva Spielrein a Sabina Spielrein, Genebra.

38. Cf. SPIELREIN, Sabina. "Die Zeit im unterschwelligen Seelenleben". *Imago* IX, 1923, caderno 4, p. 301.

39. Cf. SPIELREIN, Sabina. "Schweiz. Die Genebraer psychoanalytische Gesellschaft". In: "Zur psychoanalytischen Bewegung". *IZP* VIII, 1922, pp. 234ss. Piaget também é mencionado na versão publicada por Spielrein da palestra de Haia.

40. Melanie Klein não menciona Spielrein neste trabalho. Cf. Melanie Klein. "Entwöhnung" (1936). In: *Gesammelte Schriften.* Vol. I, Parte 2. Escritos 1920-1945. Stuttgart/Bad Cannstatt: 1996, pp. 77-100. No artigo de Klein "Zur Frühanalyse" [Para uma análise precoce] (1923) ela faz menção, em uma nota, às

"interessantes explicações" de Spielrein sobre a importância dos atos orais para o desenvolvimento da linguagem infantil e suas especificidades. Cf. Idem. "Zur Frühanalyse" (1923). In: *Gesammelte Schriften*. Vol. I, Parte 1. Escritos 1920-1945, op. cit., nota 39, pp. 131ss.

41. Cf. SPIELREIN, Sabina. "Die Entstehung der kindlichen Worte Papa und Mama. Einige Betrachtungen über verschiedene Stadien in der Sprachentwicklung". *Imago* VIII, 1922, pp. 345-367. Donald W. Winnicott aborda esses conceitos nas décadas de 1950 e 1960. Cf. WINNICOTT, D. W. "Übergangsobjekte und Übergangsphänomene (1951)". In: *Von der Kinderheilkunde zur Psychoanalyse*. Frankfurt/M. 1985, pp. 300-319; Idem. "Ich-Verzerrung in Form des wahren und des falschen Selbst (1960)". In: *Reifungsprozesse und fördernde Umwelt*. Frankfurt/M.: 1985, pp. 182-199.

42. Cf. comunicação pessoal de Kaspar Weber, Berna, fevereiro de 2004.

43. Cf. SCHEPELER, Eva M. "Jean Piaget's Experiences on the Couch: some Clues to a Mystery". *The International Journal of Psycho-Analysis*, junho de 1993, vol. 74, parte 3, pp. 255-273. De acordo com outra anedota, Piaget teria feito uma forte transferência maternal com relação a Sabina. Quando percebe quem transferiu para a analista, levanta-se, anuncia *"J'ai compris!"* ("Entendi!") e deixa imediatamente a sala. Cf. KERR, John. *A Most Dangerous Method. The story of Jung, Freud, and Sabina Spielrein*. Londres/Auckland/Melbourne: 1994, p. 496. Para a pesquisa científica de então, a confissão de Piaget significava uma grande surpresa.

44. Cf. Recado de Oberholzer de 19 de dezembro de 1922 a Spielrein (Genebra), no qual se menciona que C. e B. estão fazendo análise com ela há algumas semanas.

45. Lovtzky estudou filosofia em Berna e vivia desde 1910 em Genebra. Cf. ETKIND, op. cit., pp. 95ss.

46. Em tradução para o português, o texto diz o seguinte: "Srta. Spielrein, Dr. Méd., ex-assistente do Professor Freud de Viena, estará disponível nas tardes de terça-feira no Instituto J.-J. Rousseau, Taconnerie 5, para todas as pessoas que quiserem se informar sobre a psicanálise pedagógica e científica." Em Mardi, 28 février 1922, *Journal de Genève*, 93me année, n° 58, 5, 2ª coluna.

47. Cf. 26 de outubro de 1921, de Emil Spielrein a Sabina Spielrein, Genebra.

48. [S.d.] de Pavel Scheftel a Sabina Spielrein, Genebra.

49. Eugenia Sokolnicka era compatriota de Sabina Spielrein. Permaneceu em Zurique de 1910 a 1913, onde conheceu a psicanálise por intermédio de Jung. Em 1913/1914 submeteu-se à análise com Freud em Viena. Em 1921 se estabeleceu em Paris, onde iniciou o movimento psicanalítico francês com a anuência de Freud. Sokolnicka foi aceita com entusiasmo pelos círculos literários. Estava à frente de seu tempo ao ser a primeira a realizar "análises formativas". Foi muito difícil para ela montar um consultório em Paris. Suicidou-se em 1934.

50. Breton explica os fatos em itens: "SURREALISMO, substantivo, m(asculino). Automatismo psíquico puro por meio do qual se procura expressar o verdadeiro transcorrer do pensamento oralmente ou por escrito ou de alguma outra forma. Ditados de pensamento sem qualquer controle da razão e além de todas as concepções estéticas ou éticas. Enciclopédia. Filosofia. O surrealismo se baseia na crença em uma realidade superior de certas formas de associação negligenciadas até hoje, na onipotência do sonho, no jogo livre de objetivos do pensamento. Almeja a destruição definitiva de todos os outros mecanismos psicológicos e quer se colocar no lugar deles para a solução dos principais problemas da vida." Cf. RICHTER, Horst. *Geschichte der Malerei im 20. Jahrhundert. Stile und Künstler.* Köln: 1977, p. 130.

51. Arthur Honegger (1882-1955) escreveu um balé para *Mangeur de rêves* que estreou em 6 de agosto de 1944, em Paris. Hoje Lenormand caiu no esquecimento.

52. "Zur psychoanalytischen Bewegung". *IZP* VIII, 1922, pp. 104ss.

53. Cf. SPIELREIN, Sabina. "Qui est l'auteur du crime?" *Journal de Genève*, 93, 15 de janeiro de 1922, nº 14, 2ᵐᵉ Edition, p. 2.

54. Cf. SCHEPELER, op. cit.

55. Cf. SPIELREIN, Sabina. "Quelques Analogies entre la Pensée de L'enfant, celle de L'aphasique et la Pensée subconsciente". *Archives de Psychologie* XVIII, 1923, pp. 305ss.

56. SPIELREIN, *Die Destruktion*, op. cit., pp. 467ss.

57. SPIELREIN, Sabina. "Briefmarkentraum". *IZP* VIII, 1922, p. 342.

58. SPIELREIN, ibidem, p. 343.

59. Cf. KOLLBRUNNER, Jürg. *Der kranke Freud.* Stuttgart: 2001.

60. Cf. SPIELREIN, Sabina. "Die Zeit im unterschwelligen Seelenleben". *Imago* IX 1923, pp. 300-317.

61. Cf. PIAGET, Jean. "Das symbolische Denken und das Denken des Kindes (1923)". In: *Jean Piaget. Drei frühe Schriften zur Psychoanalyse*. Editado e comentado historicamente por Sibylle Volkmann-Raue. Freiburg i. Br.: 1993, pp. 83-146.

62. Cf., a esse respeito, VIDAL, Fernando. "Sabina Spielrein, Jean Piaget — going their own ways". *Journal of Analytical Psychology*, vol. 46, 2001, pp. 139-153.

63. Instituto J.-J. Rousseau, Programme et Horaire, op. cit., 1922/1923 e 1923.

64. Como anunciado em Haia, Spielrein escreveu uma bibliografia comentada da literatura psicanalítica russa, que permaneceu imcompleta porque a comunicação entre o Ocidente e a Rússia permaneceu durante muito tempo interrompida. Spielrein cita como o primeiro analista russo Nikolai Ossipov (1877-1934), que — como tantos outros médicos russos — não teve chances de praticar a "psicanálise pura" e teve que utilizar "sistemas de tratamento combinados". Sabina também identifica nos trabalhos de outros colegas russos — Bierstein, Wyburov, Salkind etc. — a influência de Dubois, C. G. Jung, Alfred Adler. Cf. SPIELREIN, Sabina. "Russische Literatur". In: *Bericht über die Fortschritte der Psychoanalyse in den Jahren 1914 bis 1919*. Suplementos da *Internationalen Zeitschrift für Psychoanalyse*, nº III. Prof. Dr. Sigm. Freud (org.). Leipzig/Viena/Zurique: 1921, pp. 356-365.

65. 12 de junho de 1922, de Freud a Sabina Spielrein, CAR, pp. 130ss.

66. [S.d.] de Pavel Scheftel a Sabina Spielrein, Genebra.

67. [S.d.] de Pavel Scheftel a Sabina Spielrein, Genebra.

68. Cf. 16 de junho de 1922, de Nikolai Spielrein a Sabina Spielrein, Genebra.

69. Ossipov estudou primeiramente em Moscou, depois em Zurique, Bonn, Freiburg, Berna e na Basileia, onde se formou como Doutor em Medicina em 1903. Em 1904 retornou a Moscou. No verão de 1907 passou alguns meses em Burghölzli como convidado de Jung. Em 1908 e 1910 visitou Freud em Viena. Em 1909 Ossipov foi um dos iniciadores das "pequenas sextas-feiras" na Clínica Psiquiátrica da Universidade de Moscou — o primeiro encontro psicanalítico regular da Rússia.

70. 18 de fevereiro de 1921, de Freud a Ossipow. Cf. MILLER, Martin A. *Freud and the Bolscheviks. Psychoanalysis in Imperial Russia and the Soviet Union*. New Haven/Londres: 1998, p. 170.

71. Cf. 11 de março de 1921, Jones. In: WITTENBERGER, G. e TÖGEL, C. (orgs.). *Die Rundbriefe des "Geheimen Komitees"*. Vol. 2, op. cit., p. 111.

72. Cf. capítulo 17, Anos berlinenses: 1912-1914.

73. Sara Neiditch (*1875), ex-estudante de medicina em Zurique e aluna de Rosenthal, reconhece a contribuição pioneira de Rosenthal para a psicanálise russa: "Ela foi a única psicanalista ativa em São Petersburgo." Cf. NEIDITCH, Sara. "Dr. Tatiana Rosenthal, Petersburg". *IZP* VII, 1921, pp. 384ss. Nada se sabe sobre os motivos por trás do suicídio de Rosenthal. A partir da biografia dela e tendo em vista seu engajamento inicial na Revolução, é concebível que decepções no transcorrer do experimento social tenham contribuído para seu ato desesperado.

74. Cf. 30 de janeiro de 1923, de Freud a [...], Genf.

75. 8 de janeiro de 1923, de Sabina Spielrein a Pierre Bovet, Arquivos do Instituto J.-J. Rousseau (AIJJR), Fond Géneral, Correspondance de la Direction, Genf.

20. Oriente ou Ocidente?

1. Cf. 26 de outubro de 1921, de Emil Spielrein a Sabina Spielrein, Genebra.

2. Cf. 8 de setembro de 1915, de Eva Spielrein a Sabina Spielrein, Genebra.

3. Cf. 23 de novembro de 1917, de Nikolai Spielrein a Sabina Spielrein, Genebra.

4. Brupbacher casara-se em 1901 com Lidya Petrovna Kocetkova (*1872). Ela estudou medicina em Zurique e trabalhou de 1897 a 1914 como médica nas províncias russas. Petrovna era membro do Partido Social-Revolucionário (PSR) e lhe foram designados 235 vilarejos, nos quais era responsável pela agitação política. Cf. HUSER, Karin. *Eine revolutionäre Ärztin in Briefen*. Zurique: 2003.

5. Segundo LANG, Karl. *Kritiker, Ketzer, Kämpfer. Das Leben des Arbeiterarztes Fritz Brupbacher*. Zurique: 1983, p. 263.

6. Genebra, 1922.

7. Cf. 19 de junho de 1921, de Pavel Scheftel a Sabina Spielrein, Genebra.

8. [S.d.] de Pavel Scheftel a Sabina Spielrein, Genebra.

9. [S.d.] de Pavel Scheftel a Sabina Spielrein, Genebra.

10. Cf. 5/11 de janeiro de 1922, de Pavel Scheftel a Sabina Spielrein, Genebra.

11. Cf. 18 de abril de 1917, de Eva Spielrein a Sabina Spielrein, Genebra.

12. Cf. 31 de maio de 1917, de Nikolai Spielrein a Sabina Spielrein, Genebra.

13. [S.d.] de Emil Spielrein a Nikolai Spielrein, Genebra.

14. Cf. 27 de janeiro de 1922, de Iacha Spielrein a Sabina Spielrein, Genebra.

15. 14 de abril de 1922, de Iacha Spielrein a Sabina Spielrein, Genebra.

16. Irene Spielrein entrou em 28 de setembro de 1921 na Freie Schul- und Werkgemeinschaft Letzlingen; em 31 de agosto de 1923 saiu de lá. Cf. Lista de alunos da Freie Schul- und Werkgemeinschaft de Auerbach — Brückenau — Dreilingen — Letzlingen. Fundação Schlösser Burgen Gärten, Wernigerode.

17. Cf. UFFRECHT, Bernahard. *Die freie Schul- und Werkgemeinschaft Letzlingen*. Berlim: 1924.

18. Cf. 27 de janeiro de 1922; 14 de abril de 1922, de Iacha Spielrein a Sabina Spielrein, Genebra.

19. 7 de janeiro de 1923, de Abraham a Freud. Correspondência Freud/Abraham, op. cit., p. 311.

20. 4 de março de 1923, de Freud a Abraham, ibidem.

21. Cf. 19 de outubro de 1919, de Abraham a Freud, Correspondência Freud/Abraham, op. cit., p. 274.

22. Cf. 3 de maio de 1922, de Emil Spielrein a Iacha e Silvia Spielrein, Genebra.

23. Cf. 4 de maio de 1922, de Pavel Scheftel a Nikolai Spielrein, Genebra.

24. Cf. 30 de janeiro de 1923, de Emil Spielrein a Sabina Spielrein, Genebra.

25. SPIELREIN, Sabina. "Sternschnuppen in Traum und Halluzination (1923)". In: Idem. *Sämtliche Schriften*, op. cit., pp. 265-270. Questionou-se se o "jovem homem" não poderia ser Piaget. Em 1923, Piaget se casou com Valentine Châteney. É curioso que a diferença de idade entre Piaget e Spielrein seja exatamente a mesma que entre Spielrein e Jung: 11 anos.

26. SPIELREIN, Sabina. "Die Zeit im unterschwelligen Seelenleben. Vortrag gehalten am VII. Internationalen Psychoanalytischen Kongreß in Berlim Sept. 1922". *Imago* IX, 1923, caderno 3, pp. 300-317.

27. Cf. 21 de março de 1923, de Nikolai Spielrein a Sabina Spielrein, Genebra.

28. Na pintura *A nona onda* (1850), de Aivasovski, uma onda gigantesca — pintada de modo realista mas ao mesmo tempo exagerado — ameaça engolir um pequeno grupo de náufragos que estão agarrados a um mastro quebrado. No movimento incessante e tormentoso de água, das nuvens, da névoa e da espuma, as ondas surgem, sobem e quebram furiosamente. Os sobreviventes se agarram ao mastro quebrado. Os raios do sol que nasce trazem luz e um pouco de esperança ao caos sombrio. O quadro transmite uma atmosfera ambivalente sobre a qual Pavel Scheftel escreve à esposa. Contudo, a representação não corresponde exatamente à situação descrita na carta.

29. Cf. 17 de janeiro de 1923, de Pavel Scheftel a Sabina Spielrein, Genebra.

30. 9 de fevereiro de 1923, CAR, p. 132. Que Freud apoie esse passo é difícil de compreender, pois ele sabe por intermédio de Ossipov e por outras fontes que as coisas não vão bem para a psicanálise russa. O suicídio de Tatyana Rosenthal afetou Freud intensamente, a ponto de ele escrever a Ossipov: "*I too have heard of Dr. R's death and I also don't know any details about it. I understand your mood in view of the present conditions. I hardly had a fatherland of my own and yet I feel uprooted. If it were not for the interest in psychoanalysis, one would have to envy R.*" ["Também ouvi falar da morte da Dra. R. E também não sei de detalhes. Compreendo o seu estado de espírito, tendo em vista as condições atuais. Praticamente não tive uma terra natal, e mesmo assim me sinto desenraizado. Se não fosse pelo interesse pela psicanálise, dever-se-ia ter inveja de R."] 19 de maio de 1921, de Freud a Ossipov. In: MILLER, op. cit., p. 171. Sergey Pankeyev, o famoso paciente russo de Freu que ele retratou em sua exposição do caso"Aus der Geschichte einer infantilen Neurose" [História de una neurose infantil] (1918) e que entrou na história da psicanálise como "Wolfsmann" ["O homem dos lobos"], lembra-se de ter perguntado certa vez a Freud se deveria permanecer na Rússia caso estourasse a Revolução. Freud o aconselhou a permanecer lá. Quando Pankeyev conta isso a um conhecido que estudou na Rússia, este comenta: "Sabe, Freud conhece muito bem a inteligência humana, mas aparentemente não conhcece os bolcheviques." Em ETKIND, op. cit., p. 207.

31. Cf. 14 de abril de 1922, de Isaak Spielrein a Sabina Spielrein, Genebra.

32. Não se sabe ao certo se Renata frequentou por um tempo uma escola em Genebra, já que as listas de alunos só passaram a ser guardadas a partir de 1930. Cf. 27 de outubro de 2004, Documentos do Archives du Departement de l'Instruction Publique.

33. 30 de abril de 1923, Dossiê Scheftel, op. cit.

34. 28 de abril de 1923, de Claparède ao "Monsieur le Directeur du Bureau des Permis de Séjour, Genève": "Monsieur. Tenho a honra de trazer ao seu conhecimento que a Dra. Spielrein trabalhou nos últimos anos no Laboratório de Psicologia e me foi de grande ajuda em determinados âmbitos de nossa ciência graças a seus grandes conhecimentos profissionais. A Sra. Spielrein deseja viajar por algum tempo para a Rússia, a convite dos círculos médico-científicos de sua pátria. Conto com que ela possa retornar sem dificuldade a Genebra, onde sua presença e sua cooperação são muito necessárias. Portanto, ficar-lhe-ia imensamente grato, Sr. Diretor, se pudesse emitir um visto para ela que lhe possibilitasse o retorno à Suíça depois de sua estada na Rússia." Dossier Permis de Séjour 93420, Dossiê Scheftel, op. cit.

35. Cf. 8 de maio de 1923, de Iacha Spielrein a Sabina Spielrein, Genebra.

36. Comunicação pessoal de Traute Hensch, novembro de 2002.

37. Foi só em 1977, durante os trabalhos de restauração do subsolo do Palácio Wilson, sede do antigo Instituto de Psicologia, que se descobriu a valise.

V LABORATÓRIO UNIÃO SOVIÉTICA (1923-1942)

21. "Machinisaziya" — O sonho do novo homem

1. Cf. BERGMANN, Wolfgang; BOECKEL, Christoph; HELLER, Peter. *Laboratorium Sowjetunion. Von den Schöpfungsphantasien der russischen Moderne zu den apokalyptischen Experimenten der sowjetischen Wissenschaft. Vorschlag für eine Dokumentarreihe.* Köln [s.d.], p. 8.

2. Cf. O biólogo e pesquisador da reprodução Trofim Lyssenko (1898-1976) e seu conceito de "Educação sob condições extremas". In: op. cit., pp. 7, 19-22.

3. Cf. 24 de maio de 1921, de Nikolai Spielrein a Sabina Spielrein, Genebra.

4. Cf. [...] de janeiro de 1923, de Emil Spielrein a Sabina Spielrein, Genebra.

5. Cf. KOLTSOVA, op. cit., p. 98.

6. Cf. HAUMANN, 1996, op. cit., p. 489; cf. Idem. *Geschichte und Gesellschaftssystem der Sowjetunion. Eine Einführung.* Köln: 1977, pp. 33ss.

7. Wulff nasceu em 1878, em Odessa, filho de um comerciante judeu. Estudou em Berlim e obteve o doutorado com Ziehen. A partir de 1908 foi assistente no

sanatório Berlim-Lankwitz, onde conheceu Karl Abraham. Em 1911 entrou para a Sociedade Psicanalítica de Viena; em 1914 foi para Moscou. Wulff foi colaborador científico extraordinário na divisão de psicologia dirigida por Yermakov; além disso, coeditou a *Biblioteca Psicanalítica e Psicológica* e traduziu livros de Freud para o russo. Em novembro de 1924 foi eleito presidente da Sociedade Psicanalítica Russa. Cf. KLOOCKE, Ruth. *Mosche Wulff. Zur Geschichte der Psychoanalyse in Rússia und Israel*. Tübingen: 2002.

8. Cf. rascunho manuscrito por Yermakov para um relatório sobre "Das Psychoanalytische Labor-Institut Internationale Solidarität" ["O laboratório psicanalítico — Instituto Solidariedade Internacional"]. Cf. ETKIND, op. cit., p. 250.

9. Esse experimento pedagógico com crianças em idade pré-escolar foi convertido no final da década de 1960 no modelo e arquétipo do movimento pela educação não autoritária no Ocidente.

10. Em 1928, Stalin repatria Gorki. Escolhe pessoalmente uma casa para o escritor: a mansão Ryabuchinski, da qual os psicanalistas foram expulsos muito tempo antes. Hoje funciona na mansão o Museu Gorki; o endereço é Ulica Nikitskaya 6/2.

11. As informações divergem; em alguns lugares, fala-se de 24 crianças.

12. Cf. SCHMIDT, Vera. "Psychoanalytische Erziehung in Sowjetrußland. Bericht über das Kinderheim-Laboratorium in Moscou". In: SCHMIDT, Vera. *3 Aufsätze. Anleitung für eine revolutionäre Erziehung* [Três ensaios. Guia para uma educação revolucionária], n° 1. Organizado pelo Conselho Central das Kinderläden Socialistas de Berlim Oriental. Berlim: 1969, pp. 9-34.

13. Cf. REICH, Wilhelm. *Die sexuelle Revolution. Zur charakterlichen Selbststeuerung des Menschen*. Frankfurt/M.: 1969, p. 299. Wilhelm Reich visitara Vera Schmidt em Moscou.

14. Cf. "Russische Psychoanalytische Gesellschaft". In: "Korrespondenzblatt", IZP X, 1924, p. 114. Freud não está satisfeito com a política de publicação da editora estatal, tampouco com a qualidade das traduções publicadas até então. Em uma carta a Ossipov, escreve: "Decidi não entregar alguns livros para serem traduzidos para o russo e vou esperar até que algum editor peça todas as obras, ou pelo menos as mais importantes. Nesse caso, rogo que se encarregue da tradução." 12 de maio de 1922, Sigmund Freud. In: FISCHER, Eugenia e FISCHER, René. "Geschichte der Psychoanalyse in Rússia". *Zeitschrift für psychoanalytische Theorie und Praxis*, X, vol. 4, 1996, p. 361.

15. Essa citação está nos registros conservados no Arquivo Central Estatal da Rússia (ZGAR). ETKIND, op. cit., p. 236.

16. Cf. "Bericht über den VII. Internationalen Psychoanalytischen Kongreß in Berlin (25-27. Sept. 1922)". In: *IZP* VIII, 1922, pp. 503ss.

17. Cf. "Russische Psychoanalytische Gesellschaft, 1. Quartal 1924". In: "Korrespondenzblatt". In: *IZP* X 1924, pp. 113-115.

18. Ibidem, p. 114.

19. Aqui Sabina Spielrein define o conceito de afasia: "'Afasia' significa a incapacidade de falar condicionada pelo cérebro. A audição está em perfeito estado e a voz motora está livre, ou seja, nervos e músculos estão saudáveis, tudo que compõe o aparelho da fala está intacto. Na maior parte desses casos o doente não é capaz de repetir o que lhe dizem. Correta ou incorretamente, dintinguem-se três tipos de afasia: sensorial, amnéstica e motora." Cf. SPIELREIN, *Quelques analogies*, op. cit., pp. 315ss.

20. Cf. Formulário pessoal do Narkompros, GARF, Fundo A 2307, Índice 23, Documento 13, folha 20.

21. Cf. SCHMIDT, Vera. *Psychoanalytische Erziehung in Sowjetrußland*, op. cit., p. 121.

22. Cf. SCHMIDT, Vera. "Die Bedeutung des Brustsaugens und Fingerlutschens für die psychische Entwicklung des Kindes." In: *3 Aufsätze*, op. cit., pp. 38-55; idem. "Die Entwicklung des Wißtriebes bei einem Kinde", op. cit., pp. 56-99.

23. Moscou:, 2000, entrevista de Regine Kühn com Wladimir Ottowitch Schmidt, pp. 13, 19ss; com a gentil permissão de Regine Kühn e Eduard Schreiber.

24. Cf. Lista de colaboradores do Instituto Psicanalítico, Moscou, GARF, Fundo A 2307, Índice 9, Documento 222, Folha 42 verso.

25. Cf. Entrevista de Schmidt, pp. 16, 20ss.

26. Cf. ETKIND, op. cit., p. 257. Em sua derradeira fase, o abrigo infantil tinha se tornado uma instituição de elite e era frequentado por filhos de funcionários do partido, como Vassiliy, um filho de Stalin; cf. entrevista de Schmidt, p. 15.

27. Cf. GARF, Fundo A 2307, Índice 9, Documento 222, Folha 42 verso.

28. Rosa Averbuch concluiu os estudos no ginásio de meninas de Kasan em 1899 e estudou Medicina em Berna e Zurique. Em 1908 doutorou-se com o traba-

lho "Über die Häufigkeit der Harnsteine in der Schweiz" ["Sobre a frequência dos cálculos renais na Suíça"]. Averbuch voltou para a Rússia, onde se engajou na administração regional — Zemtsvo. Em 1922 entrou para Sociedade Psicanalítica de Kasan; em 1923 mudou-se para Moscou junto com seus colegas Luriya e Friedmann.

29. Comunicação pessoal de Elisabeth Márton, novembro de 2004.

30. GARF, Fundo A 2307, Índice 23, Documento 13, Folha 20.

31. Cf. OVCHARENKO, 1995, op. cit., pp. 119. No fim de maio de 1922, Lenin sofre vários acidentes vasculares cerebrais que o deixam incapacitado para trabalhar, preso a uma cadeira de rodas. A crença de Spielrein de que poderia encontrar uma cura parece improvável em vista do caráter orgânico do mal e das graves lesões cerebrais de Lenin.

32. Cf. GARF, Fundo A 4655, Índice 1, Documento 16, Folha 14 verso.

33. Cf. "An interview with Elisabeth Márton". *Journal of Analytical Psychology*, 2004, vol. 49, 3, pp. 435-441.

34. Cf. GARF, Fundo A 2307, Índice 23, Documento 13, Folha 19.

35. GARF, Fundo A 2307, Índice 23, Documento 13, Folha 19 verso.

36. GARF Fundo A 2307, Índice 23, Documento 13, Folha 20.

37. Hall foi catedrático de psicologia e pedagogia na Clark University, em Worcester, Massachusetts. Em 1909, organizou a viagem de conferências de Freud e Jung pelos Estados Unidos; foi um dos cofundadores da Sociedade Psicanalítica Norte-americana em 1911.

38. No início da década de 1920, o governo promoveu uma variante russa da pedologia, e a disciplina se transformou, por cerca de 15 anos, na orientação pedagógica dominante na União Soviética. Os expoentes mais importantes foram Aron Zalkind (1889-1936), Pavel Blonskiy (1884-1941) e Lem Vygotzky (1896-1934) — todos membros da Sociedade Psicanalítica Russa por algum tempo. Por sua vez, psicanalistas russas eminentes, como Sabina Spielrein e Vera Schmidt, pesquisavam e publicavam trabalhos sobre questões pedológicas.

39. Cf. Formulário pessoal do Narkompros, GARF, Fundo A 2307, Índice 23, Documento 13, Folha 19.

40. Cf. ibidem, folha 20.

41. Cf. LURIYA, Alexandr. "Die Psychoanalyse in Rússia". In: *Psychoanalytische Bewegung. IZP* XI, caderno 3, 1925, pp. 395-398.

42. Cf. ETKIND, op. cit., p. 253.

43. Cf. Ibidem, pp. 259-269; KLOOCKE, 2002, op. cit., pp. 78ss.

44. No relatório sobre a "Russische Psychoanalytische Vereinigung II. bis IV. Quartal" [Sociedade Psicanalítica Russa do 2º ao 4º quadrimestre] (1924), Sabina Spielrein não é mais mencionada. Cf. "Korrespondenzblatt", *IZP* XI, 1925, pp. 136ss. Na lista de membros da Sociedade Psicanalítica Russa publicada regularmente pela Sociedade Psicanalítica Internacional, o endereço de Sabina indicado entre 1925 e 1931 é o de sua antiga casa: "Dr. Sabina Spielrein, Rostov, Puchkinskaya 97". No Ocidente não se tinha a informação mais recente.

22. A noite sobre a Rússia

1. Cf. 5/11 de janeiro de 1922, de Pavel Scheftel a Sabina Spielrein, Genebra.

2. Nina Pavlovna Snitkova, filha dos dois, diz a esse respeito: "Eles tinham um 'romance' e viviam como marido e mulher, porém não moravam juntos. Apenas se visitavam, o que certamente era agradável e bom, talvez até melhor." Entrevista com Snitkova, op. cit., p. 22

3. Cf. 4 de maio de 1922, 17 de [...] de 1923, de Pavel Scheftel a Sabina Spielrein, Genebra.

4. Cf. NAKHIMOVSKY, Alice Stone. *Russian-Jewish Literature and Identity. Jabotinsky, Babel, Grossmann, Galich, Roziner, Markish*. Baltimore/Londres: 1992, p. 28.

5. Cf. SPIELREIN-SCHEFTEL, Sabine [!]. "Einige kleine Mitteilungen aus dem Kinderleben". *Zeitschrift für psychoanalytische Pädagogik* II, 1927/1928, p. 99.

6. Cf. SPIELREIN, ibidem, pp. 98ss.

7. SPIELREIN, ibidem, p. 96.

8. Cf., sobre esse tema, HAYNAL, Andrè. *Die Technik-Debatte in der Psychoanalyse. Freud, Ferenczi, Balint*. Frankfurt/M.: 1989.

9. SPIELREIN, Sabina. "Zum Vortrag von Dr. Skalkowski" (1929). In: idem, 1987, op. cit., pp. 335-344.

10. Cf. S. SPIELREIN. *Kinderzeichnungen bei offenen und geschlossenen Augen. Untersuchungen über die unterschwelligen kinästhetischen Vorstellungen* [Desenhos infantis com os olhos abertos e fechados. Investigações sobre as representações sinestésicas subliminares]. Palestra apresentada à Sociedade Pedológica na Universidade do Norte do Cáucaso em Rostov no inverno de 1928. Traduzido do russo [para o alemão] por N. A. Spielrein. *Imago* XVII, caderno 3, [Caderno especial "Psicologia"] 1931, pp. 359-391.

11. Cf. SPIELREIN, op. cit., pp. 359-391.

12. SPIELREIN, 1931, op. cit., pp. 446-459.

13. SPIELREIN, Sabina. *Zum Vortrag von Dr. Skalkowski*, op. cit., pp. 335-344.

14. Cf. SPIELREIN, ibidem.

15. Cf. 27 de janeiro de 1936, Carta circular 22. In: FENICHEL, Otto. *119 Rundbriefe (1934-1945)*. Vol. I. Frankfurt/M.: 1998, pp. 319ss; cf. Idem. "Über die gegenwärtigen Richtungen innerhalb der Psychoanalyse. Vortrag in Oslo am 3. 4. 1934", p. 795.

16. Não se sabe se Sabina Spielrein apresentou tal solicitação.

17. Cf. *IZP* XIV, 1928, p. 432.

18. Cf. "Korrespondenzblatt". *IZP* XIX 1933, p. 260.

19. Cf. RICHEBÄCHER, Sabine. "Psychoanalyse im Exil. Otto Fenichel und die geheimen Rundbriefe der linken Freudianer". *Jahrbuch der Psychoanalyse. Beiträge zur Theorie, Praxis und Geschichte*, vol. 42. Stuttgart/Bad Cannstatt: 2000, pp. 125-164.

20. Segundo BERGSCHICKER, Heinz. *Deutsche Chronik 1933-1945. Ein Zeitbild der faschistischen Diktatur*. Berlim: 1982, p. 100.

21. Cf. JONES, Ernest. *Das Leben und Werk von Sigmund Freud*. Vol. III. "Die letzte Phase 1919-1939". Berna/Stuttgart: 1962, p. 218.

22. Cf. LOCKOT, Regine. *Erinnern und Durcharbeiten. Zur Geschichte der Psychoanalyse und Psychotherapie im Nationalsozialismus*. Frankfurt/M. 1985, pp. 61, 74ss.

23. Segundo Lockot, ibidem, p. 62.

24. Cf. "26 de junho de 1933. An Interview on Radio Berlim". In: MCGUIRE, William e HULL, R. F. C. (orgs.) *C. G. Jung Speaking. Interviews and Encounters.*

Princeton: 1977, p. 64. Cf. VON DER TANN, Matthias e ERLENMEYER, Arvid. C. G. *Jung und der Nationalsozialismus. Texte und Daten.* Berlim: 1991, pp. 7, 10. Cf. também LOCKOT, Regine, 1985, op. cit., pp. 90-92.

25. Cf. CIMBAL, W. "Bericht des Geschäftsführers über die Weiterführung des Zentralblattes und der 'allgemeinen ärztlichen Gesellschaft für Psychotherapie'". *Zentralblatt für Psychotherapie. Organ der Allgemeinen Ärztlichen Gesellschaft.* C. G. Jung (org.). Vol. 6, 1933, pp. 141-144.

26. JUNG, C. G. "Geleitwort" [Prefácio]. In: *Zentralblatt,* op. cit., p. 139ss. A "declaração do marechal de campo à Sociedade Psicanalítica Alemã, que se segue imediatamente ao prefácio de Jung, deixa claro que Jung não compreende corretamente a situação. Mathias Göring supõe que todos os membros que escrevem e falam em público "tenham estudado com seriedade científica e reconheçam como fundamento" o livro *Mein Kampf,* de Hitler; a sociedade deseja cooperar com a obra do chanceler do povo e educar "o povo alemão para uma atitude heroica e disposta ao sacrifício". Vide p. 140ss.

27. C. G. Jung. "Zur gegenwärtigen Lage der Psychotherapie". *Zentralblatt* op. cit., vol. 7, 1934, p. 9.

28. 26 de março de 1934, ao Dr. B. Cohen. In: JAFFÉ, Aniela (org.). *C. G. Jung. Briefe I. 1906-1945.* Olten/Freiburg i. Br.: 1990, p. 201.

29. Cf. MAZENAUER, Beat e PERRIG, Severin. "Im Licht des eigenen Schattens. C. G. Jung und der Nationalsozialismus". In: *Du. Die Zeitschrift der Kultur.* Caderno 8, agosto de 1995, pp. 59-62, 94ss. Nos anos e décadas seguintes Jung ainda teve que se defender várias vezes contra acusações de antissemitismo — como na controvérsia com o psiquiatra suíço Gustav Bally (1893-1966). Bally iniciou a discussão no *Neuen Zürcher Zeitung* (NZZ) com um artigo no qual criticava o papel de Jung nas organizações "silenciadas". Cf. BALLY, Gustav. "Deutschstämmige Psychotherapie". *Neue Zürcher Zeitung,* edição da manhã 343, terça-feira, 27 de fevereiro de 1934, folha 2, p. 1. A réplica de Jung é publicada duas semanas depois, acompanhada de uma observação da redação do *NZZ* que confirma a legitimidade do espanto de Bally com relação à mudança repentina de Jung para uma "super--psicologia dos psicólogos racistas" na situação política atual. Cf. JUNG, C. G. "Zeitgenössisches". *NZZ,* edição da manhã 437, terça-feira, 13 de março de 1934, folha 1, pp. 1ss.

30. Cf. 26 de dezembro de 1969, entrevista com Yolande Jacobi, p. 53. H Msc 29; *C. G. Jung Oral History Archive.* Countway Library of Medicine, Boston.

31. Cf. 6 de março de 1946, Vansittart a F. Deane, Esq. In: FO 371/57639, p. 1, *War Crimes: German (Nuremberg Trials)*, Public Record Office, Richmond Surrey, Reino Unido.

32. Cf. Minutes, FO 371/57639: 1, *War Crimes: German (Nuremberg Trials)*, Public Record Office, Richmond Surrey, Reino Unido.

33. Março de 1934, Carta circular 1. In: Fenichel. *Rundbriefe* Vol. 1, op. cit., p. 58.

34. Cf. 18 de maio de 1936, Carta circular 26. In: Fenichel. Ibidem, pp. 388ss. Cf. também 25 de junho de 1938, Carta circular 27, *Rundbriefe* vol. II, op. cit., p. 944.

35. Entrevista com Snitkova, op. cit., p. 24.

36. Cf. Moscou, Lista de fuzilamento, cova coletiva, banco de dados, Memorial Moscou.

37. Entrevista com Snitkova, op. cit., p. 23.

38. Cf. Nina Pavlovna Snitkova e Menicha Spielrein em ETKIND, op. cit., pp. 214ss.

39. Entrevista com Snitkova, op. cit., p. 23.

40. Cf. APPLEBAUM, Anne. *Der Gulag*. Berlim: 2003, p. 114.

41. [...] de 1936, Isaak Spielrein. KOLTSOVA, op. cit., p. 111.

42. [...] de maio 1937, Isaak Spielrein, op. cit., p. 111.

43. 20 de julho de 1936, de I. N. Spielrein ao camarada Shkiryatov. KOLTZOVA, op. cit., p. 115.

44. Em KOENEN, Gerd. "Chroniken des Terrors. Ein Handbuch zu den Moskauer Schauprozessen 1936-1938". *Neue Zürcher Zeitung*, nº 46, quarta-feira, 25 de fevereiro de 2004, p. 42.

45. Cf. Moscou, Lista de fuzilamento, cova coletiva, op. cit.

46. Iacha, Isaak e Emil Spielrein são reabilitados por Khrushchev em 1956 no XX Congresso do Partido.

23. "A morte é um mestre na Alemanha"

1. Cf. FÖRSTER, Jürgen. "Das andere Gesicht des Krieges: Das 'Unternehmen Barbarossa' als Eroberungs- und Vernichtungskrieg". In: FOERSTER, Roland G.

(org.). *"Unternehmen Barbarossa". Zum historischen Ort der deutsch-sowjetischen Beziehungen von 1933 bis Herbst 1941.* Munique: 1993, pp. 151-161.

2. OHLENDORFF, Otto. Declarações sob pena de perjúrio. 24 de abril de 1947. In: http://www.ns-archiv.de/einsatzgruppen/ohlendorf/eid1.shtml, acessado em 29 de julho de 2004.

3. Na literatura sobre Sabina Spielrein supôs-se durante muito tempo que ela foi fuzilada com outros judeus na sinagoga durante a primeira ocupação de Rostov. Isso não está correto, como será demonstrado adiante.

4. Cf. Burkhard Issel. "Zum Tode von Sabina Spielrein" [A morte de Sabina Spielrein]. In: *Zentenarbetrachtungen. Historische Entwicklungen in der neueren Psychologie bis zum Ende des 20 Jahrhunderts.* Horst-Peter Brauns (ed.). Frankfurt, 2003, pp. 199-202. Issel foi o primeiro a utilizar fontes histórico-militares para explicar a morte de Sabina Spielrein.

5. Paul Carell, conhecido como Paul Karl Schmidt (1911-1997), tenente-coronel da SS e chefe da divisão de notícias e de imprensa sob o ministro do Exterior nazista Joachim von Ribbentrop, descreve a dupla ocupação de Rostov em um misto de romance de caserna e crônica de guerra: "5h20 da manhã: Alarme! Os regimentos soviéticos, e partes da divisão de tiro 343 e 31, bem como da 70ª divisão de cavalaria, atacam as posições em toda a sua extensão. Há 300 granadeiros na linha de frente. 300. E três divisões soviéticas se aproximam. Primeiro a 343ª divisão russa de tiro ataca. O coração dos alemães para: de braços dados, cantando e inflamados por gritos de "Hurra!", os batalhões avançam por toda a extesão do fronte em direção à alvorada gelada. As baionetas em riste se projetam como lanças em uma muralha humana. A muralha pisa sobre o gelo do Don. Uma ordem. Os russos atravessam o rio em disparada. Ainda de braços dados, pulam sobre o gelo (...) As metralhadoras começam a disparar. [...] Como uma enorme foice invisível, o feixe se projeta para cima da primeira onda dos soviéticos que avançam e os joga sobre o gelo. A segunda onda também é ceifada. Quem quiser saber como a infantaria soviética pôde atacar e morrer teria que ter estado nas margens do Don em Rostov." Paul Carell. *Unternehmen Barbarossa. II. 4000 Kilometer Front.* Frankfurt/M./Berlim: 1963, p. 270. Paul Carell foi um hábil propagandista de guerra. O livro *Unternehmen Barbarossa* foi um best seller que teve milhões de cópias vendidas e foi traduzido para várias línguas. É escrito como um romance de aventuras e é até hoje citado como "evidência histórica" para a hipótese de guerra preventiva. A atividade assassina dos grupos de ação da SS não é mencionada por Carell; só no contexto da segunda conquista de Rostov é que Carell descreve o NKWD como a "SS de Stalin".

6. Cf. ANGRICK, Andrej. *Besatzungspolitik und Massenmord. Die Einsatzgruppe D in der südlichen Sowjetunion 1941-1943*. Hamburgo: 2003, pp. 317ss.

7. Entrevista com Snitkova, op. cit., p. 25.

8. 14 de agosto de 1942, Notificações das áreas dominadas do Leste, nº 16, folha 132 e folhas 143ss. Vide as mensagens classificadas como "secretas" da União Soviética ao chefe da polícia secreta e da SD. Documento R 58/698, Bundesarchiv Berlim, Divisão Reich [Barch]. Cf. também ANGRICK, op. cit., p. 515.

9. Cf. MIRZABEKOVA, Nonna, op. cit., p. 2. O que se pode considerar certo é que houve várias oportunidades para que Sabina Spielrein, Renata e Eva fugissem de Rostov. Essas oportunidades não foram aproveitadas e é difícil dizer por que isso aconteceu. Pode ter contribuído para essa decisão — algo concebível apenas em restrospectiva — o fato de o Estado soviético (aliado da Alemanha até junho de 1941) não ter orientado seus cidadãos judeus sobre o perigo que a Alemanha nazista representava. Além disso, o NKVD fora responsável pela prisão e pelo fuzilamento de Iacha, Isaak e Emil Spielrein. Uma deportação pelo NKVD não representava boas perspectivas para suas filhas, na visão de Sabina. Na literatura sobre Sabina Spielrein essa decisão é explicada psicologicamente, por meio do conceito de "impulso destrutivo" dela.

10. Cf. ANGRICK, op. cit., p. 546.

11. Entrevista com Snitkova, op. cit., p. 25. Nina Snitkova diz ainda que Eva Scheftel já tinha sido acolhida no outono de 1941 pela mãe de sua amiga Vera. Eva poderia ter fugido com a família da amiga, mas também não o fez.

12. Cf. *Notificações*, nº 16, op. cit., folha 143.

13. Ibidem.

14. Cf. "Schriftlicher Bericht. Über die Greueltaten der deutschen faschistischen Okkupanten in der Stadt Rostov am Don während der Besatzung" ["Relatório sobre as atrocidades dos fascistas alemães na cidade de Rostov durante a ocupação"], dirigido ao secretário do Comitê Regional de Rostov do Partido Comunista dos Bolcheviques, camarada Dvinski. Rostov, 24/25 de agosto de 1943, p. 1ss. Uma cópia desse relatório se encontra em Yad Vaschem, Archive Devision, Jerusalém. Na primeira página consta a identificação JM/21.169.

15. *Notificações das áreas dominadas do Leste*, nº 16, op. cit., folha 132.

16. Cf. POHL, Dieter. *Holocaust. Die Ursachen, das Geschehen, die Folgen.* Freiburg/Basileia/Viena: 2000, p. 74.

17. Cf. *Relatório ao camarada Dvinski,* op. cit., p. 3.

18. Cf. ANGRICK op. cit., p. 561.

19. Cf. *Relatório ao camarada Dvinski,* pp. 13ss. "Duschity" significa "sufocar alguém"; "duscha" também quer dizer "alma", "o que tem sopro". *Duschegubki* significa "assassino de almas". Comunicação pessoal de Monika Bankowski, 28 de fevereiro de 2005.

20. Cf. *Relatório ao camarada Dvinski,* op. cit., pp. 3ss.

21. Cf. *Relatório ao camarada Dvinski,* op. cit., p. 4.

22. "Smi" é ucraniano e significa "cobra". Comunicação pessoal de Monika Bankowki, 28 de fevereiro de 2005.

23. Transcrição do depoimento de Leo Maar de 1º de setembro de 1966. In: *Ermittlungsverfahren gegen Heinz Seetzen u.a. wegen Mordes (NSG) EK 10a.* Processo 22 Js 202/61 do StAnw, Munique I, Documentos principais, vol. XVII, folha 3801. cópia carbono, escritório externo do Bundesarchiv Ludwigsburg.

24. 1º de setembro de 1966, Transcrição do depoimento de Leo Maar, op. cit., folhas 3802ss.

25. Cf. *Relatório ao camarada Dvinski,* op. cit., p. 8.

26. Ibidem, pp. 8ss.

27. Ibidem, p. 13.

28. Entrevista com Snitkova, op. cit., p. 26. Há dados muito diferentes para o número de judeus assassinados em Rostov. O número de 2 mil judeus, mencionado nos comunicados do serviço secreto, é certamente muito baixo. Cf. Folha 144. De acordo com Lustiger, foram mortos em Rostov de 15 mil a 16 mil judeus, cf. LUSTIGER, Arno. *Das Schwarzbuch. Der Genozid an den sowjetischen Juden.* Reinbek bei Hamburg: 1994. Nonna Mirzabekova fala de algo entre 18 mil e 27 mil pessoas. Cf. idem, ibidem. Cf. também ISSEL, op. cit., p. 5. Sobre o transcorrer dos incidentes em torno da aniquilação dos judeus de Rostov, devem ter sido guardadas

listas com os nomes dos assassinados no Arquivo Federal de Berlim. Apesar de intensas pesquisas, não foi possível encontrar essas listas. É possível que tenham sido destruídas, que tenham se perdido no decorrer da guerra ou tenham ficado em Rostov. Cf. 20 de janeiro de 2004, carta do Barch.

29. "Lei sobre a eternização da memória das vítimas do nacional-socialismo e dos heróis da resistência, Yad Vaschem 1953". Formulários 131004, 131005, 131007. Yad Vaschem, Jerusalém.

Dados biográficos de Sabina Spielrein (1885-1942)

25 de outubro de 1885: Sabina Spielrein nasce em Rostov, às margens do Don, cidade no sul da Rússia. É filha do comerciante judeu Nikolai Spielrein e da dentista Eva Spielrein.

14 de junho de 1887: nasce Iacha Spielrein, irmão de Sabina.

27 de maio de 1891: nasce Isaak Spielrein, o irmão do meio.

3 de março de 1895: nasce Emilia Spielrein (Milotchka), a irmã mais nova.

1896-1904: frequenta o Ginásio Catarina, em Rostov.

1º de julho de 1899: nasce Emil Spielrein, o caçula da família.

10 de outubro de 1901: Emilia Spielrein morre em decorrência do tifo.

De agosto de 1904 a junho de 1905: Sabina é hospitalizada em Burghölzli, manicômio do cantão de Zurique; C. G. Jung assume o tratamento.

1905-1911: Cursa medicina na Universidade de Zurique.

2 de setembro de 1911: Obtém o grau de doutora em medicina sob orientação do professor Eugen Bleuler com a tese "Sobre o conteúdo psicológico de um caso de esquizofrenia (*dementia praecox*)" (1911).

De maio a agosto de 1911: Estadia em Munique. Assiste a aulas de história da arte na Universidade de Munique como ouvinte; composições musicais. Escreve "A destruição como causa do devir" (1912).

11 de outubro de 1911: Sabina Spielrein se torna membro da Sociedade Psicanalítica de Viena.

De outubro de 1911 a abril de 1912: Estadia em Viena. Conhece pessoalmente Sigmund Freud. Participa das reuniões da Sociedade Psicanalítica de Viena.

Da primavera de 1912 ao outono de 1913: Período passado na cidade natal Rostov, às margens do Don.

1º de junho de 1912: Casa-se com o médico judeu Pavel Naumovitch Scheftel em Rostov.

1912: O primeiro trabalho de análise infantil de Sabina Spielrein, "Contribuições sobre o conhecimento da alma infantil", é publicado no *Zentralblatt für Psychoanalyse*.

De 1912 a 1914: Estadia em Berlim. Várias publicações.

17 de dezembro de 1913: Nasce sua primeira filha, Irma-Renata.

1914: No início da Primeira Guerra Mundial Sabina Spielrein foge com a filha para Zurique.

De dezembro de 1914 a abril 1915: Estadia em Zurique

14 de janeiro de 1915: Pavel Scheftel deixa esposa e filha e retorna de Zurique para a Rússia.

De outubro de 1915 a setembro de 1920: Estadia em Lausanne; Renata — como Sabina chama a filha — está sempre doente.

De 8 a 11 de setembro de 1920: Participa do VI Congresso Internacional de Psicanálise em Haia. Spielrein apresenta uma palestra sobre o tema "A questão do surgimento e do desenvolvimento da linguagem articulada".

De setembro de 1920 a maio de 1923: Estadia em Genebra; atividade no Instituto Jean-Jacques Rousseau. École des Sciences de l'Éducation (IJJR); várias publicações; trabalha como analista. Jean Piaget é um de seus pacientes.

25 de março de 1922: Morre sua mãe, Eva Spielrein.

De 25 a 27 de setembro de 1922: Participa do VII Congresso Internacional de Psicanálise em Berlim. Dá uma palestra sobre "Considerações psicológicas sobre o problema do tempo".

21 de outubro de 1922: Transferência da Sociedade Psicanalista de Viena para a Sociedade Psicanalítica Suíça.

Verão de 1923: Spielrein deixa a Suíça e viaja com a filha para a União Soviética.

De 1923 a 1924: Estadia em Moscou. Ingressa na Sociedade Psicanalítica Russa. Desempenha funções de direção no Instituto Psicanalítico Estatal de Moscou; faz palestras sobre psicologia infantil na Universidade de Moscou II.

1924: Retorno a Rostov. Retoma o casamento com Pavel Scheftel e trabalha como pedóloga no ambulatório escolar profilático de Rostov e como médica na policlínica psiquiátrica de Rostov; trata tanto crianças quanto adultos.

18 de junho de 1926: Nasce a segunda filha de Sabina, Eva.

1930: Início dos debates para a introdução do marxismo-leninismo nas ciências. A Sociedade Psicanalítica Russa é dissolvida.

1931: Sabina Spielrein participa da VII Conferência Internacional de Psicotécnica em Moscou.

1933: A psicanálise é proibida na União Soviética.

DADOS BIOGRÁFICOS DE SABINA SPIELREIN (1885-1942)

1935: Sabina Spielrein perde seu posto de pedóloga e trabalha meio período como médica em uma escola. Isaak Spielrein e Nikolai Spielrein são presos. Isaak é enviado ao Gulag; Nikolai Spielrein é libertado.

1937: Pavel Scheftel morre de infarto. Isaak Spielrein é condenado à morte em 26 de dezembro pelo colegiado militar do Superior Tribunal da União Soviética por "espionagem e participação em uma organização contrarrevolucionária". É fuzilado no mesmo dia. Iacha Spielrein é preso em 10 de setembro e Emil Spielrein em 5 de novembro.

1938: 21 de janeiro: fuzilamento de Iacha; 10 de junho: fuzilamento de Emil; 17 de agosto: Nikolai Spielrein morre.

22 de junho de 1941: O exército alemão invade a União Soviética. Renata Scheftel volta de Moscou para Rostov para ficar com a mãe e a irmã.

De 20 a 28 de novembro de 1941: Primeira ocupação de Rostov pelo exército alemão.

27 de julho de 1942: Segunda ocupação de Rostov pelo exército alemão.

De 11 a 14 de agosto de 1942: Sabina Spielrein e suas duas filhas, Renata e Eva Scheftel, são assassinadas juntamente com outros judeus em Rostov pelo comando 10a da SS, sob ordens do major Heinrich Seetzen.

Escritos de Sabina Spielrein

Spielrein, Sabina (1911). "Über den psychologischen Inhalt eines Falles von Schizophrenie (Dementia praecox)" ["Sobre o conteúdo psicológico de um caso de esquizofrenia (Dementia Praecox)"]. Dissertação inaugural para obtenção do grau de doutor na Faculdade de Medicina da Universidade de Zurique. Edição especial. Leipzig/Viena, 1911.

Spielrein, Sabina (1911). "Über den psychologischen Inhalt eines Falles von Schizophrenie (Dementia praecox)". In: *Jahrbuch für psychoanalytische und psychopathologische Forschungen*, vol. III, 1/2, Leipzig/Viena, 1911, pp. 329-400.

Spielrein, Sabina (1979 [1911]). "Über Transformation (Vortrag)" ["Sobre a transformação" (Palestra)]. Noite de palestras: 29 de novembro de 1911. In: *Protokolle der Wiener Psychoanalytischen Vereinigung* [Atas da Sociedade Psicanalítica de Viena], vol. III, 1910-1911. Herman Nunberg e Ernst Federn (orgs.). Frankfurt/M., 1979, pp. 314-316.

Spielrein, Sabina (1912). "Die Destruktion als Ursache des Werdens", ("A destruição como causa do devir"). In: *Jahrbuch für psychoanalytische und psychopathologische Forschungen*, vol. IV, 1/2, Leipzig/Viena, 1912, pp. 465-503.

Spielrein, Sabina (1912). "Beiträge zur Kenntnis der kindlichen Seele" ("Contribuições para a compreensão da mente infantil"). In: *Zentralblatt für Psychoanalyse III*, caderno 2, novembro de 1912, pp. 57-72.

Spielrein, Sabina (1912). "Über Transformation" ["Sobre a transformação"]. Sexta noite de palestras da Sociedade Psicanalítica de Viena, 29 de novembro de 1911. In: *Zentralblatt für Psychoanalyse II,* 1912, p. 478.

Spielrein, Sabina (1981 [1912]). [Palestra] 167 [Ata]. Noite de palestras: 20 de março de 1912. Oitavo debate sobre masturbação. In: *Protokolle der Wiener Psychoanalytischen Vereinigung* [Atas da Sociedade Psicanalítica de Viena], vol. IV, 1912-1918. Herman Nunberg e Ernst Federn (orgs.). Frankfurt/M., 1981, pp. 73ss.

Spielrein, Sabina (1913). "Selbstbefriedigung in Fusssymbolik" ["Autossatisfação na simbologia do pé"]. In: *Zentralblatt für Psychoanalyse und Psychotherapie III*, 1913, p. 263.

Spielrein, Sabina (1913). "Traum vom 'Pater Freudenreich'" ["O sonho do 'Padre Freudenreich'"]. In: *IZP* I, 1913, pp. 484-486.

Spielrein, Sabina (1913). "Mutterliebe" ["Amor materno"]. In: *Imago* II, 1913, pp. 523ss.

Spielrein, Sabina (1913). "Das unbewußte Träumen in Kuprins 'Zwiekampf'" ["O sonho inconsciente no 'Duelo de Kuprin'"]. In: *Imago* II, 1913, pp. 524ss.

Spielrein, Sabina (1913). "Die Schwiegermutter" ["A sogra"]. In: *Imago* II, 1913, pp. 589-592.

Spielrein, Sabina (1914). "Zwei Mensesträume" ["Dois sonhos sobre a menstruação"]. In: *IZP* II, 1914, pp. 32-34.

Spielrein, Sabina (1914). "Tiersymbolik und Phobie bei einem Knaben" ["Simbologia animal e fobias no caso de um menino"]. In: *IZP* II, 1914, pp. 375-377.

Spielrein, Sabina (1914). "Der vergessene Name" ["O nome esquecido"]. In: *IZP* II, 1914, pp. 383ss.

Spielrein, Sabina (1915). "Ein unbewusster Richterspruch" ["Uma falha inconsciente"]. In: *IZP* III, 1915, p. 350.

Spielrein, Sabina (1918). "Die Äußerungen des Ödipuskomplexes im Kindesalter" ["As manifestações do complexo de Édipo na idade infantil"]. In: *IZP* IV, 1916/17, [volume duplo] 1918, pp. 44-48.

Spielrein, Sabina (1920). "Renatchens Menschenentstehungstheorie" ["A teoria de Renatinha sobre a origem do ser humano"]. In: *IZP* VI, 1920, pp. 155-157.

Spielrein, Sabina (1920). "Das Schamgefühl bei Kindern" ["O sentimento de culpa nas crianças"]. In: *IZP* VI, 1920, pp. 157ss.

Spielrein, Sabina (1920). "Das schwache Weib" ["A mulher fraca"]. In: *IZP* VI, 1920, p. 158.

Spielrein, Sabina (1920). Isaak Spielrein. *Über schwer zu merkende Zahlen und Rechenaufgaben. Ein Beitrag zur angewandten Gedächtnislehre* [Sobre números difíceis de lembrar e exercícios de cálculo. Uma contribuição à doutrina aplicada da memória"] (resenha). In: *IZP* VI, 1920, pp. 172-174.

Spielrein, Sabina (1920). "Verdrängte Munderotik" ("A repressão do erotismo oral"). In: *IZP* VI, 1920, pp. 361ss.

Spielrein, Sabina (1920). "Zur Frage der Entstehung und Entwicklung der Lautsprache" ["Sobre a questão do surgimento e do desenvolvimento da fala articulada"] (Palestra). In: *IZP*, VI, 1920, p. 401.

Spielrein, Sabina (1921). "Russische Literatur" ["Literatura russa"]. In: *Bericht über die Fortschritte der Psychoanalyse in den Jahren 1914-1919*. Cadernos suplementares da *Internationalen Zeitschrift für Psychoanalyse*. Prof. Dr. S. Freud (org.), n° III, Leipzig/Viena/Zurique, 1921, pp. 356-365.

Spielrein, Sabina (1921). "Schnellanalyse einer kindlichen Phobie" ["Análise rápida de uma fobia infantil"]. In: *IZP* VII, 1921, pp. 473ss.

Spielrein, Sabina (1922). "Qui est l'auteur du crime?" ["Quem é o autor do crime?"]. In: *Journal de Genève* de domingo, 93, 15 de janeiro, 2ª ed., p. 2.

Spielrein, Sabina (1922). "Schweiz. Die Genfer psychoanalytische Gesellschaft" ["Suíça. A sociedade psicanalítica de Genebra"]. Genebra, maio de 1922. In: *IZP* VIII, 1922, pp. 234Ss.

Spielrein, Sabina (1922). "Briefmarkentraum" ["Sonho sobre selos"]. In: *IZP* VIII, 1922, pp. 342ss.

Spielrein, Sabina (1922). "Die Entstehung der kindlichen Worte Papa und Mama" ["A origem das palavras infantis 'mamãe' e 'papai'"]. In: *Imago*, VIII, 1922, pp. 345-367.

Spielrein, Sabina (1922). "Psychologisches zum Zeitproblem" ["Considerações psicológicas sobre o problema do tempo"]. In: *Relatório sobre o VII Congresso Internacional de Psicanálise em Berlim (25-27 set. 1922)*. In: *IZP*, VIII, 1922, pp. 496ss.

Spielrein, Sabina (1923). "Rêve et vision des étoiles filantes" ["Sonho e visão de estrelas cadentes"]. In: *International Journal of Psycho-Analysis* IV, n° 1-2, 1923, pp. 129-132.

Spielrein, Sabina (1923). "Die drei Fragen" ["As três questões"]. In: *Imago*, IX, caderno 2, 1923, pp. 260-263.

Spielrein, Sabina (1923). "L'automobile: Symbole de la puissance mâle" ["O automóvel: símbolo do poder masculino"]. In: *International Journal of Psycho-Analysis*, IV, 1923, p. 128.

Spielrein, Sabina (1923). "Ein Zuschauertypus" ["Um tipo de observador"]. In: *IZP*, IX, 1923, pp. 210ss.

Spielrein, Sabina (1923). "Der Gedankengang bei einem zweieinhalbjährigen Kind" ["A associação de ideias em uma criança de 2 anos e meio"]. Sociedade Psicanalítica Suíça. Reunião de 13 de janeiro de 1923 [Zurique]. In: *IZP*, IX, 1923, pp. 251ss.

Spielrein, Sabina (1923). "Quelques analogies entre la pensée de l'enfant, celle de l'aphasique et la pensée subconsciente" ["Algumas analogias entre o pensamento infantil, o do afásico e o pensamento subconsciente"]. In: *Archives de Psychologie*, XVIII, 1923, pp. 305-322.

Spielrein, Sabina (1923). "Die Zeit im unterschwelligen Seelenleben" ["O tempo na vida mental subliminar"]. In: *Imago*, IX, caderno 3, 1923, pp. 300-317.

Spielrein-Scheftel, Sabine (1927/1928). "Einige kleine Mitteilungen aus dem Kinderleben" ["Pequenas comunicações sobre a vida infantil"]. In: *Zeitschrift für Psychoanalytische Pädagogik*, II, 1927/28, pp. 95-99.

Spielrein, Sabina (1929). "K dokladu d-ra Skalkowskogo" ["Comentário sobre a conferência do Dr. Skalkovski"]. Trabalhos da I Conferência de Psiquiatras e Neuropatologistas da Região do Norte do Cáucaso. Editado pelas autoridades sanitárias da Região do Norte do Cáucaso e da Associação de Institutos Científicos do Norte do Cáucaso. Rostov, 1929.

Spielrein, Sabina (2002 [1987], [1929]). "Zum Vortrag von Dr. Skalkowski" ["Sobre a palestra do Dr. Skalkovski"] . In: Spielrein, 2002, pp. 335-344.

Spielrein, Sabina (1986 [1929]). "Referat zur Psychoanalyse" ["Palestra sobre psicanálise"]. In: Spielrein, 1986, pp. 203-212. [Trata-se aqui de outra tradução da palestra de Spielrein sobre o Dr. Skalkovski.]

Spielrein, Sabina (1931). "Kinderzeichnungen bei offenen und geschlossenen Augen. Untersuchungen über die unterschwelligen kinästhetischen Vorstellungen" ["Desenhos infantis feitos com os olhos abertos e fechados. Investigações sobre as representações subliminares cinestésicas"]. Palestra apresentada à "Sociedade Pedológica" na Universidade Norte-caucasiana de Rostov no inverno de 1928. Traduzida do russo [para o alemão] por N. A. Spielrein. In: *Imago*, XVII, caderno 3 [suplemento especial "Psicologia"], 1931, pp. 359-391.

Spielrein, Sabina (1931). "Kinderzeichnungen bei offenen und geschlossenen Augen" ["Desenhos infantis feitos com os olhos abertos e fechados"]. (Versão resumida do artigo publicado na revista *Imago*, XVIII, caderno 3, 1931, pp. 359-391. Só estão reproduzidos aqui cinco dos dezessete casos descritos e ilustrados no artigo original). In: *Zeitschrift für Psychoanalytische Pädagogik*, V, 1931, pp. 446-459.

Spielrein, Sabina (1983 [s.d.]). "Extraits inédits d'un journal. De l'amour, de la mort, de la transformation. Traduit de l'allemand par Jeanne Moll" ["Excertos inéditos de um diário. Do amor, da norte e da transformação"]. In: *Le Bloc-Notes de la Psychanalyse*, nº 3, 1983, pp. 147-170.

Spielrein, Sabina (1983 [s.d.]). "Les Vents" ["Os v ntos"]. In: *Patio*, I, 1983, pp. 84-87.

Spielrein, Sabina (1986). *Ausgewählte Schriften* [Escritos escolhidos]. Günter Bose e Erich Brinkmann (orgs.). Berlim, 1986.

Spielrein, Sabina (1986 [1912]). *Die Destruktion als Ursache des Werdens* [A destruição como causa do devir]. Tübingen, 1986.

Spielrein, Sabina (1987). *II. Sämtliche Schriften* [Obras completas]. Freiburg i. Br., 1987.

Spielrein, Sabina (2001). "Unedited extracts from a diary (1906/1907?)" ["Excertos inéditos de um diário (1906/1907?)"]. Introdução de Jeanne Moll. In: *The Journal of Analytical Psychology*, vol. 46, n° 1, janeiro de 2001, pp. 155-171.

Spielrein, Sabina (2002). *Sämtliche Schriften* [Obra completa]. Gießen, 2002 [reimpressão de Spielrein, 1987, com prefácio de Ludger Lütkehaus].

Spielrein, Sabina (2003). *Tagebuch und Briefe. Die Frau zwischen Jung und Freud* [Diário e cartas. A mulher entre Jung e Freud]. Gießen, 2003.

Spielrein, Sabina (2003 [s.d.]). "Unedited extracts from a diary. With a prologue by Jeanne Moll" ["Excertos inéditos de um diário. Com prólogo de Jeanne Moll"]. In: *Sabina Spielrein. Forgotten Pioneer of Psychoanalysis* [Sabina Spielrein. Pioneira esquecida da psicanálise]. Coline Covington e Barbara Wharton (orgs.). Hove/Nova York, 2003, pp. 15-31.

Bibliografia

ABRAHAM, Hilde. *Karl Abraham. Sein Leben für die Psychoanalyse*. Munique: 1976.

ABRAHAM, Karl. "Kritik zu C. G. Jung 'Versuch einer Darstellung der psychoanalytischen Theorie'". In: *Gesammelte Schriften*. Bd. I. Frankfurt/M.: 1982, pp. 291-306.

AKADEMISCHES AUS ZÜRICH. *Neue Zürcher Zeitung*, Beilage zu Nr. 295, 24. Oktober 1905, p. 1.

ALEXANDER, Franz e SELESNICK, Sheldon T. "Freud-Bleuler Correspondence". In: *Archives of General Psychiatry*, vol. 12, 1965, pp. 1-9.

ALLAIN-DUPRÉ, Brigitte. "Sabina Spielrein. A bibliography". *Journal of Analytical Psychology*, vol. 49, n° 3, junho de 2004, pp. 421-433.

ALNAES, Karsten. *Sabina Spielrein. Der Roman ihres Lebens*. Hamburgo: 1996.

ANGRICK, Andrej. *Besatzungspolitik und Massenmord. Die Einsatzgruppe D in der südlichen Sowjetunion 1941-1943*. Hamburgo: 2003.

APPLEBAUM, Anne. *Der Gulag*. Berlim: 2003.

APPIGANESI, Lisa e FORRESTER, John. *Die Frauen Sigmund Freuds*. Munique/Leipzig: 1994.

APTEKMANN, Esther. "Experimentelle Beiträge zur Psychologie des psycho-galvanischen Phänomens". In: *Jahrbuch für psychoanalytische und psychopathologische Forschungen*, vol. III, 1ª metade, 1911, pp. 591-620.

ATWOOD, Georg E. e STOLOROW, Robert D. "Metapsychology, Reification and the Representational World of C. G. Jung". *International Review of Psycho-Analysis*, vol. 4, 1977, pp. 197-213.

BAEDEKER, Karl. *Rußland nebst Teheran, Port Arthur, Peking*. Guia para viajantes. Leipzig: 1912.

BAIR, Deidre. *Jung. A Biography*. Boston/Nova York/Londres: 2003 [*Jung — Uma biografia*. Vols. I e II. Rio de Janeiro: Globo, 2006].

BALLY, Gustav. "Deutschstämmige Psychotherapie". *NZZ*, edição da manhã 343, 27 de fevereiro de 1934, folha 2, p. 1.

BANKOWSKI, Monika. "Russischer Alltag im Plattenquartier". *Uni-Zürich. Mitteilungsblatt des Rektorats der Universität Zürich*, n° 3, abril de 1986, pp. 10-12.

_____. "Nadezda Prokof'evna Suslova (1843-1918) — die Wegbereiterin". In: *Ebenso neu als kühn. 120 Jahre Frauenstudium an der Universität Zürich*. Org. pela União Feminista de Cientistas da Suíça. Zurique: 1988, pp. 119-126.

_____. "Zürich — das russische Mekka". In: *Ebenso neu als kühn*, op. cit., pp. 127-146.

BECKMANN, Max (org.). *Sichtbares und Unsichtbares*. Stuttgart: 1965.

BERG, Feiga. *Pädatrophie*. Tese inaugural para obtenção do grau de Doutor da Alta Faculdade de Medicina da Universidade de Zurique. Zurique: 1907.

_____. "Korrespondenzija. Zjurichskie psichiatritscheskie wpetschatlenija". In: *Sowremennaja Psichiatrija*, vol. 1, 1909, pp. 9-15.

BERGMANN, Wolfgang; BOEKEL, Christoph; HELLER, Peter. *Laboratorium Sowjetunion. Von den Schöpfungsphantasien der russischen Moderne zu den apokalyptischen Experimenten der sowjetischen Wissenschaft. Vorschlag für eine Dokumentarreihe*. Köln (s.d.).

BERGSCHICKER, Heinz. *Deutsche Chronik 1933-1945. Ein Zeitbild der faschistischen Diktatur*. Berlim: 1982.

"Bericht über die Fortschritte der Psychoanalyse in den Jahren 1914-1919 (Relatório sobre os progressos da psicanálise nos anos de 1914 a 1919)". Suplementos da *Internationalen Zeitschrift für Psychoanalyse*. n. III. Org. por Prof. Dr. Sigm. Freud. Leipzig/Viena/Zurique: 1921.

BETTELHEIM, Bruno. "Commentary". In: *Carotenuto A Secret Symmetry. Foreword by William McGuire, commentary by Bruno Bettelheim*. Londres: 1984, pp. XV-XXXIX.

BINSWANGER, Ludwig. "Diagnostische Assoziationsstudien: Über das Verhalten des psychogalvanischen Phänomens beim Assoziationsexperiment", parte I, *Journal für Psychologie und Neurologie*. vol. X, caderno 4, 5, 1908, pp. 149-181; parte II, vol. XI, caderno 1, 2, 1908, pp. 65-95.

BLEULER, Eugen. "Dr. Jos. Breuer und Dr. Sigm. Freud: Studien über Hysterie (Rezension)". *Münchener Medicinische Wochenschrift*, n° 22, 2 de junho de 1896, pp. 524-525.

_____. *Die allgemeine Behandlung der Geisteskrankheiten*. Aula inaugural estendida. Zurique: 1898.

_____. "Freud'sche Mechanismen in der Symptomatologie von Psychosen". *Psychiatrisch-Neurologische Wochenschrift*, ano 8, 1906/1907, pp. 316-318, 323-325, 338-340.

_____. "Die Psychoanalyse Freuds. Verteidigung und kritische Anmerkungen". *Jahrbuch für Psychoanalytische und Psychopathologische Forschungen*, vol. II, caderno 2/2, Leipzig/Viena: 1910, pp. 623-730.

_____. *Lehrbuch der Psychiatrie*. Berlim/Heidelberg/Nova York: 1983.

BODENHEIMER, A. R. "Paul Julius Möbius (1853-1907)". In: *Grosse Nervenärzte*. Org. por Kurt Kolle. Vol. 3. Stuttgart: 1963, pp. 109-120.

BÖHM, Max. *Lehrbuch der Naturheilkunde vom Standpuncte der Erfahrung und Wissenschaft. Die Krankheiten der Frauen (Gynäkologie)*. Chemnitz: 1897.

BOOTHE, Brigitte. "Der Traum im Gespräch: bei Freud — bei Jung". In: SPRECHER, Thomas (org.). *Das Unbewusste in Zürich. Literatur und Tiefenpsychologie um 1900*. Zurique: 2000, pp. 189-216.

BORCH-JACOBSEN, Mikkel. *Anna O. zum Gedächtnis. Eine hundertjährige Irreführung*. Munique: 1997.

BOSE, Günther; BRINKMANN, Erich (orgs.). *Sabina Spielrein. Ausgewählte Schriften*. Berlim: 1986.

BOVET, Pierre. *Vingts ans de vie. L'Institut J. J. Rouesseau de 1912 à 1932*. Neuchâtel/Paris: 1932.

BRACHMANN, Botho. *Russische Sozialdemokraten in Berlin 1895-1914*. Berlim: 1962.

BRANG, Peter; GOEHRKE, Carsten; KEMBALL, Robin (orgs.). *Bild und Begegnung. Kulturelle Wechselseitigkeit zwischen der Schweiz und Osteuropa im Wandel der Zeit*. Basileia/Frankfurt/M.: 1996.

BRANG, Peter; EVGENIJ, Nocoporuk (Simeropol). "Vasilij Rozanow und die Schweiz". In: BRANG; GOEHRKE; KEMBALL, op. cit., pp. 255-268.

BRECHT, Karen; FRIEDRICH, Volker, HERMANNS, Ludger H. (orgs.). "'Hier geht das Leben auf eine sehr merkwürdige Weise weiter...' Zur Geschichte der Psychoanalyse in Deutschland". [s.l.]: 1985.

BRENTZEL, Marianne. *Anna O. — Bertha Pappenheim. Biographie*. Göttingen [s.d.].

BRILL, Abraham Arden. "Max Eitingon". *Psychoanalytic Quarterly*, 12, 1943, pp. 456ss.

_____. *Freuds Contribution to Psychiatry*. Nova York: 1944.

_____. *Lectures on Psychoanalytic Psychiatry*. Nova York: 1946.

BRÜGGER, Liliane. "Russische Studentinnen in Zürich". In: BRANG; GOEHRKE; KEMBALL, op. cit., pp. 485-508.

BRUPBACHER, Fritz. *60 Jahre Ketzer. Selbstbiographie. "Ich log so wenig als möglich"*. Zurique: 1981.

CARELL, Paul [Pseudônimo do tenente-coronel da SS Paul Karl Schmidt (1911-1997)]. *Unternehmen Barbarossa. I. Bis vor Moskaus Tore, II. 4000 Kilometer Front*. Frankfurt/M/Berlin: 1968.

CAROTENUTO, Aldo. *A Secret Symmetry. Sabina Spielrein between Jung and Freud*. Foreword by William McGuire. Nova York: 1982 [*Diário de uma secreta simetria. Sabina Spielrein entre Jung e Freud*. Tradução de Amélia Rosa Coutinho. São Paulo: Paz e Terra, 1984].

_____. *A Secret Symmetry*. Foreword by William McGuire, commentary by Bruno Bettelheim. Londres: 1984.

_____ (org.) *Tagebuch einer heimlichen Symmetrie. Sabina Spielrein zwischen Jung und Freud*. Freiburg i. Br.: 1986.

CHAGALL, Bella. *Erste Begegnung*. Hamburgo: 1971.

CHALEWSKY, Fanny. "Heilung eines hysterischen Bellens durch Psychoanalyse". *Zentralblatt für Nervenheilkunde und Psychiatrie*, ano 32, primeiro caderno de maio de 1909, nova sequência, vol. 20, Leipzig, 1909, pp. 305-307.

CHODOROW, Nancy Julia. "Der Beitrag der Frauen zur psychoanalytischen Bewegung und Theorie". *Psyche*, ano 41, caderno 9, setembro de 1987, pp. 800-831.

CIMBAL, W. "Bericht des Geschäftsführers über die Weiterführung des Zentralblattes und der 'allgemeinen ärztlichen Gesellschaft für Psychotherapie'". In: *Zentralblatt für Psychotherapie. Organ der Allgemeinen Ärztlichen Gesellschaft*. Vol. 6, 1933, pp. 141-144.

CLAPARÈDE-SPIR, Hélène. *Au nom de l'Humanité! ... Il faut secourir la Russie*. Genebra: 1922.

CORBIN, Alain. *Meereslust. Das Abendland und die Entdeckung der Küste. 1750-1840*. Berlin: 1990.

Correspondenzblatt der internationalen psychoanalytischen Vereinigung. Redator: Dr. C. G. Jung. Küsnacht, próximo a Zurique, n° 1, julho de 1910-n° 6, agosto de 1911.

COVINGTON, Coline; WHARTON, Barbara (orgs.). *Sabina Spielrein. Forgotten Pioneer of Psychoanalysis*. Hove/Nova York: 2003.

CREMERIUS, Johannes. "Sabina Spielrein — ein frühes Opfer der psychoanalytischen Berufspolitik. Zur Vorgeschichte der 'Psychoanalytischen Bewegung'". *Forum der Psychoanalyse*, 3, 1987, pp. 127-142.

CURIGER, Bice. *Albert Welti im Kunsthaus Zurique. Die Versuchungen des rechtschaffenen Bürgers*. Exposição na Kunsthaus de Zurique, de 16 de fevereiro a 18 de março de 1984. Zurique: 1984.

DAHLMANN, Dittmar; HIRSCHFELD, Gerhard. *Vergangenes Rußland. Bilder aus dem Zarenreich 1894-1918*. Zurique: 1996.

DEUTSCH, Helene. *The Psychology of Women. A Psychoanalytic Interpretation. Volume 1: Girlhood; Volume 2: Motherhood*. Nova York: 1944/1945.

DITTRICH, Karin A. "Freud, Jung und die psychoanalytische Bewegung". *Psyche* 42, 1, 1988, pp. 19-43.

DÖBLIN, Alfred. *Reise in Polen*. Munique: 1987.

Du. Die Zeitschrift der Kultur (1995). "Carl Gustav Jung. Person, Psyche und Paradox". Caderno 8, agosto de 1995.

EISSLER, K. R. "Psychologische Aspekte des Briefwechsels zwischen Freud und Jung". *Jahrbuch der Psychoanalyse*, suplemento 7, Stuttgart-Bad Cannstatt: 1982.

ELLENBERGER, Henry F. "The Story of Helene Preriswerk. A critical Study with new Documents". *History of Psychiatry*, vol. 2, parte 1, n° 5, março de 1991, pp. 41-52.

_____. *Die Entdeckung des Unbewußten. Geschichte und Entwicklung der dynamischen Psychiatrie von den Anfängen bis zu Janet, Freud, Adler und Jung*. Berna: 1996.

ETKIND, Alexander. *Eros des Unmöglichen. Die Geschichte der Psychoanalyse in Rußland*. Leipzig: 1996.

FEDERN, Ernst; WITTENBERGER, Gerhard (org.). *Aus dem Kreis von Sigmund Freud. Zu den Protokollen der Wiener Psychoanalytischen Vereinigung*. Frankfurt/ M.: 1992.

FEDERN, Paul. "Sabina Spielrein. Die Destruktion als Ursache des Werdens". *Internationale Zeitschrift für Ärztliche Psychoanalyse. Kritiken und Referate*, ano I, 1913, pp. 89-93.

FEDERN, Paul. *Ego Psychology and the Psychoses*. Londres: 1953.

FELKA, Rike. "Sabina Spielrein (1885-1941). Parallelismus und Abstinenz". In: HAHN, Barbara (org.) *Frauen in den Kulturwissenschaften*. Munique: 1994, pp. 166-187.

FELLER, Richard. *Die Universität Bern 1834-1934. Dargestellt im Auftrag der Unterrichtsdirektion des Kantons Bern und des Senats der Universität Bern*. Berna/ Leipzig: 1935.

FENICHEL, Otto. *119 Rundbriefe. Vol. I, Europa (1934-1938); Vol. II, Amerika (1938-1945)*. Elke Mühlleitner e Johannes Reichmayr (orgs.). Frankfurt/M/ Basileia: 1998.

FERENCZI, Sándor. "C. G. Jung, Wandlungen und Symbole der Libido. Beiträge zur Entwicklungsgeschichte des Denkens". *Internationale Zeitschrift für Ärztliche Psychoanalyse (IZP). Kritiken und Referate*, ano I, 1913, pp. 391-403.

_____. "Das Problem der Unlustbejahung. Fortschritte in der Erkenntnis des Wirklichkeitssinns". In: *Schriften zur Psychoanalyse*, vol. II. Frankfurt/M.: 1982, pp. 200-211.

FICHTNER, Gerhard (org.). *Sigmund Freud — Ludwig Binswanger. Briefwechsel 1908-1938*. Frankfurt/M.: 1992.

FIGNER, Vera. *Nacht über Rußland*. Berlin: 1926.

FISCHER, Eugenia e FISCHER, René. "Geschichte der Psychoanalyse in Rußland". In: *Zeitschrift für psychoanalytische Theorie und Praxis* XI, vol. 4, 1996, pp. 357-374.

FONTANE, Theodor. *Effi Briest*. Frankfurt/Berlim/Viena: 1975.

FOREL, August. *Der Hypnotismus, seine Bedeutung und seine Handhabung*. Stuttgart: 1889.

_____. *Die sexuelle Frage*. Munique: 1905.

_____. "Malthusianismus oder Eugenik". Palestra apresentada no congresso neomaltusiano em Haia (Holanda) em 29 de julho de 1910. Munique: 1911.

_____. *Rückblick auf mein Leben*. Praga/Zurique: 1935.

_____. *Briefe — Correspondance 1864-1927*. Org. por Hans H. Walser. Berna/ Stuttgart: 1968.

FÖRSTER, Jürgen. "Das andere Gesicht des Krieges: Das 'Unternehmen Barbarossa' als Eroberungs und Vernichtungskrieg". In: FOERSTER, Roland G. *"Unternehmen Barbarossa" Zum historischen Ort der deutsch-sowjetischen Beziehungen von 1933-Herbst 1941*. Munique: 1993, pp. 152-162.

FREUD, Sigmund. "Referat über Averbeck, Die akute Neurasthenie. Berlin 1886". In: *GW* volume adicional. Frankfurt/M.: 1987, pp. 65-66.

_____. "Referat über Weir Mitchell. Die Behandlung gewisser Formen von Neurasthenie und Hysterie, Berlim 1887". In: *GW* volume adicional. Frankfurt/M.: 1987, pp. 67-68.

_____. "Hysterie (in Villarets 'Handwörterbuch')". In: *GW* volume adicional. Frankfurt/M.: 1987, pp. 69-90.

_____. "Charcot". In: *GW* I. Frankfurt/M.: 1991, pp. 21-35.

BIBLIOGRAFIA

_____. "Entwurf einer Psychologie". In: *GW* volume adicional. Frankfurt/M.: 1987, pp. 387-477 [*Projeto de uma psicologia*. Rio de Janeiro: Imago, 1995].

_____. "Analyse der Phobie eines fünfjährigen Kranken". In: *GW* VII. Frankfurt/M.: 1972, pp. 243-377 [*Análise de uma fobia em um menino de cinco anos/Hans*. Rio de Janeiro: Imago, 1999].

_____. "Beiträge zur Psychologie des Liebeslebens" ("Contribuições para a psicologia da vida amorosa"). In: *GW* VIII. Frankfurt/M.: 1996, pp. 66-91.

_____. "Die zukünftigen Chancen der psychoanalytischen Therapie" ("As chances futuras da terapia psicanalítica"). In: *GW* VIII. Frankfurt/M.: 1996, pp. 104-115.

_____. "Zur Dynamik der Übertragung" ("A dinâmica da transferência"). In: *GW* VIII. Frankfurt/M.: 1996, pp. 363-374.

_____. "Ratschläge für den Arzt bei der psychoanalytischen Behandlung" ("Conselhos para o médico durante o tratamento psicanalítico"). In: *GW* VIII. Frankfurt/M.: 1996, pp. 376-387.

_____. "Zur Geschichte der psychoanalytischen Bewegung". ("História do movimento psicanalítico"). In: *GW* X. Frankfurt/M.: 1991, pp. 43-113.

_____. "Zur Einführung des Narzißmus" ("Introdução ao narcisismo"). In: *Jahrbuch für psychoanalytische und psychopathologische Forschungen*, vol. VI, 1914, pp. 1-24.

_____. "Bemerkungen über die Übertragungsliebe" ("Observações sobre o amor na transferência"). In: *GW* X. Frankfurt/M.: 1991, pp. 305-321.

_____. "Jenseits des Lustprinzips". In: *GW* XIII. Frankfurt/M.: 1972, pp. 3-69 [*Além do princípio de prazer*. Rio de Janeiro: Imago, 1998].

_____. "Selbstdarstellung" ("Autorrepresentação"). In: *GW* XIV. Frankfurt/M.: 1948, pp. 31-96.

_____. "Das Unbehagen in der Kultur". In: *GW* XIV. Frankfurt/M.: 1976, pp. 419-506 ([*O mal-estar na cultura*. Tradução de Renato Zwick; notas de Edson Souza e Paulo Endo. São Paulo: L&PM Editores, 2010].

_____. "Die Freudsche Psychoanalytische Methode". ("O método freudiano de psicanálise") In: *GW* V. Frankfurt/M.: 1949, pp. 3-10.

_____. *Briefe 1873-1939*. Org. por Ernst e Lucie Freud. Frankfurt/M.: 1980.

_____. *Sein Leben in Bildern und Texten*. Org. por Ernst Freud, Lucie Freud e Ilse Grubrich-Simitis. Frankfurt/M.: 1985.

_____. *Tagebuch 1929-1939. Kürzeste Chronik*. Organização e introdução de Michael Molnar. Basel/Frankfurt/M.: 1996.

FREUD; Sigmund e ABRAHAM, Karl. *Briefe 1907-1926*. Frankfurt/M.: 1965.
FREUD, Sigmund e BREUER, Josef. "Studien über Hysterie". In: *GW* I. Frankfurt/M.: 1991, pp. 75-312.
FREUD, Sigmund e FLIESS, Wilhelm. *Briefe an Wilhelm Fließ 1887-1904*. Org. de Jeffrey Moussaieff Masson. Frankfurt/M.: 1985.
FREUD, Sigmund e JUNG, C. G. *Briefwechsel 1906-1913*. Org. por William McGuire e Wolfgang Sauerländer. Zurique: 1976.
FREUD, Sigmund e PFISTER, Oskar. *Briefe 1909-1939*. Org. por Ernst L. Freud e Heinrich Meng. Frankfurt/M.: 1963.
GAGLIARDI, Ernst; NABHOLZ, Hans; STROHL, Jean (orgs.). *Die Universität Zürich 1833-1933 und ihre Vorläufer. Festschrift zur Jahrhundertfeier*. Zurique: 1938.
GAY, Peter. *Weimar Culture. The outsider as insider*. Londres: 1969.
_____. *Freud. Juden und andere Deutsche*. Hamburgo: 1986.
_____. *Freud. Eine Biographie für unsere Zeit*. Frankfurt/M.: 1989.
GEORGI, F. "Constantin v. Monakow (1859-1930)". In: *Grosse Nervenärzte*, vol. 3, org. por Kurt Kolle. Stuttgart: 1963, pp. 149-163.
GOETHE, Johann Wolfgang von. "Wer kauft Liebesgötter"? In: *J.W. Goethes sämtliche Gedichte in einem Band*. Herisau: 1837.
GÖDDE, Günther. "Charcots neurologische Hysterietheorie — Vom Aufstieg und Niedergang eines wissenschaftlichen Paradigmas". In: *Luzifer — Amor. Zeitschrift zur Geschichte der Psychoanalyse*, ano 7, caderno 14, 1994, pp. 7-53.
GRAF-NOLD, Angela. *Der Fall Hermine Hug-Hellmuth. Eine Geschichte der frühen Kinder-Psychoanalyse*. Munique/Viena: 1988.
GREBELSKAJA. Scheina. "Psychologische Analyse eines Paranoiden". In: *Jahrbuch für psychoanalytische und psychopathologische Forschungen*, vol. IV, primeira metade, 1911, pp. 591-620.
GROSS, Otto. "Über Destruktionssymbolik". *Zentralblatt für Psychoanalyse und Psychotherapie*, IV, 1914, pp. 525-534.
GRUBRICH-SIMITIS, Ilse. *Buchbesprechungen: Jung, C. G.: Briefe*. Org. por Aniela Jaffé e Gerhard Adler. Olten/Freiburg i. Br.: 1972-73, vol I-III. In: *Psyche*, ano 29, caderno 3, 1975, pp. 27-285.
GUNDLACH, Horst. "Die internationalen Kongresse für Psychotechnik und die frühe Geschichte der IAAP/AIPA". In: JÜRGEN, Jahnke; JOCHEN, Fahrenberg; REINER, Stegil (orgs.). *Psychologiegeschichte — Beziehungen zur Philosophie und Grenzgebiete*. Munique/Viena: 1998, pp. 191-196.

GÜNTHER, Karl Heinz; HOFMANN, Franz; HOHENDORF, Gerd. *Geschichte der Erziehung*. Berlim: 1976.

HÄGI, G. *Kritische Reminiscenzen aus der Irrenheilanstalt Burghölzli*. Separata do jornal *Schweizer WocheniZeitung*. Zurique.

HALLER, Johannes. *Lebenserinnerungen. Gesehenes — Gehörtes — Gedachtes*. Stuttgart: 1960.

HAMELINE, D. *L'éducation dans le miroir du temps*. Lausanne: 2002.

HAMPTON, Christopher. *The Talking Cure*. Londres/Nova York: 2002.

HARTMANN, H. *Führer durch Interlaken und seine Umgebung*. Associação do Hotel Interlaken, [s.d.].

HAUMANN, Heiko. *Geschichte und Gesellschaftssystem der Sowjetunion. Eine Einführung*. Köln: 1977.

_____. *Geschichte der Ostjuden*. Munique: 1990.

_____. *Geschichte Rußlands*. Munique/Zurique: 1996.

HAUPTMANN, Gerhart. *Vor Sonnenaufgang*. Munique: 2000.

HAYNAL, André. *Die Technik-Debatte in der Psychoanalyse. Freud, Ferenczi, Balint*. Frankfurt/M.: 1989.

HERING, Sabine e MAIERHOF, Gudrun. *Die unpäßliche Frau. Sozialgeschichte der Menstruation und Hygiene 1860-1985*. Pfaffenweiler: 1991.

HINSHELWOOD, Robert D. *Wörterbuch der kleinianischen Psychoanalyse*. Stuttgart: 1991.

HÖFER, Renate. *Die Psychoanalytikerin Sabina Spielrein. 1. Teil*. Rüsselsheim: 2000.

HOFFER, Axel. "Jung's analysis of Sabina Spielrein and his use of Freud's free association method". In: *The Journal of Analytical Psychology*, vol. 46, n° 1, janeiro de 2001, pp. 117-138.

HONEGGER, Claudia e Heintz Bettin. *Listen der Ohnmacht. Zur Sozialgeschichte weiblicher Widerstandsformen*. Frankfurt/M.: 1981.

HUCH, Ricarda. *Frühling in der Schweiz. Jugenderinnerungen*. Zurique: 1938.

HUG-HELLMUTH, Hermine. "Kinderpsychologie und Pädagogik". In: *Bericht über die Fortschritte der Psychoanalyse 1914-1919*, op. cit., pp. 244-257.

HUONKER, Thomas. *Anstaltseinweisungen, Kindswegnahmen, Eheverbote, Sterilisationen, Kastrationen. Fürsorge, Zwangsmassnahmen, "Eugenik" und Psychiatrie in Zurique zwischen 1890 und 1970*. Org. pelo Departamento Social da Cidade de Zurique. Zurique: 2002.

HURWITZ, Emanuel. *Otto Gross. "Paradies" — Sucher zwischen Freud und Jung*. Zurique/Frankfurt/M.: 1979.

HUSER, Bugmann Karin. *Schtetl an der Sihl. Einwanderung, Leben und Alltag der Ostjuden in Zürich 1880-1939*. Zurique: 1998.

HUSER, Karin. *Eine revolutionäre Ehe in Briefen*. Zurique: 2003.

IDELER, Karl Wilhelm. "Vorwort". In: DUBOIS, E. *Über das Wesen und die gründliche Heilung der Hypochondrie und Hysterie*. Berlim: 1840.

ISSEL, Burkhard. "Zum Tode von Sabina Spielrein". In: *Zentenarbetrachtungen. Historische Entwicklungen in der neueren Psychologie bis zum Ende des 20. Jahrhunderts*. Org. por Horst-Peter Brauns. Frankfurt/M.: 2003, pp. 196-210.

JACOBSON, Edith. *Das Selbst und die Welt der Objekte*. Frankfurt/M.: 1973.

JONES, Ernest. "Karl Abraham 1877-1925". *International Journal of Psycho-Analysis*, 7, 1926, pp. 155-181.

_____. *Das Leben und Werk von Sigmund Freud, vol. III. Die letzte Phase 1919-1939*. Berna/Stuttgart: 1962.

_____. *The Life and Work of Sigmund Freud*. Harmondsworth: 1981.

_____. *Free Associations. Memories of a Psychoanalyst*. New Brunswick/Londres: 1990.

JUNG, C. G. *Zur Psychologie und Pathologie sogenannter occulter Phänomene*. (Sobre a psicologia e a patologia dos assim chamados fenômenos ocultos). Tese inaugural para obtenção do grau de Doutor da Alta Faculdade de Medicina da Universidade de Zurique. Leipzig: 1902.

_____. "Zur Psychologie und Pathologie sogenannter okkulter Phänomene". In: *GWJ*, vol. I (Psychiatrische Studien). Org. por Marianne Niehus-Jung, Lena Hurwitz-Eisner e Franz Riklin. Solothurn/Düsseldorf: 1995, pp. 3-98.

_____. *Über das Verhalten der Reaktionszeit beim Assoziationsexperimente*. Habilitationsschrift, Faculdade de Medicina, Universidade de Zurique. Leipzig: 1905.

_____. "Über das Verhalten der Reaktionszeit beim Assoziationsexperimente. Diagnostische Assoziationsstudien I/IV, 1906 (1905)". In: *GWJ* vol. II, op. cit., pp. 239-288 [*O tempo de reação no experimento de associações*. In: *Obras Completas*, vol. 2. 3ª ed. Petrópolis: Vozes, 2011, pp. 249-306].

_____. "Psychoanalyse und Assoziationsexperiment". In: *GWJ*, vol II, op. cit., pp. 308-337 [*Psicanálise e o experimento de associações*. In: *Obras Completas*, vol. 2. 3ª ed. Petrópolis: Vozes, 2011, pp. 331-361].

_____. "Über die Psychologie der Dementia praecox. Ein Versuch". In: *GWJ*, vol. III. Org. por Franz Riklin, Lilly Jung-Merkur e Elisabeth Rüf. Zurique: 1968, pp. 1-170 [*A psicologia da dementia praecox: um ensaio*. In: *Obras Completas*, vol. 3. 3ª ed. Petrópolis: Vozes, 2011, pp. 9-172].

_____. "Die Freudsche Hysterietheorie". In: *GWJ*, vol. IV. Org. por Franz Riklin, Lilly Jung-Merkur e Elisabeth Rüf. Zurique: 1969, pp. 11-28 [*A teoria freudiana da histeria*. In: *Obras Completas*, vol. 4. 3ª ed. Petrópolis: Vozes, 2011, pp. 19-34].

_____. "Die Bedeutung des Vaters für das Schicksal des Einzelnen". In: *Jahrbuch für psychoanalytische und psychopathologische Forschungen*. vol. I, 1/2, 1909, pp. 155-173 [*A importância do pai no destino do indivíduo*. In: *Obras Completas*. vol. 4. 3ª ed. Petrópolis: Vozes, 2011, pp. 299-318].

_____. "Wandlungen und Symbole der Libido". In: *Jahrbuch für psychoanalytische und psychopathologische Forschungen*. vol. III, 1/2, 1911, pp. 120-227 [*Símbolos da transformação*. In: *Obras Completas*, vol. 5. 3ª ed. Petrópolis: Vozes, 2011].

_____. "Wandlungen und Symbole der Libido II". In: *Jahrbuch für psychoanalytische und psychopathologische Forschungen*. vol. IV, 1/2, 1912, pp. 162-464.

_____. *Zur Psychologie der unbewussten Prozesse. Ein Überblick über die moderne Theorie und Methode der analytischen Psychologie*. Zurique: 1917 [*Obras Completas*. vol. 7/1: *Psicologia do inconsciente*. 3ª ed. Petrópolis: Vozes, 2011].

_____. Entrevista à Radio Berlim. In: MCGUIRE, William e HULL, R.F.C. (orgs.) *C. G. Jung speaking. Interviews and Encounters*. Londres: 1978, pp. 59-66.

_____. "Geleitwort". In: *Zentralblatt für Psychotherapie. Organ der Allgemeinen Ärztlichen Gesellschaft*. Org. por C. G. Jung, vol. 6, caderno 3, dezembro de 1933, pp. 139-140.

_____. "Zur gegenwärtigen Lage der Psychotherapie". In: *Zentralblatt für Psychotherapie* op. cit. 7, 1934, pp. 1-16 [*A teoria freudiana da histeria*. In: *Obras Completas*. vol. 4. 3ª ed. Petrópolis: Vozes, 2011, pp. 19-34].

_____. "Zeitgenössisches". In: *NZZ*, edição da manhã 437, terça-feira, 13 de março de 1934, folha 1, pp. 1ss

_____. *Symbole der Wandlung. Analyse des Vorspiels zu einer Schizophrenie*. Org. por Lilly Jung-Merkur e Elisabeth Rüf. Olten: 1973.

_____. *GWJ*, vol. IX, 1/2, *Die Archetypen und das kollektive Unbewusste*. Org. por Lilly Jung-Merkur, Elisabeth Rüf. Olten/Freiburg i. Br.: 1978 [*Obras Completas*. v. 9/1: *Os arquétipos e o inconsciente coletivo*. 3ª ed. Petrópolis: Vozes, 2011].

_____. *Briefe I 1906-1945*. Olten/Freiburg i. Br.: 1990.

_____. *Psychiatrische Studien. Sonderausgabe*. Solothurn/Düsseldorf: 1995 [*Obras Completas*. vol. 1: *Estudos psiquiátricos*. 3ª ed. Petrópolis: Vozes, 2011].

_____. *Erinnerungen, Träume, Gedanken*. Reunidos e organizados por Aniela Jaffé. Zurique/Düsseldorf: 1999.

_____. "The letters of C. G. Jung to Sabina Spielrein". *The Journal of Analytical Psychology*, vol. 46, n. 1, janeiro de 2001, pp. 173-199.

JUNG, C. G. e RIKLIN, Franz. "Experimentelle Untersuchungen über Assoziationen Gesunder. Diagnostische Assoziationsstudien" I/I 1906 (1904). In: *GWJ*, Bd. II (Experimentelle Untersuchungen). Org. por Lilly Jung-Merkur e Elisabeth Rüf. Olten/Freiburg i. Br.: 1979, p. 13-213 [*Investigações experimentais sobre associações de pessoas sadias*..In: C.G. JUNG, *Obras Completas*. Vol. 2. 3ª ed. Petrópolis: Vozes, 2011, pp. 11-222].

KERNBERG, Otto F. (1983). *Borderline-Störungen und pathologischer Narzißmus*. Frankfurt/M.: 1983.

KERR, John. *A Most Dangerous Method. The story of Jung, Freud, & Sabina Spielrein*. Londres/Auckland/Melbourne: 1994.

KAMBER, Peter. *Geschichte zweier Leben. Wladimir Rosenbaum — Aline Valangin*. Zurique: 2000.

KIRPITSCHNIKOVA, Natalya. *Pervyi semestr v Cjuriche. Pis'mo russkoj studentki*. [Separado] Odessa: 1902.

KLAESI, J. "Eugen Bleuler 1857-1939". In: *Grosse Nervenärzte*. vol. 1. Org. por Kurt Kolle. Stuttgart: 1970, pp. 7-16.

KLEE, Ernst; DRESSEN, Willi; RIEß, Volker (orgs.). *"Schöne Zeiten" Judenmord aus der Sicht der Täter und Gaffer*. Frankfurt/M.: 1988.

KLEIN, Melanie. "Zur Frühanalyse". In: *Melanie Klein. Gesammelte Schriften*, vol. I, parte 1. *Schriften 1920-1945*. Stuttgart-Bad Cannstatt: 1995, pp. 99-137.

_____. "Entwöhnung". In: *Melanie Klein. Gesammelte Schriften*, vol. I, parte 2. *Schriften 1920-1945*. Stuttgart-Bad Cannstatt: 1996, pp. 77-100.

KLENCKE, Hermann (1872). *Das Weib als Gattin. Lehrbuch über die physischen, seelischen und sittlichen Pflichten, Rechte und Gesundheitsregeln der deutschen Frau im Eheleben*. Leipzig: 1872.

KLOOCKE, Ruth. "Moshe Wulff (1878-1971). Leben und Werk des russisch-jüdischen Psychoanalytikers". In: *Luzifer Amor*, op. cit., ano 8, caderno 16, 1995, pp. 87-101.

_____. *Mosche Wulff. Zur Geschichte der Psychoanalyse in Rußland und Israel*. Tübingen: 2002.

KOENEN, Gerd. "Chroniken des Terrors. Ein Handbuch zu den Moskauer Schauprozessen 1936-1938". In: *NZZ*, nº 46, quarta-feira, 25 de fevereiro de 2004, p. 42.

KOHUT, Heinz. *Narzißmus. Eine Theorie der psychoanalytischen Behandlung narzißtischer Persönlichkeitsstörungen*. Frankfurt/M.: 1973.

KOLLBRUNNER, Jürg. *Der kranke Freud*. Stuttgart: 2001.
KOLLONTAI, Alexandra. *Ich habe viele Leben gelebt*. Berlim: 1980.
KOLTSOVA, Vera A.; NOSKOVA, O. G.; OLEINIK, Yu. N. "Isaak N. Spielrein and Soviet Psychotechnics". *Psikhologichesky Zhurnal [The Soviet Journal of Psychology]*, n° 2, 1990, pp. 95-122.
KOLTSOVA, Vera A.; OLEINIK, Turi N.; GILGEN, Albert R. (orgs.). *Post-Soviet Perspectives on Russian Psychology*. Westport/Londres: 1996.
KREBSER, Markus. *Interlaken. Eine Reise in die Vergangenheit*. Thun: 1990.
KÜCHENHOFF, Bernhard. "Autismus — Autoerotismus. Das Verhältnis von Psychiatrie und Psychoanalyse am Burghölzli". In: SPRECHER, Thomas. *Das Unbewusste in Zürich. Literatur und Tiefenpsychologie um 1900*. Zurique: 2000, pp. 217-232.
KUREK, Nikolaj S. "Rasruschenie Psichotechniki [Die Vernichtung der Psychotechnik] Mir nauki. [Die Welt der Wissenschaft]". In: *Novyi mir* 2, 1999, pp. 153-165.
LANG, Jos. B. "Esther Aptekmann. Experimentelle Beiträge zur Psychologie des psychogalvanischen Phänomens". In: *IZP*, I 1913, pp. 576-578.
LANG, Karl. *Kritiker, Ketzer, Kämpfer. Das Leben des Arbeiterarztes Fritz Brupbacher*. Zurique: 1983.
LEHMANN, Herbert. "Jung Contra Freud/Nietzsche Contra Wagner". *International Review of Psycho-Analysis* 13 1986, pp. 201-209.
LEIBOWITSCH, Rochla (1914/1915). *Ein statistischer Beitrag zur Frage, ob die Vollkorrektion der Myopie diese zum Stillstand bringt*. Tese inaugural, Alta Universidade de Zurique, Lista anual das formaturas da Universidade de Zurique 1914/15, n° 57.
LEITNER, Marina. *Ein gut gehütetes Geheimnis. Die Geschichte der psychoanalytischen Behandlungs-Technik von den Anfängen in Wien bis zur Gründung der Berliner Poliklinik im Jahr 1920*. Gießen: 2001.
LENIN, Vladimir Ilitch. *Was tun? Brennende Fragen unserer Bewegung*. Berlim: 1976.
LESSING, Gotthold Ephraim. *Nathan der Weise*. Stuttgart/Düsseldorf/Leipzig: 2001.
LOBNER, Hans e LEVITIN, Vladimir. "A Short Account of Freudism. Notes on the history of psycholanalysis in the USSR". In: *Sigmund Freud House Bulletin*, vol. 2, n° 1, 1978, pp. 5-30.
LOCKOT, Regine. *Erinnern und Durcharbeiten. Zur Geschichte der Psychoanalyse und Psychotherapie im Nationalsozialismus*. Frankfurt/M.: 1985.

_____. *Die Reinigung der Psychoanalyse. Die Deutsche Psychoanalytische Gesellschaft im Spiegel von Dokumenten und Zeitzeugen (1933-1951)*. Tübingen: 1994.

LOTHANE, Zvi. "In Defense of Sabina Spielrein". In: *International Forum of Psychoanalysis*, vol. 5, 1996, pp. 203-217.

LOTHANE, Zvi. "Tender Love and Transference: Unpublished Letters of C. G. Jung and Sabina Spielrein". *International Journal of Psychoanalysis*, vol. 80, 1999, pp. 1189-1204.

LJUNGGREN, Magnus. "Sabina Spielrein mellan Jung och Freud". *Expressen*, Estocolmo, 15 de julho de 1983, p. 4.

_____. "The psychoanalytic breakthrough in Russia on the eve of the First World War". In: *Russian Literature and Psychoanalysis*. Editado por Daniel Rancour Laferriere. Amsterdã/Filadélfia: 1989, pp. 173-191.

_____. *The Russian Mephisto. A Study of the Life and Work of Emilii Medtner*. Estocolmo: 1994.

_____. "Sabina and Isaak Spielrein". In: *On the Verge. Russian Thought Between the Nineteenth and the Twentieth Centuries*. Ed. por Fiona Björling. Lund: 2001, pp. 79-95.

LURIA, Aleksandr. "Die Psychoanalyse in Rußland". In: *IZP* XI 1925, pp. 395-398.

LUSTIGER, Arno. *Das Schwarzbuch: der Genozid an den sowjetischen Juden*. Reinbek bei Hamburg: 1994.

MARX, Karl; ENGELS, Friedrich. *Manifest der Kommunistischen Partei*. Berlim: 1945 [*Manifesto do Partido comunista 1848*. Trad. de Sueli Barros Cassal. Rio de Janeiro: L&PM Editores, 2001].

MÁRTON, Elisabeth. "An interview with Elisabeth Márton". *Journal of Analytical Psychology*, vol. 49, n° 3, junho de 2004, pp. 435-441.

MAZENAUER, Beat; PERRIG, Severin. "Im Licht des eigenen Schattens. C. G. Jung und der Nationalsozialismus". *Du. Die Zeitschrift der Kultur*, caderno 8, agosto de 1995, pp. 59-62, 94ss.

MCDOUGALL, Joyce. *Theater der Seele. Illusion und Wahrheit auf der Bühne der Psychoanalyse*. Munique/Viena: 1988.

MCGUIRE, William; HULL, R.F.C. (orgs.). *C. G. Jung Speaking. Interviews and Encounters*. Londres: 1978.

MCGUIRE, William. "Foreword". In: CAROTENUTO, Aldo. *A Secret Symmetry. Sabina Spielrein between Jung and Freud*. Nova York: 1982, pp. VII-X.

_____. "Jung's Complex Reactions (1907). Word Association Experiments Performed by Binswanger". *Spring. An Annual of Archetypal Psychology and Jungian Thought*, 1984, pp. 1-34

MEERWEIN, Fritz. "Gustav Bally (1893-1966)". *Schweizer Archiv für Neurologie, Neurochirurgie und Psychiatrie*. Vol. 101, caderno 1, 1968, pp. 117-119.

METSCHNIKOFF, Elias. *Studien über die Natur des Menschen. Eine optimistische Philosophie*. Leipzig: 1910.

MINDER, Bernhard. "Ein Dokument. Jung an Freud 1905: Ein Bericht über Sabina Spielrein". *Gesnerus*, vol. 50, parte 1/2, 1993, pp. 113-120.

_____. "Sabina Spielrein. Jungs Patientin am Burghölzli". *Luzifer-Amor. Zeitschrift zur Geschichte der Psychoanalyse*, ano 7, caderno 14, 1994, pp. 55-127.

MILLER, Martin A. *Freud and the Bolsheviks. Psychoanalysis in Imperial Russia and the Soviet Union*. New Haven/Londres: 1998.

MIRZABEKOVA, Nonna. *Freud's Forgotten Pupil. Woman who could have surpassed the Teacher*. http://english.pravda.ru/society/2003/03/07/44161.html (acessado em 27 de janeiro de 1999), pp. 1-3.

Informações para estudantes russos que querem assistir aulas na Universidade. Reitoria da Universidade de Zurique, julho de 1906.

MONAKOW, Constantin von. *Vita mea. Mein Leben*. Bern/Stuttgart/Viena: 1970.

MÖBIUS, P. J. "Ueber den Begriff der Hysterie". In: *P. J. Möbius. Neurologische Beiträge*. Leipzig: 1894, pp. 1-7.

_____. *Über den physiologischen Schwachsinn des Weibes*. Munique: 1977.

MÜHLLEITNER, Elke. *Biographisches Lexikon der Psychoanalyse. Die Mitglieder der psychologischen Mittwoch-Gesellschaft und der Wiener Psychoanalytischen Vereinigung 1902-1938*. Tübingen: 1992.

_____. "Frauen in der psychoanalytischen Bewegung. Der Fall der Wiener Psychoanalytischen Vereinigung 1902-1938". In: *Psyche*, ano 54, caderno 7, julho de 2000, pp. 642-667.

MÜLLER, Christian. "Paul Dubois 1838-1918". In: *Grosse Nervenärzte*. vol. 2. Org. por Kurt Kolle. Stuttgart/Nova York: 1970, pp. 217-223.

_____. *Von Charlottenburg zum Central Park West. Henry Lowenfeld und die Psychoanalyse in Berlin, Prag und New York*. Frankfurt/M.: 2000.

MUSEUM ZU ALLERHEILIGEN SCHAFFHAUSEN UND AUTOREN. *Albert Welti 1869-1912. Von Haus der Träume ins Bundeshaus*. 31 de agosto a 3 de novembro de 1991. Schaffhausen: 1991.

NACHAMA, Andreas e SIEVERNICH, Gereon (orgs.). *Jüdische Lebenswelten*. Catálogo. Frankfurt/M.: 1991.

NACHAMA, Andreas; SCHOEPS, Julius H.; VAN VOOLEN, Edward (orgs.). *Jüdische Lebenswelten. Essays*. Frankfurt/M.: 1991.

NEIDITSCH, Sara. "Über den gegenwärtigen Stand der Freudschen Psychologie in Rußland". *Jahrbuch für psychoanalytische und psychopathologische Forschung*, vol. II, 1/2, 1910, pp. 347ss.

_____. "Die Psychoanalyse in Rußland während der letzten Jahre". In: *IZP* VII 1921, pp. 381-384.

_____. "Dr. Tatiana Rosenthal, Petersburg.[obituário]" In: *IZP* VII 1921, pp. 384ss.

NESTEROVA, Elena. *Die Wanderer. Die Meister des russischen Realismus*. Bournemouth/São Petersburgo: 1996.

Neue Zürcher Zeitung. Genebra, ano 128, nº 348 de 16 de dezembro de 1907, 1ª edição da noite, p. 2.

NEUMANN, Daniela. *Studentinnen aus dem Russischen Reich in der Schweiz (1867-1914)*. Zurique: 1987.

NEUMANN, Daniela e SCHEIDEGGER, Gabriele. "Sprengende Bomben und das Ewigweibliche. Die Briefe der russischen Ärztin Elizaveta Rabinovic 1901-1907". In: HÖSCH, Edgar (org.). *Jahrbücher für Geschichte Osteuropas. Nova série, vol. 40*. Stuttgart: 1992, pp. 381-393.

NITSCHKE, Bernd. "Die Frau als 'Opfer' — und wie man sie in dieser Rolle fixieren kann. Kritische Anmerkungen zur Behandlung des 'Falles' Sabina Spielrein durch Johannes Cremerius". In: *Forum der Psychoanalyse*, 4, 1988, pp. 153-163.

NOLL, Richard. *The Aryan Christ. The Secret Life of Carl Gustav Jung*. Londres: 1997.

NOSKOVA, Olga G. "A Social History of Russian Industrial Psychology in the 1920s and 1930s". In: KOLTSOVA; OLEINIK; GILGEN, op. cit., pp. 267-284

NUNBERG, Hermann e FEDERN, Paul (orgs.). *Atas da Sociedade Vienense de Psicanálise*. Vol. I, 1906-1908, Frankfurt/M.: 1976; Vol. II, 1908-1910, Frankfurt/M.: 1977; vol. III, 1910-1911, Frankfurt/M.: 1979; vol. IV, 1912-1918, Frankfurt/M.: 1981.

OHLENDORF, Otto. "Eidesstattliche Erklärungen". 24 de abril de 1947. http://www.ns-archiv.de/einsatzgruppen/ohlendorf/eid1.shtml, acessado em 29 de julho de 2004.

OVCHARENKO, Victor I. *Psicho — analiticeskij glossarij*. Minsk: 1994.

_____. "Le destin de Sabina Spielrein". In: *L'Évolution Psychiatrique*, 60, 1, 1995, pp. 115-122.

_____. "Love, psychoanalysis and destruction". In: *Journal of Analytical Psychology*, vol. 44, n. 3, julho de 1999, pp. 355-373.

_____. "The history of Russian psychoanalysis and the problem of periodisation". In: *Journal of Analytical Psychology*, vol. 44, n. 3, julho de 1999, pp. 341-353.

_____. *Rossijskie psichoanalitiki [Psicanalistas russos]*. Moscou: 2000.

PESTALOZZI, Magda. C. G. *Jungs früheste Erfahrung der Übertragung-Gegenübertragung*. [s.l.]: 1984.

PIAGET, Jean. "Das symbolische Denken und das Denken des Kindes". In: *Jean Piaget. Drei frühe Schriften zur Psychoanalyse*. Organizado e comentado historicamente por Sybille Volkmann-Raue. Freiburg i. Br.: 1993, pp. 83-146.

_____. *Nachahmung, Spiel und Traum. Die Entwicklung der Symbolfunktion beim Kinde*. Stuttgart: 1969 [*A Formação do símbolo na criança. Imitação, jogo e sonho, imagem e representação*. Trad. Alvaro Cabral. Rio de Janeiro: Zahar, 1971].

_____. *Drei frühe Schriften zur Psychoanalyse*. Organizado e comentado historicamente por Sybille Volkmann-Raue. Freiburg i. Br.: 1993.

RADKAU, Joachim. *Das Zeitalter der Nervosität. Deutschland zwischen Bismarck und Hitler*. Munique: 2000.

RÄMI, Louise. *Die Dauer der Anstaltsbehandlung der Schizophrenen*. Tese inaugural para obtenção do grau de Doutor da Faculdade de Medicina da Universidade de Zurique. Halle a. S.: 1918.

RANK, Otto. "Traumdeutung". *Bericht über die Fortschritte der Psychoanalyse 1914-1919*, op. cit., pp. 26-43.

REICH, Wilhelm. "Die Stellung der Psychoanalyse in der Sowjetunion. Notizen von einer Studienreise in Rußland". In: *Psychoanalytische Bewegung*, vol I. Org. por Adolf Josef Storfer. Viena: 1929, pp. 358-368.

_____. *Die sexuelle Revolution. Zur charakterlichen Selbststeuerung des Menschen*. Frankfurt/M. 1969 [*A revolução sexual*. S.l.: Zahar, s.d.].

RICE, James L. "Russian Stereotypes in the Freud-Jung Correspondence". *Slavic Review. American Quarterly of Soviet and East European Studies*, vol. 41, primavera de 1982, pp. 19-34.

_____. *Freud's Russia. National Identity in the Evolution of Psychoanalysis*. New Brunswick/Nova York: 1993.

RICHEBÄCHER, Sabine. "Zum 100. Geburtstag von A. S. Makarenko". In: *Neue Zürcher Zeitung*, quinta-feira, 17 de março de 1988, n. 64, pp. 91.

_____. " 'wie ein Hai im Karpfenteich...' Wilhelm Reich: Ein Portrait". In: *Journal. Psychoanalytisches Seminar Zürich*, 34, 1997, pp. 36-55.

_____. "Psychoanalyse im Exil. Otto Fenichel und die geheimen Rundbriefe der linken Freudianer". In: *Jahrbuch der Psychoanalyse*. Vol. 42, 2000, pp. 125-164.

_____. "'Bist mit dem Teufel du und du und willst dich vor der Flamme scheuen?' Sabina Spielrein und C. G. Jung: ein verdrängtes Skandalon der frühen Psychoanalyse". In: SPRECHER, op. cit., pp. 147-187.

_____. "Jüdische Frauen in der frühen Psychoanalyse". In: *Jüdische Kulturbühne*, ano Jg., n° 1, IJAR 5764, maio de 2004, p. 15.

RICHTER, Horst. *Geschichte der Malerei im 20. Jahrhundert. Stile und Künstler*. Köln: 1977.

RIKLIN, Franz. "Analytische Untersuchungen der Symptome und Associationen eines Falles von Hysterie (Lina H)". In: *Psychiatrisch-Neurologische Wochenschrift*, 46, pp. 449-452; 50: 493-497; 51: 505-511.

ROGGER, Franziska. *Der Doktorhut im Besenschrank. Das abenteuerliche Leben der ersten Studentinnen — am Beispiel der Universität Bern*. Berna: 1999.

ROHNER, Hanny. *Die ersten 30 Jahre des medizinischen Frauenstudiums an der Universität Zurique 1867-1897. Zürcher Medizingeschichtliche Anhandlungen*. Nova série, n° 89. Zurique: 1972.

ROSENTHAL, Tatyana. "Karin Michaelis: 'Das gefährliche Alter' im Lichte der Psychoanalyse". In: *Zentralblatt für Psychoanalyse* I, caderno 7/8. maio-junho de 1911, pp. 277-294.

RUOFF, Wilhelm Heinrich. *Stammtafeln des Bürgerverbandes Alt Zollikon* [s.l.]: 1958.

RÜTHERS, Monica. *Tewjes Töchter. Lebensentwürfe ostjüdischer Frauen im 19. Jahrhundert*. Köln/Weimar/Viena: 1996.

SALAMANDER, Rachel (org.). *Die jüdische Welt von gestern 1860-1938. Text und Bildzeugnisse aus Mitteleuropa*. Munique: 1999.

SAMMONS, Jeffrey L. (org.). *Die Protokolle der Weisen von Zion. Die Grundlage des modernen Antisemitismus — eine Fälschung. Text und Kommentar*. Göttingen: 1998.

SANTIAGO-DELAFOSSE, Marie J. e DELAFOSSE, J. M. Odéric. "Spielrein, Piaget and Vygotsky. Three Positions on Child Thought and Language". *Theory & Psychology*, vol. 12, n° 6, 2002, pp. 723-747.

SAUSSURE, Raymond de. "Dr. med. Charles Odier (1886-1954)". *Schweizer Archiv für Neurologie und Psychiatrie*, vol. 76, caderno. 1/2, 1955, pp. 303-304.

SCHEPELER, Eva M. "Jean Piaget's Experiences on the Couch: Some Clues to a Mystery". *The International Journal of Psycho-Analysis*, vol. 74, parte 3, junho de 1993, pp. 255-273.

SCHERR, Johannes. *Die Nihilisten*. Leipzig: 1885.
SCHILLING, Konrad (org.). *Monumenta Judaica. 2000 Jahre Geschichte und Kultur der Juden am Rhein*. Brochura da exposição no Museu Municipal de Colônia de 15 de outubro de 1963 a 15 de março de 1964.
SCHIRMACHER, Käthe. *Züricher Studentinnen*. Leipzig/Zurique: 1896.
SCHLEICH, Carl Ludwig. *Vom Schaltwerk der Gedanken. Neue Einsichten und Betrachtungen über die Seele*. Berlim: 1926.
SCHLÖGEL, Karl; KUCHER, Katharina; SUCHY, Bernhard; THUN, Gregor (org.). *Chronik russischen Lebens in Deutschland 1918-1941*. Berlim: 1999.
SCHMIDT, Vera. *3 Aufsätze. Anleitung für eine revolutionäre Erziehung*. Org. pelo Conselho Central dos *Kinderläden* socialistas de Berlim-Oeste, n° 1 [cópia não autorizada].
SCHWARA, Desanka. *"Oifn weg schtejt a bojm". Jüdische Kindheit und Jugend in Galizien, Kongreßpolen, Litauen und Rußland 1881-1939*. Köln: 1999.
SINGER, Isaac Bashevis. *The Manor*. Harmondsworth/Nova York/Ringwood: 1979.
SINGER, Israel J. *Von einer Welt, die nicht mehr ist. Erinnerungen*. Frankfurt/M.: 1993.
SIROTKINA, Irina. *Diagnosing Literary Genius. A Cultural History of Psychiatry in Russia, 1880-1930*. Baltimore/Londres: 2002.
SOLOV'EV, Vladimir. *Der Sinn der Liebe*. Hamburgo: 1985.
SPECTOR, Shmuel (org.). "Rostov-on-Don". In: *The Encyclopedia of Jewish Life Before and During the Holocaust*. Vol. II. Jerusalém/Nova York: 2001, pp. 1094ss.
SPERBER, Manès. *Die vergebliche Warnung. All das Vergangene...* Viena: 1975.
_____. *Die Wasserträger Gottes. All das Vergangene...* Munique: 1981.
SPIELREIN, Isaak. "Psychologisches aus Kinderuntersuchungen in Rostow am Don". Edição especial da *Zeitschrift für angewandte Psychologie*, vol. II. Leipzig: 1916.
_____. "Ein jüdisches Wörterbuch". In: *Der Jude. Eine Monatsschrift*. Org. por Martin Buber. Ano 1, 1916/1917, pp. 633-636.
_____. "Zur Aussprache und Transkription des Jüdischen". In: *Der Jude*, op. cit., ano 2, caderno 1/2, abril/maio de 1917, pp. 285-288.
SPIELREIN, Jean. *Lehrbuch der Vektorrechnung nach den Bedürfnissen in der technischen Mechanik und Elektrizitätslehre*. Stuttgart: 1916.
SPRECHER, Thomas (org.). *Das Unbewusste in Zurique. Literatur und Tiefenpsychologie um 1900*. Zurique: 2000.

STEINER, Andreas. *"Das Nervöse Zeitalter". Der Begriff der Nervosität bei Laien und Ärzten in Deutschland und Österreich um 1900.* Zürcher Medizingeschichtliche Abhandlungen, Nova Série, n° 21. Zurique: 1964.

STEPHAN, Inge. "Judentum — Weiblichkeit — Psychoanalyse. Das Beispiel Sabina Spielrein". In: *Jüdische Kultur und Weiblichkeit in der Moderne.* Inge Stephan, Sabine Schilling e Sigrid Weigel (orgs.). Köln/Weimar/Viena: 1994, pp. 51-72.

STONE, Nakhimovsky Alice. *Russian-Jewish Literature and Identity. Jabotinsky, Babel, Grossmann, Galich, Roziner, Markish.* Baltimore/Londres: 1992.

STOPCZYK, Annegret. "Helene Stöcker. Philosophin der neuen Ethik". In: *Die Lebensreform. Entwürfe zur Neugestaltung von Leben und Kunst um 1900.* vol 1. Kai Buchholz, Rita Latocha e Hilke Peckmann (orgs.). Darmstadt: 2001, pp. 157-159.

SWALES, Peter. "What Jung Didn't Say". *Harvest. Journal for Jungian Studies*, vol. 38, C. G. Jung Analytical Psychology Club. Londres: 1992, pp. 30-37.

TANN, Matthias von der; ERLENMEYER, Arvid. *C. G. Jung und der Nationalsozialismus. Texte und Daten.* Berlim: 1991.

TAUSK, Viktor. "Sch. Grebelskaja: Psychologische Aspekte eines Paranoiden". *IZP* I 1913, p. 88.

TER-OGANESSIAN-BABIZKAYA, Rebekka. *Versuch einer Analyse bei einem Falle von Schizophrenie.* Tese inaugural, Universidade de Zurique, Zurique: 1912.

THEWELEIT, Klaus. *Objektwahl (All You Need Is Love...). Über Paarbildungsstrategien & Bruchstück einer Freudbiographie.* Basileia/Frankfurt/M.: 1990.

THOMAS, D. M. *The White Hotel.* Londres: 1981.

TIBURTIUS, Franziska. *Erinnerungen einer Achtzigjährigen.* Berlim: 1923.

TSCHERNYSCHEWSKI, Nikolaj G. *Was thun? Erzählungen vom neuen Menschen.* Roman. Leipzig: 1890.

UFFRECHT, Bernhard. *Die freie Schul- und Werkgemeinschaft Letzlingen.* Berlim: 1924.

VEREIN FEMINISTISCHE WISSENSCHAFT SCHWEIZ (org.). *Ebenso neu als kühn. 120 Jahre Frauenstudium an der Universität Zürich.* Zurique: 1988.

VIDAL, Fernando. "Sabina Spielrein, Jean Piaget — going their own ways". *Journal of Analytical Psychology*, vol. 46, 2001, pp. 139-153.

VOLKMANN-RAUE, Sibylle e LÜCK, Helmut E. (orgs.). *Bedeutende Psychologinnen. Biographien und Schriften.* Weinheim/Basel: 2002.

WACKENHUT, Irene e WILLKE, Anke. *Sabina Spielrein. Missbrauchüberlebende und Psychoanalytikerin. Eine Studie ihres Lebens und Werkes unter besonderer Berücksichtigung ihrer Tagebücher und ihres Briefwechsels. Anhang A: Übersetzung und Edition der bisher unveröffentlichten Schriften (I. Wackenhut).* Tese apresentada ao departamento de História da Medicina da Faculdade de Medicina de Hannover. Hannover: 1994.

WAGNER, Richard. *Der Ring der Nibelungen. Zweiter Tag: Siegfried.* Stuttgart: 2002.

WALSER, Hans H. "Psychoanalyse in der Schweiz". In: *Enzyklopädie Die Psychologie des 20. Jahrhunderts. Tiefenpsychologie.* Vol. 2: *Neue Wege der Psychoanalyse. Psychoanalyse der Gesellschaft. Die psychoanalytische Bewegung.* Dieter Eicke (org.). Weinheim/Basileia: 1982, pp. 455-481.

WANING, Adeline van. "The Works of Pioneering Psychoanalyst Sabina Spielrein — 'Destruction as a Cause of Coming into Being'". *International Review of Psychoanalysis* 19, 1992, pp. 399-414.

WEBER, Hermann e HERBST, Andreas. *Deutsche Kommunisten. Biographisches Handbuch 1918 bis 1945.* Berlin: 2004.

WEBER, Kaspar. *"Es geht ein mächtiges Sehnen durch unsere Zeit". Reformbestrebungen der Jahrhundertwende und Rezeption der Psychoanalyse am Beispiel der Biographie von Ernst Schneider 1878-1957.* Berna/Berlim/Bruxelas: 1999.

WEHR, Gerhard. *C. G. Jung in Selbstzeugnissen und Bilddokumenten.* Reinbek bei Hamburg: 1969.

WEICKMANN, Dorion. *Rebellion der Sinne. Hysterie - ein Krankheitsbild als Spiegel der Geschlechterordnung (1880-1920).* Frankfurt/M.: 1997.

WEIZMANN, Chaim. *Memoiren. Das Werden des Staates Israel.* Zurique: 1953.

WEIZMANN, Vera. *The Impossible Takes Longer.* Nova York/Evanston: 1967.

WELTI, Albert. *Gemälde und Radierungen. Mit einer Einführung von Hermann Hesse.* Berlim [s.d.].

WIESER, Annatina. "Rezeption und Diskussion der Psychoanalyse innerhalb des Vereins Schweizerischer Irrenärzte von 1903-1913". *Schweizer Archiv für Neurologie und Psychiatrie* 151, 5, 2000, pp. 20-33.

_____. *Zur frühen Psychoanalyse in Zurique 1900-1914.* Tese para obtenção do grau de Doutor da Faculdade de Medicina da Universidade de Zurique. Zurique: 2001.

WILLIAMS, Robert C. *Culture in Exile. Russian Emigrés in Germany, 1881-1941.* Ithaca/Londres: 1972.

WILSON, Snoo. *Sabina.* Londres: 1998.

WINNICOTT, Donald W. "Übergangsobjekte und Übergangsphänomene". In: *Von der Kinderheilkunde zur Psychoanalyse*. Frankfurt/M.: 1985, pp. 300-319.

_____. "Memoires, Dreams, Reflections. By C. G. Jung. Review". *International Journal of Psycho-Analysis*, 45, 1964, pp. 450-455.

_____. "Ich-Verzerrung in Form des wahren und des falschen Selbst". In: *Reifungsprozesse und fördernde Umwelt*. Frankfurt/M.: 1985, pp. 182-199.

WINOKUROW, Elsa. "Elsa Winokurow". In: *Woman Physicians of the World. Autobiographies of medical pioneers*. Leone Mc Gregor Hellstedt (ed.). Washington/Londres: 1978, pp. 10-15.

WITTELS, Franz. *Sigmund Freud. Der Mann. Die Lehre. Die Schule*. Leipzig/Viena/Zurique: 1924.

WITTENBERGER, Gerhard e TÖGEL, Christfried (orgs.). *Die Rundbriefe des "Geheimen Komitees"*, vol. 1, 1913-1920. Tübingen: 1999.

_____. *Die Rundbriefe des "Geheimen Komitees"*, vol. 2, 1921. Tübingen: 2001.

WOTTRENG, Willi. *Hirnriss. Wie die Irrenärzte August Forel und Eugen Bleuler das Menschengeschlecht retten wollten*. Zurique: 1999.

WULFF, Moshe. "Die russische psychoanalytische Literatur bis zum Jahre 1911". *Zentralblatt für Psychoanalyse*, ano 1, caderno 7/8, maio-junho de 1911, pp. 364-371.

WYSS, Walter H. v. *50 Jahre Psychophysiolgie in Zürich. A. Forel, E. Bleuler, C. von Monakow, W. R. Hess*, 111. *Neujahrsblatt*. Zurique: 1948.

YERUSHALMI, Yosef Hayim. *Freuds Moses. Endliches und unendliches Judentum*. Frankfurt/M.: 1999.

ZUMSTEIN-PREISWERK, Stefanie. *C. G. Jungs Medium. Die Geschichte der Helly Preiswerk*. Munique: 1975.

Filmes

KÜHN, Regine e SCHREIBER, Eduard. *Trotzkis Traum. Psychoanalyse im Lande der Bolschewiki*. Documentário, 44,5 minutos. Ö-Filmproduktion: 2000.

MARTÓN, Márton. *Ich hiess Sabina Spielrein*. Documentário, 90 minutos. IDÉ Film Felixson LTD de Estocolmo. Suécia, Suíça, Dinamarca, Finlândia: 2002.

Lista dos arquivos e instituições consultados

República Federal da Alemanha
Alt-Archiv, Berlim
Arquivo Binswanger, Tübingen
Arquivo nacional — Arquivo de Filmes, Berlim
Arquivo nacional — Coleção de fotografias, Berlim
Arquivo nacional — Arquivo militar, Freiburg i. Br.
Arquivo nacional, Divisão Deutsches Reich, Berlim
Arquivo nacional, Posto externo Ludwigsburg
Arquivo Estatal Secreto do Patrimônio Cultural da Prússia, Berlim
Hessisches Staatsarchiv Marburg
Hochschule für Technik, Wirtschaft und Kultur Leipzig (FH), Archiv HTWK, Leipzig
Universidade Humboldt em Berlim, Biblioteca da Universidade, arquivo da universidade
Instituto de História da medicina da Freie Universität Berlin
Landesarchiv Berlin
Landesarchiv Berlin — Coleção de fotos
Capital do estado Munique, Diretório, Arquivo municipal
Universidade Ludwig-Maximilian, Arquivo da Universidade de Munique
Listagem de doutoramentos das universidades federais alemãs, Biblioteca alemã, Leipzig
Universidade Karl Ruprecht Heidelberg, Arquivo da Universidade
Arquivo Estatal de Sachsen, Leipzig
Cartório Especial de Registros Bad Arolsen, Serviço de Busca Internacional
Arquivo municipal Heidelberg
Cartório de registros Mitte de Berlim
Fundação Schlösser, Burgen und Gärten do estado Sachsen-Anhalt, Leitzkau

Fundação Nova Sinagoga Berlim — Centrum Judaicum, Berlim
Stuttgart, Arquivo municipal
Universidade Leipzig, Arquivo da Universidade
Arquivo da Universidade de Tübingen, Universidade Karl Eberhard Tübingen
Biblioteca da Universidade Freie Universität Berlin
Biblioteca da Universidade Marburg, Arquivo da Universidade
Biblioteca da Universidade Stuttgart, Arquivo da Universidade
Hospital de clínicas Charité — Faculdade de Medicina da Universidade Humboldt em Berlim
Associação de administradores Gardelegen — Land, Gardelegen, Sachsen-Anhalt
Biblioteca central estadual de Berlim, Centro para Estudos sobre Berlim

Inglaterra
Freud Museum, Londres
Public Record Office, The National Archives, Kew, Richmond

Israel
Yad Vaschem, Archive Devision, Jerusalém

Canadá
The Record, Kitchener, Ontário

Áustria
Arquivo Estadual Austríaco, Haus-, Hof- und Staatsarchiv, Viena
Museu Sigmund Freud, Viena
Magistrado da cidade de Viena, Divisão de magistrados 8, Arquivo estadual e municipal de Viena

Rússia
Arquivo da Sinagoga de Rostov, Jewish Community of Rostov-na-Donu
Gosudarstvennyi Arkhiv Rossiiskoi Federatsii (GARF)
Gosudarstvennyi Arkhiv Rostovskoi Oblasti (GARO)
Arquivo Memorial, Moscou
Russian State Historical Archives, São Petersburgo

Suíça
Arquivo da Fundação Gosteli, Worblaufen

LISTA DOS ARQUIVOS E INSTITUIÇÕES CONSULTADOS

Arquivo da Clínica Psiquiátrica Universitária Burghölzli (P.U.K), Arquivo do Cantão de Zurique
Arquivo da Sociedade Suíça de Psicanálise (SGPsa), Berna [antes Genebra]
Arquivo da *Israelitisches Wochenblatt für die Schweiz*, Zurique
Archives de la Ville de Lausanne
Archives de L'Université Genève
Archives d'Etat, République et Canton de Genève
Archives du Departement de l'instruction publique, Genebra
Archive Instituto Jean-Jacques Rousseau (AIJJR), Genebra
Bauinventar, Administração cantonal de memoriais, Berna
Biblioteca do Instituto de História da Medicina da Universidade de Zurique
Bibliothèque Publique et Universitaire, Département des Manuscrits, Genebra
Arquivo de trabalho de C. G. Jung, Coleções especiais, Arquivo da ETH Zurique
Canton de Vaud, Police de Sûreté
Clinique Bois-Cerf, Lausanne
Commune de Château-d'Oex, Contrôle des habitants
Direção da Justiça e de Assuntos Internos, Divisão de direito civil, Zurique
Etat de Vaud, Département des institutions et des relations extérieures, Archives cantonales vaudoises, Lausanne
Etat de Vaud, Département des institutions et des relations extérieures, Service de la Popuation, Secteur Juridique, Lausanne
Arquivo comunitário de Interlaken
Comunidade de Culto Israelita de Zurique, Biblioteca
Instituto de História da Medicina e Museu, Universidade de Zurique, Coleção de cartas
Musée du Vieux Pays-d'Enhaut, Château-d'Oex
Neue Zürcher Zeitung, Arquivo
Instituto de Eslavística da Universidade de Zurique, Biblioteca
Arquivo Social, Zurique
Arquivo estadual do Cantão Zurique
Berna, Chancelaria municipal, Arquivo municipal
Arquivo municipal de Zurique
Universidade Berna, Arquivo da Universidade
Arquivo da Universidade de Zurique
Ville de Genève, Archives
Biblioteca Científica da Clínica Psiquiátrica universitária Burghölzli (P.U.K.), Zurique

Biblioteca Central de Zurique, Biblioteca cantonal, municipal e universitária
Escritório geral de registros, Comunidade Marthalen

Estados Unidos
C. Jung Biographical Archives. Rare Books Department, Francis A. Countway Library of Medicine, Harvard Medical School, Boston, Massachusetts

Créditos das imagens

A autora e a editora gostariam de agradecer às seguintes instituições pela autorização para reproduzir fotografias neste livro:

Tangofilm, Estocolmo
Coleção Rolf Mösli, Kriessern (St. Gallen)
Arquivo Estadual do Cantão Zurique, KG Spielrein

Agradecimentos

Durante os últimos seis anos me encontrei com várias pessoas cujo interesse e apoio foram fundamentais para que esta biografia sobre Sabina Spielrein tenha surgido em sua forma atual. Quero agradecer a todos eles.

Anita Michalak, Dr. Annatina Wieser, Annelies Ramel, Prof. Axel Hoffer, Axel Richebächer, Béatrice Enzler, Bernd Schwibs, Dr. Bernhard Minder, Cathy Egloff, Daisy de Saugy, David J. Rauschning, Dorit Giese, Dr. Eduard Schreiber, Enrico Zanoncello, Ernst A. Baumeler, Eva Borg, Eva-Babetta Eriksson, Prof. Ewald Spielrein, Dr. Franziska Rogger, Prof. Gerald Wiemers, Gertrud Hunziker, Dr. Heinz Peter Stucki, Jacques Barrelet, Joel Schlienger, Jörg Zemp, Julie Nero, Karin Beck, Dr. Kaspar Weber, Peter J. Swales, Katharina Ganz, Kopp-Film (Berlim), Dr. Kurt Richebächer, Lioudmila Thalmann-Rakina, Prof. Magnus Ljunggren, Maja Buchholz, Prof. Maria Deppermann, Marlyn Borg, Dr. Martha Eicke, Dr. Martin Meyer, Michael Ganz, Michael Molnar, Michail Schischkin, Monika Bankowski, Dr. Otto Sigg, Pepe Solbach, Dr. R. Nogler, Dr. Raymond Guggenheim, Regine Kühn, Dr. Robert Dünki, Sophie Kuh-Templer, Susanna Gantenbein, Theodor Haslinger, Dr. Thomas Müller, Prof. André Haynal, Eugene Gimodudinov, Dr. Ulrich Helfenstein, Dr. Uriel Gast, Verena Buchmann, Dr. Verena Füllemann, Yvonne Frenzel, J. Zweifel, Didier Grange, Marianne Kern, Senhor S.V. Mironenko, Tania Dussey-Cavassini, Frau R. Giggel, Gabriele Vogt, Hans Ulrich Pfister, Rolf Mösli, Dr. Elke Mühlleitner, François Bos, Chantal Renevéy Fry, Prof. Klaus J. Neumärker.

Gostaria de agradecer especialmente à Dra. Barbara Stadler, do Arquivo Estatal de Zurique, que acompanhou minha pesquisa sempre com muita competência e amabilidade; a Elisabeth Martón, diretora do documentário *Ich hiess Sabina Spielrein* (Estocolmo, 2002), que dedicou muito tempo a discussões informativas e estimulantes; ao Dr. Thomas Sprecher, que me encorajou no início do meu trabalho e que sempre esteve ao meu lado como um cavaleiro branco; a Monika Bankowski, que me deu grande apoio na pesquisa e na compreensão das fontes russas; a Anne Bauty, encarregada de negócios da embaixada suíça em Moscou, que facilitou meu trabalho de pesquisa na Rússia com cartas de recomendação; a Masha Yonin, Yad Vaschem, a quem devo valiosas informações sobre a morte de Sabina Spielrein. E por último, mas não menos importante, devo agradecer à minha editora, Sabine Dörlemann, por suas sugestões sempre valiosas e oportunas.

Agradeço à Tangofilm, de Estocolmo, pela gentil cessão das fotografias, bem como ao Sr. Rolf Mösli, de Kriessern, St. Gallen.

Também gostaria de agradecer à Fundação Cultural UBS (UBS-Kulturstiftung) e à Fundação Cultural Suíça Pro Helvetia, que financiaram meu trabalho com um ano sabático e uma bolsa.

O texto deste livro foi composto em Sabon, desenho tipográfico de Jan Tschichold de 1964, baseado nos estudos de Claude Garamond e Jacques Sabon no século XVI, em corpo 11/15. Para títulos e destaques, foi utilizada a tipografia Frutiger, desenhada por Adrian Frutiger, em 1975.

A impressão se deu sobre papel off-white 80 g/m² pelo Sistema Cameron da Divisão Gráfica da Distribuidora Record.